Contents

Part I

§ 1   Noun Declension I

All nouns may be declined in German. Declension means that a noun may change its form, for example its ending, according to its

gender   (i. e. masculine, feminine or neuter)
case   (i. e. its function within the sentence)
number   (i. e. singular or plural)

In English sentences, nouns generally have endings in two situations: to form the possessive case and to form plurals. The same general principles apply in German, but the rules are more complex. There are more endings and more occasions when endings are added in German.

German nouns belong to one of five declensions, and their endings change according to which of these declensions they belong to. In addition German nouns belong to one of three genders: masculine, feminine or neuter. This is purely a grammatical classification, however, and the gender of a noun is rarely related to the sex of the person or thing it refers to. It isn't advisable to try to learn complex rules for determining the gender of nouns. You will find it much easier to master gender if you memorize the definite article with each noun.

A good dictionary will provide guidance on how to decline a noun. Note that the nominative singular form is given in full, followed by the gender of the noun, followed by the genitive singular and nominative plural ending where appropriate.

I Declension with the definite article in the singular

Singular	maskulin	feminin	neutral	in answer to
Nominativ	der Vater	die Mutter	das Kind	Wer? / Was?
Akkusativ	den Vater	die Mutter	das Kind	Wen? / Was?
Dativ	dem Vater	der Mutter	dem Kind	Wem?
Genitiv	des Vaters	der Mutter	des Kindes	Wessen?

The genitive ending in the masculine and neuter singular:

a) -s is used in nouns with more than one syllable:
    des Lehrers, des Fensters, des Kaufmanns

b) -es is usually used in nouns with one syllable:
    des Mannes, des Volkes, des Arztes

c) -es must be used in nouns ending with -s, -ss, -ß, -x, -z, -tz:
    das Glas – des Glases, der Fluss – des Flusses, der Fuß – des Fußes, der Komplex – des Komplexes, der Schmerz – des Schmerzes, das Gesetz – des Gesetzes

1 Which verb belongs to which noun? Form sentences with the accusative singular. (There are several possibilities.)

Ich lese die Zeitung.

	hören	der Hund (-e)	das Flugzeug (-e)
Ich	sehen	das Kind (-er)	der Lastwagen (-)
	rufen	das Buch (¨er)	das Motorrad (¨er)
Wir	lesen	die Verkäuferin (-nen)	der Autobus (-se)
	fragen	die Nachricht (-en)	die Lehrerin (-nen)

2 What case is it?

Der Sekretär	bringt	der Ministerin	die Akte.
Wer? (Was?)		Wem?	(Wen?) Was?
Subjekt		*Objekt*	*Objekt*
Nominativ		*Dativ*	*Akkusativ*

1. Der Wirt serviert dem Gast die Suppe.
2. Der Ingenieur zeigt dem Arbeiter den Plan.
3. Der Briefträger bringt der Frau das Päckchen.
4. Der Chef diktiert der Sekretärin einen Brief.
5. Der Lehrer erklärt dem Schüler die Regel.

3 Form sentences with the dative and accusative.

der Besucher / der Weg *Er zeigt dem Besucher den Weg.*

1. die Mutter   die Schule
2. der Politiker   der Stadtpark
3. der Redakteur   der Zeitungsartikel
4. das Mädchen   die Hausaufgabe
5. der Freund   das Zimmer
6. der Minister   das Rathaus
7. die Hausfrau   der Staubsauger
8. der Käufer   der Computer

4 First form the genitive singular.

der Vertreter / die Regierung *Das ist der Vertreter der Regierung.*

1. das Fahrrad (¨er) / die Schülerin (-nen)
2. der Motor (-en) / die Maschine (-n)
3. das Ergebnis (-se) / die Prüfung (-en)
4. die Tür (-en) / das Haus (¨er)
5. das Foto (-s) / die Schulklasse (-n)
6. das Auto (-s) / der Lehrer (-)
7. die Wohnung (-en) / die Dame (-n)
8. das Schulbuch (¨er) / das Kind (-er)
9. das Haus (¨er) / die Arbeiterfamilie (-n)
10. das Instrument (-e) / der Musiker (-)

II Declension with the definite article in the plural

Plural	maskulin	feminin	neutral
Nominativ	die Väter	die Mütter	die Kinder
Akkusativ	die Väter	die Mütter	die Kinder
Dativ	den Vätern	den Müttern	den Kindern
Genitiv	der Väter	der Mütter	der Kinder

-n is added in the dative plural:
die Bäume – auf den Bäumen, die Frauen – mit den Frauen

Exceptions: Nouns which end in *-s* in the plural:
das Auto – die Autos – in den Autos, das Büro – die Büros – in den Büros

There are eight possible ways of constructing the plural in German:

1.	-	der Bürger	–	die Bürger
2.	¨	der Garten	–	die Gärten
3.	-e	der Film	–	die Filme
4.	¨e	die Stadt	–	die Städte
5.	-er	das Bild	–	die Bilder
6.	¨er	das Amt	–	die Ämter
7.	-(e)n	der Student	–	die Studenten
		die Akademie	–	die Akademien
8.	-s	das Auto	–	die Autos

Notes

1. Words ending in *-nis* form their plurals by changing *-nis* to *-nisse:*
   das Ergebnis – die Ergebnisse

2. Feminine words ending in *-in* form their plurals by changing *-in* to *-innen*:
   die Freundin – die Freundinnen; die Französin – die Französinnen

Spelling rules: ß or ss?

1. *ß* is used after a long vowel or a diphthong:
   die Straße, der Gruß, außen …

2. *ss* is used after a short vowel:
   der Fluss, er musste, essen, gerissen

ß is not used in Switzerland, only *ss*.

---

5 Form sentences in the plural with the words in exercise 1. The nominative plural form is given in brackets.

Wir lesen die Zeitungen.

6 Who is contradicting whom? State the correct partners in the singular and plural.

der Sohn – der Vater *Der Sohn widerspricht dem Vater.*
Die Söhne widersprechen den Vätern.

1. der Mieter (-)	a) die Mutter (¨)
2. die Schülerin (-nen)	b) der Schiedsrichter (-)
3. der Geselle (-n)	c) der Arzt (¨e)
4. die Lehrerin (-nen)	d) der Großvater (¨)
5. der Fußballspieler (-)	e) der Schulleiter (-)
6. der Sohn (¨e)	f) der Meister (-)
7. der Enkel (-)	g) der Hausbesitzer (-)
8. die Krankenschwester (-n)	h) der Lehrer (-)

7 And now the other way round.

der Vater – der Sohn *Der Vater widerspricht dem Sohn.*
Die Väter widersprechen den Söhnen.

8 Form sentences in the plural with the words in exercise 4.

der Vertreter (-) / die Regierung (-en) *Das sind die Vertreter der Regierungen.*

9 Change the dative singular into the plural.

Er hilft dem Kind (-er). *Er hilft den Kindern.*

1. Die Leute glauben dem Politiker (-) nicht.
2. Wir danken dem Helfer (-).
3. Der Bauer droht dem Apfeldieb (-e).
4. Die Wirtin begegnet dem Mieter (-).
5. Wir gratulieren dem Freund (-e).
6. Der Rauch schadet der Pflanze (-n).
7. Das Streusalz schadet dem Baum (¨e).
8. Das Pferd gehorcht dem Reiter (-) nicht immer.
9. Er widerspricht dem Lehrer (-) oft.
10. Der Kuchen schmeckt dem Mädchen (-) nicht.
11. Die Polizisten nähern sich leise dem Einbrecher (-).

III Declension with the indefinite article

Singular		maskulin		feminin		neutral
Nominativ	ein	Vater	eine	Mutter	ein	Kind
Akkusativ	einen	Vater	eine	Mutter	ein	Kind
Dativ	einem	Vater	einer	Mutter	einem	Kind
Genitiv	eines	Vaters	einer	Mutter	eines	Kindes
Plural						
Nominativ		Väter		Mütter		Kinder
Akkusativ		Väter		Mütter		Kinder
Dativ		Vätern		Müttern		Kindern
Genitiv*		(Väter)		(Mütter)		(Kinder)

*The genitive plural is not normally used without an article (§ 3, II, c).

For the endings of the masculine and neuter genitive singular, the same rules apply as under I.

10 Replace the definite article in exercise 1 with the indefinite article.

> *Ich lese eine Zeitung.*

11 What belongs to whom? Practise the dative.

> eine Pistole / der Wachmann
> *Die Pistole gehört einem Wachmann.*

1. ein Handball (m) / der Sportverein
2. ein Koffer (m) / der Kaufmann
3. ein Kinderwagen (m) / die Mutter
4. ein Herrenfahrrad (n) / der Student
5. eine Landkarte / die Busfahrerin
6. eine Puppe / das Mädchen
7. eine Trompete / der Musiker
8. ein Schlüssel (m) / die Mieterin
9. ein Kochbuch (n) / die Hausfrau
10. eine Badehose / der Schwimmer

12 Practise the genitive with the indefinite article. What belongs together?

> der Schüler (-) / die Schule
> *die Schüler einer Schule*
> *Hier demonstrieren die Schüler einer Schule.*

1. der Krankenpfleger (-)
2. der Arbeiter (-)
3. der Student (-en)
4. die Schülerin (-nen)
5. der Kassierer (-)
6. das Mitglied (-er)
7. der Musiker (-)
8. der Mitarbeiter (-)

a) die Universität
b) der Supermarkt
c) die Partei
d) die Klinik
e) die Fabrik
f) das Orchester
g) die Sparkasse
h) das Gymnasium

§ 2 Noun Declension II (n-Declension)

I Declension with the definite and indefinite article

Singular	Nominativ	der	Mensch	ein	Mensch
	Akkusativ	den	Menschen	einen	Menschen
	Dativ	dem	Menschen	einem	Menschen
	Genitiv	des	Menschen	eines	Menschen
Plural	Nominativ	die	Menschen		Menschen
	Akkusativ	die	Menschen		Menschen
	Dativ	den	Menschen		Menschen
	Genitiv	der	Menschen		(Menschen)

1. All declension II nouns are masculine. Exception: *das Herz*

2. The ending *-(e)n* occurs in all cases except nominative singular.
   An Umlaut never occurs in the plural.

II List of nouns ending in *-(e)n*

The number of nouns ending in *-(e)n* is relatively small. Here is a list of the most important nouns in this category:

1. All masculine nouns ending in *-e:*

der Affe, des Affen	der Knabe, des Knaben
der Bote, des Boten	der Kollege, des Kollegen
der Bube, des Buben	der Komplize, des Komplizen
der Bulle, des Bullen	der Kunde, des Kunden
der Bursche, des Burschen	der Laie, des Laien
der Erbe, des Erben	der Lotse, des Lotsen
der Experte, des Experten	der Löwe, des Löwen
der Gefährte, des Gefährten	der Mensch, des Menschen
der Genosse, des Genossen	der Nachkomme, des Nachkommen
der Hase, des Hasen	der Neffe, des Neffen
der Heide, des Heiden	der Ochse, des Ochsen
der Hirte, des Hirten	der Pate, des Paten
der Insasse, des Insassen	der Rabe, des Raben
der Jude, des Juden	der Riese, des Riesen
der Junge, des Jungen	der Sklave, des Sklaven
	der Zeuge, des Zeugen

2. All masculine nouns ending in *-and, -ant, -ent:* / *-ist:*

-and, -ant, -ent:	*-ist:*
der Doktorand, des Doktoranden	der Idealist, des Idealisten
der Elefant, des Elefanten	der Journalist, des Journalisten
der Demonstrant, des Demonstranten	der Kapitalist, des Kapitalisten
der Lieferant, des Lieferanten	der Kommunist, des Kommunisten
der Musikant, des Musikanten	der Polizist, des Polizisten
der Präsident, des Präsidenten	der Sozialist, des Sozialisten
der Produzent, des Produzenten	der Terrorist, des Terroristen
der Student, des Studenten	der Utopist, des Utopisten
	auch: der Christ, des Christen

3. Masculine nouns – mostly occupation terms derived from Greek:

der Biologe, des Biologen	der Fotograf, des Fotografen
der Soziologe, des Soziologen	der Seismograph, des Seismographen
der Demokrat, des Demokraten	der Architekt, des Architekten
der Bürokrat, des Bürokraten	der Philosoph, des Philosophen
der Diplomat, des Diplomaten	der Monarch, des Monarchen
der Automat, des Automaten	der Katholik, des Katholiken
der Satellit, des Satelliten	der Soldat, des Soldaten

4. Also:

der Bär, des Bären	der Bauer, des Bauern
der Nachbar, des Nachbarn	der Fürst, des Fürsten
der Narr, des Narren	der Graf, des Grafen
der Prinz, des Prinzen	der Held, des Helden
der Herr, des Herrn (Pl. die Herren)	der Kamerad, des Kameraden
der Rebell, des Rebellen	

5. Exceptions: Some nouns form the genitive singular by adding -s:

der Buchstabe, -ns; der Gedanke, -ns; der Name, -ns
das Herz - das Herz, dem Herzen, des Herzens, (Pl.) die Herzen

1 Complete the sentences using the appropriate words in the right case.

1. Der Wärter füttert (A)	der Neffe
2. Der Onkel antwortet (D)	der Zeuge
3. Die Polizisten verhaften (A)	der Laie
4. Der Fachmann widerspricht (D)	der Bär
5. Der Wissenschaftler beobachtet (A)	der Präsident
6. Das Parlament begrüßt (A)	der Demonstrant
7. Der Richter glaubt (D)	der Satellit
8. Der Professor berät (A)	der Lotse
9. Das Kind liebt (A)	der Stoffhase
10. Der Kapitän ruft (A)	der Riese Goliath
11. Der Laie befragt (A)	der Kunde
12. Der Fotohändler berät (A)	der Doktorand
13. Der Kaufmann bedient (A)	der Fotograf
14. David besiegt (A)	der Experte

2 Some words in the following sentences have been jumbled. Try rearranging them into their correct order.

1. Der Automat konstruiert einen Ingenieur.
2. Der Bundespräsident beschimpft den Demonstranten.
3. Der Bauer befiehlt dem Fürsten.
4. Die Zeitung druckt den Drucker.
5. Der Zeuge befragt den Richter.
6. Der Hase frisst den Löwen.
7. Der Student verhaftet den Polizisten.
8. Der Gefängnisinsasse befreit den Aufseher.
9. Der Diplomat befragt den Reporter.
10. In dem Buchstaben fehlt ein Wort.
11. Der Hund füttert den Nachbarn.
12. Das Buch liest den Studenten.
13. Der Junge sticht die Mücke.
14. Der Patient tut dem Kopf weh.
15. Der Erbe schreibt sein Testament für einen Bauern.
16. Der Kuchen bäckt den Bäcker.
17. Der Sklave verkauft den Herrn.
18. Ein Narr streitet sich niemals mit einem Philosophen.
19. Der Kunde fragt den Verkäufer nach seinen Wünschen.
20. Die Einwohner bringen dem Briefträger die Post.

3 Put in the appropriate noun in its correct case.

1. Viele Hunde sind des ... Tod. (Sprichwort)
2. Du, du liegst mir am ..., du, du liegst mir im Sinn. (Anfang eines Liedes)
3. Fürchte den Bock von vorn, das Pferd von hinten und den ... von allen Seiten. (Sprichwort)
4. sich (nicht) in die Höhle des ... wagen (Redensart)
5. Liebe deinen ..., aber reiße den Zaun nicht ab.
6. O, herrlich ist es, die Kraft eines ... zu haben. (Shakespeare)
7. Mach dir doch darüber keine ...! (Redensart)

a) der Gedanke
b) der Mensch
c) der Hase
d) das Herz
e) der Löwe
f) der Nächste
g) der Riese

Geographical terms and nationalities

Declension II	Declension I
der Afghane – des Afghanen	der Ägypter – des Ägypters
der Brite – des Briten	der Algerier – des Algeriers
der Bulgare – des Bulgaren	der Araber – des Arabers
der Chilene – des Chilenen	der Argentinier – des Argentiniers
der Chinese – des Chinesen	der Belgier – des Belgiers
der Däne – des Dänen	der Brasilianer – des Brasilianers
der Finne – des Finnen	der Engländer – des Engländers
...	...
der Asiate – des Asiaten	der Afrikaner – des Afrikaners
	der Amerikaner – des Amerikaners
	der Australier – des Australiers
	der Europäer – des Europäers

Exceptions

1. der Israeli – des Israelis – (Pl.) die Israelis
   der Saudi – des Saudis – (Pl.) die Saudis
   der Somali – des Somalis – (Pl.) die Somalis
   der Pakistani – des Pakistanis – (Pl.) die Pakistanis

2. *der Deutsche* is declined like an adjective (ref. § 41):
   mask.: der Deutsche / ein Deutscher;   fem.: die Deutsche / eine Deutsche
   Pl.: die Deutschen / Deutsche

Notes

Apart from *die Deutsche* the ending *-in* is always used in the feminine, e.g.:
    die Polin, die Russin, die Französin (!) etc.
    die Spanierin, die Iranerin etc.
    die Asiatin, die Europäerin etc.

4   Practise like this. You could do it as a team game.

I	II	III	IV	V
Polen	*der Pole*	*des Polen*	*die Polen*	*die Polin*
Spanien	*der Spanier*	*des Spaniers*	*die Spanier*	*die Spanierin*
Afrika	...	...	...	...
Asien	...	...	...	...
...	...	...	...	...

5   Make sentences of your own like this.

    der Grieche   *Kennst du einen Griechen?*
                            Nein, einen Griechen kenne ich leider nicht.

6   Practise the dative.

    A: Der Ire singt gern.   B: *Ja, man sagt vom Iren, dass er gern*
                                         singt.

You can stress your agreement:
    Ja, das stimmt, man sagt vom Iren, …
or:
    Ja, richtig, …; Ja, da haben Sie / hast du Recht, …

1. Der Grieche handelt gern.
2. Der Deutsche trinkt gern Bier.
3. Der Holländer ist sparsam.
4. Der Japaner ist besonders höflich.
5. Der Türke ist besonders tapfer.
6. Der Italiener liebt die Musik.
7. Der Chinese ist besonders fleißig.
8. Der Araber ist ein guter Reiter.
9. Der Pole tanzt gern und gut.
10. Der Spanier ist stolz.
11. Der Engländer isst morgens gern gut und kräftig.
12. Der Ungar ist sehr musikalisch.
13. Der Franzose kocht gern und gut.
14. Der Österreicher liebt Mehlspeisen.
15. Der Schweizer wandert gern.

Exercise on noun declension as a whole (§ 1 and § 2)

7 What is the case of the nouns in *italics*?

Höflicher Pistolenmann
(Frankfurt) Eine 51 Jahre alte *Hausfrau* des *Stadtteils Born-heim* machte am *Montag Bekanntschaft* mit einem höflichen *Räuber*.
Die *Frau* verkaufte gebrauchte *Elektrogeräte* aus dem *Haus-*
5 *halt* ihrer *Mutter*. Deshalb hatte sie eine *Annonce* in die
Zeitung gesetzt. Am gleichen *Tag* meldete ein „*Herr Schä-fer*" seinen *Besuch* telefonisch an.
Kurz darauf kam der *Herr* und besichtigte die *Sachen:* verschiedene *Küchengeräte* der *Firma Moulinex*, ein altes *Radio*,
10 einen *Staubsauger* der *Marke Siemens* usw. Plötzlich zog er
eine kleine *Pistole* aus der *Tasche* seines *Mantels* und verlangte *Bargeld*. Die mutige *Frau* sagte mit fester *Stimme:*
„Ich habe kein *Geld!* Verlassen Sie sofort die *Wohnung!*"
„*Herr Schäfer*" gehorchte und – so der *Polizeibericht* – „ver-
15 gaß nicht sich für sein *Benehmen* zu entschuldigen."

§ 3   Use of the Article

I The definite article

Whilst *the* is used in all grammatical situations in English to express the definite article, its German counterpart is more complex. It has three forms: *der, die* and *das* which change according to the case, number and gender of the noun it accompanies. The following guidelines indicate where German practice differs from English. The definite article is used with:

1. abstract and other nouns where the thing in question is being referred to as a whole or as a general idea, e. g.:
   Das Leben ist wunderschön. (Life is wonderful.)
   Die Arbeitslosigkeit steigt. (Unemployment is rising.)

2. the genitive, unless the noun is a proper name or is acting as a proper name, e. g.:
   Das Haus *des Lehrers*. (The teacher's house.)
   Vaters Auto. (Father's car.)

3. proper names preceded by an adjective, e. g.:
   Die alte Frau Schmidt hat morgen Geburtstag. (It's old Mrs Schmidt's birthday tomorrow.)

4. often in colloquial German or in familiar contexts, e. g.:
   Ich habe heute *die Anna* gesehen. (I saw Anna today.)

5. with street names, the names of buildings, lakes, mountains, parks and bridges, e. g.:
   Der Münchener Bahnhof ist groß. (Munich Station is big.)

6. time expressions, e. g. days of the week, months, seasons, mealtimes:
   Wir waren *am Montag / im Juni / im Winter / nach dem Mittagessen* dort. (We were there on Monday / in June / in winter / after lunch.)

7. nouns indicating institutions such as church, school, prison:
   Er war *in der Kirche / Schule / im Gefängnis.* (He was in church / school / prison.)

Rules

a) The definite article is always used if the person or thing in question is known or has already been mentioned.
   Der Lehrer schreibt das Wort an die Tafel.
   Das Parlament hat die Gesetze über den Export geändert.

b) The definite article always occurs with superlatives (see also § 40, I, 2).
   Der Mount Everest ist der höchste Berg der Erde.

c) Some prepositions can be combined with the article.
   Die Sonne geht im Osten auf und im Westen unter.
   Wir gehen am Freitag ins Kino.

   Preposition + *dem* (Dat. Sg. m und n): *am, beim, im, vom, zum*

   Preposition + *der* (Dat. Sg. f): *zur*

   Preposition + *das* (Akk. Sg. n): *ans, ins*

II The indefinite article

The indefinite article in German has three forms – *ein, eine* and *ein.* They correspond to *a* and *an* in English, and like the definite article, the indefinite article changes its form according to the case and gender of the noun it accompanies. Unlike in English, the indefinite article is omitted after descriptions of people by profession, religion and nationality, after *als,* meaning *as a,* and before the noun *Mitglied,* meaning "member":
Sie ist *Lehrerin.* (She is a teacher.)
Er ist *Amerikaner.* (He's American.)
Als Ausländer ist man in Deutschland nicht wahlberechtigt. (As a foreigner, one doesn't have the right to vote in Germany.)
Sie ist *Mitglied* in meinem Klub. (She's a member of my club.)

Rules

a) The indefinite article is used if a person or thing is unknown or when it is irrelevant who or what is meant.
Ein Fahrrad kostet etwa 500 Euro.
Sie nahm eine Tasse aus dem Schrank.

In texts, as in spoken German, people and things are first introduced with the indefinite article; thereafter the definite article is used.
Ein König hatte *eine* schöne Tochter. *Der* König lebte in *einem* Schloss in *einem* wilden Wald. *Eines* Tages kam *ein* Prinz zu *dem* Schloss. *Der* Prinz wollte *die* Tochter *des* Königs gewinnen.

b) As in English there is no plural indefinite article.
Kinder fragen viel.
Er raucht nur Zigarren.

c) The genitive plural is expressed with *von* + dative plural.
Genitiv Singular:　　Man hört das Geräusch eines Zuges.
Genitiv Plural:　　　Man hört das Geräusch von Zügen.

The genitive plural can be used in combination with an attributive adjective:
Der Professor liebt die Bücher *junger Schriftsteller.*
Der Bau *neuer Industrieanlagen* zerstört die Landschaft.

d) In negative sentences we use *kein-* to express *not a* or *no.*
Im Hotel war kein Zimmer frei.
Wir haben keine Kinder.

Singular	maskulin		feminin		neutral	
Nominativ	kein	Mann	keine	Frau	kein	Kind
Akkusativ	keinen	Mann	keine	Frau	kein	Kind
Dativ	keinem	Mann	keiner	Frau	keinem	Kind
Genitiv	keines	Mannes	keiner	Frau	keines	Kindes
Plural	m + f + n					
Nominativ	keine Männer / Frauen / Kinder					
Akkusativ	keine Männer / Frauen / Kinder					
Dativ	keinen Männern / Frauen / Kindern					
Genitiv	keiner Männer / Frauen / Kinder					

1 Practise making sentences in the same way as the example sentences below.

(n) Fahrrad / 600,–
Hier haben wir ein Fahrrad für 600 Euro. – Nein, das Fahrrad ist mir zu teuer!

1. (m) Gebrauchtwagen / 4500,–
2. (f) Lederjacke / 290,–
3. (m) Elektroherd / 410,–
4. (n) Motorrad / 3000,–
5. (f) Kaffeemaschine / 90,–
6. (f) Waschmaschine / 600,–

2 Continue in the same way as above.

(m) Dosenöffner / im Küchenschrank
Ich brauche einen Dosenöffner. – Der Dosenöffner ist im Küchenschrank!

(Pl.) Nadeln / im Nähkasten
Ich brauche Nadeln. – Die Nadeln sind im Nähkasten!

You can make the need more urgent: *Ich brauche unbedingt* ... In the answer you can express slight impatience: *Der Dosenöffner ist doch im Küchenschrank, das weißt du doch!*

1. (Pl.) Briefumschläge / im Schreibtisch
2. (Pl.) Briefmarken / in der Schublade
3. (m) Hammer / im Werkzeugkasten
4. (m) Kugelschreiber / auf dem
   Schreibtisch
5. (n) Feuerzeug / im Wohnzimmer
6. (Pl.) Kopfschmerztabletten / in der
   Hausapotheke
7. (n) Wörterbuch / im Bücherschrank
8. (m) Flaschenöffner / in der Küche

3 Make plural sentences.

Er schenkte mir ein Buch.   Ich habe das Buch noch nicht gelesen.
Er schenkte mir Bücher.   *Ich habe die Bücher noch nicht gelesen.*

1. Ich schreibe gerade einen Brief. Ich
   bringe den Brief noch zur Post.
2. Morgens esse ich ein Brötchen. Das
   Brötchen ist immer frisch.
3. Ich kaufe eine Zeitung. Ich lese die
   Zeitung immer abends.
4. Ich brauche eine Kopfschmerzta-
   blette. Wo habe ich die Tablette
   hingelegt?
5. Sie hat ein Pferd. Sie füttert das
   Pferd jeden Tag.
6. Ich suche einen Sessel. Der Sessel
   soll billig sein.
7. Die Firma sucht eine Wohnung. Sie
   vermietet die Wohnung an Ausländer.
8. Er kaufte ihr einen Brillanten. Er hat
   den Brillanten noch nicht bezahlt.

4 Change the following plural sentences into the singular.

Die Mücken haben mich gestochen.   *Die Mücke hat mich gestochen.*
Die Firma sucht Ingenieure.   *Die Firma sucht einen Ingenieur.*

1. Ich helfe den Schülern.
2. Sie hat Kinder.
3. Er liest Liebesromane.
4. Sie gibt mir die Bücher.
5. Er hat Katzen im Haus.
6. Sie füttert die Tiere.
7. Wir leihen uns Fahrräder.
8. Er besitzt Häuser.
9. Er vermietet Wohnungen.
10. Er sucht noch Mieter.
11. Aber die Wohnungen sind zu teuer.
12. Vermieten Sie Zimmer?
13. Sind die Zimmer nicht zu teuer?
14. Hunde bellen, Katzen miauen.

5 Make sentences.

(Briefmarken / sammeln) ist ein beliebtes Hobby.
Das Sammeln von Briefmarken ist ein beliebtes Hobby.

1. (Bäume / fällen) ist nicht ungefährlich.
2. (Militäranlagen / fotografieren) ist oft nicht erlaubt.
3. (Fernseher / reparieren) muss gelernt sein.
4. (Kraftwerkanlagen / betreten) ist verboten.
5. (Hunde / mitbringen) ist untersagt.
6. (Rechnungen / schreiben) ist nicht meine Aufgabe.
7. (Schnecken / essen) überlasse ich lieber anderen.
8. (Landschaften / malen) kann man erlernen.
9. (Fotokopien / anfertigen) kostet hier zwanzig Cent pro Blatt.
10. (Pilze / sammeln) ist in manchen Gebieten nicht immer erlaubt.

6 Put in the definite or indefinite article using the correct case.

In ... (f) Seeschlacht fand ... (m) Matrose Zeit sich am Kopf zu kratzen, wo ihn ... (n) Tierlein belästigte. ... Matrose nahm ... (n) Tierchen und warf es zu Boden. Als er sich bückte um ... (n) Tier zu töten, flog ... (f) Kanonenkugel über seinen Rücken. ... Kugel hätte ihn getötet, wenn er sich nicht gerade gebückt hätte. „Lass dich nicht noch einmal bei mir sehen!", meinte ... Matrose und schenkte ... Tier das Leben.

7 Practise using the genitive singular and the dative plural forms of the indefinite article.

der Lärm / ein Motorrad / (¨er)   *Man hört den Lärm eines Motorrads.*
                                    Man hört den Lärm von Motorrädern.

1. Das Singen / ein Kind (-er)   6. das Bellen / ein Hund (-e)
2. das Sprechen / eine Person (-en)   7. das Miauen / eine Katze (-n)
3. das Laufen / ein Pferd (-e)   8. das Brummen / ein Motor (-en)
4. das Pfeifen / ein Vogel (¨)   9. das Ticken / eine Uhr (-en)
5. das Hupen / ein Autobus (-se)   10. das Klatschen / ein Zuschauer (-)

8 Use the words in exercise 2.

Hier hast du den Dosenöffner.   *Danke, aber ich brauche keinen Dosenöffner mehr.*
Hier hast du die Nadeln.   *Danke, aber ich brauche keine Nadeln mehr.*

9 Use the words in exercise 1.

Hier haben wir ein Fahrrad für 1200 Mark.
Sehr schön, aber ich brauche kein Fahrrad.

III The singular with zero article

The following are used without the article:

1. Proper names, names of towns, countries and continents:
   Goethe wurde 82 Jahre alt.   Deutschland ist ein Industrieland.
   Dr. Meyer ist als Forscher bekannt.   Afrika und Asien sind Kontinente.
   Berlin ist eine große Stadt.   *auch:* Gott ist groß.

   Singular nouns without an article are often used with *von* + dative, instead of the genitive, especially if they end in *s* or *z*:
   Gerhard ist der Bruder von Klaus.
   Einige Schriften von Aristoteles sind verloren.
   Die Autobahnen von Los Angeles sind berühmt.

   Otherwise the genitive is generally used with proper nouns, too:
   Die Straßen Venedigs sind eng.
   Wir fliegen jetzt über die Wälder Kanadas.

   Note: The definite article precedes an adjective or a genitive attribute:
   der alte Goethe, der Goethe der Weimarer Zeit
   das große Berlin, das Berlin der Zwanzigerjahre
   im Polen der Nachkriegszeit
   der liebe Gott

   Exceptions: Some countries are preceded by the definite article:

maskulin	feminin	Plural
der Libanon	die Schweiz	die Niederlande
der Sudan	die Türkei	
(der) Irak	und alle anderen Namen auf -*ei*	
(der) Iran	die Antarktis	
(der) Jemen		

   The names of countries which include words for political concepts have the article belonging to that word:
   die Bundes*republik* Deutschland
   das Vereinigte König*reich*
   die Vereinigten *Staaten* von Amerika (= Pl.)

2. a) Non-countable words which are not defined, e.g. *Brot* (n.), *Geld* (n.), *Energie* (f.), *Elektrizität* (f.), *Wasserkraft* (f.), *Luft* (f.), *Wärme* (f.):
      Hast du *Geld* bei dir?
      Die Hungernden schreien nach *Brot*.
      Eisbären fühlen sich bei *Kälte* wohl.
      Aus *Wasserkraft* wird *Energie* gewonnen.

      Note: if the noun is defined by an attributive or an adverbial expression, the definite article is used: e.g. *die verseuchte Luft, die Wärme in diesem Raum*

b) Liquids, metals and minerals which are not defined, e.g. *Wasser* (n.), *Milch* (f.), *Bier* (n.), *Wein* (m.), *Öl* (n.), *Benzin* (n.), *Alkohol* (m.), *Holz* (n.), *Glas* (n.), *Kohle* (f.), *Stahl* (m.), *Beton* (m.), *Kupfer* (n.), *Kalk* (m.):
Zum Frühstück trinkt man *Tee, Kaffee* oder *Milch.*
Zum Bau von Hochhäusern braucht man *Beton, Stahl* und *Glas.*

Note: das schmutzige Meerwasser, das Gold der Münze

c) Personal qualities or feelings which are not defined, e.g. *Mut* (m.), *Kraft* (f.), *Freundlichkeit* (f.), *Intelligenz* (f.), *Ehrgeiz* (m.), *Nachsicht* (f.), *Angst* (f.), *Freude* (f.), *Liebe* (f.), *Trauer* (f.), *Hoffnung* (f.), *Verzweiflung* (f.)

in the accusative case:
Sie hatten Hunger und Durst.
Er fühlte wieder Mut und Hoffnung.

with prepositions:
Mit Freundlichkeit kann man viel erreichen.
Sie war sprachlos *vor Freude.*
Aus Angst reagierte er völlig falsch.

Note: die Freude des Siegers, die Verzweiflung nach der Tat

3. Nouns denoting a nationality or occupation used with the verbs *sein* or *haben,* but also after *als* and nouns denoting a subject studied:
Ich bin *Arzt.* Mein Sohn wird *Ingenieur.*
Er ist *Türke.* Er arbeitet als *Lehrer.*
Er studiert *Chemie;* seine Schwester studiert *Germanistik.*

Note: If an attributive adjective occurs, the article must be used:
Er ist ein guter Verkäufer.
Das ist der bekannte Architekt Dr. Meyer.

4. Nouns preceded by terms of measure, weight and quantity:
Ich kaufe ein Pfund *Butter.* Er trinkt ein Glas *Milch.*
Wir besitzen eine große Fläche *Wald.* Wir hatten 20 Grad *Kälte.*

5. A large number of proverbs and idiomatic expressions:
a) *Ende* gut, alles gut. Kommt *Zeit,* kommt *Rat.*
b) *Pech* haben, *Farbe* bekennen, *Frieden* schließen, *Widerstand* leisten, *Atem* holen usw. (siehe § 62)
c) Er arbeitet *Tag* und *Nacht; Jahr* für *Jahr.* (see § 58 ff.)

6. Nouns which are preceded by attributive genitives:
Alle waren gespannt auf *die Antwort* des Ministers. –
Alle waren gespannt auf des Ministers *Antwort.*
Wir haben gestern *den Bruder* von Eva getroffen. –
Wir haben gestern Evas *Bruder* getroffen.

Note

Very often there is no article after the following prepositions: *ohne, zu, nach, vor* etc.
(see also § 58–60):
ohne Arbeit, ohne Zukunft, ohne Hoffnung etc.
zu Weihnachten, zu Ostern, zu Silvester etc.
zu Fuß gehen; zu Besuch kommen; zu Boden fallen; zu Mittag essen etc.
nach / vor Feierabend; nach / vor Beginn; nach / vor Ende;
vor Ende April, seit Januar; *but:* seit dem 1. Januar.

10 Put in the definite or indefinite article where it is necessary.

1. Morgens trinke ich … Tee, nach-
   mittags … Kaffee.
2. Schmeckt dir denn … kalte Kaffee?
3. Er ist … Engländer und sie … Japa-
   nerin.
4. Siehst du … Japaner dort? Er arbeitet in unserer Firma.
5. Ich glaube an … Gott.
6. Allah ist … Gott des Islam.
7. … Arbeit meines Freundes ist hart.
8. Ich möchte ohne … Arbeit nicht
   leben.
9. Du hast doch … Geld! Kannst du
   mir nicht 50 Euro leihen?
10. Die Fabrik ist … Tag und … Nacht
    in Betrieb.

11. Wollen Sie in eine Stadt ohne …
    Motorenlärm? Dann gehen Sie
    nach Zermatt in … Schweiz; dort
    sind … Autos und Motorräder für
    Privatpersonen nicht erlaubt.
12. Zu … Ostern besuche ich meine
    Eltern, in … Ferien fahre ich in …
    Alpen.
13. Wenn du … Hunger hast, mach
    dir ein Brot.
14. Mein Bruder will … Ingenieur wer-
    den; ich studiere … Germanistik.
15. Sie als … Mediziner haben natür-
    lich bessere Berufsaussichten!

11 Put in the definite article where necessary, using the correct case.

1. … Rom ist die Hauptstadt von …
   Italien.
2. Er liebt … Deutschland und
   kommt jedes Jahr einmal in …
   Bundesrepublik.
3. … Dresden, … Stadt des Barocks,
   liegt in … Sachsen.
4. … schöne Wien ist … Österreichs
   Hauptstadt.
5. … Bern ist die Hauptstadt …
   Schweiz, aber … Zürich ist die
   größte Stadt des Landes.
6. Die Staatssprache in … Tschechi-
   schen Republik ist Tschechisch.
7. … Ankara ist die Hauptstadt … Türkei; … schöne Istanbul ist die größte Stadt des Landes.
8. … GUS (= Gemeinschaft Unabhän-
   giger Staaten) ist ungefähr 62-mal
   größer als … Deutschland.

9. … Mongolei, genauer … Mongo-
   lische Volksrepublik, liegt zwischen
   … Russland und … China.
10. In … Nordamerika spricht man
    Englisch, in … Kanada auch Fran-
    zösisch, in … Mittel- und Südame-
    rika spricht man hauptsächlich
    Spanisch, außer in … Brasilien;
    dort spricht man Portugiesisch.
11. In … Vereinigten Staaten leben
    250 Millionen Menschen.
12. In … Nordafrika liegen die arabi-
    schen Staaten, das Gebiet südlich
    davon ist … sogenannte Schwarz-
    afrika.
13. … Arktis ist im Gegensatz zu …
    Antarktis kein Erdteil.
14. Der offizielle Name von … Holland
    ist „… Niederlande".

12 Definite, indefinite or no article? State the reason for your choice.

... kalifornische Filmgesellschaft wollte ... spannenden Goldgräberfilm drehen, der zu ... großen Teil in ... Wäldern ... Kanadas spielen sollte. Man hätte natür-lich ... winterliche Goldgräberdorf in ... Filmstudios nachbauen können und ... Holzhäuser und ... Straßen mit ... weißem, glitzerndem Salz bestreuen können,
5   aber ... Regisseur wünschte ... echten Schnee, ... wirkliche Kälte und ... natürli-ches Licht. Deshalb brachte man alles Notwendige in ... schweren Lastwagen in ... einsames Dorf an ... kanadischen Grenze. Etwas Besseres hätten sich ... Schauspieler nicht vorstellen können, denn es bedeutete für sie ... herrliche Ta-ge in ... ruhigen Wäldern von ... Kanada. Dort war noch kein Schnee gefallen
10   und ... Schauspieler lagen in ... warmen Oktobersonne, fingen ... Fische in ... Seen und genossen ... freie Zeit. Nach ... drei langen Wochen verlor ... Filmge-sellschaft endlich ... Geduld, denn jeder Tag kostete ... Menge Geld. So ließ sie ... zwanzig Lastwagen voll ... Salz nach ... Kanada fahren, was wieder ... Geld kostete. ... Salz wurde von ... kanadischen Sportfliegern über ... ganze Dorf ver-
15   streut und es war, als es fertig war, ... wunderschöne Winterlandschaft. In ... nächsten Nacht begann es zu schneien, a... frühen Morgen lag in ... Wäldern ringsum ... dicker Schnee, nur in ... Goldgräberdorf war nichts anderes zu se-hen als ... hässlicher, brauner Matsch.

13 Fill in the definite or indefinite article, where necessary.

1. Seit ... Anfang ... April arbeitet ... Martin in ... Österreich als ... Krankenpfleger.
2. Seine Freundin ... Inge, geboren in ... Deutschland, studiert jetzt in ... Schweiz ... Medizin.
3. Sie will später ... Ärztin für ... Lungenheilkunde und ... Allergie werden.
4. Sie hat leider noch ... Probleme mit ... Sprache.
5. Sie studiert nämlich in ... Genf.
6. ... Sprache an ... Universität ist ... Französisch.
7. Sie hatte wohl ... Französisch in ... Schule gelernt, aber das ist nicht genug für ... Studium.
8. ... Martin arbeitet in ... Graz.
9. ... Martin und ... Inge treffen sich immer zu ... Ostern, ... Pfingsten und an ... Weihnachtsfeiertagen.
10. Manchmal hat ... Martin ... Urlaub und ... Inge hat ... Semesterferien.
11. Dann reisen sie mit ... Flugzeug nach ... Ägypten.
12. Er ist nämlich ... Hobby-Archäologe.
13. Oft ist ... Inge auch bei ... Martin in ... Graz.
14. Dann besuchen sie zusammen ... Theater, ... Oper oder auch ... Disko.
15. Auch ... Martins ... Schwester ... Angela in ... Wien besuchen sie manchmal.
16. Letztes Jahr konnte ... Inge nicht kommen; sie hatte ... Fieber und ... Bronchitis.
17. ... Bronchitis hatte sie schon als ... Kind oft gehabt.
18. Inge fliegt auch manchmal auf ... Insel Helgoland.
19. Inges ... Mutter lebt nämlich auf ... Helgoland.
20. Sie ist ... Künstlerin; sie malt gern ... Bilder von ... See.
21. Auf ... meisten Bildern sieht man nur ... Wellen, manchmal auch ... Schiffe.
22. ... Künstlerin ist nicht sehr bekannt.

23. „... Mutti, komm doch mal zu mir nach ... Genf!", sagt ... Inge,
aber ... Mutter hat ... Angst vorm Fliegen und langen Reisen.
24. Auf ... Helgoland holt sich ... Inge immer ... Kraft und ... Ausdauer
für ... Studium.

14 Explain the use of the article.

Immer wieder gibt es Brände. Mal brennt ein Haus, mal eine Scheune
oder ein Stall. Auch Waldbrände gibt es von März bis Oktober immer wieder.
Die Feuerwehr rät:
1. Benzin, Heizöl oder Spiritus nicht in der Wohnung lagern.
2. Gardinen brennen leicht. Deshalb Vorsicht mit Kerzen oder Zigaretten!
3. Nie im Bett rauchen! Dabei sind schon oft Brände entstanden.
4. Für Bauern gilt die Regel: Heu nur trocken in der Scheune lagern! Wenn das
Heu feucht und das Wetter warm ist, kann ein Brand entstehen.
5. Rauchen in Wäldern ist von März bis Oktober sehr gefährlich.
Leicht entsteht ein Waldbrand.

§ 4   Declension of the Personal Pronouns

German personal pronouns are used in much the same way as English pronouns. German personal pronouns are declinable like nouns.
German has three pronouns for you, *du* (singular), *ihr* (plural) and *Sie* (used to address one or more people).

Singular	Person	1.	2.	3.		
Nom.		ich	du	er	sie	es
Akk.		mich	dich	ihn	sie	es
Dat.		mir	dir	ihm	ihr	ihm
Gen.*		(meiner)	(deiner)	(seiner)	(ihrer)	(seiner)
Plural		*1.*	*2.*	*3.*		
Nom.		wir	ihr	sie/Sie		
Akk.		uns	euch	sie/Sie		
Dat.		uns	euch	ihnen/Ihnen		
Gen.*		(unser)	(euer)	(ihrer)/(Ihrer)		

The genitive of plural nouns is no longer in current usage.
It is found in older literature and religious formulae.

1. The personal pronouns *ich, du, wir, ihr, Sie* in the nominative, accusative and dative case always refer to people:
Ich habe dich gestern gesehen. – Wir haben euch gut verstanden.
Ich habe Ihnen geschrieben. – Wir rufen Sie wieder an.

2. The personal pronouns *er, sie, es, sie (Pl.)* in the nominative, accusative and dative case, refer to people or things already mentioned:
Der Professor ist verreist. Er kommt heute nicht.
Die Verkäuferin bedient mich oft. Ich kenne sie schon lange.
Die Blumen sind vertrocknet. Ich habe ihnen zu wenig Wasser gegeben.
Das Ergebnis ist jetzt bekannt. Es ist negativ ausgefallen.

Note

1. a) *Du* and *ihr* are used to address children, relatives and friends, often too among workers and students, and sometimes within an organization (e. g. an office).
   b) The formal, polite form of address among adults (not mentioned under a) is always *Sie. Sie* can be used for one or more persons.

2. a) According to the new spelling rules *du, dich, ihr, euch* etc. are always written with a small letter, also in letters and notes.
   b) In formal, polite forms of address *Sie, Ihnen, Ihren Brief* etc. always start with a capital letter.

1 Replace the words which appear in italics with the correct pronoun.

Einem alten Herrn war sein Hündchen entlaufen, das er sehr liebte. *Der alte Herr* suchte *das Hündchen* in allen Straßen und Gärten, aber *der alte Herr* konnte *das Hündchen* nirgendwo finden. Darum ließ *der alte Herr* in der Zeitung eine Belohnung ausschreiben. Wer *dem alten Herrn* das Hündchen wiederbringt, bekommt 250 Euro Belohnung. Als *das Hündchen* nach drei Tagen noch nicht zurückgebracht war, rief der alte Herr wütend bei der Zeitung an. Aber der Pförtner konnte *den alten Herrn* nicht beruhigen und konnte *dem alten Herrn* auch keine genaue Auskunft geben, weil niemand von den Angestellten der Zeitung anwesend war. „Wo sind *die Angestellten* denn", schrie der alte Herr aufgeregt, „warum kann ich mit keinem von *den Angestellten* sprechen?" *„Die Angestellten* suchen alle nach Ihrem Hündchen", antwortete der Pförtner.

2 Replace the nouns in italics and the gaps with the appropriate personal pronouns.

Die Maus und der Stier

Ein Stier war auf einer Wiese und fraß Gras. Wie *der Stier* so den Kopf zur Erde senkte, sprang eine Maus herbei und biss *den Stier* in die Nase.
… werde *die Maus* umbringen, dachte der Stier böse. Da hörte *der Stier die Maus* rufen: „Fang … doch! … kriegst … ja doch nicht." „Das ist eine Frechheit!", dachte *der Stier*, senkte die Hörner und wühlte mit *den Hörnern* in der Erde, bis *der Stier* müde war. Dann legte *der Stier* sich auf den Boden.

Darauf hatte die Maus nur gewartet. Hupp, da kam *die Maus* aus der
10   Erde und biss den Stier noch schlimmer als das erste Mal.
„Jetzt reicht es … aber!", schrie *der Stier*. Wütend sprang *der Stier* auf
die Beine und wühlte mit den Hörnern wieder und wieder in der Erde. Aber es half *dem Stier* nichts. Die Maus war schon an einer ganz
anderen Stelle. „Holla!" piepste *die Maus*. „Streng … nicht so an,
15   mein Dicker! Es nützt … nichts. … will … etwas sagen: … großen
Kerle könnt nicht immer erreichen, was … wollt. Manchmal sind …
Kleinen stärker, verstehst … …?"

Nach einer Fabel von Äsop

3   As above.

–   Hallo Fritz, wie geht es …?
–   Danke, … geht es gut. Und wie geht's … und deiner Frau?
–   Bei … ist alles in Ordnung. Übrigens, … habe ein Buch für ….
     Das Buch ist sehr interessant.
–   … danke …!
–   Gib … *das Buch* zurück, wenn du … gelesen hast. … gehört meiner Schwester;
     meine Schwester hat das Buch auch noch nicht gelesen. Sag *meiner Schwester*, wie
     das Buch … gefallen hat. Das wird *meine Schwester* interessieren.
–   … komme nächste Woche … und deine Eltern besuchen. Sag *deinen
     Eltern* schöne Grüße. Ruft … an und sagt …, wann es … passt. Es gibt viel
     zu besprechen.

4   Fill in the missing personal pronouns. Write this exercise out, paying close attention
to the use of capital or small letters.

1. Kommst du morgen? Dann gebe ich … das Buch. … ist sehr interessant.
   Gib … … zurück, wenn du … gelesen hast.
2. Besuchst … deinen Bruder? Gib … bitte dieses Geschenk. … ist von
   meiner Schwester. Ich glaube, sie mag … .
3. Du hast noch meine Schreibmaschine. Gib … … bitte zurück; ich
   brauche … dringend.
4. Hört mal, ihr zwei, ich habe so viele Blumen im Garten; … könnt euch
   ruhig ein paar mitnehmen. … verwelken sonst doch nur.
5. Hier sind herrliche Äpfel aus Tirol, meine Dame. Ich gebe … … für
   einen Euro fünfzig das Kilo. … sind sehr aromatisch!
6. „Kommst du morgen mit in die Disko?" „… weiß noch nicht. … rufe …
   heute Abend an und sage … Bescheid."
7. Wenn du das Paket bekommst, mach … gleich auf. Es sind
   Lebensmittel drin. Leg … gleich in den Kühlschrank, sonst werden …
   schlecht.
8. Geh zu den alten Leuten und gib … die Einladung. … freuen
   sich bestimmt, wenn … … bekommen.
9. „Also, Herr Maier, ich sage … jetzt noch einmal: Drehen … das Radio
   etwas leiser!" „Aber ich bitte …, Herr Müller, stört … das denn?"
10. „Schickst … den Eltern eine Karte?" „Ich schicke … keine Karte, …
    schreibe … einen Brief."

§ 5   Possessive Pronouns

I 1st–3rd person possessive pronouns in the nominative singular and plural

Singular	maskulin	feminin	neutral	Plural	m + f + n
1.	mein	meine	mein		meine
2.	dein	deine	dein		deine
3.	sein	seine	sein		seine
	ihr	ihre	ihr		ihre
	sein	seine	sein		seine
1.	unser	uns(e)re	unser		uns(e)re
2.	euer	eure	euer		eure
3.	ihr	ihre	ihr		ihre
	Ihr	Ihre	Ihr		Ihre

1. The possessive pronoun indicates to whom a thing belongs:

Das ist meine Tasche.	=	Sie gehört mir.
Das ist seine Tasche.	=	Sie gehört dem Chef.
Das ist ihre Tasche.	=	Sie gehört der Kollegin.
Das ist unsere Tasche.	=	Sie gehört uns.
Das ist ihre Tasche.	=	Sie gehört den beiden Kindern.

2. In formal, polite forms of address *Ihr, Ihre, Ihr* can refer to one person or to several owners.

Ist das Ihre Tasche? – Ja, sie gehört mir.
Ist das Ihre Tasche? – Ja, sie gehört uns.

II Declension of the possessive pronouns

Singular	maskulin		feminin		neutral	
Nom.	mein	Freund	meine	Freundin	mein	Haus
Akk.	meinen	Freund	meine	Freundin	mein	Haus
Dat.	meinem	Freund	meiner	Freundin	meinem	Haus
Gen.	meines	Freundes	meiner	Freundin	meines	Hauses

Plural	maskulin / feminin / neutral	
Nom.	meine	Freunde / Freundinnen / Häuser
Akk.	meine	Freunde / Freundinnen / Häuser
Dat.	meinen	Freunden / Freundinnen / Häusern
Gen.	meiner	Freunde / Freundinnen / Häuser

1. The possessive pronoun ending always refers to the person or thing that comes after the possessive pronoun:
   a) to its case (nominative, accusative, dative, genitive)
   b) to its gender (masculine, feminine, neuter)
   c) to its number (singular or plural)

   Das ist meine Tasche. (Nom. Sg. f)
   Ich kenne ihren Sohn. (Akk. Sg. m)
   but: Ich kenne ihre Söhne. (Akk. Pl. m)

2. Summary: There are two points to bear in mind when using the possessive pronoun:
   a) Who is the "owner"?
   b) Which is the correct ending?

   Ich hole *den* Mantel **der Kollegin**. = 3. Person Sg. f
   Ich hole **ihr**en Mantel.   = Akk. Sg. m

1a Practise answering the questions in the following way. The possessive pronoun is in the nominative case. Now continue on your own.

Wo ist dein Lexikon?   *Mein Lexikon ist hier!*

Wo ist deine Tasche?   Wo sind deine Arbeiten?
Wo ist dein Kugelschreiber?   Wo sind deine Aufgaben?
Wo ist dein Deutschbuch?   Wo sind deine Hefte?
Wo ist ...?   Wo sind ...?

b Wo ist mein Mantel?   *Dein Mantel ist hier!*

You can express impatience, for example after a long search, like this:
Wo ist denn nur mein Mantel?

Wo ist mein Hut?   Wo ist mein Portmonee?
Wo ist meine Tasche?   Wo ist meine Brieftasche?
Wo sind meine Handschuhe?   Wo sind meine Zigaretten?
Wo ist ...?   Wo sind ...?

2 Look at exercise 1 and practise in the same way.

Wo ist Ihr Lexikon?   *Mein Lexikon ist hier!*
Wo ist mein Mantel?   *Ihr Mantel ist hier!*

3 Put in the possessive pronouns in the dative case.

Das ist Herr Müller mit ...
seiner Familie (f).   ... Töchtern (Pl.).
... Frau.   ... Kind.
... Sohn.   ... Nichte.

Das ist Frau Schulze mit…

... Freundinnen (Pl.).   ... Söhnen.
... Schwester.   ... Mann.
... Tochter.   ... Enkelkindern.

Das sind Thomas und Irene mit…

... Spielsachen (Pl.).   ... Fußball (m).
... Eltern (Pl.).   ... Freunden (Pl.).
... Lehrer (m).   ... Mutter.

4 Practise according to the following examples:

Haus (n) / Tante   *Das Haus gehört meiner Tante.*

1. Wagen (m) / Schwiegersohn   5. Bücher (Pl.) / Tochter
2. Garten (m) / Eltern   6. Teppich (m) / Schwägerin
3. Möbel (Pl.) / Großeltern   7. Schmuck (m) / Frau
4. Fernseher (m) / Untermieterin   8. Schallplatten (Pl.) / Sohn

5 Practise according to the following examples. The possessive pronoun is in the accusative case.

Wo hab' ich nur meinen Kugelschreiber hingelegt? (… auf den Tisch gelegt.)
Deinen Kugelschreiber? Den hast du auf den Tisch gelegt.

In the reply you can express surprise or impatience like this:
Den hast du doch auf den Tisch gelegt! („doch" bleibt unbetont.)

Wo hab' ich nur …

1. … Brille (f) hingelegt? (… auf den Schreibtisch gelegt.)
2. … Jacke (f) hingehängt? (… an die Garderobe gehängt.)
3. … Handschuhe (Pl.) gelassen? (… in die Schublade gelegt.)
4. … Schirm (m) hingestellt? (… da in die Ecke gestellt.)
5. … Bleistift (m) gelassen? (… in die Jackentasche gesteckt.)
6. … Briefmarken (Pl.) gelassen? (… in die Brieftasche gesteckt.)
7. … Brief (m) hingetan? (… in den Briefkasten geworfen.)

6 Now practise in the following way, using the questions from exercise 5:

Wo hab' ich nur meinen Kugelschreiber hingelegt?
Ihren Kugelschreiber? Den haben Sie auf den Tisch gelegt.

7 Fill in the possessive pronouns with their correct endings.

1. Wir sind in ein anderes Hotel gezogen. … altes Hotel (n) war zu laut.
2. … Eltern haben … Schlafzimmer gegenüber von … Zimmer.
3. … Schlafzimmer ist aber kleiner.
4. … Bruder Alex hat … Bett (n) an der Tür, … Bett steht am Fenster.
5. Die Mutter fragt: „Habt ihr … Sachen (Pl.) schon ausgepackt?"
6. „… Seife (f) und … Waschlappen (Pl.) legt bitte ins Bad!"

7. „... Anzüge (Pl.) hängt ihr in den Schrank, ... Hemden legt ihr hierhin und ... Schuhe (Pl.) stellt ihr unters Bett."
8. Alex ruft plötzlich: „Wo ist ... Mantel (m)? Hast du ... Mantel gesehen?"
9. „Alex," sage ich, „da kommt Vater mit ... Mantel und ... Schuhen."
10. „Ihr habt die Hälfte ... Sachen (Gen.) im Auto gelassen!" sagt Vater.
11. Mutter sucht ... Portmonee (n). „...Portmonee ist weg! Und ... Handtasche (f) auch!" ruft sie aufgeregt.
12. „Hier ist ... Handtasche und auch ... Portmonee", sagt der Vater.
13. „Wenn sich ... Aufregung (f) gelegt hat," meint Vater, „dann gehen wir jetzt essen. ... Freunde warten schon auf uns."

8 Fill in the possessive pronoun endings, but only where necessary.

Frankfurt, den 30. Mai

Lieber Hans,

dein__ Antwort (f) auf mein__ Brief (m) hat mich sehr gefreut. So werden wir also unser__ Ferien (Pl.) gemeinsam auf dem Bauernhof mein__ Onkels verbringen.
Sein__ Einladung (f) habe ich gestern bekommen. Er lädt
5 dich, dein__ Bruder und mich auf sein__ Bauernhof (m) ein. Mein__ Freude (f) kannst du dir vorstellen. Es war ja schon lange unser__ Plan (m), zusammen zu verreisen. Mein__ Verwandten (Pl.) haben auf ihr__ Bauernhof (m) allerdings ihr__ eigene Methode (f): Mein__ Onkel verwendet kei-
10 nen chemischen Dünger, er düngt sein__ Boden (m) nur mit dem Mist sein__ Schafe und Kühe (Pl.). Ebenso macht es sein__ Frau: Ihr__ Gemüsegarten (m) düngt sie nur mit natür-lichem Dünger. Ihr__ Gemüse (n) und ihr__ Obst (n) wachsen völlig natürlich! Sie braucht keine gefährlichen Gifte gegen
15 Unkraut oder Insekten und ihr__ Obstbäume (Pl.) wachsen und gedeihen trotzdem. Deshalb schmecken ihr__ Äpfel und Birnen (Pl.) auch besser als unser__ gekauften Früchte (Pl.). Ihr__ Hühner und Gänse (Pl.) laufen frei herum; nur abends treibt sie mein__ Onkel in ihr__ Ställe (Pl.). Dort legen sie Eier
20 und brüten ihr__ Küken (Pl.) aus; das wird dein__ kleinen Bru-der interessieren!
Die Landwirtschaft mein__ Verwandten (Pl.) ist übrigens sehr modern. Ihr__ Haushalt (m) versorgen sie mit Warmwasser aus Sonnenenergie; sogar die Wärme der Milch ihr__ Kühe
25 (Pl.) verwenden sie zum Heizen! Die Maschinen sind die mo-dernsten ihr__ Dorfes (n).
Mein__ Verwandten sind noch jung: Mein__ Onkel ist 30, mein__ Tante 25 Jahre alt. Ich finde ihr__ Leben (n) und ihr__ Arbeit (f) sehr richtig und sehr gesund. Aber du wirst dir
30 dein__ Meinung (f) selbst bilden.

Herzliche Grüße, dein__ Klaus

§ 6   Verb Conjugation

I Preliminary note

1. The infinitive of a verb is made up of a stem and the ending *-en*:
   lach-en, folg-en, trag-en, geh-en

2. There are weak (or regular) verbs and strong (or irregular) verbs as well as a few mixed verbs. Most German verbs belong to the category of weak verbs.

3. The weak verbs are conjugated regularly.
   The strong verbs and the mixed verbs are conjugated irregularly. This is by far the smaller category, and these verbs should be memorized (see appendix).

4. Unfortunately there is no simple rule to help you to recognize strong or weak verbs. Very often if the English verb is strong its German equivalent will be strong – e. g. *see/sehen, drink/trinken* or *find/finden*. But, as is the case with most rules, this rule doesn't always apply, so it is safer to memorize the so-called stem forms of a verb when you learn the verb. The stem forms of the verb are:
   a) Infinitive   lachen, tragen
   b) Imperfect (Präteritum) er lachte, er trug
   c) Past participle   gelacht, getragen

5. The past participle is formed by prefixing *ge-* and adding *-t* to the stem (= weak verbs) or *-en* (strong verbs):
   lachen – ge*lacht*, einkaufen – ein*ge*kauf*t*
   tragen – ge*tragen*, anfangen – an*ge*fang*en*

   Verbs ending in *-ieren* form their past participle without *ge-* (see § 8).

6. The majority of verbs form the perfect and the past perfect with the auxiliary verb *haben*, a few are formed with the auxiliary verb *sein* (see § 12).

7. The imperfect is used above all in written German. In speech the perfect is normally used to report something in the past. The past perfect is used to express what happened before the event being reported in the perfect or the imperfect.
   Imperfect (in a novel): Ein junger Mann *kam* in eine fremde Stadt und *sah* ein hübsches Mädchen. Er *verliebte* sich sofort ...
   Perfect (in a conversation): „*Hast* du deinem Freund endlich die Wahrheit ge-sagt?" – „Ich *habe* ihm vor zwei Wochen einen langen Brief *geschrieben*, aber er *hat* noch nicht *geantwortet*."
   Past perfect (mainly in writing): Ein junger Mann liebte ein Mädchen und stand jeden Abend vor ihrem Fenster, aber er *hatte* noch nie vorher mit ihr *gesprochen*.

II Conjugation of the weak verbs

with **haben**

	Präsens	Präteritum	Perfekt	Plusquamperfekt
Singular	ich lache	ich lachte	ich habe gelacht	ich hatte gelacht
	du lachst	du lachtest	du hast gelacht	du hattest gelacht
	er	er	er	er
	sie lacht	sie lachte	sie hat gelacht	sie hatte gelacht
	es	es	es	es
Plural	wir lachen	wir lachten	wir haben gelacht	wir hatten gelacht
	ihr lacht	ihr lachtet	ihr habt gelacht	ihr hattet gelacht
	sie lachen	sie lachten	sie haben gelacht	sie hatten gelacht

	Futur I	Futur II
Singular	ich werde lachen	ich werde gelacht haben
	du wirst lachen	du wirst gelacht haben
	er	er
	sie wird lachen	sie wird gelacht haben
	es	es
Plural	wir werden lachen	wir werden gelacht haben
	ihr werdet lachen	ihr werdet gelacht haben
	sie werden lachen	sie werden gelacht haben

with **sein**

	Präsens	Präteritum	Perfekt	Plusquamperfekt
Singular	ich folge	ich folgte	ich bin gefolgt	ich war gefolgt
	du folgst	du folgtest	du bist gefolgt	du warst gefolgt
	er	er	er	er
	sie folgt	sie folgte	sie ist gefolgt	sie war gefolgt
	es	es	es	es
Plural	wir folgen	wir folgten	wir sind gefolgt	wir waren gefolgt
	ihr folgt	ihr folgtet	ihr seid gefolgt	ihr wart gefolgt
	sie folgen	sie folgten	sie sind gefolgt	sie waren gefolgt

	Futur I	Futur II
Singular	ich werde folgen	ich werde gefolgt sein
	du wirst folgen	du wirst gefolgt sein
	er	er
	sie wird folgen	sie wird gefolgt sein
	es	es
Plural	wir werden folgen	wir werden gefolgt sein
	ihr werdet folgen	ihr werdet gefolgt sein
	sie werden folgen	sie werden gefolgt sein

1. The weak verbs do not change their vowels in the stem forms.

2. The regular imperfect is formed by adding *-te-*.

3. The past participle has a *-t* ending.

4. The future I is formed with *werden* and the infinitive of the main verb, the future II is formed with *werden* and the perfect infinitive (= *haben* or *sein* + past participle). (For usage, see § 21)

Note

1. For the question form (Lachst du? Lacht ihr? Lachen Sie?) see § 17.
2. For the imperative (Lach! Lacht! Lachen Sie!) see § 11.

1 Conjugate lists one, two and three in the present tense (ich schicke, du heilst etc.), in the perfect and imperfect.

		1	2	3
Sg.	1. Person	schicken	glauben	zählen
	2.	heilen	kaufen	spielen
	3.	fragen	machen	kochen
Pl.	1.	legen	weinen	drehen
	2.	führen	lachen	stecken
	3.	stellen	bellen	leben

2 Practise a) according to the pattern on the left and b) according to the pattern on the right.

Brauchst du ein Wörterbuch?   Braucht ihr ein Wörterbuch?
Ja, ich brauche ein Wörterbuch.   *Ja, wir brauchen ein Wörterbuch.*
Er braucht ein Wörterbuch!   *Sie brauchen ein Wörterbuch!*

We can stress our interest in something by using *eigentlich*: *Brauchst du eigentlich ein Wörterbuch?*
We can stress that something goes without saying by using *natürlich* – or even stronger, *selbstverständlich*:
Ja, natürlich brauche ich ein Wörterbuch.
Or: *Ja, selbstverständlich brauche ich ein Wörterbuch.*

1. Hörst du morgens die Vögel?
2. Holst du den Koffer mit dem Taxi?
3. Machst du den Kaffee immer so?
4. Brauchst du heute das Auto?
5. Lernst du die Verben?
6. Übst du immer laut?
7. Kletterst du über die Mauer?
8. Sagst du es dem Kellner?

3 Now do exercise 2 in the perfect.

III Conjugation of the strong verbs*

with **haben**	Präsens	Präteritum	Perfekt	Plusquamperfekt
Singular	ich trage	ich trug	ich habe getragen	ich hatte getragen
	du trägst	du trugst	du hast getragen	du hattest getragen
	er	er	er	er
	sie trägt	sie trug	sie hat getragen	sie hatte getragen
	es	es	es	es
Plural	wir tragen	wir trugen	wir haben getragen	wir hatten getragen
	ihr tragt	ihr trugt	ihr habt getragen	ihr hattet getragen
	sie tragen	sie trugen	sie haben getragen	sie hatten getragen

with **sein**	Präsens	Präteritum	Perfekt	Plusquamperfekt
Singular	ich gehe	ich ging	ich bin gegangen	ich war gegangen
	du gehst	du gingst	du bist gegangen	du warst gegangen
	er	er	er	er
	sie geht	sie ging	sie ist gegangen	sie war gegangen
	es	es	es	es
Plural	wir gehen	wir gingen	wir sind gegangen	wir waren gegangen
	ihr geht	ihr gingt	ihr seid gegangen	ihr wart gegangen
	sie gehen	sie gingen	sie sind gegangen	sie waren gegangen

1. The strong verbs change their stem vowel in the imperfect and for the most part in the past participle:
    finden, fand, gefunden   tragen, trug, getragen

    Some verbs change their whole stem:
    gehen, ging, gegangen   sein, war, gewesen

2. In the first and third person singular in the imperfect the strong verbs have no ending:
    ich / er trug; ich / er ging

3. Some strong verbs have a special form in the first and second person singular in the present. These special present forms have to be learned along with the other verb forms, e. g.:
    ich gebe – du gibst, er gibt   ich lasse – du lässt, er lässt
    ich nehme – du nimmst, er nimmt   ich stoße – du stößt, er stößt
    ich lese – du liest, er liest   ich laufe – du läufst, er läuft
    ich schlafe – du schläfst, er schläft

4. The strong verbs end in -en in the past participle.

5. The Future I is formed with *werden* and the infinitive form of the main verb *(ich werde tragen / gehen)*, the Future II is formed with *werden* and the perfect infinitive *(ich werde getragen haben / gegangen sein)*.

* alphabetical list see appendix

4   Verbs with a vowel change: put in the second person singular in the present.

    Ich esse Fisch.   *Was isst du?*

  1. Ich brate mir ein Kotelett. Was … du dir?
  2. Ich empfehle den Gästen immer das „Hotel Europa". Was … du ihnen?
  3. Ich fange jetzt mit der Arbeit an. Wann … du an?
  4. Ich gebe dem Jungen einen Euro. Was … du ihm?
  5. Ich halte mir einen Hund. … du dir auch einen?
  6. Ich helfe ihr immer montags. Wann … du ihr?
  7. Ich verlasse mich nicht gern auf ihn. … du dich denn auf ihn?
  8. Ich laufe hundert Meter in 14 Sekunden. Wie schnell … du?
  9. Ich lese gern Krimis. Was … du gern?
10. Ich nehme ein Stück Kirschtorte. Was … du?
11. Ich rate ihm zu fliegen. Was … du ihm?
12. Ich schlafe immer bis sieben. Wie lange … du?
13. Ich spreche sofort mit dem Chef. Wann … du mit ihm?
14. Ich sehe das Schiff nicht. … du es?
15. Ich trage den Koffer. … du die Tasche?
16. Ich treffe sie heute nicht. … du sie?
17. Ich vergesse die Namen so leicht. … du sie auch so leicht?
18. Ich wasche die Wäsche nicht selbst. … du sie selbst?
19. Ich werde im Mai 25. Wann … du 25?
20. Ich werfe alte Flaschen nicht in den Mülleimer. … du sie in den Mülleimer?

5   Change the sentences into the singular.

  1. Die Köchinnen eines Restaurants haben viel Arbeit.
  2. Schon früh kommen die Boten und bringen Obst und Gemüse, Fleisch und Kartoffeln.
  3. Die Köchinnen waschen das Gemüse, schälen die Kartoffeln und schneiden das Fleisch.
  4. Sie kochen die Milch, bereiten die Suppen und backen die Süßspeisen für den Mittagstisch.
  5. Später kommen die Kellner.
  6. Sie stellen die Teller und Gläser auf den Tisch.
  7. Dann legen sie Messer, Gabel und Löffel daneben.
  8. Auch die Servietten vergessen sie nicht.
  9. Sie füllen die Kannen mit Wasser und holen den Wein aus dem Keller.
10. Die Kellner geben den Gästen die Speisekarten.
11. Die Gäste studieren die Karte und bestellen.
12. Nun haben die Köchinnen viel Arbeit.
13. Sie braten das Fleisch, kochen das Gemüse und bereiten den Salat.
14. Sie bringen die Speisen zum Speisesaal und die Kellner servieren sie.
15. Nach dem Essen bezahlen die Gäste und verlassen das Restaurant.

6   Change the sentences in excercise 4 (not the questions) into the perfect and those in exercise 5 into the imperfect.

7 Change the sentences into the singular.

1. a) Die Münzen (f) fallen in den Spielautomaten.
   b) Meistens gewinnen die Spieler nichts.
2. a) Die Fischer geraten in einen Sturm.
   b) Sie fahren zum nächsten Hafen.
3. a) Die Gärtner graben ein Loch.
   b) Dann setzen sie einen Baum in das Loch und geben Erde auf die Stelle.
4. a) Die Schüler messen die Temperatur der Flüssigkeiten.
   b) Dann schreiben sie die Messdaten an die Tafel.
5. a) Die Diebe stehlen ein Auto.
   b) Dann verbergen sie es in einer Scheune.
6. a) Die Gäste betreten die Wohnung.
   b) Die Gastgeber empfangen die Gäste.
7. a) Die Pflanzen (f) wachsen bei der Kälte nicht.
   b) Sie müssen in einem mäßig warmen Raum stehen.
8. a) Die Firmen (die Firma) werben für ihre Produkte.
   b) Sie geben dafür viel Geld aus.

8 Change the sentences in exercise 7 to the imperfect and then to the perfect.

IV Conjugation of the verbs with auxiliary -e

Weak Verbs			
	Präsens	*Präteritum*	*Perfekt*
Singular	ich antworte	ich antwortete	ich habe geantwortet
	du antwortest	du antwortetest	du hast geantwortet
	er antwortet	er antwortete	er hat geantwortet
Plural	wir antworten	wir antworten	wir haben geantwortet
	ihr antwortet	ihr antwortetet	ihr habt geantwortet
	sie antworten	sie antworteten	sie haben geantwortet
Strong verbs			
	Präsens	*Präteritum*	*Perfekt*
Singular	ich biete	ich bot	ich habe geboten
	du bietest	du botest	du hast geboten
	er bietet	er bot	er hat geboten
Plural	wir bieten	wir boten	wir haben geboten
	ihr bietet	ihr botet	ihr habt geboten
	sie bieten	sie boten	sie haben geboten

1. Verb stems which end in -d- or -t- need an auxiliary -e- before the endings -st, -te, -t.

2. The same rule applies to verb stems ending in -m or -n, but only if a consonant (not r) precedes:
   atm-en: er atmet, du atmetest, er hat geatmet
   rechn-en: du rechnest, wir rechneten, ihr rechnetet

9 Make questions.

> Die Bauern reiten ins Dorf. *Wer reitet ins Dorf?*

1. Die Verkäufer bieten einen günstigen Preis.
2. Einige Parteimitglieder schaden der Partei.
3. Die Kinder baden schon im See.
4. Die Frauen öffnen die Fenster.
5. Die Angestellten rechnen mit Computern.
6. Die Sportler reden mit dem Trainer.
7. Die Schauspieler verabschieden sich von den Gästen.
8. Die Fußballspieler gründen einen Verein.
9. Die Politiker fürchten eine Demonstration.
10. Die Sanitäter retten die Verletzten.
11. Die Fachleute testen das Auto.
12. Die Schüler warten auf die Straßenbahn.
13. Die Techniker zeichnen die Maschinenteile.
14. Die Jungen streiten mit den Mädchen.

10 Change the sentences in exercise 9 into the imperfect and perfect alternately.

V Conjugation of the mixed verbs

Präsens	Präteritum	Perfekt
ich denke	ich dachte	ich habe gedacht
du denkst	du dachtest	du hast gedacht
er denkt	er dachte	er hat gedacht
wir denken	wir dachten	wir haben gedacht
ihr denkt	ihr dachtet	ihr habt gedacht
sie denken	sie dachten	sie haben gedacht

1. The mixed verbs have the same ending as the weak verbs.

2. The mixed verbs change their vowel in the stem, however. For this reason they have to be learned with the strong verbs.

3. The following verbs belong to the category of mixed verbs: *brennen, bringen, kennen, nennen, rennen, senden, wenden, wissen,* as well as the modal verbs (see alphabetical list in the appendix).

11 Change the following sentences into the imperfect and perfect.

1. Die Abiturienten bringen die Bücher zur Bibliothek.
2. Meine Schwestern denken gern an den Urlaub im letzten Jahr.
3. Die Kinder wissen den Weg nicht.
4. Ihr kennt die Aufgabe.
5. Die Mieter senden dem Hausbesitzer einen Brief.
6. Ihr wisst seit langem Bescheid.
7. Die Teilnehmer denken an den Termin.
8. Die Lampen im Wohnzimmer brennen.

12 Change the sentences in exercise 11 into the singular, and revise the imperfect and perfect again.

13 Make questions in the present and perfect tense.

1. (bringen) ihr ihm die Post nicht?
2. (wissen) Sie nichts von dem Vorfall?
3. (denken) du an die Verabredung?
4. (nennen) er die Namen der Mitarbeiter nicht?
5. (senden) ihr den Brief mit Luftpost?
6. (brennen) die Heizung im Keller nicht?

14 Make sentences in the present, the perfect and the imperfect tense.

1. du / denken / ja nie / an mich
2. das Haus / brennen / jetzt schon / zum zweiten Mal
3. wieder / bringen / der Briefträger / mir / keine Nachricht
4. du / kennen / deine Nachbarn / nicht / ?
5. immer / rennen / der Hund / wie verrückt / durch den Garten
6. ich / senden / ihr / herzliche Grüße
7. bei Problemen / ich / sich wenden / immer / an meinen Vater
8. warum / wissen / du / seine Telefonnummer / nicht / ?

VI Special conjugation rules

1. If the stem ends in -s-, -ss-, -ß- or -z-, the second person singular ends in -t in the present tense:

les-en: du lies*t*   ras-en: du ras*t*   lass-en: du läss*t*
stoß-en: du stöß*t*   heiz-en: du heiz*t*   schütz-en: du schütz*t*

2. Weak verbs ending in -eln and -ern only have the ending -n in the first and third person plural. These forms always correspond to the infinitive:

klingeln: wir kling*eln*, sie kling*eln*   Imperativ: *Klingle!*
lächeln: wir läch*eln*, sie läch*eln*   Imperativ: *Lächle!*
streicheln: wir streich*eln*, sie streich*eln*   Imperativ: *Streichle!*
ändern: wir änd*ern*, sie änd*ern*   Imperativ: *Ändre!*
fördern: wir förd*ern*, sie förd*ern*   Imperativ: *Fördre!*
rudern: wir rud*ern*, sie rud*ern*   Imperativ: *Rudre!*

The *e* does not occur in the first person singular present tense of verbs ending in *-eln:*

ich lächel*le*, ich kling*le*

3. The verb *wissen* has special forms in the singular in the present tense:

ich *weiß*, du *weißt*, er *weiß*, wir wissen, ihr wisst, sie wissen

15 Form the second person singular present tense of the following verbs:

gießen, messen, schließen, sitzen, stoßen, vergessen, wissen, lassen, beißen, fließen, schmelzen, heizen

16 Form the first person singular and plural present tense of the following verbs:

angeln, wechseln, bügeln, sich ekeln, handeln, klingeln, schaukeln, stempeln, zweifeln, ändern, liefern, wandern, bedauern, hindern, erwidern, flüstern, verhungern, zerkleinern

17 Practise answering the questions below in the following way:

Wechselst du dein Geld denn nicht?   *Doch, natürlich wechsle ich es!*

1. Bügelst du denn nicht alle Hemden?
2. Ekelst du dich denn nicht vor Schlangen? (vor ihnen)
3. Handelst du denn nicht mit den Verkäufern?
4. Zweifelst du denn nicht an der Wahrheit seiner Aussage? (daran)
5. Regelst du denn deine Steuerangelegenheiten nicht selbst?
6. Klingelst du denn nicht immer zweimal, wenn du kommst?
7. Plauderst du denn nicht gern mit deinen Nachbarn?
8. Änderst du denn nicht deine Reisepläne?
9. Lieferst du denn deine Arbeit nicht ab?
10. Wanderst du denn nicht gern?
11. Bedauerst du denn seine Absage nicht?
12. Förderst du denn nicht unsere Interessengemeinschaft?

18 Put the sentences in exercise 17 into the plural and give a negative answer.

Wechselt ihr euer Geld denn nicht?   *Nein, wir wechseln es nicht.*

Instead of using *denn* in the question we can also say *eigentlich*. And instead of using *natürlich* in the answer we can say *selbstverständlich*.

19 Tell the story using the imperfect.

1. Werner Stubinreith erhält seine Entlassung.
2. Das erscheint ihm ungerecht.
3. Er arbeitet schon viele Jahre dort und kennt den Leiter gut.
4. Er kennt auch alle Kollegen und nennt sie beim Vornamen.
5. Er denkt an Rache, weiß aber noch nicht wie.
6. Im Traum sieht er den Betrieb.
7. Es ist dunkel.
8. Er nimmt ein paar Lappen, tränkt sie mit Öl und legt damit im Betrieb an drei Stellen Feuer.

9. Dann rennt er schnell weg.
10. Dabei verliert er seinen Haus-
    schlüssel.
11. Ab und zu wendet er sich um.
12. Tatsächlich! Der Betrieb brennt!
13. Alles steht in Flammen.
14. Die Feuerwehr schickt drei Lösch-
    fahrzeuge.
15. Der Betriebsleiter nennt der Polizei
    die Namen der Entlassenen.

16. Werner Stubinreith ist auch dabei.
17. An der Brandstelle findet man
    einen Schlüssel.
18. Der Schlüssel passt zu Stubinreiths
    Haustüre.
19. Werner gesteht die Tat.
20. Er kommt für drei Jahre ins Ge-
    fängnis.
21. Werner wacht auf und findet seine
    Rachepläne nicht mehr so gut.

§ 7   Separable Verbs

Infinitiv: zuhören, weglaufen		
Präsens	*Präteritum*	*Perfekt*
ich höre … zu	ich hörte … zu	ich habe … zugehört
ich laufe … weg	ich lief … weg	ich bin … weggelaufen

1. Separable Verbs consist of separable parts, the majority of which, as well as being prefixes, are independent parts of speech with their own lexical meaning, usually prepositions: *ab-, an-, auf-, aus-, bei-, ein-, fest-, her-, hin-, los-, mit-, nach-, vor-, weg-, wieder-, zu-, zurück-, zusammen-,* to mention only a few. A separable prefix always carries the main stress.

   Exception: The prefix *hinter-* is inseparable (see § 8, 1).

2. In main clauses in the present tense and imperfect, the prefix is separated from the conjugated verb and stands at the end of the sentence:
   Er *hörte* gestern Abend dem Redner eine halbe Stunde lang *zu.*

3. The prefix forms one word with the past participle in the perfect and in the past perfect:
   Er hat dem Redner eine halbe Stunde lang *zugehört.*

4. Other kinds of prefixes can also be fused with the stem verb to form separable verbs:
   Er hat sein Auto *kaputt*gefahren.
   Sie hat das Insekt *tot*getreten.
   Er hat den ganzen Abend *fern*gesehen.
   Haben Sie an der Versammlung *teil*genommen?

Note

1. Compounds consisting of two verbs are written as two separate words according to the new spelling rules: *spazieren gehen*
2. Questions are formed like this: *Hörst du zu? Hast du zugehört?*
3. Imperatives are formed like this: *Hör zu! Hört zu! Hören Sie zu!*
4. Infinitive with *zu*: *aufzuhören, anzufangen*

1a Practise using the present tense form of the separable verbs.

Von der Arbeit einer Sekretärin
Telefonate weiterleiten   *Sie leitet Telefonate weiter.*

1. Besucher anmelden
2. Aufträge durchführen
3. Gäste einladen
4. Termine absprechen
5. die Post abholen
6. Besprechungen vorbereiten
7. wichtige Papiere bereithalten
8. Geschäftsfreunde anschreiben

b Was hat die Sekretärin alles gemacht?

Sie hat Telefonate weitergeleitet. Sie hat …

c Von der Arbeit einer Hausfrau

einkaufen   *Sie kauft ein.*

1. das Essen vorbereiten
2. das Geschirr abwaschen und abtrocknen
3. alles in den Schrank zurückstellen
4. Möbel abstauben
5. die Wäsche aus der Waschmaschine herausnehmen und aufhängen
6. die Wäsche abnehmen, zusammenlegen und wegräumen
7. die Kinder an- und ausziehen
8. die Kinder zum Kindergarten bringen und sie von dort wieder abholen
9. Geld von der Bank abheben

d Abends fragt sie sich:

Was habe ich eigentlich alles gemacht? Ich *habe eingekauft, ich habe das* … usw.

e Now do the same exercise in writing.

Sie kaufte ein, sie bereitete das … usw.

2a Complete the sentences below using the separable verbs.

Bei einer Flugreise: Was macht der Passagier?
Wir landen in wenigen Minuten!

Bitte

1.	aufhören zu rauchen!	Er hört auf zu rauchen.
2.	anschnallen!	Er … sich …
3.	vorn aussteigen!	Er …
4.	die Flugtickets vorzeigen!	Er … die Flugtickets …
5.	den Koffer aufmachen!	Er …
6.	das Gepäck mitnehmen!	Er …
7.	die Zollerklärung ausfüllen!	Er …
8.	den Pass abgeben!	Er …

b Now tell your partner:

Ich *habe aufgehört* zu rauchen. Ich *habe mich* … Ich *bin* … etc.

c Now do the same exercise in writing:

Er *hörte auf* zu rauchen. Er … usw.

3 Ein Abteilungsleiter hat seine Augen überall. – Practise according to the following example:

Hat Inge die Pakete schon weggebracht?   *Nein, sie bringt sie gerade weg.*

1. Hat Udo die Flaschen schon aufgestellt? – Nein, er …
2. Hat Frau Schneider die Waren schon ausgezeichnet?
3. Hat Fritz den Abfall schon rausgebracht?
4. Hat Reimar schon abgerechnet?
5. Hat die Firma Most das Waschpulver schon angeliefert?
6. Hat Frau Holzinger die Preistafeln schon aufgehängt?
7. Hat Uta den Keller schon aufgeräumt?
8. Hat die Glasfirma die leeren Flaschen schon abgeholt?
9. Hat Frau Vandenberg die neue Lieferung schon ausgepackt?
10. Hat Herr Kluge die Bestelllisten schon ausgeschrieben?
11. Hat Gerda die Lagerhalle schon aufgeräumt?

4a Hier gibt's Ärger!

Sie zieht den Vorhang auf. (zu-)   *Er zieht ihn wieder zu.*

1. Sie schließt die Tür auf. (zu-)	4. Sie packt die Geschenke ein. (aus-)
2. Sie dreht den Wasserhahn auf. (zu-)	5. Sie macht die Fenster auf. (zu-)
3. Sie schaltet das Radio an. (ab-)	6. Sie hängt die Bilder auf. (ab-)

b Wie war das bei den beiden? – Practise using the perfect with the sentences in 4a.

Sie hat den Vorhang aufgezogen; er hat ihn wieder zugezogen.

5 Form the perfect.

1. Mein Hund läuft weg. Ich laufe hinterher.
2. Er rechnet ihr ihre Dummheiten vor. Sie leiht ihm einen Taschenrechner aus.
3. Der Lehrling sagt etwas und der Chef stimmt zu. Der Chef sagt etwas und der Lehrling hört nicht zu.
4. Der Arzt steht dem Kranken bei, aber der Kranke wirft seine Tabletten weg.
5. Ich gebe meine Fehler zu, aber sie sieht ihre Fehler nicht ein.
6. Sie schaltet das Radio ein; aber er schaltet es wieder aus.
7. Sie macht das Licht an und er schaltet es wieder aus.
8. Meine Schwiegermutter kommt heute früh an; sie fährt zum Glück gegen Mittag wieder weiter.
9. Der Junge stößt den Nachbarn weg. Der Nachbar stürzt die Treppe hinunter.
10. Unsere Freunde führen uns einen Film vor. Ich schlafe beinahe ein.
11. Ich rufe ihn immer wieder an, aber er nimmt den Hörer nicht ab.
12. Die Kühe reißen sich los. Der Bauer bindet sie wieder an.

6 Form the present and the imperfect.

1. Der Chef hat die Schreibtischschublade zugeschlossen. Die Sekretärin hat sie am anderen Morgen wieder aufgeschlossen.
2. Die Kinder sind vorangelaufen und die Großeltern sind langsam hinterhergegangen.
3. Er hat mir einige Teegläser aus der Türkei mitgebracht. Ich habe sie gleich ausgepackt.
4. Sie hat ihr Wörterbuch ausgeliehen, aber sie hat es leider nicht zurückbekommen.
5. Er hat sich alle grauen Haare ausgerissen. Es sind leider nicht viele Haare auf seinem Kopf zurückgeblieben.
6. Der Dieb hat die Tasche hingestellt und ist fortgerannt. Ich bin hinterhergelaufen.
7. Den Dieb habe ich festgehalten. Die Tasche hat inzwischen ein anderer Dieb mitgenommen.
8. Der Beamte hat mir endlich die Genehmigung ausgestellt. Ich bin sofort losgefahren.
9. Das Töchterchen hat die Milch ausgetrunken und ihr Brot aufgegessen. Der Hund hat die Tasse und den Teller ausgeleckt.
10. Die beiden jungen Leute sind endlich zusammengezogen. Der Hausbesitzer hat ihnen aber den Strom abgestellt.

§ 8 Inseparable Verbs

Präsens	Präteritum	Perfekt
ich erzähle	ich erzählte	ich habe … erzählt
ich verstehe	ich verstand	ich habe … verstanden

1. Unlike with separable verbs, the prefixes of inseparable ones do not exist as independent words and they do not have a meaning of their own: e. g. *be-, emp-, ent-, er-, ge-, miss-, ver-, zer-* etc. They never carry the stress.

   Although the prefix *hinter-* is a meaningful word on its own,
   verbs with this prefix are inseparable:
   Er hinterlässt seinem Sohn einen Bauernhof.

2. These prefixes give the verb a new meaning which is not usually derived from the stem verb:
   Ich suche den Schlüssel.   Aber: Ich besuche meinen Onkel.
   Sie zählt das Geld.   Aber: Sie erzählt ein Märchen.
   Wir stehen im Flur.   Aber: Wir verstehen den Text.

3. The prefix is always attached to the stem:
   ich versuche, ich versuchte; ich bekomme, ich bekam

4. The *ge-* which would normally occur is omitted in the past participle (as it is with verbs ending in *-ieren*):
   er hat berichtet, er hat erklärt, er hat verstanden

Note

1. Some verbs with an inseparable prefix no longer have a stem verb: e. g. *gelingen, verlieren* u. a.
2. Note the question form: *Versteht ihr das? Habt ihr das verstanden?*
3. Note the imperative form: *Erzähl! Erzählt! Erzählen Sie!*
4. Infinitive with *zu*: *zu verstehen, zu erzählen*

1 Choose the correct present and perfect tense for each of the verbs. (The perfect tense is always formed with „haben" here.)

1. Der Arzt (verbieten) meinem Vater das Rauchen.
2. Die Kinder (empfinden) die Kälte nicht.
3. Der Student (beenden) seine Doktorarbeit.
4. Auch der Wirtschaftsminister (erreichen) keine Wunder.
5. Seine Freundin (gefallen) mir gut.
6. Heute (bezahlen) Gustl die Runde.
7. Wer (empfangen) die Gäste?

8. Die Schauspielerin (erobern) die Herzen ihrer Zuschauer.
9. Franz und Sigrun (erreichen) den Zug nicht mehr.
10. Warum (versprechen) er sich eigentlich dauernd?
11. Heinz (beachten) die Ampel nicht und (verursachen) leider einen Unfall.
12. Die Stadtverordneten (beschließen) den Bau des Schwimmbades.
13. Der Vater (versprechen) der Tochter eine Belohnung.
14. Du (zerstören) unsere Freundschaft!
15. Paul (vergessen) bestimmt wieder seine Schlüssel!
16. Der Architekt (entwerfen) einen Bauplan.

2 Put the sentences containing inseparable verbs into the present and imperfect tense.

1. Die Eltern haben das Geschenk versteckt.
2. Er hat mir alles genau erklärt.
3. Der Hausherr hat unseren Mietvertrag zerrissen.
4. Die Kinder haben die Aufgaben vergessen.
5. Die Fußballmannschaft hat das Spiel verloren.
6. Der Medizinstudent hat die erste Prüfung bestanden.
7. Ich habe ihm vertraut.
8. Der Ingenieur hat einen neuen Lichtschalter erfunden.
9. In der Vorstadt ist eine neue Wohnsiedlung entstanden.
10. Das Kind hat die chinesische Vase zerbrochen.
11. Der alte Professor hat die Frage des Studenten gar nicht begriffen.
12. Er hat mich immer mit seiner Freundin verglichen.
13. Wir haben den Bahnhof rechtzeitig erreicht.
14. Er hat seine Gäste freundlich empfangen.
15. Auf dem langen Transport ist das Fleisch verdorben.

3 Practise using the perfect form of the separable and inseparable verbs.

Vorschläge der Bevölkerung:

1. den Park erweitern
2. Sträucher anpflanzen
3. Straßen verbreitern
4. einen Busbahnhof anlegen
5. neue Buslinien einrichten
6. den Sportplatz vergrößern
7. das Klubhaus ausbauen
8. das Gasleitungsnetz erweitern
9. die alte Schule abreißen
10. eine neue Schule errichten
11. das hässliche Amtsgebäude abbrechen
12. den Verkehrslärm einschränken
13. neue Busse anschaffen
14. die Straßen der Innenstadt entlasten
15. Fußgängerzonen einrichten
16. ein Denkmal errichten
17. Luftverschmutzer feststellen

Durchführung:

Man hat den Park erweitert.
Man hat Sträucher angepflanzt.
...

18. den Fremdenverkehr ankurbeln
19. leer stehende Häuser enteignen
20. historische Feste veranstalten
21. einen Stadtplan herausgeben
22. die Durchfahrt des Fernverkehrs
    durch die Stadt verhindern
23. die Rathausfenster anstreichen
24. Radfahrwege anlegen
25. Grünflächen einplanen

Worterklärungen:
erweitern, vergrößern, ausbauen: größer machen
abreißen, abbrechen: zerstören, wegnehmen
anschaffen: kaufen
einschränken: (hier) weniger/geringer machen
einrichten: (hier) schaffen
errichten: bauen
feststellen: (hier) finden
ankurbeln: stärker/schneller machen
veranstalten: organisieren, machen
verhindern: machen, dass etwas nicht geschieht
enteignen: einem Besitzer (zugunsten der Allgemeinheit) etwas wegnehmen

4 Put the sentences in the perfect.

1. Kirstin besuchte das Museum.
2. Sie besorgte sich eine Eintrittskarte für Studenten und bezahlte drei Euro dafür.
3. Sie betrat den ersten Saal.
4. Dort betrachtete sie die Bilder der Künstler des 17. Jahrhunderts.
5. Kirstin blieb hier nicht so lange.
6. Sie verließ den Saal und gelangte in den nächsten Raum zu den Bildern der Maler des 19. Jahrhunderts.
7. Hier verbrachte sie viel Zeit.
8. Sie studierte beinah jedes Bild ganz genau.
9. Manchmal erkannte sie den Maler schon an der Art der Technik.
10. So verging die Zeit sehr schnell.

5 Practise the perfect of inseparable verbs.

Man versteht dich ja!   *Bis jetzt hat mich noch niemand verstanden!*

1. Man enteignet die Leute!   –   Bis jetzt hat man noch niemand(en) ... !
2. Man entlässt die Arbeiter!   –   ... hat man noch niemand(en) ... !
3. Man verklagt die Anführer!   –   ... hat man sie noch nicht ... !
4. Man verbietet ihnen alles!   –   ... hat man ihnen noch nichts ... !
5. Man bedroht die Leute!   –   ... hat man noch niemand(en) ... !
6. Begreifen die Leute endlich?   –   ... hat noch niemand etwas ... !
7. Verhungern die Leute nicht?   –   ... ist noch niemand ... !
8. Verlangen sie nicht Unmögliches? –   ... haben sie nichts Unmögliches ... !
9. Der Versuch misslingt!   –   ... ist er noch nicht ... !

10. Das Fleisch verdirbt bestimmt!   –   ... ist es jedenfalls nicht ... !
11. Das Glas zerspringt bestimmt!   –   ... ist es jedenfalls noch nicht ... !
12. Bekämpft man den Lärm nicht?   –   ... hat ihn noch niemand ... !
13. Du vergisst deine Freunde.   –   ... habe ich sie noch nicht ... !
14. Vermisst du die Zigaretten nicht?   –   ... habe ich sie noch nicht ... !

§ 9   Verbs which are Separable and Inseparable

	Präsens	Perfekt
trennbar	Das Schiff **geht** im Sturm **unter**.	Das Schiff **ist** im Sturm **untergegangen**.
untrennbar	Er **unterschreibt** den Brief.	Er **hat** den Brief **unterschrieben**.

1. Verbs containing *durch-, über-, um-, unter-, wider-, wieder-* are sometimes separable, sometimes inseparable, and are stressed accordingly.

2. The prefix carries the stress in separable verbs (e.g. *úmkehren*), in inseparable verbs the stem vowel of the verb carries the stress (e.g. *umgében*).

3. The meaning of the preposition is generally retained in separable verbs. A new meaning arises from the combination of prefix and verb in inseparable verbs. Most inseparable verbs of this type take an accusative object.

	separable	inseparable
durch	Er **bricht** den Stock **durch**.	Der Richter **durchschaut** den Zeugen.
über	Er **läuft** zum Feind **über**.	Der Lehrer **übersieht** den Fehler.
um	Er **fuhr** den Baum **um**.	Das Kind **umarmt** die Mutter.
unter	Die Insel **geht** im Meer **unter**.	Der Präsident **hat** das Gesetz **unterschrieben**.
wider	Das **spiegelt** die Lage **wider**.	Warum **widersprichst** du mir?
wieder	Er **bringt** mir die Zeitung **wieder**.	Ich **wiederhole** den Satz.

4. Some compound verbs are separable as well as inseparable; they have different meanings in each case, e. g.:

wiéderholen (= etwas zurückholen)   *wiederhólen* (= etwas noch einmal sagen / lernen)

Das Kind holt den Ball wieder.   Er wiederholt die Verben.

úmfahren (= etwas mit einem
  Fahrzeug zu Fall bringen)
Ein Autofahrer hat den kleinen
  Baum umgefahren.
dúrchbrechen (= etwas in
  zwei Teile teilen)
Die Holzbrücke über den Bach
  ist durchgebrochen.

úberziehen (= etwas zusätzlich
  anziehen)

Zieh dir etwas über, es ist kalt.

úmfáhren (= außen um etwas herum-
  fahren)
Auf der neuen Straße umfährt man das
  Dorf in wenigen Minuten.
dúrchbréchen (= durch etwas hin-
  durchgehen)
Die Sonne durchbricht die Wolken.

überzíehen (= das Bett mit frischer
  Wäsche versehen; vom Konto mehr
  Geld abheben, als drauf ist)
Sie hat die Betten frisch überzogen.
Ich überziehe mein Konto nur ungern.

II As it is very difficult to categorize separable and/or inseparable verbs with *durch-*,
über-, *um-*, *unter-* ... according to grammar and meaning, here is just a short list.

1. *durch-* Most verbs with *durch-* are inseparable, only a few are separable.

   separable
   er reißt ... durch   Sie riss den Brief durch und warf ihn weg.
   er fällt ... durch   Er ist bei der Prüfung durchgefallen.
   er schläft ... durch   Der Kranke hat bis zum Morgen durchgeschlafen.
   er streicht ... durch   Der Lehrer streicht das falsche Wort durch.
   er liest ... durch   In einer Woche hat er das dicke Buch durchgelesen.

   inseparable
   durchqueren   Die Flüchtlinge durchquerten den Wald in
                                 einer halben Stunde.
   durchschauen   Der Junge hatte eine schlechte Note bekommen.
                                 Er wollte es zu Hause nicht sagen, aber die Mutter
                                 durchschaute ihn sofort und fragte ...
   durchsuchen   Drei Polizisten durchsuchten die Wohnung des
                                 angeklagten Betrügers.

2. *über-* Most verbs with *über-* are separable, only a few are inseparable.

   separable
   er läuft ... über   Der Verräter ist zum Feind übergelaufen.
   er tritt ... über   Der Parlamentarier hat seine Partei verlassen.
                                 Er ist zu einer anderen Partei übergetreten.
   etwas kocht ... über   Der Topf ist zu klein. Der Reis kocht über.

   inseparable
   überfallen   Die Räuber haben ein kleines Dorf überfallen.
   überfahren   Der Autofahrer überfuhr eine Katze.
   überleben   Die meisten Einwohner der Stadt überlebten das
                                 Erdbeben.

überraschen	Dein Bericht hat mich überrascht.
sich überlegen	Ich weiß jetzt, was ich tun will. Ich habe mir alles genau überlegt.
übersetzen	Er übersetzte den Roman aus dem Russischen ins Deutsche.
überweisen	Ich habe 200 Euro von meinem Konto auf dein Konto überwiesen.
übertreiben	Wenn er von seinen Abenteuern erzählt, übertreibt er immer.

3. *um-* Most verbs with *um-* are separable, only a few are inseparable.

separable

er bindet ... um	Weil es kalt ist, bindet sie (sich) ein Tuch um.
er wirft ... um	Als er betrunken war, hat er sein Glas umgeworfen.
er stellt ... um	Sie hat alle Möbel in ihrer Wohnung umgestellt.
er zieht ... um	Die Familie ist umgezogen, sie wohnt jetzt in einer anderen Stadt.
er steigt ... um	Der Reisende ist in einen anderen Zug umgestiegen.
er kehrt ... um	Weil das Wetter so schlecht war, sind wir umgekehrt und wieder ins Hotel gegangen.
er fällt ... um	Bei dem Sturm letzte Nacht sind im Park sieben Bäume umgefallen.
er bringt ... um	Der Mörder hat vier Frauen umgebracht.
er kommt ... um	Bei der Flugzeugkatastrophe ist der Pilot umgekommen.

inseparable

umarmen	Die Mutter umarmt den Sohn, der aus einem fremden Land zurückgekommen ist.
umgeben	Ein Wald umgibt das kleine Dorf. Die Umgebung des Dorfes ist sehr schön.
umringen	Zum Abschied umringen die Kinder die Kindergärtnerin.
umkreisen	Satelliten umkreisen die Erde.

4. *unter-* Most verbs with *unter-* are inseparable, only a few are separable.

separable

er geht ... unter	Bei der Sturmflut 1348 gingen viele Inseln im Meer unter.
er bringt ... unter	Weil das Hotel schon geschlossen war, hat ihn sein Freund bei Bekannten untergebracht.

inseparable

unterbrechen	Er redete eine Stunde lang. Dann haben wir ihn schließlich unterbrochen.
unterhalten	1. Ich habe mich mit meinem Nachbarn unterhalten. (= reden)
	2. Im Theater haben wir uns gut unterhalten. (= sich amüsieren)
	3. Während des Studiums hat ihn sein Vater unterhalten. (= finanziell unterstützen)
unterstützen	Ich spende monatlich 50 Euro. Damit unterstütze ich behinderte Kinder.
unterrichten	Er unterrichtet Chemie an einem Frankfurter Gymnasium.
unterscheiden	Bitte unterscheiden Sie die schwachen und starken Verben.
untersuchen	1. Der Arzt untersucht einen Patienten.
	2. Die Polizei untersucht einen Kriminalfall.
unterlassen	Unterlassen Sie es, im Unterricht zu rauchen. (= etwas nicht tun)
unterdrücken	Der Tyrann unterdrückt sein Volk.

5. *wieder-* Most verbs with *wieder-* are separable; the most important inseparable verb is *wiederholen*.

separable

er bringt ... wieder	Der Hund bringt den Stock wieder.
er holt ... wieder	Was? Du hast das Messer in den Müll geworfen? Hol es sofort wieder.
er findet ... wieder	Nach langem Suchen fand er seinen Schlüssel wieder.
er kommt ... wieder	Nach zwei Monaten kam er wieder.
er sieht ... wieder	Später sah ich ihn wieder.

inseparable

wiederholen	Er wiederholte den Satz zweimal.

6. *wider-* The only separable verb is *widerspiegeln*. All the other verbs with *wider-* are inseparable.

er spiegelt ... wider	Die Bäume spiegeln sich im See wider.

inseparable

widersprechen	Der Lehrling widersprach dem Meister.
sich widersetzen	Er sollte seinen Kollegen denunzieren, aber er widersetzte sich.
widerrufen	Was er gesagt hat, hat er später widerrufen.

Note

All verbs with the prefix *hinter-* are inseparable (see § 8, 1).
Nach seinem Tod hat mir mein Onkel sein Ferienhaus in den Alpen
hinterlassen. (= vererbt)
Sie hat mir ein Geheimnis hinterbracht. (= verraten)

1 Is the verb separable or inseparable? Make sentences in the present and perfect
tense. The part of the verb with the main stress is in italics.

1. Ernst / die starken Verben / wieder*holen*.
2. die Fischer / die Leine / *durch*schneiden
3. der Direktor / den Brief / unter*schreiben*
4. ich / mich / mit den Ausländern / unter*halten*
5. wir / die Großstadt / auf der Autobahn / um*fahren*
6. der Betrunkene / die Laterne / *um*fahren
7. er / zum katholischen Glauben / *über*treten
8. ich / die Pläne meines Geschäftspartners / durch*schauen*
9. die Milch / *über*laufen
10. der Einbrecher / den Hausbesitzer / *um*bringen
11. warum / du / schon wieder alle Möbel / *um*stellen?
12. warum Sie / den Sprecher / dauernd unter*brechen*?
13. der Assistent / den Professor mit seinen guten Kenntnissen / über*raschen*
14. das Schiff / im Sturm *unter*gehen
15. der Politiker / seinen Austritt aus der Partei sehr genau über*legen*
16. die Soldaten / in Scharen zum Feind *über*laufen
17. der Redner / den Vortrag unter*brechen*

2 Put the verbs into their correct forms.

1. Du (übernehmen/Präsens) also tatsächlich am 1. Januar das Geschäft deines
Vaters? Das (überraschen/Präsens) mich, denn ich habe (annehmen), dein Vater (weiterführen/Präsens) das Geschäft, bis er die Siebzig (überschreiten) hat.
2. Man (annehmen/Präsens), dass der Buchhalter mehrere zehntausend Euro
(unterschlagen) hat. Lange Zeit hatte es die Firma (unterlassen), die Bücher zu
(überprüfen). Dann aber (auffallen/Präteritum) der Buchhalter durch den Kauf
einer sehr großen Villa. Nun (untersuchen/Präteritum) man den Fall. Dann
(durchgreifen/Präteritum) die Firma schnell. Sie (einschalten/Präteritum) sofort die Polizei. Der Mann war aber (dahinterkommen) und war schnell in der
Großstadt (untertauchen). Nach zwei Wochen fand man ihn im Haus seiner
Schwester; dort war er nämlich (unterkommen). Aber im letzten Moment
(durchkreuzen/Präteritum) der Buchhalter die Absicht der Polizei: Er nahm seine Pistole und (sich umbringen/Präteritum).

3 Separable or inseparable verbs? Form complete sentences in the tense indicated.

1. er / durchfallen / bei / letztes Examen (n) (Perfekt)
2. ich / durchschauen / Ausrede (f) / sofort (Perfekt)
3. Lehrer / durchstreichen / ganzer Satz (m) (Perfekt)

4. Verkäufer / durchschneiden / Brot (n) (Perfekt)
5. zum Glück / durchschlafen / krankes Kind / bis zum Morgen (Perfekt)
6. Bauern (Pl.) / durchqueren / mit / ihre Wagen (Pl.) / ganze Stadt (Präteritum)
7. er / überweisen / Betrag (m) / an / Versicherung (f) (Präteritum)
8. in / seine Tasche / wiederfinden / er / sein Pass (m) (Präteritum)
9. an / nächster Tag / widerrufen / Politiker / seine Äußerung (m) (Perfekt)
10. Lehrling / sich widersetzen / Anordnung (f) / des Chefs (Präteritum)
11. warum / unterlassen / ihr / Besuch (m) / bei / euer Onkel / ? (Perfekt)

§ 10   Reflexive Verbs

The following pronouns are used in German in conjunction with reflexive verbs: *mich* or *mir* für *myself*, *dich* or *dir* for *yourself* (familiar form), *uns* for *ourselves*, *euch* for *yourselves* (familiar form) and *sich* for all other forms, i. e. *himself, herself, itself, oneself, yourself/yourselves* (formal form) and *themselves.*
Reflexive verbs occur more frequently in German than in English and are often used in contexts where they wouldn't be used in English. *Sich erinnern – to remember, sich Sorgen machen – to worry, sich interessieren – to be interested, sich beeilen – to hurry,* are examples of German reflexive verbs with non-reflexive English equivalents. Observe that there are two forms for *myself* and *yourself* (familiar): *mich/dich* and *mir/dir*. It is important to memorize the reflexive verbs that take the dative forms *mir/dir*. Finally note the use of the definite article in the following sentence to render the English possessive when referring to parts of one's own body: *Wasch dir bitte die Hände = Wash your hands please. Er wäscht sich die Hände = He is washing his hands: Er wäscht seine Hände* would mean *He is washing his* (i. e. someone else's) *hands.*

	Akkussativ	*Dativ*
ich	*mich*	*mir*
du	*dich*	*dir*
er, sie, es		*sich*
wir		*uns*
ihr		*euch*
sie, Sie		*sich*

1. The declensions of the reflexive pronouns are the same as those for the personal pronouns (see § 4); *sich* occurs only in the third person singular and plural.

2. The reflexive pronoun indicates that an action or feeling refers back to the subject of the sentence:
   Ich habe mich in der Stadt verlaufen. (= mich selbst)
   Die Geschwister haben sich wieder vertragen. (= sich miteinander)
   Die Gleise haben sich verbogen. (= sich selbstständig)

   As in other languages, there are no rules in German about which verbs are reflexive. These verbs should be learned straightaway as a reflexive verb with the reflexive pronoun.

3. Some verbs always have the reflexive pronoun in the accusative case, e. g.

sich ausruhen	Das war ein langer Weg! Wir ruhen *uns* erst einmal aus.
sich bedanken	Der Busfahrer war sehr freundlich. Ich bedankte mich und stieg aus.
sich beeilen	Wir kommen zu spät! – Ja, ich beeile *mich* schon.
sich befinden	Neben dem Hotel befindet *sich* eine kleine Bar.
sich beschweren	Die Heizung funktionierte nicht. Die Mieter beschwerten *sich* beim Haus-meister.
sich einigen	Nicht jeder kann Recht haben. Wir müssen *uns* einigen.
sich entschließen	Er hat *sich* entschlossen Chemie zu studieren.
sich ereignen	Bei Nebel und glatten Straßen ereignen *sich* viele Unfälle.
sich erkälten	Hast du *dich* schon wieder erkältet?
sich erkundigen	Ich erkundige *mich* bei meinem Nachbarn, ob er meine Katze gesehen hat.
sich freuen	Er freut *sich* sehr, weil er im Lotto gewonnen hat.
sich irren	Ich habe *mich* geirrt. Der Zug fährt erst um 9 Uhr ab.
sich verabreden	Sie hat *sich* mit ihrem neuen Freund im Restaurant verabredet.
sich verlieben	Er hat *sich* in seine neue Mitschülerin verliebt.
sich wundern	Du bist ja ganz verändert. Ich wundere *mich*.

4. Some verbs can be used with the reflexive pronoun, but also, in a different meaning, with an independent accusative object, e. g.:

sich ändern		Er ist nicht mehr so unzuverlässig, er hat *sich* wirklich geändert.
	but:	Er ändert seine Pläne.
sich anmelden		Ich möchte den Direktor sprechen. – Haben Sie *sich* angemeldet?
	but:	Habt ihr euer Kind schon im Kinder-garten angemeldet?
sich anziehen		Er hatte verschlafen. Er zog *sich* schnell an und …
	but:	Heute ziehe ich das rote Kleid an.
sich ärgern		Ich ärgere *mich*, weil die Haustür wieder offen ist.
	but:	Warum bellt der Hund? – Der Junge hat ihn wieder geärgert.

sich aufregen		Warum hast du *dich* so aufgeregt?
	but:	Meine Lügen regen meine Frau auf.
sich beherrschen		Sei ruhig, du musst *dich* beherrschen.
	but:	Er beherrscht die englische Sprache.
sich beruhigen		Er war sehr aufgeregt. Erst nach einer Stunde hat er *sich* beruhigt.
	but:	Die Mutter beruhigt das weinende Kind.
sich beschäftigen		Der Professor beschäftigt *sich* mit russischer Literatur.
	but:	Die Firma beschäftigt 200 Angestellte.
sich bewegen		Wenn du *dich* mehr bewegst, wirst du gesund.
	but:	Der Wind bewegt die Zweige.
sich entschuldigen		Er hat *sich* bei mir entschuldigt.
	but:	Ich kann zu der Party nicht mitkommen. Entschuldigst du mich bitte?
sich fürchten		Abends geht sie nicht mehr aus dem Haus. Sie fürchtet *sich*.
	but:	Er fürchtet eine Katastrophe.
sich hinlegen		Du siehst schlecht aus. Du musst *dich* hinlegen (= ins Bett gehen).
	but:	Die Mutter legt das Kind hin (= ins Bett).
sich langweilen		Der Film langweilt *mich*. So etwas habe ich schon hundertmal gesehen.
	but:	Der Lehrer langweilt die Schüler mit den reflexiven Verben.
sich treffen		Morgen treffe ich *mich* mit ihm am Hauptbahnhof.
	but:	Er traf zufällig seinen Schulfreund.
sich unterhalten		Morgens unterhält *sich* die Hausfrau gern mit ihrer Nachbarin.
	but:	Der Gastgeber unterhält seine Gäste.
sich verabschieden		Ich möchte *mich* jetzt verabschieden. Auf Wiedersehen.
	but:	Gestern hat das Parlament das Gesetz verabschiedet. (= Die Mehrheit hat zugestimmt, es ist angenommen.)
sich verletzen		Ich habe *mich* beim Sport verletzt.
	but:	Er verletzte ihn an der Hand.
sich verstehen		Ich habe in der letzten Zeit immer mehr Ärger mit meiner Schwester. Wir verstehen *uns* nicht mehr.
	but:	Er spricht sehr leise. Ich verstehe kein Wort.
sich verteidigen		Was du über mich sagst, ist falsch. Jetzt muss ich *mich* verteidigen.
	but:	Als die Soldaten kamen, verteidigten die Bauern ihr Dorf.

5. The reflexive pronoun is in the dative case if the reflexive verb has an accusative object as well. The forms vary only in the accusative and dative first and second person singular:

sich etwas ansehen	Hast du *dir* den Film schon angesehen?
sich etwas ausdenken	Ich denke *mir* eine Geschichte aus.
sich etwas rasieren	Als Radprofi muss ich *mir* die Beine rasieren.
sich etwas vorstellen	Du stellst *dir* die Sache zu einfach vor.
sich etwas waschen	Vor dem Essen wasche ich *mir* noch die Hände.
sich etwas merken	Ich habe *mir* seine Autonummer gemerkt.

Note

1. *lassen* + reflexive (see § 19, III, Note / § 48):
   Man kann etwas leicht ändern. = Das lässt sich leicht ändern.
   Man kann das nicht beschreiben. = Das lässt sich nicht beschreiben.

2. Note the question form: *Freust du dich? Habt ihr euch gefreut? Haben Sie sich gefreut?*

3. Note the imperative form: *Fürchte dich nicht! Fürchtet euch nicht! Fürchten Sie sich nicht!*

4. Infinitive with *zu*: *sich zu fürchten, sich vorzustellen*

1 Conjugate in the present, imperfect, and perfect tense.

ich	sie / Sie	sich anziehen	sich die Aufregung vorstellen
du	ihr	sich umziehen	sich eine Entschuldigung ausdenken
er / sie	wir	sich entfernen	sich die Ausstellung ansehen
wir	er / sie	sich beschweren	sich ein Moped kaufen
ihr	du	sich erinnern	sich ein Bier bestellen
sie / Sie	ich	sich freuen	sich die Adresse merken

2 Formulate the sentences in the present, imperfect and perfect.

> *Das Wetter ändert sich in diesem Winter dauernd.*
> *Das Wetter änderte sich in diesem Winter dauernd.*
> *Das Wetter hat sich in diesem Winter dauernd geändert.*

1. Wir (sich ausruhen) nach der Wanderung erst einmal.
2. Der Student (sich bemühen) um ein Stipendium.
3. Der Geschäftsmann (sich befinden) in finanziellen Schwierigkeiten.
4. Die Kinder (sich beschäftigen) mit einer Spielzeugeisenbahn.
5. Der Junge (sich fürchten) vor der Dunkelheit.
6. Die Autonummer (sich merken) wir jedenfalls.
7. (sich treffen) ihr jede Woche im Café?
8. Wann (sich trennen) du von deiner Freundin?
9. Ich (sich rasieren) immer mit einem Elektrorasierer.
10. Wir (sich unterhalten) gern mit dem Bürgermeister.
11. Wir (sich verstehen) immer gut.
12. Sie (sich waschen) vor dem Essen die Hände.
13. Die Eltern (sich wundern) über die Zeugnisnoten ihrer Tochter.

3 Practise using the reflexive pronouns.

> Bückt er sich nicht nach dem Geld? *Doch, er bückt sich nach dem Geld.*

1. Fürchtet ihr euch nicht vor der Dunkelheit?
2. Ruht ihr euch nach dem Fußmarsch nicht aus?
3. Erholst du dich nicht bei dieser Tätigkeit?
4. Duscht ihr euch nicht nach dem Sport?
5. Zieht ihr euch zum Skifahren nicht wärmer an?
6. Legen Sie sich nach dem Essen nicht etwas hin?
7. Setzen Sie sich nicht bei dieser Arbeit?
8. Erkundigt sich der Arzt nicht regelmäßig nach dem Zustand des Kranken?
9. Überzeugt sich Vater nicht vorher von der Sicherheit des Autos?
10. Erinnert ihr euch nicht an das Fußballspiel?
11. Wunderst du dich nicht über meine Geduld?
12. Unterhaltet ihr euch nicht oft mit euren Freunden über eure Pläne?
13. Rasierst du dich nicht mit dem Elektrorasierer?
14. Bewerben Sie sich nicht um diese Stelle?
15. Besinnst du dich nicht auf den Namen meiner Freundin?
16. Freuen Sie sich nicht auf die Urlaubsreise?
17. Schämst du dich nicht?
18. Entschuldigst du dich nicht bei den Nachbarn?
19. Ziehst du dich fürs Theater nicht um?
20. Ärgerst du dich nicht über seine Antwort?

4 Put the questions and answers in exercise 3 into the perfect tense.

> *Hat er sich nicht nach dem Geld gebückt?*
> *Doch, er hat sich nach dem Geld gebückt.*

5 Match and make sentences.

1. Das Huhn setzt		a) im Sanatorium.
2. Erholen Sie		b) nicht für ihr Benehmen.
3. Müllers schämen		c) um diese Stelle?
4. Ruth interessiert	reflexive	d) für Hans.
5. Erkundigst du	pronoun	e) nicht an Sie.
6. Albert beschäftigt		f) mit Spanisch.
7. Ich erinnere		g) ins Nest.
8. Wir bemühen		h) um einen Studienplatz.
9. Bewerbt ihr		i) nach dem Zug?

6 Match and make sentences.

1. Wir leisten		a) ein Haus.
2. Helen leiht		b) eine Weltreise.
3. Die Geschwister kaufen	reflexive	c) die Haare?
4. Erlaubt ihr	pronoun	d) diesen Lärm!
5. Färben Sie		e) einen Scherz?
6. Ich verbitte		f) einen Kugelschreiber.
7. Du wäschst		g) die Hände.

7 Put in the reflexive pronouns.

Sie trafen ... am Rathaus, begrüßten ... mit einem Kuss und begaben ... in ein
Café. „Komm, wir setzen ... hier ans Fenster, da können wir ... den Verkehr
draußen anschauen", meinte er. Sie bestellte ... einen Tee, er ... eine Tasse Kaffee.
„Wie habe ich ... auf diesen Moment gefreut! Endlich können wir ... mal in
5   Ruhe unterhalten!" – „Ja, ich habe ... sehr beeilt; beinahe hätte ich ... verspätet."
– „Wir müssen ... von jetzt ab öfter sehen!" – „Ja, da hast du recht. Sag mal, was
hast du ... denn da gekauft? Einen Pelzmantel? Kannst du ... denn so etwas
Teures kaufen?" – „Kaufen kann ich ... den natürlich nicht; aber ich kann ihn ...
schenken lassen." – „Du hast ihn ... schenken lassen??" – „Ja, von einem sehr
10 guten Freund." – „Ha! Schau an! Sie lässt ... Pelzmäntel schenken! Von ,guten'
Freunden!" – „Reg ... doch nicht so auf!" – „Du begnügst ... also nicht mit
einem Freund? Mit wie vielen Freunden amüsierst du ... denn? Du bildest ...
wohl ein, ich lasse ... das gefallen?" – „Beruhige ... doch! Sprich nicht so laut!
Die Leute schauen ... schon nach uns um. Benimm ... bitte, ja? Schau, der, sehr
15 gute Freund' ist doch mein Vater; wir verstehen ... wirklich gut, aber zur Eifersucht gibt es keinen Grund! Da hast du ... jetzt ganz umsonst geärgert."

§ 11   The Imperative

In commands to people addressed as *Sie* the pronoun is used with the imperative. The
word order in such commands is like that for questions: *Bringen Sie mir bitte ein Bier.* The
pronoun *Sie* is repeated if two or more commands are expressed in the same sentence:
Kommen Sie herein und machen Sie die Tür zu.
Note that there is no parallel construction in German to the English *Do not ...: Bestellen
Sie kein Bier mehr für mich. (Don't order me another beer.)*

Commands to

a) one person:

| Anrede mit *du* | *Gib* mir das Lexikon! |
| Anrede mit *Sie* | *Geben Sie* mir das Lexikon! |

b) more than one person:

| Anrede mit *ihr* | *Macht* die Tür *zu!* |
| Anrede mit *Sie* | *Machen Sie* die Tür *zu!* |

A request is made by adding *bitte* to the imperative. However, in many situations a request like this sounds too direct and therefore impolite; the Konjunktiv II is then used
(see § 54, VI).

1. Form of address with *du*

a) The imperative is derived from the second person singular present. The *-st* ending is
omitted:

du fragst	Imperativ: Frag!
du kommst	Imperativ: Komm!
du nimmst	Imperativ: Nimm!
du arbeitest	Imperativ: Arbeite!

b) The Umlaut in the second person singular doesn't occur in strong verbs:

du läufst   Imperativ: Lauf!
du schläfst   Imperativ: Schlaf!

c) Special forms with auxiliary verbs:

haben: du hast   Imperativ: Hab keine Angst!
sein: du bist   Imperativ: Sei ganz ruhig!
werden: du wirst   Imperativ: Werd(e) nur nicht böse!

2. Forms of address with *ihr*
   The imperative form and the second person plural in the present tense are the same:

   ihr fragt   Imperativ: Fragt!
   ihr kommt   Imperativ: Kommt!
   ihr nehmt   Imperativ: Nehmt!

3. Forms of address with *Sie* (singular or plural)
   The imperative form and the third person plural in the present tense are the same.
   The personal pronoun *Sie* follows the verb:

   sie fragen   Imperativ: Fragen Sie!
   sie kommen   Imperativ: Kommen Sie!
   sie nehmen   Imperativ: Nehmen Sie!
   sie sind   Imperativ: Seien Sie so freundlich! (Ausnahme)

4. The ending for the second person singular in the imperative form used to be *-e:*
   Komme bald! Lache nicht! These forms are no longer spoken today and are seldom
   written. The *-e* only occurs in verbs ending in *-d, -t,* and *-ig,* also in *rechnen,* and
   öffnen. These words would be difficult to pronounce otherwise (see also § 6, VI, 2):

   leiden: du leidest   Imperativ: Leide, ohne zu klagen!
   bitten: du bittest   Imperativ: Bitte ihn doch zu kommen!
   entschuldigen: du entschuldigst   Imperativ: Entschuldige mich!
   rechnen: du rechnest   Imperativ: Rechne alles zusammen!

Note

1. Requests or demands addressed to the general public have the infinitive form in-
   stead of the imperative:
   Nicht aus dem Fenster lehnen!
   Nicht öffnen, bevor der Zug hält!

2. The past participle is used for commands to be carried out immediately:
   Aufgepasst! Hiergeblieben!

1 Der Hotelportier hat viel zu tun

Was er tut: Die Bitte des Gastes:
Er bestellt dem Gast ein Taxi.   *Bestellen Sie mir bitte ein Taxi!*

1. Er weckt den Gast um sieben Uhr.   3. Er besorgt dem Gast eine Tages-
2. Er schickt dem Gast das Frühstück   zeitung.
   aufs Zimmer.   4. Er bringt den Anzug des Gastes zur
                                           Reinigung.

5. Er verbindet den Gast mit der Telefonauskunft.
6. Er lässt den Gast mittags schlafen und stört ihn nicht durch Telefonanrufe.
7. Er besorgt dem Gast ein paar Kopfschmerztabletten.
8. Er läßt die Koffer zum Auto bringen.
9. Er schreibt die Rechnung.

2 a Schüler haben's manchmal schwer!

Was sie tun: Was sie tun sollen:
Hans spricht *zu* laut.   *Sprich nicht so laut!*

You can emphasize a request: *Sprich doch nicht so laut!*
(*doch* is not stressed).

1. Günther schreibt zu undeutlich.
2. Heidi isst zu langsam.
3. Fritz raucht zu viel.
4. Otto fehlt zu oft.
5. Edgar macht zu viele Fehler.
6. Angelika spricht zu leise.
7. Else kommt immer zu spät.
8. Ruth ist zu unkonzentriert.
9. Maria ist zu nervös.
10. Willi macht zu viel Unsinn.

b Was sie nicht getan haben: Was sie tun sollen:

Udo hat seine Schultasche nicht mitgenommen.   *Nimm bitte deine Schultasche mit!*

1. Gisela hat ihre Arbeit nicht abgegeben.
2. Heinz hat sein Busgeld nicht bezahlt.
3. Irmgard hat ihren Antrag nicht ausgefüllt.
4. Alex hat seine Hausaufgaben nicht gemacht.
5. Monika hat das Theatergeld nicht eingesammelt.
6. Didi hat seine Vokabeln nicht gelernt.
7. Uschi hat die Unterschrift des Vaters nicht mitgebracht.
8. Wolfgang ist nicht zum Direktor gegangen.

3 Die Bevölkerung fordert … – Make imperative sentences using exercise 3 in § 8.

Erweitert den Park!   *Pflanzt Sträucher an!*

4 Do the same using exercises 1a and 1c in § 7.

Telefonate weiterleiten   *Leiten Sie die Telefonate bitte weiter!*

5 Einige Fluggäste werden aufgefordert – Form the imperative using exercise 2 in § 7.

Bitte aufhören zu rauchen! *Hören Sie bitte auf zu rauchen!*
Bitte anschnallen!   *Schnallen Sie sich bitte an!*

6 Using exercise 4a in § 7, practise in the following way:

Sie zieht den Vorhang auf. (zu-) *Zieh den Vorhang bitte wieder zu!*

§ 12   Forming the Perfect with „haben" or „sein"

Preliminary note

The most frequently used tense when talking about the past in conversation in German is the perfect. This tense is similar in form to the English present perfect tense. Note that the German present perfect always denotes a completed past action. Where English uses the present perfect for an action that has continued up to or including the moment of speaking, German uses the present: *I have lived in Munich for 20 years. = Ich lebe seit zwanzig Jahren in München. He has worked for Siemens for years. = Er arbeitet seit Jahren bei Siemens.*
In order to construct the perfect and past perfect, an auxiliary verb and the past participle are required. The problem here is to know when to use the auxiliary verb *haben* and when to use the auxiliary verb *sein*.

I   Verbs with „sein"

We use *sein* with:

1. all verbs which can't take an accusative object (= intransitive verbs), but which denote a change in place: *aufstehen, fahren, fallen, fliegen, gehen, kommen, reisen* etc., also *begegnen*.

2. all intransitive verbs which indicate a change in condition:
   a) denoting a new beginning or development: *aufblühen, aufwachen, einschlafen, entstehen, werden, wachsen* u.a.
   b) denoting the end or completion of a development: *sterben, ertrinken, ersticken, umkommen, vergehen* u.a.

3. the verbs *sein* and *bleiben.*

Note

1. The verbs *fahren* and *fliegen* can also be used with an accusative object, in which case we use *haben* in the perfect tense:
   Ich habe *das Auto* selbst in die Garage gefahren.
   Der Pilot hat *das Flugzeug* nach New York geflogen.

2. The verb *schwimmen:*
   Er ist *über den Kanal* geschwommen. (= action to a certain place)
   Er hat zehn Minuten *im Fluss* geschwommen. (= no movement towards a set goal; stationary in a fixed place)

II   Verbs with „haben"

All other verbs are used with *haben*:

1. all verbs which take an accusative object (= transitive verbs): *bauen, fragen, essen, hören, lieben, machen, öffnen* etc.

2. all reflexive verbs: *sich beschäftigen, sich bemühen, sich rasieren* etc.

3. all modal verbs (see § 18, II): *dürfen, können, mögen, müssen, sollen, wollen.*

4. verbs which cannot have an accusative object (= intransitive verbs), but only those which express a state or the duration of an action rather than the dynamics of an action. The following verbs belong to this category:
   a) verbs used with place and time adverbials which express a state, without mention of motion or change in condition: *hängen* (= strong verb), *liegen, sitzen, stehen, stecken, arbeiten, leben, schlafen, wachen* etc. In southern Germany the verbs *liegen, sitzen, stehen* are mostly used with *sein.*
   b) stative verbs with a dative object: *antworten, danken, drohen, gefallen, glauben, nützen, schaden, vertrauen* etc.
   c) verbs denoting a definite beginning or ending: *anfangen, aufhören, beginnen.*

1 Perfect with „haben" or „sein"?

Wann beginnt das Konzert?   *Es hat schon begonnen.*
Wann reist euer Besuch ab?   *Er ist schon abgereist.*

1. Wann esst ihr zu Mittag? – Wir ...
2. Wann rufst du ihn an? – Ich ...
3. Wann kaufst du die Fernsehzeit-schrift?
4. Wann kommt die Reisegruppe an?
5. Wann fährt der Zug ab?
6. Wann schreibst du den Kündi-gungsbrief?
7. Wann ziehen eure Nachbarn aus der Wohnung aus?
8. Wann ziehen die neuen Mieter ein?
9. Wann schafft ihr euch einen Fern-seher an?

2 „haben" or „sein"? Choose the correct auxiliary verb putting it in its correct form.

1. „ ... du geschlafen?" „Ja, ich ... plötzlich eingeschlafen; aber ich ... noch nicht ausgeschlafen." „Ich ... dich geweckt, entschuldige bitte!"
2. Die Rosen ... wunderbar geblüht! Aber jetzt ... sie leider verblüht.
3. Heute Morgen waren alle Blüten geschlossen; jetzt ... sie alle aufgegangen; heute Abend ... sie alle verblüht, denn sie blühen nur einen Tag. Aber mor-gen früh ... wieder neue erblüht.
4. Wir ... lange auf die Gäste gewartet, aber jetzt ... sie endlich eingetroffen.
5. Um 12.15 Uhr ... der Zug angekommen; er ... nur drei Minuten gehalten, dann ... er weitergefahren.
6. Die Kinder ... am Fluss gespielt; dabei ... ein Kind in den Fluss gefallen. Es ... um Hilfe geschrien. Ein Mann ... das gehört, er ... in den Fluss gesprungen und er ... das Kind gerettet.
7. Gas ... in die Wohnung gedrungen. Die Familie ... beinahe erstickt. Das Rote Kreuz ... gekommen und ... die Leute ins Krankenhaus gebracht. Dort ... sie sich schnell erholt.

3 Christof kommt nach Hause und erzählt: „Heute ist eine Unterrichtsstunde ausge-fallen und wir haben gemacht, was wir wollten."

Hans (zum Fenster rausschauen)   *Hans hat zum Fenster rausgeschaut.*

1. Ulla (ihre Hausaufgaben machen)
2. Jens (sich mit Hans-Günther unterhalten)
3. Gilla (die Zeitung lesen)
4. Ulrich (mit Carlo Karten spielen)
5. Karin (Männchen malen)
6. Ulrike (Rüdiger lateinische Vokabeln abhören)
7. Christiane (sich mit Markus streiten)
8. Katja (ein Gedicht auswendig lernen)
9. Heike (mit Stefan eine Mathematikaufgabe ausrechnen)
10. Iris (etwas an die Tafel schreiben)
11. Claudia und Joachim (sich Witze erzählen)
12. Wolfgang und Markus (ihre Radtour besprechen)
13. Ich (in der Ecke sitzen und alles beobachten)

4 Eine Woche Urlaub – Put the following sentences into the perfect tense.

Zuerst fahren wir nach Bayreuth. Dort gehen wir am Samstag in die Oper.
An diesem Tag steht der „Tannhäuser" von Wagner auf dem Programm. Auch
am Sonntag bleiben wir in Bayreuth und schauen uns die Stadt und die
Umgebung an.
Am Sonntagabend treffen wir uns mit Freunden und fahren ins Fichtelgebirge.
Da bleiben wir eine Woche. Wir wandern jeden Tag zu einem anderen Ziel.
Abends sitzen wir dann noch zusammen und unterhalten uns, sehen fern
oder gehen tanzen. Kaum liegt man dann im Bett, schläft man auch schon ein.
Am Sonntag darauf fahren wir dann wieder nach Hause.

5 Practise using the perfect tense. After *und* the same subject doesn't have to be
repeated (see § 23, IV).

Herr Traut im Garten // Beete umgraben / Salatpflanzen setzen
Was hat Herr Traut im Garten gemacht?
Er hat Beete umgegraben und er hat Salatpflanzen gesetzt.
better: *Er hat Beete umgegraben und Salatpflanzen gesetzt.*

Lieschen Müller gestern // in die Schule gehen / eine Arbeit schreiben
Was hat Lieschen Müller gestern gemacht?
Sie ist in die Schule gegangen und sie hat eine Arbeit geschrieben.
better: *Sie ist in die Schule gegangen und hat eine Arbeit geschrieben.*

1. Frau Traut im Garten // Unkraut vernichten / Blumen pflücken
2. Inge gestern in der Stadt // ein Kleid kaufen / Schuhe anprobieren
3. Herr Kunze gestern // in die Stadt fahren / Geld von der Bank abheben
4. Frau Goldmann gestern // zur Post fahren / ein Paket aufgeben
5. Herr Lange gestern // den Fotoapparat zur Reparatur bringen / die Wäsche aus der Wäscherei abholen
6. Herr Kollmann gestern // Unterricht halten / Hefte korrigieren
7. Frau Feldmann gestern im Büro // Rechnungen bezahlen / Telexe schreiben
8. Professor Keller gestern // Vorlesungen halten / Versuche durchführen
9. Fritzchen Hase gestern // in den Kindergarten gehen / Blumen und Schmetterlinge malen
10. Frau Doktor Landers gestern // Patienten untersuchen / Rezepte ausschreiben

6 Put the following sentences into the perfect tense.

Der Mieter kündigte und zog aus.
Der Mieter hat gekündigt und ist ausgezogen.

Maiers besichtigten die Wohnung und unterschrieben den Mietvertrag.
Maiers haben die Wohnung besichtigt und den Mietvertrag unterschrieben.

1. Herr Maier besorgte sich Kartons und verpackte darin die Bücher.
2. Er lieh sich einen Lieferwagen und fuhr damit zu seiner alten Wohnung.
3. Die Freunde trugen die Möbel hinunter und verstauten sie im Auto. (verstauen = auf engem Raum unterbringen, verpacken)
4. Dann fuhren die Männer zu der neuen Wohnung und luden dort die Möbel aus.
5. Sie brachten sie mit dem Aufzug in die neue Wohnung und stellten sie dort auf.
6. Frau Maier verpackte das Porzellan sorgfältig in Kartons und fuhr es mit dem Auto zu der neuen Wohnung.
7. Dort packte sie es wieder aus und stellte es in den Schrank.
8. Maiers fuhren mit dem Lieferwagen fünfmal hin und her, dann brachten sie ihn der Firma zurück.

7 Do the same here.

1. Ein Mann überfiel eine alte Frau im Park und raubte ihr die Handtasche.
2. Ein Motorradfahrer fuhr mit hoher Geschwindigkeit durch eine Kurve und kam von der Straße ab. Dabei raste er gegen einen Baum und verlor das Bewusstsein.
3. Ein betrunkener Soldat fuhr mit einem Militärfahrzeug durch die Straßen und beschädigte dabei fünfzehn Personenwagen.
4. Auf einem Bauernhof spielten Kinder mit Feuer und steckten dabei die Stallungen in Brand. Die Feuerwehrleute banden die Tiere los und jagten sie aus den Ställen.
5. Zwei Räuber überfielen eine Bank und nahmen eine halbe Million Mark mit.

8 Retell this story in the perfect tense, using the first person singular.

Er wachte zu spät auf, sprang sofort aus dem Bett, zerriss dabei die Bettdecke und warf das Wasserglas vom Nachttisch. Das machte ihn schon sehr ärgerlich. Er wusch sich nicht, zog sich in aller Eile an, verwechselte die Strümpfe und band sich eine falsche Krawatte um. Er steckte nur schnell einen Apfel ein, verließ die Wohnung und rannte die Treppe hinunter. Die Straßenbahn fuhr ihm gerade vor der Nase weg. Er lief ungeduldig zehn Minuten lang an der Haltestelle hin und her. Er stieg eilig in die nächste Bahn, verlor aber dabei die Fahrkarte aus der Hand. Er drehte sich um, hob die Fahrkarte vom Boden auf, aber der Fahrer machte im selben Augenblick die automatischen Türen zu. Er hielt ein Taxi an, aber der Taxifahrer verstand die Adresse falsch und lenkte den Wagen zunächst in die falsche Richtung. So verging wieder viel Zeit. Er kam 45 Minuten zu spät in der Firma an, entschuldigte sich beim Chef und beruhigte die Sekretärin. Er schlief dann noch eine halbe Stunde am Schreibtisch.

§ 13   Transitive and Intransitive Verbs which are often Confused

I   legen / liegen, stellen / stehen usw.

transitive weak verbs	intransitive strong verbs
hängen, hängte, hat gehängt Ich *habe* den Mantel in die Garderobe *gehängt*.	hängen, hing, hat gehangen Der Mantel *hat* in der Garderobe *gehangen*.
legen, legte, hat gelegt Ich *habe* das Buch auf den Schreibtisch *gelegt*.	liegen, lag, hat gelegen Das Buch *hat* auf dem Schreibtisch *gelegen*.
stellen, stellte, hat gestellt Ich *habe* das Buch ins Regal *gestellt*.	stehen, stand, hat gestanden Das Buch *hat* im Regal *gestanden*.
setzen, setzte, hat gesetzt Sie *hat* das Kind auf den Stuhl *gesetzt*.	sitzen, saß, hat gesessen Das Kind *hat* auf dem Stuhl *gesessen*.
stecken, steckte, hat gesteckt Er *hat* den Brief in die Tasche *gesteckt*.	stecken, steckte (stak), hat gesteckt Der Brief *hat* in der Tasche *gesteckt*.

1. The transitive verbs (verbs that have an accusative object) indicate an action:
   A person (subject) does something to an object (accusative object).
   The details of place occur with a preposition in the accusative. The question is asked with *wohin?* (see § 57)

2. The intransitive verbs (verbs that don't have an accusative object) show the result of an action.
   The place is given with a preposition in the dative. The question is asked with *wo?* (see § 57)

3. Normally the object of the transitive verb becomes the subject of the intransitive verb.

1   Choose the correct verb, using the past participle.

1. Die Bilder haben lange Zeit im Keller (liegen / legen).
2. Jetzt habe ich sie in mein Zimmer (hängen st. / schw.).
3. Früher haben sie in der Wohnung meiner Eltern (hängen st. / schw.)
4. Das Buch hat auf dem Schreibtisch (liegen / legen).
5. Hast du es auf den Schreibtisch (liegen / legen)?
6. Ich habe die Gläser in den Schrank (stehen / stellen).

7. Die Gläser haben in der Küche (stehen / stellen).
8. Der Pfleger hat den Kranken auf einen Stuhl (sitzen / setzen).
9. Der Kranke hat ein wenig in der Sonne (setzen / sitzen).
10. Die Bücher haben im Bücherschrank (stehen / stellen).
11. Hast du sie in den Bücherschrank (stehen / stellen)?
12. Die Henne hat ein Ei (legen / liegen).
13. Hast du den Jungen schon ins Bett (legen / liegen)?
14. Die Familie hat sich vor den Fernseher (setzen / sitzen).
15. Dort hat sie den ganzen Abend (setzen / sitzen).
16. Im Zug hat er sich in ein Abteil 2. Klasse (setzen / sitzen).
17. Er hat den Mantel an den Haken (hängen st./schw.).
18. Vorhin hat der Mantel noch an dem Haken (hängen st./schw.).

2 Herr Müller macht die Hausarbeit – Dative oder accusative? Fill in the correct case in the sentences below.

1. Er stellt das Geschirr in (Schrank [m]) zurück.
2. Die Gläser stehen immer in (Wohnzimmerschrank [m]).
3. Die Tassen und Teller stellt er in (Küchenschrank [m]).
4. Die Tischtücher legt er in (Schränkchen [n]) in (Esszimmer [n]).
5. In (Schränkchen [n]) liegen auch die Servietten.
6. Ein Geschirrtuch hängt in (Badezimmer [n]).
7. Die Wäsche hängt noch auf (Wäscheleine [f]) hinter (Haus [n]).
8. Er nimmt sie ab und legt sie in (Wäscheschrank [m]).
9. Die schmutzige Wäsche steckt er in (Waschmaschine [f]).
10. Später hängt er sie auf (Wäscheleine [f]).

3 Now put exercise 2 into the perfect.

II More transitive and intransitive verbs

transitive weak verbs	intransitive strong verbs
erschrecken (erschreckt), erschreckte, hat erschreckt Der Hund *hat* das Kind *erschreckt*.	erschrecken (erschrickt), erschrak, ist erschrocken Das Kind *ist* vor dem Hund *erschrocken*.
löschen, löschte, hat gelöscht Die Männer *haben* das Feuer *gelöscht*.	erlöschen (erlischt), erlosch, ist erloschen Das Feuer *ist erloschen*.
senken, senkte, hat gesenkt Der Händler *hat* die Preise *gesenkt*.	sinken, sank, ist gesunken Die Preise *sind gesunken*.
sprengen, sprengte, hat gesprengt Die Soldaten *haben* die Brücke *gesprengt*.	springen, sprang, ist gesprungen Das Glas *ist gesprungen*.

transitive weak verbs	intransitive strong verbs
versenken, versenkte, hat versenkt Das U-Boot *hat* das Schiff *versenkt*.	versinken, versank, ist versunken Die Insel *ist* im Meer *versunken*.
verschwenden, verschwendete, hat verschwendet Der Sohn *hat* das Geld *verschwendet*.	verschwinden, verschwand, ist verschwunden Das Geld *ist verschwunden*.

1. The transitive verbs indicate an action.

2. The intransitive verbs indicate the result of an action or the state a person or thing finds itself in as a result of it:
   Die Kinder versteckten sich hinter der Kellertür und erschrecken die alte Dame. – Die alte Dame erschrickt.
   Wütend griff er nach seinem Weinglas. Das Glas zersprang.

4   Choose the correct verb, put it in the sentence in the correct form.

1. „löschen" or „erlöschen"?
   a) Sie … das Licht und ging schlafen. (Prät.)
   b) Meine Liebe zu Gisela … (Perf.)
   c) Nach dem langen Marsch mussten alle ihren Durst …
   d) Die Pfadfinder … das Feuer, bevor sie das Lager verließen. (Prät.)
   e) Siehst du das Licht dort? Es geht immer an und … wieder. (Präs.)
   f) Der Vulkan …, jedenfalls ist er seit 200 Jahren nicht mehr tätig. (Perf.)

2. „(ver)senken" or „(ver)sinken"?
   a) Der Angeklagte … den Blick bei den strengen Fragen des Richters. (Prät.)
   b) Der Wert des Autos … von Jahr zu Jahr. (Präs.)
   c) Schon nach dem dritten Jahr … der Wert des Wagens auf die Hälfte … (Perf.)
   d) Der Fallschirmspringer … langsam zu Boden. (Präs.)
   e) Die Steuern werden hoffentlich bald …
   f) Während der letzten 24 Stunden … die Temperatur um 12 Grad … (Perf.)
   g) Die „Titanic" stieß auf ihrer ersten Fahrt mit einem Eisberg zusammen und … innerhalb von drei Stunden. (Prät.)
   h) Die Kinder … bis zu den Knien im Schnee. (Prät.)
   i) 1960 … die Stadt Agadir bei einem Erdbeben in Schutt und Asche … (Perf.)
   j) Der Feind … das Schiff mit einer Rakete. (Prät.)

3. „sprengen" or „springen"?
   a) Man … die alten Burgmauern … (Perf.)
   b) Das Wasser gefriert und … das Glas. (Präs.)
   c) Der Polizeihund … über den Zaun … (Perf.)
   d) Man muss die baufällige Brücke …
   e) Die Feder der Uhr …; sie muss repariert werden. (Perf.)
   f) Jede Minute … der Zeiger der Uhr ein Stück vor. (Präs.)
   g) Der Sportler … 7,10 Meter weit … (Perf.)

4. „verschwenden" or „verschwinden"?
   a) …, und lass dich hier nicht mehr sehen! (Imperativ)
   b) Die Donau … in ihrem Oberlauf plötzlich im Boden und kommt erst viele Kilometer weiter wieder aus der Erde. (Präs.)

    c) Die Sonne ... hinter den Wolken. (Prät.)

    d) „Tu das Geld in die Sparbüchse und ... es nicht wieder für Süßigkeiten!"
       (Imperativ)

    e) Mit diesem Mittel ... jeder Fleck sofort. (Präs.)

    f) Er ... sein ganzes Vermögen. (Prät.)

    g) Der Bankräuber ... spurlos ... (Perf.)

5. „erschrecken, erschreckt" or „erschrecken, erschrickt"?

    a) ... er dich mit seiner Maske sehr ...? (Perf.)

    b) Ja, ich ... furchtbar ... (Perf.)

    c) Bei dem Unfall ist nichts passiert, aber alle ... sehr ... (Perf.)

    d) ... bitte nicht! Gleich knallt es. (Imperativ)

    e) Der Schüler ... den Lehrer mit seiner Spielzeugpistole. (Prät.)

    f) Sie ... bei jedem Geräusch. (Präs.)

    g) „Wenn du mich nochmal so ..., werde ich böse!" (Präs.)

    h) „Ich ... dich bestimmt nicht mehr!" (Präs.)

§ 14   Verb Case Government

Preliminary note

The concept of case is difficult for English-speaking students, since case is hardly marked in English. Case is a way of showing the function of a word in a sentence or the relationship between words. This may be shown by using a preposition in English, where German uses a case ending. In languages like German with a strong case system, word order is not as important as it is in English. In German sentences words may very often be shifted around without changing the overall meaning of the sentence: *Mrs. Smith is paying the waiter* for example differs in meaning from: *The waiter is paying Mrs. Smith*. Because case is marked in German it is possible to change the word order of sentences like the above without changing the meaning of the sentence: *Frau Schmidt zahlt den Kellner*, or: *Den Kellner zahlt Frau Schmidt*.

There are four cases in German: nominative, accusative, dative and genitive.

Verb case government means that certain verbs are followed by a certain case. There are no strict rules regarding which verb takes which case. It is especially difficult to differentiate between verbs with an accusative object and a dative object:

Ich frage *ihn*.   Er trifft *ihn*.

Ich antworte *ihm*.   Er begegnet *ihm*.

I Verbs with the accusative

1. The majority of German verbs take an accusative object:

    Er baut *ein Haus*.   Wir bitten *unseren Nachbarn*.

    Er pflanzt *einen Baum*.   Ich liebe *meine Geschwister*.

    Der Bauer pflügt *den Acker*.   Der Professor lobt *den Studenten*.

    Ich erreiche *mein Ziel*.   Sie kennen *die Probleme*.

2. Some impersonal verbs. These verbs have the impersonal subject *es* and an accusative object, usually an accusative pronoun. A *dass*-sentence usually follows, or an infinitive construction (see § 16, II, 4):

Es ärgert *mich,* dass ...   Es langweilt *den Schüler,* dass ...
Es beleidigt *uns,* dass ...   Es macht *mich* froh (traurig, fertig), dass ...
Es beunruhigt *ihn,* dass ...   Es stößt *mich* ab, dass ...
Es erschreckt *mich,* dass ...   Es wundert *mich,* dass ...
Es freut *den Kunden,* dass ...   usw.

3. Most inseparable verbs, especially those with the prefixes *be-, ver-, zer-* take an accusative object:

Er *be*kommt *die Stellung* nicht.   Wir *ver*stehen *dich* nicht.
Wir *be*suchen *unsere Freunde.*   Er *zer*reißt *die Rechnung.*
Er *be*reiste *viele Länder.*   Der Sturm *zer*brach *die Fenster.*
Sie *ver*ließ *das Zimmer.*   usw.

4. The expression *es gibt,* and *haben* used as a full verb are followed by an accusative object:

Es gibt *keinen Beweis* dafür.   Wir haben *einen Garten.*
Es gibt heute *nichts* zu essen.   Er hatte *das beste Zeugnis.*

1 Put the accusative objects into the singular.

1. Auf einer Busreise besichtigen die Touristen Burgen (f), Schlösser (n), Dome (m), Klöster (n) und Denkmäler (n).
2. Die Ballonfahrer sehen von oben Wälder (m), Wiesen (f), Äcker (m), Dörfer (n), Städte (f) und Stauseen (m).
3. Der Student befragt nicht nur die Professoren und Kommilitonen, sondern auch die Professorinnen und Kommilitoninnen.
4. Neben Arbeitern braucht die Firma Fachleute für Computertechnik, Schreiner, Schlosser und LKW-Fahrer oder -Fahrerinnen.
5. Der Bastler bastelt nicht nur Drachen (m) und Flugzeuge (n), sondern auch Lampenschirme (m) und Möbelstücke (n).

II Verbs with the dative

The dative case is the case of the recipient, and as such the dative verbs express a personal relationship. There is a limited number of verbs belonging to this category.

The following list contains the most commonly used dative verbs:

ähneln	Sie ähnelt *ihrer Mutter* sehr.
antworten	Antworte *mir* schnell!
befehlen	Der Zöllner befiehlt *dem Reisenden* den Koffer zu öffnen.
begegnen	Ich bin *ihm* zufällig begegnet.
beistehen	Meine Freunde stehen *mir* bestimmt bei.
danken	Ich danke *Ihnen* herzlich für die Einladung.
einfallen	Der Name fällt *mir* nicht ein.
entgegnen	Der Minister entgegnete *den Journalisten,* dass ...
erwidern	Er erwiderte *dem Richter,* dass ...
fehlen	Meine Geschwister fehlen *mir.*

folgen	Der Jäger folgt *dem Wildschwein.*
gefallen	Die Sache gefällt *mir* nicht.
gehören	Dieses Haus gehört *meinem Vater.*
gehorchen	Der Junge gehorcht *mir* nicht.
gelingen	Das Experiment ist *ihm* gelungen.
genügen	Zwei Wochen Urlaub genügen *mir* nicht.
glauben	Du kannst *ihm* glauben.
gratulieren	Ich gratuliere *Ihnen* herzlich zum Geburtstag.
helfen	Könnten Sie *mir* helfen?
missfallen	Der neue Film hat *den Kritikern* missfallen.
misslingen	Der Versuch ist *dem Chemiker* misslungen.
sich nähern	Der Wagen näherte sich *der Unfallstelle.*
nützen	Der Rat nützt *ihm* nicht viel.
raten	Ich habe *ihm* geraten gesünder zu essen.
schaden	Lärm schadet *dem Menschen.*
schmecken	Schokoladeneis schmeckt *allen Kindern.*
vertrauen	Der Chef vertraut *seiner Sekretärin.*
verzeihen	Ich verzeihe *dir.*
ausweichen	Der Radfahrer ist *dem Auto* ausgewichen.
widersprechen	Ich habe *ihm* sofort widersprochen.
zuhören	Bitte hör *mir* zu!
zureden	Wir haben *ihm* zugeredet die Arbeit anzunehmen.
zusehen	Wir haben *dem Meister* bei der Reparatur zugesehen.
zustimmen	Die Abgeordneten stimmten *dem neuen Gesetz* zu.
zuwenden	Der Verkäufer wendet sich *dem neuen Kunden* zu.

2 Choose the appropriate noun and put it into the dative.

1. Das Gras schmeckt	a)	der Jäger
2. Das Medikament nützt	b)	die Blumen
3. Die Kinder vertrauen	c)	der Hund
4. Der Sportplatz gehört	d)	das Geburtstagskind
5. Wir gratulieren	e)	der Gastgeber
6. Die Gäste danken	f)	die Patientin
7. Der Jäger befiehlt	g)	die Eltern
8. Der Hund gehorcht	h)	der Ladendieb
9. Die Trockenheit schadet	i)	die Gemeinde
10. Der Detektiv folgt	j)	die Kühe

3 Practise these verbs with the dative. The subject always comes first.

1. er / sein Vater / immer mehr ähneln (Präs.)
2. der Angeklagte / der Richter / nicht antworten (Prät.)
3. ich / gestern / mein Freund / begegnen (Perf.)
4. sein Vater / er / finanziell beistehen (Fut.)
5. meine Telefonnummer / mein Nachbar / nicht einfallen (Perf.)
6. das Geld für das Schwimmbad / die Gemeinde / leider fehlen (Präs.)
7. mein Hund / ich / aufs Wort folgen (= gehorchen) (Präs.)
8. das Wetter / die Wanderer / gar nicht gefallen (Prät.)

9. die Villa / ein Bankdirektor / gehören (Präs.)
10. die Lösung der Aufgabe / die Schüler / nicht gelingen (Perf.)

III Verbs with the dative and the accusative

Generally speaking, the dative object is usually a person, the accusative object on the other hand is usually a thing. The following verbs take both, a dative and an accusative object. Very often, however, only the accusative object is used:
Er beantwortet dem Sohn die Frage.
Er beantwortet die Frage.

The following list contains the most commonly used verbs with a dative and an accusative object:

anvertrauen	Er hat dem Lehrling die Werkstattschlüssel anvertraut.
beantworten	Ich beantworte dir gern die Frage.
beweisen	Er bewies dem Schüler den mathematischen Lehrsatz.
borgen	Ich habe ihm das Buch nur geborgt, nicht geschenkt.
bringen	Er brachte mir einen Korb mit Äpfeln.
empfehlen	Ich habe dem Reisenden ein gutes Hotel empfohlen.
entwenden	Ein Unbekannter hat dem Gast die Brieftasche entwendet.
entziehen	Der Polizist entzog dem Fahrer den Führerschein.
erlauben	Wir erlauben den Schülern das Rauchen in den Pausen.
erzählen	Ich erzähle dir jetzt die ganze Geschichte.
geben	Er gab mir die Hand.
leihen	Er hat mir den Plattenspieler geliehen.
liefern	Die Fabrik liefert der Firma die Ware.
mitteilen	Er teilt mir die Geburt seines Sohnes mit.
rauben	Die Räuber raubten dem Boten das Geld.
reichen	Er reichte den Gästen die Hand.
sagen	Ich sagte ihm deutlich meine Meinung.
schenken	Ich schenke ihr ein paar Blumen.
schicken	Meine Eltern haben mir ein Paket geschickt.
schreiben	Er schrieb dem Chef einen unfreundlichen Brief.
senden	Wir senden Ihnen anliegend die Antragsformulare.
stehlen	Unbekannte Täter haben dem Bauern zwölf Schafe gestohlen.
überlassen	Er überließ mir während der Ferien seine Wohnung.
verbieten	Er hat seinem Sohn das Motorradfahren verboten.
verschweigen	Der Angeklagte verschwieg dem Verteidiger die Wahrheit.
versprechen	Ich habe ihm 100 Euro versprochen.
verweigern	Die Firma verweigert den Angestellten das Urlaubsgeld.
wegnehmen	Er hat mir die Schreibmaschine wieder weggenommen.
zeigen	Er zeigte dem Besucher seine Bildersammlung.

4 Practise in the following way:

Hast du deinem Freund das Auto geliehen?
Ja, ich hab' ihm das Auto geliehen.

Hast du

1. ... dem Chef die Frage beantwortet?
2. ... deinen Eltern deinen Entschluss mitgeteilt?
3. ... den Kindern das Fußballspielen verboten?
4. ... deiner Wirtin die Kündigung geschickt?
5. ... deinem Sohn das Rauchen gestattet?
6. ... deiner Freundin den Fernseher überlassen?
7. ... deinem Bruder die Wahrheit gesagt?
8. ... deinem Vater deine Schulden verschwiegen?
9. ... den Kindern den Ball weggenommen?
10. ... deinen Freunden die Urlaubsbilder schon gezeigt?
11. ... deiner Familie einen Ausflug versprochen?
12. ... deinen Eltern einen Gruß geschickt?

5 Make sentences in the imperfect and perfect, putting the nouns in their correct case.

der Arzt / der Mann / das Medikament / verschreiben
Der Arzt verschrieb dem Mann das Medikament.
Der Arzt hat dem Mann das Medikament verschrieben.

1. die Hausfrau / der Nachbar / die Pflege der Blumen / anvertrauen
2. die Tochter / der Vater / die Frage / beantworten
3. der Angeklagte / der Richter / seine Unschuld / beweisen
4. Udo / mein Freund / das Moped / borgen
5. der Briefträger / die Einwohner / die Post / jeden Morgen gegen 9 Uhr / bringen
6. er / die Kinder / Märchen / erzählen
7. der Bürgermeister / das Brautpaar / die Urkunden / geben
8. Gisela / der Nachbar / das Fahrrad / gern leihen
9. das Versandhaus / die Kunden / die Ware / ins Haus liefern
10. sie / die Tante / das Geburtstagsgeschenk / schicken
11. Hans / der Chef / die Kündigung / aus Frankreich / schicken
12. das Warenhaus / der Kunde / der Kühlschrank / ins Haus senden
13. der Angestellte / der Chef / seine Kündigungsabsicht / verschweigen
14. die Zollbehörde / der Ausländer / die Einreise / verweigern
15. eine Diebesbande / die Fahrgäste im Schlafwagen / das Geld / entwenden
16. die Polizei / der Busfahrer / der Führerschein / entziehen
17. der Motorradfahrer / die Dame / die Tasche / im Vorbeifahren rauben
18. meine Freundin / die Eltern / dieses Teeservice / zu Weihnachten / schenken
19. ein Dieb / der Junggeselle / die ganze Wohnungseinrichtung / stehlen
20. der Vater / der Sohn / zum Abitur / das Geld für eine Italienreise / versprechen

6 Accusative and/or dative? Make sentences in the imperfect.

1. der Pfleger / die Kranke / das Medikament / reichen
2. er / ihre Angehörigen / ein Brief / schreiben
3. die Verwandten / die Kranke / besuchen
4. die Angehörigen / die Patientin / bald wieder / verlassen müssen
5. der Arzt / die Dame / nicht erlauben aufzustehen
6. der Chefarzt / die Kranke / noch nicht entlassen wollen

7. die Frau / der Arzt / nicht widersprechen wollen
8. die Pfleger / die Frau / beistehen müssen
9. mein Bruder / die Touristen / in der Stadt / treffen
10. die Touristen / der Bus / verlassen
11. ich / die Touristen / begegnen
12. das Informationsbüro / die Touristen / das „Hotel Ritter" / empfehlen
13. die Touristen / der Vorschlag / zustimmen
14. die Leute / das Hotel / suchen
15. ein Fußgänger / die Reisenden / der Weg / zeigen
16. der Bus / das Hotel / sich nähern
17. das Musikstück / die Besucher / missfallen
18. der Vater / der Junge / eine Belohnung / versprechen
19. die Lügen / die Politiker / nicht helfen
20. das Parlament / ein Gesetz / beschließen

7 Using the sentences 1–14 from exercise 5, practise according to the example in the box below:

> Der Arzt hat dem Mann das Medikament verschrieben.
> *Nein, das stimmt nicht, er hat ihm das Medikament nicht verschrieben!*

Instead of „Nein, das stimmt nicht" you can also say: Nein, ganz im Gegenteil, … ; Nein, das ist nicht wahr, … ; Nein, da irren Sie sich, … ; Nein, da sind Sie im Irrtum, …

IV Verbs with two accusatives

There are only a few verbs which take two accusative objects.
The most important are: *kosten, lehren, nennen, schelten, schimpfen.*
Ich nenne ihn Fritz.
Das Essen kostet mich 50 Euro.
Er lehrt mich das Lesen.

V Verbs with the accusative and the genitive

These verbs are usually used in a legal context:
anklagen   Man klagt *ihn des Meineids* an.
bezichtigen   Er bezichtigt *ihn der Unehrlichkeit.*
überführen   Die Polizei überführte *den Autofahrer der Trunkenheit* am Steuer.
verdächtigen   Man verdächtigte *den Zeugen der Lüge.*

VI Verbs with the genitive

These verbs are seldom used in present day German:
sich erfreuen   Sie erfreute sich *bester Gesundheit.*
bedürfen   Der Krankenbesuch bedurfte *der Genehmigung* des Chefarztes.

VII Verbs with two nominatives

The verbs *sein* and *werden,* also *bleiben, heißen, scheinen* can have, apart from the subject, a further nominative.
Die Biene ist *ein Insekt.*
Mein Sohn wird später *Arzt.*
Er blieb zeit seines Lebens *ein armer Schlucker.*
Der Händler scheint *ein Betrüger* zu sein.

Note

The verbs *sein* and *werden* cannot be used on their own. They require a complement.
Examples:
Bienen sind *fleißig.* Du bist *tapfer.* Der Musiker wurde *berühmt.* Er blieb immer *freundlich.*
    Er scheint *geizig* zu sein. (= adverb, see § 42)
Sein Geburtstag ist am 29. Februar. Wir bleiben in der Stadt. Er scheint zu Hause
    zu sein. (= place or time adverbials)
Das sind meine Haustiere. Das wird eine schöne Party. Das bleibt Wiese,
    das wird kein Bauland. (see § 36, III, 4 b)

VIII Fixed verb + accusative expressions

Combinations like the following are fairly common in German. The respective verbs seldom have a meaning of their own; they complement the accusative object, and with it, form a semantic unit. They are known as function verbs.
die Flucht ergreifen
eine Erklärung abgeben
eine Entscheidung treffen
Lists with examples and exercises are to be found in § 62.

§ 15   Verbs with a Prepositional Object

English prepositions are less complex in their use than are German prepositions insofar as there are no differences of case to be considered in a following noun or pronoun. In German it is important to consider which case a preposition takes. A preposition may take more than one case ending depending on the context or meaning.
As in English some German verbs require a preposition for their completion, *for, to, with, by* etc. The prepositions used by German verbs may not be those expected from their English equivalents, however. Compare the following:
sich sehnen nach etwas   to long for something
warten auf   to wait for
bitten um   to ask for

sich freuen auf   to look forward to
sich freuen über   to be pleased about

Occasionally German verbs use a preposition where their English counterparts do not,
e. g. *diskutieren über / to discuss*

Preliminary note

1. Lots of verbs are used in conjunction with a particular preposition which is followed
   by an object in either the accusative or dative case. The preposition and the object
   comprise the prepositional object.

2. There is no fixed rule regarding the choice of preposition for the verb or for the case
   of the object. The verb, preposition and the case should therefore be learned as one
   unit (see table listed under III on next page).

I Usage

Die Nachtschwester sorgt für den Schwerkranken.
Wir haben an dem Ausflug nicht teilgenommen.
The verb is followed by a prepositional object.

Sie erinnert sich gern an die Schulzeit.
Wir beschäftigen uns schon lange mit der Grammatik.
Many verbs used reflexively have a prepositional object (see § 10).

Der Reisende dankt dem Schaffner für seine Hilfe.
Der Einheimische warnt den Bergsteiger vor dem Unwetter.
Some verbs with a prepositional object require a second object, either in the dative or
accusative. It is placed before the prepositional object.

Er beschwert sich bei den Nachbarn über den Lärm.
Wir haben uns bei dem Beamten nach der Ankunft des Zuges erkundigt.
Some verbs even require two prepositional objects. Generally speaking, the preposi-
tional object in the dative case precedes the object in the accusative case.

II Usage with questions, „dass"-clauses and infinitive constructions

The preposition has a fixed position in relation to the verb and the object, and also
occurs in questions related to the prepositional object (a + b), in sentences where
pronouns function as prepositional objects, (c + d), and usually in *dass*-sentences and
infinitive constructions (e + f).

a) Er denkt *an seine Freundin.*   Question: *An wen* denkt er? (= person)
b) Er denkt *an seine Arbeit.*   Question: *Woran* denkt er? (= thing)

In questions related to the prepositional object it is essential to differentiate between people and things.

The preposition appears before the personal interrogative word in questions referring to people, e. g. *bei wem?, an wen?* etc.

In questions referring to a thing *wo* becomes an integrated part of the interrogative word, e. g. *wofür?, wonach?*

If the word begins with a vowel an *r* is inserted, e. g. *woran?*

c) Denkst du *an deine Freundin*?   Answer: Ich denke immer *an sie.*
d) Denkst du *an deine Arbeit*?   Answer: Ich denke immer *daran.*

It is also necessary to differentiate between people and things when pronouns function as prepositional objects.

The preposition appears before the personal pronoun when it refers to people, e. g. *vor ihm, an ihn* etc.

In sentences where pronoun objects refer to things, *da* becomes an integrated part of the preposition, e. g. *damit, davon* etc.

If the word begins with a vowel, an *r* is inserted, e. g. *daran, darauf* etc.

e) Er denkt *daran*, dass seine Eltern bald zu Besuch kommen.
f) Er denkt *daran*, sich eine neue Stellung zu suchen.

The prepositional object can be extended to a *dass*-sentence or an infinitive construction (see § 16, II, 2). Generally speaking, the preposition with *da*- or *dar*- occurs at the end of the main clause or dependent clause.

1 Form questions as in the examples:

> Ich freue mich auf die Ferien.   *Worauf freust du dich?*
> Ich freue mich auf Tante Vera.   *Auf wen freust du dich?*

1. Der Diktator herrschte grausam über sein Volk.
2. Ich habe auf meinen Freund gewartet.
3. Er bereitet sich auf sein Examen vor.
4. Wir sprachen lange über die Politik des Landes.
5. Er schimpfte laut über den Finanzminister.
6. Alle beklagten sich über die hohen Steuern.
7. Bei dem Betrug geht es um 12 Millionen Dollar.
8. Er unterhielt sich lange mit seinem Professor.
9. Sie schützten sich mit einer Gasmaske vor dem Rauch. (2 Fragen)
10. Heute sammeln sie wieder fürs Rote Kreuz.

III Selection of the most commonly used verbs and their prepositions

abhängen	von + D	den Eltern	
es hängt ab	von + D	den Umständen	davon, dass... / ob... / wie... / wann...
achten	auf + A	die Fehler	darauf, dass... / ob... / Inf.-K.
anfangen	mit + D	dem Essen	(damit), Inf.-K.

sich anpassen	an + A	die anderen	
sich ärgern	über + A	den Nachbarn	(darüber), dass... / Inf.-K.
jdn. ärgern	mit + D	dem Krach	damit, dass...
aufhören	mit + D	dem Unsinn	(damit), Inf.-K.
sich bedanken	für + A	das Geschenk	dafür, dass ...
	bei + D	den Eltern	
sich / jdn. befreien	von + D	den Fesseln	
	aus + D	der Gefahr	
beginnen	mit + D	der Begrüßung	(damit), Inf.-K.
sich beklagen	bei + D	dem Chef	
	über + A	die Mitarbeiter	(darüber), dass... / Inf.-K.
sich bemühen	um + A	die Zulassung	(darum), dass... / Inf.-K.
sich / jdn. be-			
schäftigen	mit + D	dem Problem	(damit), dass... / Inf.-K.
sich beschweren	bei + D	dem Direktor	
	über + A	den Kollegen	(darüber), dass... / Inf.-K.
sich bewerben	um + A	ein Stipendium	darum, dass... / Inf.-K.
jdn. bitten	um + A	einen Rat	(darum), dass... / Inf.-K.
bürgen	für + A	den Freund	dafür, dass...
		die Qualität	
jdm. danken	für + A	die Blumen	(dafür), dass...
denken	an + A	die Schulzeit	(daran), dass... / Inf.-K.
sich entschuldigen	bei + D	dem Kollegen	
	für + A	den Irrtum	(dafür), dass...
sich / jdn. erinnern	an + A	die Reise	(daran), dass... / Inf.-K.
jdn. erkennen	an + D	der Stimme	daran, dass...
sich erkundigen	bei + D	dem Beamten	
	nach + D	dem Pass	(danach), ob... /
			wann... / wie ... / wo ...
jdn. fragen	nach + D	dem Weg	(danach), ob... / wann... /
			wo...
sich freuen	auf + A	die Ferien	(darauf), dass... / Inf.-K.
	über + A	das Geschenk	(darüber), dass... / Inf.-K.
sich fürchten	vor + D	der Auseinander-	(davor), dass... / Inf.-K.
		setzung	
jdm. garantieren	für + A	den Wert der Sache	(dafür), dass...
gehören	zu + D	einer Gruppe	es gehört dazu, dass...
es geht	um +A	die Sache	darum, dass ...
geraten	in + A	eine schwierige	
		Lage; Wut	
	unter + A	die Räuber	
sich / jdn. gewöhnen	an + A	das Klima	daran, dass... / Inf.-K.
glauben	an + A	Gott; die Zukunft	daran, dass ...
jdn. halten	für + A	einen Betrüger	
etwas / nichts halten	von + D	dem Mann; dem	davon, dass... / Inf.-K.
		Plan	
es handelt sich	um + A	das Kind; das	darum, dass... / Inf.-K.
		Geld	
herrschen	über + A	ein Land	

hoffen	auf + A	die Geldsendung	(darauf), dass… / Inf.-K.
sich interessieren	für + A	das Buch	dafür, dass… / Inf.-K.
sich irren	in + D	dem Datum; dem Glauben, dass…	
kämpfen	mit + D	den Freunden	
	gegen + A	die Feinde	dagegen, dass…
	für + A	den Freund	dafür, dass… / Inf.-K.
	um + A	die Freiheit	darum, dass… / Inf.-K.
es kommt an	auf + A	die Entscheidung	darauf, dass… / ob… /
es kommt jdm. an	auf + A	diesen Termin	wann… / Inf.-K.
sich konzentrieren	auf + A	den Vortrag	darauf, dass… / Inf.-K.
sich kümmern	um + A	den Gast	darum, dass…
lachen	über + A	den Komiker	(darüber), dass…
leiden	an + D	einer Krankheit	daran, dass…
	unter + D	dem Lärm	darunter, dass… / Inf.-K.
jdm. liegt	an + D	seiner Familie	daran, dass… / Inf.-K.
es liegt	an + D	der Leitung	daran, dass…
nachdenken	über + A	den Plan	darüber, dass… / wie… / wann…
sich rächen	an + D	den Feinden	
	für + A	das Unrecht	dafür, dass…
jdm. raten	zu + D	diesem Studium	(dazu), dass… / Inf.-K.
rechnen	auf + A	dich	darauf, dass…
	mit + D	deiner Hilfe	damit, dass… / Inf.-K.
schreiben	an + A	den Vater	
	an + D	einem Roman	
	über + A	ein Thema	darüber, wie… / wann…
sich / jdn. schützen	vor + D	der Gefahr	davor, dass… / Inf.-K.
sich sehnen	nach + D	der Heimat	danach, dass… / Inf.-K.
sorgen	für + A	die Kinder	dafür, dass…
sich sorgen	um + A	die Familie	
sprechen	mit + D	der Freundin	
	über + A	ein Thema	darüber, dass… / ob… / wie… / was…
	von + D	einem Erlebnis	davon, dass… / wie… / was…
staunen	über + A	die Leistung	(darüber), dass… / wie… / was…
sterben	an + D	einer Krankheit	
	für + A	eine Idee	
sich streiten	mit + D	den Erben	
	um + A	das Vermögen	darum, wer… / wann… / ob…
teilnehmen	an + D	der Versammlung	
etwas zu tun haben	mit + D	dem Mann; dem Beruf	damit, dass… / wer… / was… / wann…
sich unterhalten	mit + D	dem Freund	
	über + A	ein Thema	darüber, dass… / ob… / wie … / was…

sich verlassen	auf + A	dich; deine Zusage	darauf, dass… / Inf.-K.
sich verlieben	in + A	ein Mädchen	
sich vertiefen	in + A	ein Buch	
vertrauen	auf + A	die Freunde; die Zukunft	darauf, dass… / Inf.-K.
verzichten	auf + A	das Geld	darauf, dass… / Inf.-K.
sich / jdn. vorbereiten	auf + A	die Prüfung	darauf, dass… / Inf.-K.
jdn. warnen	vor + D	der Gefahr	(davor), dass… / Inf.-K.
warten	auf + A	den Brief	(darauf), dass… / Inf.-K.
sich wundern	über + A	die Technik	(darüber), dass… / Inf.-K.
zweifeln	an + D	der Aussage des Zeugen	(daran), dass… / Inf.-K.

Note

jd. = jemand (nominative); jdm. = jemandem (dative); jdn. = jemanden (accusative)
Inf.-K. = infinitive construction

The information in the right-hand column indicates that the construction which follows can be added, e. g. *sich ärgern (darüber) dass … / Inf.-K.:*
Ich ärgere mich darüber, dass ich nicht protestiert habe.
                   nicht protestiert zu haben.
Ich ärgere mich, dass ich nicht protestiert habe.
               nicht protestiert zu haben.

If a pronominal adverb does not appear in brackets (e. g. *darüber*) it cannot be omitted.

sich erkundigen (danach), ob … / wie … / wann … means that a subordinate clause with *ob* or any interrogative pronoun may be added.
Ich erkundige mich (danach), ob sie noch im Krankenhaus ist.
                   wann sie entlassen wird.
                   wer sie operiert hat.
                   wie es ihr geht.

2 Fill in the prepositions and prepositional adverbs (*darauf, davon* etc.).

Gespräch zwischen einem Chef (C) und seiner Sekretärin (S)
S: Abteilungsleiter Müller möchte … Ihnen sprechen; es geht … seine Gehalts-erhöhung.
C: Im Augenblick habe ich keine Zeit mich … diese Sorgen zu kümmern.
S: Wollen Sie … dem Kongress der Textilfabrikanten teilnehmen?
C: Schreiben Sie, dass ich … die Einladung danke, meine Teilnahme hängt aber d… ab, wie ich mich gesundheitlich fühle.
S: Hier ist eine Dame, die sich … die Stelle als Büroangestellte bewirbt.
C: Sagen Sie ihr, sie möchte sich schriftlich … die Stelle bewerben. Ich kann ja nicht … alle Zeugnisse verzichten.
S: Vorhin hat sich Frau Lahner … ihre Arbeitsbedingungen beklagt. Sie kann sich nicht d… gewöhnen in einem Zimmer voller Zigarettenqualm zu arbeiten.
C: Sagen Sie ihr, sie kann sich d… verlassen, dass in den nächsten Tagen ein Rauchverbot ausgesprochen wird.
S: Der Betriebsleiter hält nichts d…, dass die Arbeitszeiten geändert werden.

C: O.k.

S: Ich soll Sie d… erinnern, dass Sie Ihre Medizin einnehmen.

C: Ja, danke; man kann sich doch … Sie verlassen.

S: Unsere Abteilungsleiterin entschuldigt sich … Ihnen; sie kann … der Besprechung nicht teilnehmen, sie leidet … starken Kopfschmerzen.

C: Ich hoffe … baldige Besserung!

S: Sie hatten die Auskunftei Detex … Informationen über die Firma Schüssler gebeten. Die Auskunftei warnt Sie d…, mit dieser fast bankrotten Firma Geschäfte zu machen.

C: Man muss sich doch d… wundern, wie gut die Auskunftei … die Firmen Bescheid weiß!

S: Die Frauen unseres Betriebes beschweren sich d…, dass die Gemeinde keinen Kindergarten einrichtet. Sie bitten Sie d…, einen betriebseigenen Kindergarten aufzumachen.

C: Das hängt natürlich d… ab, wie viele Kinder dafür in Frage kommen.

S: Ich habe mich d… erkundigt; es handelt sich … 26 Kinder.

C: D… muss ich noch nachdenken.

S: Ich möchte jetzt d… bitten, mich zu entschuldigen. Um 14 Uhr schließt die Kantine und ich möchte nicht gern … mein Mittagessen verzichten.

3 Fill in the missing prepositions, pronominal adverbs (*darum* etc.) and complete the endings.

1. Du kannst dich d… verlassen, dass ich … dies__ Kurs teilnehme, denn ich interessiere mich … dies__ Thema.

2. Wie kannst du dich nur … d__ Direktor fürchten? Ich halte ihn … ein__ sehr freundlichen Menschen.

3. Wenn ich mich d… erinnere, wie sehr er sich … meine Fehler (m) gefreut hat, gerate ich immer … Wut.

4. Hast du dich … __ Professor erkundigt, ob er … dir … dein__ Doktorarbeit sprechen will?

5. Er hatte d… gerechnet, dass sich seine Verwandten … d__ Kinder kümmern, weil er sich d… konzentrieren wollte, eine Rede zum Geburtstag seines Chefs zu schreiben.

6. Er kann sich nicht … unser__ Gewohnheiten anpassen; er gehört … d__ Menschen, die sich nie d… gewöhnen können, dass andere Menschen anders sind.

7. Seit Jahren beschäftigen sich die Wissenschaftler … dies__ Problem (n) und streiten sich d…, welches die richtige Lösung ist. Man kann ihnen nur d… raten, endlich … dies__ Diskussion (f) aufzuhören.

8. Die Angestellte beklagte sich … __ Personalchef d…, dass sie noch immer keine Lohnerhöhung bekommen hat.

4 Fill in the missing prepositions and the correct pronominal adverbs (*darüber*, *darauf*) etc.

Eine Hausfrau redet … ihre Nachbarin: „Das ist eine schreckliche Person! Sie gehört … den Frauen, die erst sauber machen, wenn der Staub schon meterhoch liegt. Man kann sich … verlassen, dass sie den Keller noch nie geputzt hat, und dann wundert sie sich …, dass sie böse Briefe vom Hauswirt bekommt. Ich kann mich nicht … besinnen, dass sie [10] ihre Kinder jemals rechtzeitig zur Schule geschickt hat. Jeden Abend zankt sie sich … ihrem Mann … das Wirtschaftsgeld. Sie denkt gar nicht …, sparsam zu sein. Ihre Kinder warten … eine [15] Ferienreise und freuen sich …, aber sie hat ja immer alles Geld verschwendet. Sie sorgt nur … sich selbst und küm-

mert sich den ganzen Tag nur … ihre Schönheit. Ich habe meinen Sohn … ihr gewarnt. Er hatte sich auch schon … [20] sie verliebt, aber jetzt ärgert er sich nur noch … ihren Hochmut. Neulich hat sie mich doch tatsächlich … etwas Zucker gebeten. Ich werde mich mal … der Polizei erkundigen, ob das nicht Bet- [25] telei ist. – Die dumme Gans leidet ja … Größenwahn!" – Gott schütze uns … solchen Nachbarinnen!

IV Fixed verb + accusative expressions with a prepositional object

Bezug nehmen auf
sich Hoffnung machen auf
Bescheid wissen über

In conjunction with the accusative object, the verb forms a unit (see § 14, VIII). The fixed expression has a prepositional object. In general, there are also fixed rules concerning the article.

Otherwise all afore-mentioned rules apply (see § 15 II).

Lists with examples and exercises can be found in § 62.

§ 16 Verbs with „dass"-Clauses or Infinitive Constructions

I General rules

dass-sentences and infinitive constructions depend on certain verbs. These verbs may occur in main clauses or in subordinate clauses.

Er glaubt, dass *er* sich richtig verhält.
Ich hoffe, dass *ich* dich bald wiedersehe.
Weil *wir* befürchten, dass *wir* Ärger bekommen, stellen wir das Radio leiser.

dass-clauses are subordinate clauses (see § 25), i. e. the conjugated verb is at the end of the clause. They require the conjunction *dass* and always have their own subject.

Er glaubt sich richtig zu verhalten.
Ich hoffe dich bald wiederzusehen
Weil *wir* befürchten Ärger zu bekommen, stellen wir das Radio leiser.

Infinitive constructions never have their own subject; they refer to a person or thing in the main clause.

Because the infinitive constructions never have their own subject, the verb cannot occur in the conjugated form; it occurs as an infinitive at the end of the sentence; *zu* is placed before the infinitive. *Zu* is placed between the prefix and the stem in sentences with separable verbs:

Ich beabsichtige das Haus *zu kaufen.*
Ich beabsichtige das Haus *zu verkaufen.* (= inseparable verb)
Ich beabsichtige ihm das Haus *abzukaufen.* (= separable verb)

Should there be more than one infinitive, *zu* must be repeated each time:
Ich hoffe ihn *zu* sehen, *zu* sprechen und mit ihm *zu* verhandeln.

II   Verbs followed by „dass"-clauses or infinitive constructions

First category

dass-clauses and infinitive constructions can occur as extended accusative objects.
Ich erwarte die Zusage. (= accusative object)
Ich erwarte, dass *mein Bruder* die Zusage erhält.
A *dass*-clause is used if the subject in the subordinate clause and the subject in the main clause refer to different people or things.

Ich erwarte, dass *ich* die Zusage erhalte.
Ich erwarte,   die Zusage zu erhalten.
If the subject in both clauses is the same, an infinitive construction is normally used.

The following verbs belong to this category:

1. Verbs expressing a personal opinion, e. g. a wish, a feeling or an intention:

ablehnen (es)	hoffen	verlangen
annehmen = vermuten	meinen	versprechen (+D)
erwarten	unterlassen (es)	versuchen
befürchten	vergessen	sich weigern
glauben = annehmen	vermeiden (es)	wünschen u. a.

2. Verbs expressing the durative aspect of an action. These verbs are used exclusively with an infinitive construction:

anfangen	beabsichtigen	versäumen (es)
sich anstrengen	beginnen	wagen (es)
aufhören	fortfahren	u.a.

Note

1. Some verbs may be used with *es* in subordinate clauses.

2. A main clause can occur in place of a *dass*-clause after the following verbs:
   annehmen, fürchten, glauben, hoffen, meinen, wünschen etc.
   Ich nehme an, es gibt morgen Regen.
   Ich befürchte, er kommt nicht rechtzeitig.

3. Reporting verbs are not listed: *sagen, antworten, berichten* etc.
   They may be used with a *dass*-clause, but a main clause can also be used
   (s. indirect speech, § 56, I).
   Er berichtete, dass die Straße gesperrt sei.
   Er berichtete, die Straße sei gesperrt.

4. The verbs *brauchen, drohen, pflegen, scheinen* can be used independently:
   Ich *brauche* einen neuen Anzug.
   Er *drohte* seinem Nachbarn.
   Sie *pflegte* die kranken Kinder.
   Die Sonne *scheint*.

   When these verbs are used with an infinitive + *zu*, however, their meaning changes:
   Er *braucht* nicht / nur wenig / kaum *zu arbeiten*.
   (= er muss nicht … ; always negative or restrictive)
   Die schwefelhaltigen Abgase *drohen* die Steinfiguren an der alten Kirche *zu zerstören*. (= there is a danger)
   Er *pflegt* jeden Tag einen Spaziergang *zu machen*. (= he is in the habit of doing it)
   Der Kellner *scheint* uns nicht *zu sehen*. (= maybe this is so; it looks like it)

1 *dass*-clause or infinitive construction?

> Haustiere müssen artgerecht gehalten werden. (Das Tierschutzgesetz verlangt,)
> *Das Tierschutzgesetz verlangt, dass Haustiere artgerecht gehalten werden.*
>
> Sie ziehen die Kälber *nicht* in dunklen Ställen groß. (Manche Bauern lehnen es ab,)
> *Manche Bauern lehnen es ab, die Kälber in dunklen Ställen großzuziehen.*

Von der Tierhaltung

1. Die Kälber werden nicht von ihren Muttertieren getrennt.
   (Viele Menschen nehmen an,)
2. Die meisten Eier auf dem Markt stammen von Hühnern in Käfigen.
   (Ich befürchte,)
3. Die Hühner laufen wie früher auf Äckern und Wiesen frei herum.
   (Viele Menschen nehmen an,)
4. Die Eier von Hühnern in Käfighaltung werden *nicht* gekauft. (Immer mehr Menschen weigern sich,)
5. Fleisch von Tieren aus der Massentierhaltung esse ich *nicht*.
   (Ich vermeide es,)
6. Sie können langsam immer mehr landwirtschaftliche Erzeugnisse verkaufen. (Die Biobauern erwarten,)

7. Die Tierschutzgesetze sollen strenger angewendet werden. (Ich meine,)

8. Rindern werden Injektionen gegeben, damit sie schneller wachsen. (Es ist abzulehnen,)

2 Form sentences with and without *dass*.

ich / annehmen / morgen / regnen
Ich nehme an, dass es morgen regnet.
Ich nehme an, es regnet morgen.

1. ich / fürchten / unsere Wanderung / ausfallen / dann
2. a) wir / glauben / die Theateraufführung / ein großer Erfolg werden
   b) wir / annehmen / nicht alle Besucher / eine Karte / bekommen
3. a) ich / befürchten / der Bäcker an der Ecke / seinen Laden / bald aufgeben
   b) ich / glauben / wir / unser Brot dann / wohl oder übel im Supermarkt / kaufen müssen
4. a) wir fürchten / wir / nächste Woche / viel Arbeit / haben
   b) wir / annehmen / wir / zu nichts anderem / Zeit haben
5. a) ich / annehmen / das hier / ein sehr fruchtbarer Boden / sein
   b) ich / glauben / verschiedene Arten Gemüse / hier / gut / wachsen
6. a) du / glauben / der FC Bayern / das Fußballspiel / gewinnen
   b) ich / annehmen / die Chancen / eins zu eins / stehen
7. a) ihr / auch meinen / wir / den 30-Kilometer-Fußmarsch / an einem Tag / schaffen
   b) wir / fürchten / einige / dazu / nicht in der Lage sein

Second category

dass-clauses and infinitive constructions can be the result of an extended prepositional object.
Der Kollege hat nicht *an die Besprechung* gedacht. (= prepositional object)
Der Kollege hat nicht *daran* gedacht, dass *wir* eine Besprechung haben.
(*Der Kollege* hat nicht *daran* gedacht, dass *er* zur Besprechung kommt.)
Der Kollege hat nicht *daran* gedacht zur Besprechung zu kommen.

The preposition + *da(r)-* occurs in the main clause. Otherwise the same rules apply as those for the verbs in category 1.

The following verbs belong to this category:

sich bemühen um + A	sich gewöhnen an + A
denken an + A	sich verlassen auf + A
sich fürchten vor + D	verzichten auf + A u.a. (see § 15, III)

3 Turn the sentences into sentences with *dass*, or, if possible, into sentences with an infinitive construction.

Von der Arbeit einer Chefdolmetscherin

1. Die Chefdolmetscherin bemüht sich um eine möglichst genaue Wiedergabe der Rede des Außenministers. (die Rede ... wiedergeben)
2. Die anwesenden Politiker müssen sich auf die Zuverlässigkeit und Vollständigkeit der Übersetzung verlassen können. (zuverlässig und vollständig sein)
3. Die Dolmetscherin denkt an die schlimmen Folgen eines Übersetzungsfehlers. (Folgen haben können)
4. Sie gewöhnt sich an das gleichzeitige Hören und Übersetzen einer Rede.
5. Der Politiker kann während seiner Rede auf Übersetzungspausen verzichten. (Übersetzungspausen machen)
6. Viele Zuhörer wundern sich über die Fähigkeit der Dolmetscherin, gleichzeitig zu hören und zu übersetzen. (hören und übersetzen können)
7. Niemand wundert sich über die notwendige Ablösung einer Dolmetscherin nach ein bis zwei Stunden. (abgelöst werden müssen)
8. Auch eine gute Dolmetscherin kann sich nie ganz an die ständige hohe Konzentration gewöhnen. (ständig hoch konzentriert sein müssen)
9. Sie fürchtet sich vor einer frühzeitigen Ablösung als Chefdolmetscherin. (abgelöst werden)
10. Wer wundert sich über das gute Gehalt einer Chefdolmetscherin? (ein gutes Gehalt bekommen)

Third category

Er bat *die Sekretärin*, dass *der Chef* ihn rechtzeitig anruft.
A *dass*-clause is used if the object in the main clause and the subject in the *dass*-clause refer to different persons or things.

Er bat *die Sekretärin*, dass *sie* ihn rechtzeitig anruft.
Er bat *die Sekretärin*   ihn rechtzeitig anzurufen.
If the object in the main clause and the subject in the dass-clause are the same, an infinitive is normally used.

The following verbs belong to this category:

ich befehle ihm (D)	ich fordere ihn (A) ... auf
ich bitte ihn (A)	ich rate ihm (D)
ich empfehle ihm (D)	ich überzeuge ihn (A)
ich erlaube ihm (D)	ich verbiete ihm (D)
ich ermahne ihn (A)	ich warne ihn (A)
ich ersuche ihn (A)	ich zwinge ihn (A) etc.

Fourth category

dass-clauses and infinitive constructions can occur by extending the subject. They are governed by impersonal verbs (verbs with *es*).

Die Zusammenarbeit freut mich. (= subject)
Es freut *mich,* dass *du* mit mir zusammenarbeitest.
Es freut *mich,* dass *ich* mit dir zusammenarbeite.
Es freut *mich,*   mit dir zusammenzuarbeiten.

A *dass*-clause occurs with *es*-verbs which have a personal object, if the subject in the *dass*-clause refers to a different person or thing. If both are the same, an infinitive construction is generally used.

The following verbs belong to this category:

es ärgert mich (A)	es gelingt mir (D)
es ekelt mich (A)	es genügt mir (D)
es freut mich (A)	es scheint mir (D), dass ...
es gefällt mir (D)	es wundert mich (A) etc.

Entwicklungshilfe ist notwendig. (= subject)
Es ist notwendig, dass *wir* Ländern der Dritten Welt helfen.
Es ist notwendig, dass *man* Ländern der Dritten Welt hilft.
Es ist notwendig,   Ländern der Dritten Welt zu helfen.

A *dass*-clause is used with a personal subject including *man*. An infinitive construction is generally used in impersonal statements.

The following verbs belong to this category:

es ist angenehm	es ist unangenehm
es ist erfreulich	es ist unerfreulich
es ist erlaubt	es ist verboten
es ist möglich	es ist unmöglich
es ist nötig / notwendig	es ist unnötig / nicht notwendig
es ist verständlich	es ist unverständlich etc.

Note

1. Infinitive constructions or *dass*-clauses can also occur before main or subordinate clauses. This inversion means they are stressed:
   Dass du den Brief geöffnet hast, hoffe ich.
   Deinen Pass rechtzeitig abzuholen verspreche ich dir.

2. *dass*-clauses can also occur in first position with impersonal verbs or adjectives (category 4). The *es* is omitted here. This sort of construction is usually better from the point of view of style.
   Dass er mich nicht erkannt hat, ärgert mich.
   Den Abgeordneten anzurufen war leider unmöglich.

3. If another subordinate clause occurs at the beginning in position I (see § 25), the complete main clause follows with *es:*
   Weil das Telefon des Abgeordneten immer besetzt war, war es unmöglich ihn anzurufen.

4   Make sentences with an infinitive construction.

   Kauf dir bitte endlich einen neuen Anzug. (Frau Kunz bat ihren Mann sich ...)
   Frau Kunz bat ihren Mann sich endlich einen neuen Anzug zu kaufen.

1. Geh zum Bekleidungsgeschäft Müller und Co. (Sie empfahl ihm ...)
2. Schauen Sie sich die Anzüge in Ruhe an. (Der Verkäufer schlug ihm vor sich ...)
3. Probieren Sie an, was Ihnen gefällt. (Er riet ihm ...)
4. Nehmen Sie keins der Billigangebote dort drüben. (Der Verkäufer warnte ihn davor ... [ohne Negation])
5. Kaufen Sie den Anzug mit dem Streifenmuster. (Er überzeugte den Käufer ...)
6. Du musst dir auch bald ein Paar neue Schuhe kaufen. (Frau Kunz ermahnte ihren Mann sich ... [ohne *müssen*])

III   Use of tenses in infinitive constructions

1. In active infinitive constructions there are only two tenses (for the passive see § 19, IV):
   a) present infinitive: *zu machen, zu tragen, zu wachsen*
   b) perfect infinitive: *gemacht zu haben, getragen zu haben, gewachsen zu sein*

Simultaneous events	Der Schwimmer *versucht* das Ufer *zu erreichen.*
	Der Schwimmer *versuchte* das Ufer *zu erreichen.*
	Der Schwimmer *hat versucht* das Ufer *zu erreichen.*

   If the events in both parts of the sentence occur simultaniously, the infinitive construction is in the present tense. The tense of the verb in the main clause can vary (present, perfect etc.).

One event in past	Der Angeklagte *leugnet* das Auto *gestohlen zu haben.*
	Der Angeklagte *leugnete* das Auto *gestohlen zu haben.*
	Der Angeklagte *hat geleugnet* das Auto *gestohlen zu haben.*

   If the event in the infinitive construction took place at an earlier point in time than the action in the main clause, the perfect infinitive is used. The tense in the main clause can vary here too. The action in the infinitive construction always took place at an earlier point in time.

2. A perfect infinitive construction often occurs after the following verbs, e. g. *Er behauptet das Geld verloren zu haben.*

bedauern	bekennen	sich erinnern	gestehen	versichern
behaupten	bereuen	erklären	leugnen	etc.

5   Practise *dass*-clauses. Begin each sentence with „Wussten Sie schon ...?"

Die am häufigsten gesprochene Sprache der Welt ist Chinesisch.
Wussten Sie schon, dass die am häufigsten gesprochene Sprache der Welt Chinesisch ist?

1. Über 90 Millionen Menschen auf der Welt sprechen Deutsch als Muttersprache.
2. Die deutsche Sprache steht an neunter Stelle in der Liste der am meisten gesprochenen Sprachen auf der Welt.

3. Saudi-Arabien, die Vereinigten Staaten und Russland zusammen fördern mehr als ein Drittel der gesamten Weltförderung an Erdöl.
4. Die größten Erdöllieferanten der Bundesrepublik Deutschland sind Russland (31,5 %), Norwegen (18,4 %), Großbritannien (15,6 %) und Libyen (11,1 %).
5. Der längste Eisenbahntunnel Europas ist der rund 50 Kilometer lange Eurotunnel unter dem Kanal zwischen Frankreich und Großbritannien.
6. Österreich ist seit Jahren das bevorzugte Reiseziel der deutschen Auslandsurlauber.
7. Nach Österreich sind Italien, die Schweiz, Spanien und Frankreich die beliebtesten Urlaubsländer der Deutschen.
8. Die meisten ausländischen Besucher der Bundesrepublik kommen aus den Niederlanden.
9. 65 Prozent der Schweizer sprechen Deutsch als Muttersprache.
10. Nur 18,4 Prozent der Schweizer sprechen Französisch und 9,8 Prozent Italienisch als Muttersprache.

6 Practise the infinitive construction.

Warum übernachtest du im „Hotel Stern"?
(meine Bekannten / jdm. empfehlen)
Meine Bekannten haben mir empfohlen im „Hotel Stern" zu übernachten.

Sie können die Fragen in einer freundlicheren, vertraulicheren Form stellen:
Sag mal, warum übernachtest du eigentlich im „Hotel Stern"?

1. Warum fährst du nach London? (mein Geschäftsfreund / jdn. bitten)
2. Warum fährst du mit seinem Wagen? (mein Freund / es jdm. erlauben)
3. Warum besuchst du ihn? (er / jdn. dazu auffordern)
4. Warum fährst du im Urlaub an die Nordsee? (das Reisebüro / jdm. dazu raten)
5. Warum zahlst du so viel Steuern? (das Finanzamt / jdn. dazu zwingen)
6. Warum stellst du das Radio leiser? (mein Nachbar / jdn. dazu auffordern)
7. Warum gehst du abends nicht durch den Park? (ein Bekannter / jdn. davor warnen) [without „nicht"!]
8. Warum fährst du nicht in die Berge? (meine Bekannten / jdm. davon abraten) [without „nicht"!]

7 Match the sentences below. Four of the sentences can also have an infinitive construction. Which are they?

1. Ich kann mich nicht daran gewöhnen, …
2. Warum kümmert sich der Hausbesitzer nicht darum, …
3. Wie soll der Briefträger sich denn davor schützen, …
4. Kann ich mich auf Sie verlassen, …
5. Wie sehne ich mich danach, …

a) dass Sie mir den Teppich heute noch bringen?
b) dass ich jeden Morgen um fünf Uhr aufstehen muss.
c) dass ich euch eure Ferienreise finanzieren kann.
d) dass wir immer noch auf einen Telefonanschluss warten.
e) dass die Mieter das Treppenhaus reinigen?

6. Du musst bei der Telekom Bescheid geben, …

7. Denkt bitte im Lebensmittelgeschäft daran, …

8. Ich habe leider nicht so viel Geld, …

f) dass ihr euch eine Quittung über die Getränke geben lasst!

g) dass ich dich endlich wiedersehe!

h) dass ihn immer wieder Hunde der Hausbewohner anfallen?

8 Complete the following sentences.

1. Ich habe mich darüber geärgert, dass …
2. Meine Eltern fürchten, dass …
3. Wir alle hoffen, dass …
4. Meine Schwester glaubt, dass …
5. Ich kann nicht leugnen, dass …
6. Mein Bruder freut sich darüber, dass …
7. Ich freue mich darauf, dass …
8. Ich danke meiner Freundin dafür, dass …

9 Ein Interview mit dem Bürgermeister

Sprechen Sie auf der Versammlung über das geplante Gemeindehaus?
(Ja, ich habe vor / Inf.-K.)
Ja, ich habe vor auf der Versammlung über das geplante
Gemeindehaus zu sprechen.

Treten bei dem Bau finanzielle Schwierigkeiten auf?
(Nein, ich glaube nicht, dass …)
Nein, ich glaube nicht, dass bei dem Bau finanzielle Schwierigkeiten auftreten.

1. Kommen Sie heute Abend zu der Versammlung? (Ja, ich habe vor / Inf.-K.)
2. Sprechen Sie auch über den neuen Müllskandal?
   (Nein, vor Abschluss der Untersuchungen beabsichtige ich nicht / Inf.-K.)
3. Kommen weitere Firmen in das neue Industriegebiet?
   (Ja, ich habe Nachricht, dass …)
4. Hat sich die Stadt im vergangenen Jahr noch weiter verschuldet?
   (Nein, ich freue mich Ihnen mitteilen zu können, dass …)
5. Setzen Sie sich für den Bau eines Flughafens in Stadtnähe ein?
   (Nein, ich bin wegen des Lärms nicht bereit / Inf.-K.)
6. Berichten Sie heute Abend auch über Ihr Gespräch mit der Landesregierung?
   (Ja, ich habe die Absicht / Inf.-K.)
7. Bekommen die Stadtverordneten regelmäßig freie Eintrittskarten fürs Theater?
   (Es ist mir nichts davon bekannt, dass …)
8. Muss man die Eintrittspreise für das Hallenbad unbedingt erhöhen?
   (Ja, ich fürchte, dass …)

10 Make an infinitive clause from the sentence in brackets. If this is not possible make a *dass*-clause.

Er unterließ es … (Er sollte den Antrag rechtzeitig abgeben.)
Er unterließ es, den Antrag rechtzeitig abzugeben.

Das Kind hofft … (Vielleicht bemerkt die Mutter den Fleck auf der Decke nicht.)
Das Kind hofft, dass die Mutter den Fleck auf der Decke vielleicht nicht bemerkt.

Ich warne dich … (Du sollst dich nicht unnötig aufregen.)
Ich warne dich, dich unnötig aufzuregen.

1. Er vergaß … (Er sollte den Schlüssel mitnehmen.)
2. Wir lehnen es ab … (Man soll Singvögel nicht fangen und essen.)
3. Ich habe ihn gebeten … (Er soll uns sofort eine Antwort geben.)
4. Die Behörde ersucht die Antragsteller …
   (Sie sollen die Formulare vollständig ausfüllen.)
5. Der Geschäftsmann befürchtet … (Vielleicht betrügt ihn sein Partner.)
6. Jeder warnt die Autofahrer … (Sie sollen nicht zu schnell fahren.)
7. Ich habe ihm versprochen … (Ich will seine Doktorarbeit korrigieren.)
8. Er hat mich ermahnt …
   (Ich soll Flaschen und Papier nicht in den Mülleimer werfen.)
9. Meinst du … (Hat er wirklich im vorigen Jahr wieder geheiratet?)
10. Wir haben ihn überzeugt … (Er soll sich einen kleinen Hund kaufen.)

11 Make sentences using the perfect infinitive.

nicht früher heiraten (Ich bedaure es, …)
Ich bedaure es, nicht früher geheiratet zu haben.

aus dem Haus ausziehen (Fritz ist froh …)
Fritz ist froh aus dem Haus ausgezogen zu sein.

1. von dir vorige Woche einen Brief erhalten (Ich habe mich gefreut …)
2. dir nicht früher schreiben (Ich bedaure es, …)
3. noch nie zu spät kommen (Ulrike behauptet …)
4. dich nicht früher informieren (Es tut mir Leid, …)
5. nicht früher zu einem Architekten gehen (Herr Häberle bereut …)
6. mit diesem Brief endlich eine Anstellung finden (Es beruhigt mich, …)
7. Sie mit meinem Vortrag gestern Abend nicht langweilen (Ich hoffe sehr …)
8. Sie nicht vorher warnen (Es ist meine Schuld, …)
9. aus dem Gefängnis entfliehen (Er gibt zu …)
10. gestern verschlafen und zu spät kommen
    (Ich ärgere mich … zu … und … zu …)

§ 17   Questions

Preliminary note

There are two kinds of questions:

a) Questions without an interrogative word (= yes-no questions).

b) Questions with an interrogative word (= wh-questions).

I   Questions without an interrogative word

Simple yes-no questions

a) *Kennst* du den Mann?   Ja, ich kenne ihn.
                                    Nein, ich kenne ihn nicht.

b) *Habt* ihr mich *nicht* verstanden?   *Doch,* wir haben dich verstanden.
                                    Nein, wir haben dich nicht verstanden.

    Hast du *keine* Zeit?   *Doch,* ich habe Zeit.
                                    Nein, ich habe keine Zeit.

In questions without an interrogative word, the verb appears at the beginning of the question. After a negative question (see b) a positive answer is normally introduced with *doch.*

1   A reads the statement to him/herself and forms a suitable question. B answers.

> A: *Seid ihr heute abend zu Hause?*
> B: Nein, wir sind heute abend nicht zu Hause; wir sind im Garten.

> A: *Geht ihr gern in den Garten?*
> B: Ja, wir gehen gern in den Garten.

1. Nein, wir haben den Garten nicht gekauft; wir haben ihn geerbt.
2. Nein, die Obstbäume haben wir nicht gepflanzt; sie waren schon da.
3. Ja, die Beete haben wir selbst angelegt.
4. Nein, die Beerensträucher waren noch nicht im Garten; die haben wir gesetzt.
5. Ja, das Gartenhaus ist ganz neu.
6. Ja, das haben wir selbst gebaut.
7. Nein, einen Bauplan haben wir nicht gehabt. (Habt ihr keinen Bauplan … ?)
8. Nein, so ein Gartenhäuschen ist nicht schwer zu bauen.
9. Nein, das Material dazu ist nicht billig.
10. Ja, so ein Garten macht viel Arbeit!

2 Make questions for the sentences below.

> *Haben Sie dem Finanzamt denn nicht geschrieben?*
> *Doch,* ich habe dem Finanzamt geschrieben.

1. Doch, ich habe mich beschwert.
2. Doch, ich habe meine Beschwerde schriftlich eingereicht.
3. Doch, ich habe meinen Brief sofort abgeschickt.
4. Doch, ich bin sofort zum Finanzamt gegangen.
5. Doch, ich habe Steuergeld zurückbekommen.
6. Doch, ich bin zufrieden.
7. Doch, ich bin etwas traurig über den Verlust.
8. Doch, ich baue weiter.

3 Give negative and positive answers for the questions below.
   If possible practise in threes.

> Backt dieser Bäcker auch Kuchen?   *Nein, er backt keinen Kuchen.*
>   *Doch, er backt auch Kuchen.*

1. Verkauft der Metzger auch Hammelfleisch?
2. Macht dieser Schuster auch Spezialschuhe?
3. Ist Herr Hase auch Damenfrisör?
4. Arbeitet Frau Klein als Sekretärin?
5. Holt man sich in der Kantine das Essen selbst?
6. Bedient der Ober auch draußen im Garten?
7. Bringt der Briefträger auch am Samstag Post?
8. Ist die Bank am Freitag auch bis 17 Uhr geöffnet?
9. Hat der Busfahrer der Frau eine Fahrkarte gegeben?
10. Hat die Hauptpost auch einen Sonntagsdienst eingerichtet?
11. Ist der Kindergarten am Nachmittag geschlossen?
12. Gibt es in der Schule auch am Samstag Unterricht?

Complex yes-no questions

a) Sind Sie *erst* heute angekom-   Ja, wir sind *erst* heute angekommen.
   men?   Nein, wir sind *schon* gestern angekommen.
b) Hat er den Brief *schon* beant-   Ja, er hat den Brief *schon* beantwortet.
   wortet?   Nein, er hat den Brief *noch nicht* beantwortet.
c) Hat er *schon* 3000 Briefmarken? Ja, er hat *schon* 3000 Briefmarken.
                                     Nein, er hat *erst* etwa 2500 Briefmarken.
d) Hat er *noch nichts* erzählt?   Doch, aber er hat *noch nicht alles* erzählt.
                                     Nein, er hat *noch nichts* erzählt.
e) Lebt er *noch*?   Ja, er lebt *noch*.
                                     Nein, er lebt *nicht mehr*.
f) Bleibst du *nur* drei Tage hier? Ja, ich bleibe *nur* drei Tage hier.
                                     Nein, ich bleibe *noch länger* hier.
g) Liebt er dich etwa *nicht mehr*? Doch, er liebt mich *noch*.
                                     Nein, er liebt mich *nicht mehr*.

Questions and answers sound more precise by adding *schon, erst, noch* etc.

4 A asks questions, B answers using the prompts in brackets.

1. Geht Gustav noch in den Kindergarten? (nicht mehr)
2. Hat Dagmar schon eine Stelle? (noch kein_)
3. Hat Waltraut schon ihr Examen gemacht? (noch nicht)
4. Arbeitet Hilde noch in dem Anwaltsbüro? (nicht mehr)
5. Bleibt Ulli noch länger bei der Firma? (nicht mehr lange)
6. Hat er schon gekündigt? (noch nicht)
7. Hat Andreas immer noch keine Anstellung gefunden? (noch kein_)
8. Kommt dein Bruder denn nicht mehr von Amerika zurück? (nur noch im Urlaub)
9. Hat er dort eine gut bezahlte Stelle gefunden? (noch keine)
10. Bekommt er denn keine Aufenthaltsgenehmigung? (erst in vier Wochen)
11. Hat Ulrich noch keinen Bescheid über das Ergebnis seiner Bewerbung?
    (… kommt erst im nächsten Monat …)
12. Hat sich Gisela denn noch nicht um die Stelle beworben? (schon seit langem)
13. Musst du schon wieder nach China reisen? (erst in zwei Wochen …)
14. Sind wir bald in Hamburg? (erst in drei Stunden …)
15. Ist Herr Müller schon gegangen? (schon vor zehn Minuten…)

5 … schon …? – … erst … / … erst …? – … schon … –
Practise according to example a or b.

a) Habt ihr die Wohnung schon renoviert? (anfangen)
   Nein, wir haben erst angefangen.

b) Habt ihr erst ein Zimmer tapeziert? (zwei Zimmer)
   Nein, wir haben schon zwei Zimmer tapeziert.

1. Habt ihr schon alle Fenster geputzt? (die Fenster im Wohnzimmer)
2. Habt ihr das Treppenhaus schon renoviert? (den Hausflur)
3. Habt ihr erst eine Tür gestrichen? (fast alle Türen)
4. Habt ihr die neuen Waschbecken schon installiert? (die Spüle in der Küche)
5. Habt ihr erst den Fußboden im Wohnzimmer erneuert? (alle Fußböden)
6. Habt ihr schon alle Lampen aufgehängt? (die Lampe im Treppenhaus)

6 … schon …? – noch nicht / noch nichts / noch kein …
Practise according to example a, b or c.

a) Waren Sie *schon* mal in Hamburg?   *Nein, ich war noch nicht dort.*
b) Haben Sie *schon etwas* von ihrem Freund gehört?   *Nein, ich habe noch nichts von ihm gehört.*

c) Haben Sie *schon eine* Fahrkarte?   *Nein, ich habe noch keine.*

1. Haben Sie schon eine Einladung?
2. Hat Horst das Fahrrad schon bezahlt?
3. Hast du ihm schon geschrieben?
4. Hast du schon eine Nachricht von ihm?

5. Hat er dir schon gedankt?

6. Bist du schon müde?

7. Habt ihr schon Hunger?

8. Hast du deinem Vater etwas von dem Unfall erzählt?

7 ... noch ... ? – nicht mehr / nichts mehr / kein ... mehr –
Practise according to example a, b or c.

a) Erinnerst du dich *noch* an seinen Namen?   *Nein, ich erinnere mich nicht mehr daran.*

b) Hat Gisela *noch etwas* gesagt?   *Nein, sie hat nichts mehr gesagt.*

c) Haben Sie *noch* Zeit?   *Nein, ich habe keine Zeit mehr.*

1. Hast du noch Geld?

2. Hast du noch einen Bruder?

3. Hast du vom Nachtisch noch etwas übrig?

4. Habt ihr noch Fotos von euren Klassenkameraden?

5. Hast du heute noch Unterricht?

6. Haben Sie noch besondere Wünsche?

7. Bleiben Sie noch lange hier?

8. Möchten Sie noch etwas Wein?

II   Questions with an interrogative word

Simple interrogative words

temporal	*Wann* kommt ihr aus Kenia zurück?	Im November.
kausal	*Warum* schreibt ihr so selten?	Weil wir so wenig Zeit haben.
modal	*Wie* fühlt ihr euch dort?	Ausgezeichnet.
lokal	*Wo* habt ihr die Elefanten gesehen?	Im Nationalpark.
	Wohin reist ihr anschließend?	Nach Ägypten.
Subjekt	*Wer* hat euch das Hotel empfohlen?	Der Reiseleiter. (= Person)
	Was hat euch am besten gefallen?	Die Landschaft. (= Sache)
Akk.-Objekt	*Wen* habt ihr um Rat gebeten?	Einen Arzt. (= Person)
	Was hat er euch gegeben?	Tabletten. (= Sache)
Dat.-Objekt	*Wem* habt ihr 100 Euro borgen müssen?	Einer Zoologiestudentin.
Gen.-Attribut	*Wessen* Pass ist verloren gegangen?	Der Pass der Studentin.

The question begins with the interrogative word (Position I), followed by the conjugated verb (Position II) and the subject (Position III or IV, whichever the case may be), see § 22 ff.

Interrogative words with nouns

Wie viele Stunden seid ihr gewandert?   Sieben Stunden.

Wie viel Geld habt ihr schon ausgegeben?   Erst 80 Dollar.

Wie viele or *wie viel* are used when asking about a certain amount. A plural noun without an article is usually placed after *wie viele,* and a singular noun with no article after *wie viel.* (see § 3, III, 2 und § 39, IV).

Welches Hotel hat euch am besten gefallen?   Das „Hotel zum Stern".

Welcher, -e, -es pl. *-e* are used when asking about a particular person or thing in a group of persons or things.

Was für ein Zimmer habt ihr genommen?   Ein Doppelzimmer mit Bad.

Was für ein, -e, -; pl. *was für* (noun without the article) asks about the nature of a person or thing.

„wie" + adverb

Wie lange seid ihr schon in Nairobi?   Einen Monat. (Akk.)
Wie oft hört ihr Vorträge?   Dreimal in der Woche.

Wie lange asks about duration, *wie oft* asks about the frequency of an action or a state.

Wie lang war die Schlange?   Einen Meter. (Akk.)
Wie hoch war das Gebäude?   Fünf Stockwerke hoch. (Akk.)

The following adjectives can be used after *wie: alt, dick, groß, hoch, lang, schwer, tief, weit* etc. Information expressed in answers to questions about weight and measurements, the age etc. of a person or a thing is in the accusative case (see § 43 II).

Interrogative words with prepositions

Mit wem habt ihr euch angefreundet?   Mit einer dänischen Familie.
An wen erinnert ihr euch am liebsten?   An den witzigen Fremdenführer.
Womit habt ihr euch beschäftigt?   Mit Landeskunde.
Worüber habt ihr euch gewundert?   Über die Fortschritte des Landes.

In questions referring to the prepositional object, it is necessary to distinguish between persons and things (see § 15 II). The preposition is placed in front of the interrogative word if the prepositional object refers to people. If, on the other hand, it refers to a particular thing, or general condition, *wo(r)-* + preposition is used.

In welche Länder fahrt ihr noch?   Nach Ägypten und Tunesien.
Bis wann wollt ihr dort bleiben?   Bis Ende März.

Prepositions can also be used in front of temporal and place interrogatives.

8   Questions and answers

      Wie… ; – Ich heiße Franz Wehner.
      Wie heißen Sie? – Ich heiße Franz Wehner.

1. Wo … ?   Ich wohne in Kassel, Reuterweg 17.
2. Wann … ?   Ich bin am 13. 12. 1962 geboren.
3. Um wie viel Uhr … ?   Gegen 20 Uhr bin ich durch den Park gegangen.
4. Wer … ?   Ein junger Mann hat mich angefallen.
5. Was … ?   Er hat mir die Brieftasche abgenommen.

6. Woher ... ?   Er kam aus einem Gebüsch rechts von mir.
7. Wohin ... ?   Er ist tiefer in den Park hineingelaufen.
8. Weshalb ... ?   Ich war so erschrocken; deshalb habe ich nicht
                                  um Hilfe gerufen.
9. Wie groß ... ?   Der Mann war ungefähr 1,80 Meter groß.
10. Wie ... ?   Er sah schlank aus, hatte dunkle Haare, aber
                                  keinen Bart.
11. Was ... ?   Er hatte eine blaue Hose und ein blaues Hemd an.
12. Was für ... ?   Er trug ein Paar alte Tennisschuhe.
13. Wie viel Geld ... ?   Ich hatte einen Hunderteuroschein in der
                                  Brieftasche.
14. Was ... ?   Außerdem hatte ich meinen Personalausweis,
                                  meinen Führerschein und ein paar Notizzettel in
                                  der Brieftasche.
15. Wie viele ... ?   Zwei Personen haben den Überfall gesehen.
16. Was für ... ?   Ich habe keine Verletzungen erlitten.

9 Do the same here:

1. An wen ... ?   Ich habe an meine Schwester geschrieben.
2. Von wem ... ?   Den Ring habe ich von meinem Freund.
3. Hinter welchem Baum ... ?   Der Junge hat sich hinter dem dritten Baum
                                  versteckt.
4. Was für ein ... ?   Mein Freund hat sich ein Fahrrad mit Drei-
                                  gangschaltung gekauft.
5. Wo ... ?   Der Radiergummi liegt in der zweiten Schublade.
6. Zum wie vielten Mal ... ?   Ich fahre dieses Jahr zum siebten Mal nach
                                  Österreich in Urlaub.
7. Wessen ... ?   Das ist das Motorrad meines Freundes.
8. In welchem Teil ... ?   Meine Großeltern liegen im unteren Teil des
                                  Friedhofs begraben.
9. Von welcher Seite ... ?   Die Bergsteiger haben den Mont Blanc von der
                                  Südseite bestiegen.
10. Am wie vielten April ... ?   Mutter hat am 17. April ihren sechzigsten
                                  Geburtstag.
11. Um wie viel Uhr ... ?   Der Schnellzug kommt um 17.19 Uhr hier an.
12. Wie viele ... ?   Wir sind vier Geschwister.
13. Welches Bein ... ?   Mir tut das linke Bein weh.
14. Von wem ... ?   Den Teppich habe ich von meinen Eltern.
15. Wie oft ... ?   Ich fahre dreimal in der Woche nach Marburg
                                  in die Klinik.

10 Ask questions about the part of the sentence which appears in italics.

Meine Schwester wohnt im *Stadtteil Bornheim.*
In welchem Stadtteil wohnt Ihre Schwester?

1. Sie wohnt *im 5. Stockwerk.*
2. Sie hat eine *Drei-Zimmer*-Wohnung mit *Balkon.*

3. Die Wohnung kostet *520 Euro.*
4. Die Wohnung darunter gehört *mir.*
5. Sie ist *genauso* groß.
6. Ich wohne hier schon *seit drei Jahren.*
7. Wir wohnen *mit drei Personen* in der Wohnung.
8. Unser Vorort hat *3000 Einwohner.*
9. Er ist *nur 5 Kilometer* von der Großstadt entfernt.
10. Ich brauche *eine halbe Stunde* bis zu meinem Dienstort.
11. Ich fahre *mit der Linie 7.*
12. *Um fünf Uhr abends* bin ich wieder zu Hause.

11 Form as many questions as possible for each sentence. Your partner should answer them.

In den Sommerferien fährt Familie Bug mit ihren zwei Söhnen und einer Tochter für zwei Wochen zum Wandern und Bergsteigen in die Alpen.

Wer fährt in die Berge?	*Eine Familie.*
Wie heißt die Familie?	*Sie heißt Bug.*
Wann fährt die Familie in die Berge?	*In den Sommerferien.*
Fährt die Familie nicht in die Alpen?	*Doch, sie fährt in die Alpen.*
Aus wie viel Personen besteht die Familie?	*Aus den Eltern, zwei Söhnen und einer Tochter.*
Wie lange machen sie dort Urlaub?	*Zwei Wochen.*
Wollen die Bugs dort Städte besichtigen?	*Nein, sie wollen wandern und bergsteigen.*
Fährt die Familie nach Österreich?	*Das weiß ich nicht, auf jeden Fall in die Alpen.*

1. Die Familie fährt schon seit sieben Jahren jeden Sommer zur Familie Moosbichl in dieselbe Pension, wo sie schon so herzlich wie Familienmitglieder begrüßt wird.
2. Manchmal machen sie gemeinsam eine Wanderung von zwanzig bis dreißig Kilometern, manchmal geht Vater Bug mit den Kindern zum Bergsteigen in den Fels, während Frau Bug in der nahen Stadt Einkäufe tätigt oder sich in der Sonne ausruht.
3. Mutter Bug freut sich, wenn alle wieder heil nach Hause gekommen sind, denn Bergsteigen ist bekanntlich nicht ungefährlich.

§ 18 Modal Verbs

Preliminary note

With the help of modal verbs we are able to express a person's point of view on a particular action, e. g.
ob jemand etwas machen *will*
ob jemand etwas machen *kann,*
ob jemand etwas machen *muss* usw.

A modal verb requires an additional main verb. The main verb appears in the infinitive without *zu*:
Er *muss* heute länger *arbeiten.*

I Modal verbs and their meaning

dürfen
  a) permission or right to do something
     In diesem Park dürfen Kinder spielen.
  b) something which is not permissible (always with negation)
     Bei Rot darf man die Straße nicht überqueren.
  c) an instruction expressed in the negative form
     Man darf Blumen in der Mittagshitze nicht gießen.

können
  a) a possibility or opportunity
     In einem Jahr können wir das Haus bestimmt teurer verkaufen.
  b) an ability
     Er kann gut Tennis spielen.

mögen
  a) likes and dislikes
     Ich mag mit dem neuen Kollegen nicht zusammenarbeiten.
  b) the same as a full verb
     Ich mag keine Schlagsahne!

ich möchte, du möchtest usw.
  c) a wish
     Wir möchten ihn gern kennen lernen.
  d) a polite request
     Sie möchten nach fünf bitte noch einmal anrufen.

müssen
  a) force of circumstances
     Mein Vater ist krank, ich muss nach Hause fahren.
  b) a necessity
     Nach dem Unfall mussten wir zu Fuß nach Hause gehen.
  c) subsequent conclusion
     Das musste ja so kommen, wir haben es geahnt.

d) Negation of *müssen* = *nicht brauchen* + *zu* + infinitive:
   Mein Vater ist wieder gesund, ich brauche nicht nach Hause zu fahren.

sollen
   a) a command, a law
      Du sollst nicht töten.
   b) a duty, a moral duty
      Jeder soll die Lebensart des anderen anerkennen.
   c) an order, an instruction
      Ich soll nüchtern zur Untersuchung kommen. Das hat der Arzt gesagt.

wollen
   a) a wish, an intention
      Ich will dir die Wahrheit sagen.
   b) an intention, a plan (referring to persons)
      Im Dezember wollen wir in das neue Haus einziehen.

For further meanings of modal verbs see § 20 and § 54, VI.

Notes

1. In some cases the main verb may be omitted:
   Ich muss nach Hause (gehen). Sie kann gut Englisch (sprechen).
   Er will in die Stadt (fahren).   Ich mag keine Schlagsahne (essen).

2. If the context is clear, modal verbs can also be used as independent verbs:
   Ich *kann* nicht gut *kochen.*
   Meine Mutter *konnte* es auch nicht.
   Wir haben es beide nicht gut *gekonnt.*

II Forms and uses

Present tense (irregular forms in the present)

dürfen	können	mögen	müssen	sollen	wollen
ich **darf**	ich **kann**	ich **mag**	ich **muss**	ich **soll**	ich **will**
du **darfst**	du **kannst**	du **magst**	du **musst**	du **sollst**	du **willst**
er **darf**	er **kann**	er **mag**	er **muss**	er **soll**	er **will**
wir dürfen	wir können	wir mögen	wir müssen	wir sollen	wir wollen
ihr dürft	ihr könnt	ihr mögt	ihr müsst	ihr sollt	ihr wollt
sie dürfen	sie können	sie mögen	sie müssen	sie sollen	sie wollen

Word order for modal verbs in main clauses

Präsens	Der Arbeiter *will*	den Meister *sprechen.*
Präteritum	Der Arbeiter *wollte*	den Meister *sprechen.*
Perfekt	Der Arbeiter *hat*	den Meister *sprechen wollen.*
Plusquamperfekt	Der Arbeiter *hatte*	den Meister *sprechen wollen.*

1. In the present and the imperfect the conjugated modal verb is placed in position II.

2. In the perfect and past perfect the conjugated auxiliary verb is placed in position II. The auxiliary verb is always *haben*. The modal verb always appears in the infinitive at the end of the sentence after the main verb.

Word order for modal verbs in subordinate clauses

Präsens	Es ist schade, dass er uns nicht	*besuchen kann.*
Präteritum	Es ist schade, dass er uns nicht	*besuchen konnte.*
Perfekt	Es ist schade, dass er uns nicht *hat*	*besuchen können.*
Plusquamperfekt	Es ist schade, dass er uns nicht *hatte*	*besuchen können.*

1. The modal verb appears in conjugated form at the end of the subordinate clause in present tense and imperfect sentences.

2. In perfect and past perfect sentences the modal verb appears in the infinitive form at the end of the subordinate clause. The conjugated auxiliary verb then appears *before* the two infinitives. (For the passive with modal verbs see § 19, III)

1 Fill in the right modal verb.

A   *In diese Straße dürfen keine Fahrzeuge hineinfahren.*

B   *Hier müssen Sie halten.*

C   *Achtung! Hier können Tiere über die Straße laufen.*

1. Hier … man auf Kinder aufpassen.

2. Hier … Sie den Verkehr auf der Hauptstraße vorlassen.

3. Hier … Wild (= Rehe, Wildschweine etc.) die Straße überqueren.

4. Diese Straße … man nur in eine Richtung befahren.

5. In diese Straße … keine Kraftfahrzeuge hineinfahren.

6. Von dieser Seite … man nicht in die Straße hineinfahren.

7. Hier … Sie links abbiegen.

8. In diese Straße … keine Lastwagen hineinfahren.

9. Hier … Sie geradeaus oder rechts fahren. Sie … nicht links fahren.

10. In dieser Straße … man nicht schneller als 30 km/h fahren.

11. Hier … man nicht überholen.

2 Fill in the blanks in the sentences below with the correct modal verb.

1. Leider … ich nicht länger bei dir bleiben, denn ich … um 17 Uhr mit dem Zug nach München fahren.
2. Eis oder Kaffee? Was … du?
3. Ich … keinen Kaffee trinken; der Arzt hat's mir verboten.
4. Ich … täglich dreimal eine von diesen Tabletten nehmen.
5. Wo … du denn hin? … du nicht einen Moment warten, dann gehe ich gleich mit dir?
6. „Guten Tag! Wir … ein Doppelzimmer mit Bad; aber nicht eins zur Straße. Es … also ein ruhiges Zimmer sein." – „Ich … Ihnen ein Zimmer zum Innenhof geben. … Sie es sehen?" – „Ja, sehr gern." – „… wir Sie morgen früh wecken?" – „Nein, danke, wir … ausschlafen."

3 Change the tense in the passage below to the imperfect.

Herr Müller will ein Haus bauen. Er muss lange sparen. Auf den Kauf eines Grundstücks kann er verzichten, denn das hat er schon.
Er muss laut Vorschrift einstöckig bauen. Den Bauplan kann er nicht selbst machen. Deshalb beauftragt er einen Architekten; dieser soll ihm einen Plan für einen Bungalow machen. Der Architekt will nur 750 Euro dafür haben; ein „Freundschaftspreis", sagt er.
Einen Teil der Baukosten kann der Vater finanzieren. Trotzdem muss sich Herr Müller noch einen Kredit besorgen. Er muss zu den Banken, zu den Ämtern und zum Notar laufen. – Endlich kann er anfangen.

4 Now put the passage into the perfect tense. Begin as follows:

Mein Freund erzählte mir: „Herr Müller hat ein Haus bauen wollen. Er hat … "

5 a Practise the use of the modal verbs.

Gehst du morgen in deinen Sportklub?
Nein, morgen kann ich nicht in meinen Sportklub gehen.

1. Bezahlst du die Rechnung sofort?
2. Kommst du morgen Abend zu unserer Party?
3. Reparierst du dein Motorrad selbst?
4. Fährst du im Urlaub ins Ausland?
5. Kaufen Sie sich diesen Ledermantel?
6. Sprechen Sie Türkisch?

b Kannst du mich morgen besuchen? (in die Bibliothek gehen)
Nein, morgen muss ich in die Bibliothek gehen.

1. Hast du morgen Zeit für mich? (Wäsche waschen)
2. Fährst du nächste Woche nach Hamburg? (nach München fahren)
3. Machst du nächstes Jahr die Amerikareise? (mein Examen machen)
4. Kommst du heute Abend in die Disko? (meine Mutter besuchen)
5. Gehst du jetzt mit zum Sportplatz? (nach Hause gehen)
6. Machst du am Sonntag die Wanderung mit? (zu Hause bleiben und lernen)

c   Lösen Sie diese mathematische Aufgabe!
         Ich soll diese mathematische Aufgabe lösen? Aber ich kann sie nicht lösen.

1. Schreiben Sie einen Aufsatz über die Lage der Behinderten in der
   Bundesrepublik!
2. Machen Sie eine Reise durch die griechische Inselwelt!
3. Verklagen Sie Ihren Nachbarn wegen nächtlicher Ruhestörung!
4. Geben Sie Ihre Reisepläne auf!
5. Lassen Sie Ihren Hund für die Dauer der Reise bei Ihrem Nachbarn!
6. Kaufen Sie sich einen schnellen Sportwagen!

6 Gartenarbeit

Wollten Sie nicht Rasen (m) säen?
Doch, aber ich konnte ihn noch nicht säen.

Wollten Sie nicht ...
1. Unkraut (n) ausreißen?
2. Salat (m) pflanzen?
3. Blumen (Pl.) gießen?
4. ein Beet umgraben?

5. ein Blumenbeet anlegen?
6. die Obstbäume beschneiden?
7. neue Beerensträucher setzen?
8. Kunstdünger (m) streuen?

7 Practise the perfect tense according to the example in the box below, using the
sentences in exercise 6:

Wollten Sie nicht Rasen (m) säen?
Ja schon, aber ich habe ihn noch nicht säen können.

8 „müssen – nicht brauchen" – Negate the questions using „nicht brauchen".

Musst du heute ins Büro *gehen?*   *Nein, ich brauche heute nicht ins Büro zu gehen.*

Musst du ...
1. ... aus der Wohnung ausziehen?
2. ... die Wohnung gleich räumen?
3. ... die Möbel verkaufen?
4. ... eine neue Wohnung suchen?
   (keine neue Wohnung)
5. ... die Wohnungseinrichtung bar
   bezahlen?

6. ... den Elektriker bestellen?
7. ... ein neues Schloss in die Tür einbauen lassen (kein)
8. ... einen Wohnungsmakler ein-
   schalten? (keinen)
9. ... eine Garage mieten? (keine)
10. ... den Hausbesitzer informieren?

III Verbs which function as modal verbs

hören, lassen, sehen, helfen

a) im Hauptsatz   Präsens   Er hört mich Klavier spielen.
                    Präteritum   Er *ließ* den Taxifahrer *warten.*
                    Perfekt   Du hast die Gefahr *kommen sehen.*

b) im Nebensatz Präsens   Ich weiß, dass er mich Klavier spielen hört.
                  Präteritum   Ich weiß, dass er den Taxifahrer *warten ließ*.
                  Perfekt   Ich weiß, dass du die Gefahr *hast kommen sehen*.

When the verbs *hören, lassen, sehen, helfen* are used with main verbs, they are used in exactly the same way in the main clause and in the subordinate clause as modal verbs (see II).

bleiben, gehen, lehren, lernen

a) im Hauptsatz   Präsens   Er bleibt bei der Begrüßung sitzen.
                  Perfekt   Er ist bei der Begrüßung sitzen geblieben.
                  Präsens   Sie geht jeden Abend tanzen.
                  Perfekt   Sie ist jeden Abend tanzen gegangen.
                  Präsens   Er lehrt seinen Sohn lesen und schreiben.
                  Perfekt   Er hat seinen Sohn lesen und schreiben gelehrt.

b) im Nebensatz   Präsens   Ich weiß, dass sie nicht gern einkaufen geht.
                  Präteritum   Ich weiß, dass er noch mit 80 Rad fahren lernte.
                  Perfekt   Ich weiß, dass dein Mantel im Restaurant
                               hängen geblieben ist.

If the verbs *bleiben, gehen, lehren, lernen* occur in conjunction with a main verb, they are used in the present and imperfect in main clauses and in subordinate clauses in exactly the same way as modal verbs (see II). In perfect or past perfect sentences, however, these verbs occur in the regular word order, with an auxiliary verb and the past participle.

Note:

Bleiben occurs with a limited number of verbs:
jemand / etwas bleibt … liegen / hängen / sitzen / stehen / stecken / haften / kleben / wohnen

IV Modal verbs with two infinitives

a) im Hauptsatz   Präsens   Ich kann dich nicht weinen sehen.
                               Du musst jetzt telefonieren gehen.
                  Präteritum   Er musste nach seinem Unfall wieder laufen lernen.
                               Er konnte den Verletzten nicht rufen hören.
                  Perfekt*   Sie hat ihn nicht weggehen lassen wollen.
                               Der Wagen hat dort nicht stehen bleiben dürfen.

b) Nebensatz   Präsens   Ich weiss, dass er sich scheiden lassen will.
                  Präteritum   Ich weiss, dass er das Tier nicht leiden sehen konnte.
                  Perfekt*   Ich weiss, dass er mit uns hat essen gehen wollen.

* The use of the perfect with three or more verbs at the end of a clause is complicated and stylistically problematic. Usually the imperfect is preferred.

1. If a modal verb is used concurrently with a verb which is used like a modal verb (see III), the modal verb takes the most important position within the sentence. All the rules for the use of modal verbs apply. The auxiliary verb in the perfect and past perfect is always *haben*.

2. Verbs used in the same way as modals are placed after the main verb; both verbs occur in the infinitive.

Notes

1. In general, *helfen, lehren, lernen* are used as modal verbs only if an infinitive follows on its own or if it is preceded by a short simple phrase:
Wir helfen euch die Koffer packen.
Er lehrte seinen Enkel schwimmen.

2. If the infinitive is used within a longer complex sentence, an infinitive construction with *zu* follows the comma:
Ich *habe* ihm *geholfen* ein Haus für seine fünfköpfige Familie und
seine Anwaltspraxis zu finden.
Endlich *haben* wir es *gelernt*, die Erläuterungen zur Lohnsteuer *zu verstehen*.

3. The verbs *fühlen* and *spüren* can also occur in the infinitive in conjunction with a main verb:
Ich spüre den Schmerz wiederkommen.
Er fühlt das Gift wirken.

More common usage, however, is:
Ich spüre, wie der Schmerz wiederkommt.
Er fühlt, wie das Gift wirkt.

4. After *brauchen* normal usage is *zu* + infinitive. *Nicht brauchen* is the negation of *müssen* (see § 16, II, notes 4):
Musst du heute kochen? – Nein, heute brauche ich nicht zu kochen.

9 Two modal verbs in one sentence – Practise according to the following example:

Der Hausbesitzer lässt das Dach nicht reparieren. (müssen)
A: Muss der Hausbesitzer das Dach nicht reparieren lassen?
B: Doch, er muss es reparieren lassen.

1. Die Autofahrer sehen die Kinder dort nicht spielen. (können)
2. Müllers gehen heute nicht auswärts essen. (wollen)
3. Der kleine Junge lernt jetzt nicht lesen. (wollen)
4. Herr Gruber lässt sich keinen neuen Anzug machen. (wollen)
5. Man hört die Kinder auf dem Hof nicht rufen und schreien. (können)
6. Die Studenten bleiben in dem Haus nicht länger wohnen. (dürfen)
7. Sie lässt sich nach 35-jähriger Ehe nicht plötzlich scheiden. (wollen) (Nein, …)
8. Die Krankenschwestern lassen die Patienten nicht gern warten. (wollen) (Nein, …)
9. Der Autofahrer bleibt nicht am Straßenrand stehen. (dürfen)
10. Er hilft ihm nicht suchen. (wollen)

10 Now change the questions and answers in exercise 9 to the perfect tense.

> A: *Hat der Hausbesitzer das Dach nicht reparieren lassen müssen?*
> B: *Nein, er hat es nicht reparieren lassen müssen.*

11 Construct subordinate clauses from the answers in exercise 10, placing them after a main clause, e. g.: *Es ist (mir) klar, dass …; Ich weiß, dass…; Es ist verständlich, dass…; Es ist (mir) bekannt, dass …*

> *Ich weiß, dass er es nicht hat reparieren lassen müssen.*

12 Feuer! – hören / sehen. Practise according to the following example:

> Die Sirenen heulen.   *Hörst du die Sirenen heulen?*
> Die Feuerwehrleute springen zu den Wagen.   *Siehst du die Feuerwehrleute zu den Wagen springen?*

1. Das Haus brennt.
2. Rauch quillt aus dem Dach.
3. Die Feuerwehr eilt herbei.
4. Die Leute rufen um Hilfe.
5. Das Vieh brüllt in den Ställen.
6. Ein Mann steigt auf die Leiter.
7. Die Kinder springen aus dem Fenster.

13 In der Jugendherberge helfen.

> *Ich* packe jetzt den Rucksack!   *Ich helfe dir den Rucksack packen.*
> *Wir* tragen die Rucksäcke jetzt zum Bus!   *Wir helfen euch die Rucksäcke zum Bus tragen.*

1. Wir machen jetzt die Betten!
2. Wir decken jetzt den Tisch!
3. Wir kochen jetzt den Kaffee!
4. Ich teile jetzt das Essen aus!
5. Ich spüle jetzt das Geschirr!
6. Wir räumen jetzt das Zimmer auf!

14 Beim Hausbau – lassen

> das Dach decken   *Deckst du das Dach selbst?*
> *Nein, ich lasse es decken.*

1. die Elektroleitungen verlegen
2. die Heizung installieren
3. die Fenster streichen
4. die Schränke einbauen
5. die Wohnung mit Teppichen aus- legen
6. die Möbel aufstellen

15 Make sentences in the perfect tense using the examples in exercise 12.

> *Ich habe die Sirenen heulen hören.*
> *Ich habe die Feuerwehrleute zu den Wagen springen sehen.*

16 Do the same with exercise 13.

> *Ich habe den Rucksack packen helfen.*

17 Do the same with exercise 14.

> *Ich habe das Dach decken lassen.*

18 bleiben, gehen, lehren, lernen

  schwimmen gehen   *Gehst du schwimmen?*
  Nein, aber die anderen sind schwimmen gegangen.

1. Maschine schreiben lernen
2. hier wohnen bleiben
3. Tennis spielen gehen
4. Gitarre spielen lernen
5. tanzen gehen
6. hier sitzen bleiben

§ 19 The Passive

I Conjugation

	Präsens				*Präteritum*		
Singular	ich	werde	gefragt		ich	wurde	gefragt
	du	wirst	gefragt		du	wurdest	gefragt
	er	wird	gefragt		er	wurde	gefragt
Plural	wir	werden	gefragt		wir	wurden	gefragt
	ihr	werdet	gefragt		ihr	wurdet	gefragt
	sie	werden	gefragt		sie	wurden	gefragt

	Perfekt				*Plusquamperfekt*		
Singular	ich	bin	gefragt worden		ich	war	gefragt worden
	du	bist	gefragt worden		du	warst	gefragt worden
	er	ist	gefragt worden		er	war	gefragt worden
Plural	wir	sind	gefragt worden		wir	waren	gefragt worden
	ihr	seid	gefragt worden		ihr	wart	gefragt worden
	sie	sind	gefragt worden		sie	waren	gefragt worden

1. The passive is formed with the auxiliary verb *werden* and the past participle of the main verb.
2. In perfect and past perfect passive sentences the auxiliary verb is always *sein; worden* follows the past participle of the main verb.

Note

The stem forms of *werden* are: *werden – wurde – geworden*. The short form *worden* only occurs in perfect and past perfect passive sentences.

1a Make sentences in the passive present.

Von den Aufgaben des Kochs: Was ist los in der Küche?
Kartoffeln schälen   *Kartoffeln werden geschält.*

1. Kartoffeln reiben	8. Milch, Mehl und Eier mischen
2. Salz hinzufügen	9. Teig rühren
3. Fleisch braten	10. Kuchen backen
4. Reis kochen	11. Sahne schlagen
5. Salat waschen	12. Brötchen (Pl.) streichen und
6. Gemüse schneiden	belegen
7. Würstchen (Pl.) grillen	

b Die Küchenarbeit ist beendet. Was wurde gemacht? Practise with the vocabulary above.

Kartoffeln schälen   *Kartoffeln wurden geschält.*

2a Was ist alles im Büro los? Using the phrases in exercise 1, § 7, practise the passive present.

Telefonate weiterleiten *Telefonate werden weitergeleitet.*

b Was war los im Büro? Using the phrases in exercise 1, § 7, make passive sentences in the imperfect.

Telefonate weiterleiten *Telefonate wurden weitergeleitet.*

3 Make passive sentences. The verbs listed at the end of the exercise will make this exercise easier, should you need help.

In der Fabrik wird gearbeitet.

Was geschieht …

1. in der Kirche?	6. in der Küche?	11. auf dem Feld?
2. in der Schule?	7. in der Bäckerei?	12. beim Schuster?
3. an der Kasse?	8. auf der Jagd?	13. auf dem Eis?
4. auf dem Sportplatz?	9. beim Frisör?	14. in der Wäscherei?
5. im Gesangverein?	10. im Schwimmbad?	

Verben hierzu: schießen, säen und ernten, Haare schneiden, kochen, schwimmen, singen, Fußball spielen, lernen, beten, zahlen, Schuhe reparieren, Wäsche waschen, Schlittschuh laufen, Brot backen.

II Usage

Preliminary note

1. In an active sentence, the subject or agent i. e. the instigator of the action, is important:
   Der Hausmeister schließt abends um 9 Uhr die Tür ab.

   In a passive sentence the emphasis is on the action; the instigator of the action (the subject of the active sentence) is often of little importance and need not be mentioned:
   Abends um 9 Uhr wird die Tür abgeschlossen.

2. The instigator of the action is often anonymous; in this case an active sentence with *man* or a passive sentence omitting *man* is used:
   Man baut hier eine neue Straße.
   Hier *wird* eine neue Straße *gebaut*.

Passive sentences with animated subjects

Präsens Aktiv   Die Ärztin untersucht *den Patienten* vor der Operation.
Präsens Passiv   *Der Patient* wird vor der Operation untersucht.
Perfekt Aktiv   Die Ärztin hat *den Patienten* vor der Operation untersucht.
Perfekt Passiv   *Der Patient* ist vor der Operation untersucht worden.

The accusative object of the active sentence becomes the subject (= nominative) of the passive sentence.
The subject of the active sentence – except *man* – can be transferred to the passive sentence using *von* + dative:
Die Ärztin untersucht den Patienten vor der Operation.

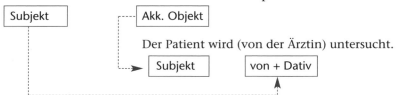

This is usually not necessary. If the instigator is of primary importance, preference is given to an active sentence:
Die berühmte Ärztin Frau Professor Müller untersuchte den Patienten vor der Operation.

Aktiv   Man renoviert jetzt endlich die alten Häuser am Marktplatz.
Passiv   Die alten Häuser am Marktplatz werden jetzt endlich renoviert.
Note: All the information (e. g. genitive attributives, adverbial time and place phrases) which occur with the accusative object in the active sentence, become part of the subject in the passive sentence.

Passive sentences without a subject (main clauses)

Aktiv	Man arbeitet sonntags nicht.
Passiv	*Es wird* sonntags nicht *gearbeitet.*
Aktiv	Man half den Verunglückten erst nach zwei Tagen.
Passiv	*Es wurde* den Verunglückten erst nach zwei Tagen *geholfen.*

If the active sentence does not have an accusative object, it cannot have an animated subject in the passive, in which case the impersonal *es* is used. This *es* can only be used at the beginning of the main clause in position I.

Sonntags *wird* nicht *gearbeitet.*
Den Verunglückten *wurde* erst nach zwei Tagen *geholfen.*
Erst nach zwei Tagen *wurde* den Verunglückten *geholfen.*

Should another phrase be used here, however, – and this is normally better style – *es* is omitted.
Passive sentences with no subject are always singular, also those where *es* is omitted and other items in the sentence are in the plural.

Note

1. In German it is possible to begin a passive sentence with *es* as "empty" subject substituting for the real subject later in the sentence.
   Es wurden in diesem Jahr viele Äpfel geerntet.
   einfacher: In diesem Jahr wurden viele Äpfel geerntet.

2. This stylistic device is often used in passive sentences with an indefinite subject that is better placed later in the sentence:
   Warum sind Sie so aufgeregt? Es wird ein neues Atomkraftwerk gebaut!
   Es wurde ein anderer Termin für die Abstimmung festgelegt!
   Es sind Geheimdokumente veröffentlicht worden!

Passive subordinate clauses without a subject

Aktiv	Er wird immer böse, wenn man ihm sagt, dass er unordentlich ist.
Passiv	Er wird immer böse, *wenn ihm gesagt wird*, dass er unordentlich ist.
Aktiv	Ich war ratlos, als mir der Arzt von einer Impfung abriet.
Passiv	Ich war ratlos, *als mir von einer Impfung abgeraten wurde.*

In subordinate passive clauses the impersonal *es* is always omitted and the conjunctions (*weil, als, nachdem, wenn, dass* etc.) occupy the first position.

4 Practise the passive.

Beim Fernsehhändler
Wir beraten die Kunden   *Die Kunden werden beraten.*

1. Wir holen den Fernseher ab und reparieren ihn.
2. Wir bringen die Geräte ins Haus.
3. Wir installieren Antennen.
4. Wir führen die neuesten Apparate vor.
5. Wir bedienen die Kunden höflich.
6. Wir machen günstige Angebote.

5 Was in einem Unrechtsstaat geschieht

Man belügt das Volk. *Das Volk wird belogen.*

1. Man bedroht Parteigegner.
2. Man enteignet Leute.
3. Man verurteilt Unschuldige.
4. Man verteufelt die Anders-
   denkenden.
5. Man schreibt alles vor.
6. Man zensiert die Zeitungen.

7. Man beherrscht Rundfunk und
   Fernsehen.
8. Man steckt Unschuldige ins Gefängnis.
9. Man misshandelt die Gefangenen.
10. Man unterdrückt die freie
    Meinung.

6a Was war in letzter Zeit los in der Stadt?

Wiedereröffnung des Opernhauses *Das Opernhaus wurde wiedereröffnet.*

1. Ausstellung von Gemälden von Pi-
   casso
2. Aufführung zweier Mozartopern
3. Eröffnung der Landesgartenschau
4. Ehrung eines Komponisten und
   zweier Dichter
5. Ernennung des Altbürgermeisters
   zum Ehrenbürger der Stadt

6. Errichtung eines Denkmals zur Er-
   innerung an einen Erfinder
7. Einweihung des neuen Hallenbades
8. Veranstaltung eines Sängerwett-
   streits
9. Vorführung von Kulturfilmen
10. Start eines Rennens über 50 Jahre
    alter Automobile

b Continue in the same way – this time using the perfect tense.

Wiedereröffnung des Opernhauses *Das Opernhaus ist wiedereröffnet worden.*

7 Was stand gestern in der Zeitung? – Change the phrases below and complete the
sentences.

Man gab bekannt, …
Es wurde bekannt gegeben, dass die Tiefgarage nun doch gebaut wird.

1. Man berichtete, …
2. Man gab bekannt, …
3. Man behauptete, …
4. Man befürchtete, …

5. Man stellte die Theorie auf, …
6. Man nahm an, …
7. Man äußerte die Absicht, …
8. Man stellte die Behauptung auf, …

8 Practise with the sentences from exercise 5.

Man belügt das Volk.
Warum ist das Volk belogen worden?

9 Answer according to the following example:

    Warum sagst du nichts? (fragen) *Ich bin nicht gefragt worden.*

  1. Warum gehst du nicht mit? (bitten)
  2. Warum singst du nicht mit? (auffordern)
  3. Warum wehrst du dich nicht? (bedrohen)
  4. Warum kommst du nicht zur Party? (einladen)
  5. Warum verklagst du ihn nicht vor Gericht? (schädigen)
  6. Warum gehst du nicht zu dem Vortrag? (informieren)
  7. Warum sitzt du immer noch hier? (abholen)
  8. Wie kommst du denn hier herein? (kontrollieren)
  9. Warum hast du das kaputte Auto gekauft? (warnen)
10. Warum bist du so enttäuscht? (befördern)

10 Backen Sie Ihren Obstkuchen selbst! Using the example, put the following recipe into the passive voice:

    Mehl mit Backpulver mischen und auf ein Brett legen.
    Mehl wird mit Backpulver gemischt und auf ein Brett gelegt.

Mehl mit Backpulver mischen und auf ein Brett legen. In der Mitte des Mehls eine Vertiefung machen. Zucker und Eier mit einem Teil des Mehls schnell zu einem Brei verarbeiten. Auf diesen Brei die kalte Butter in kleinen Stücken geben und etwas Mehl darüber streuen. Alles mit der Hand zusammendrücken und möglichst schnell zu einem glatten Teig verarbeiten. Den Teig vorläufig kalt stellen. Dann etwas Mehl auf das Brett geben, den Teig ausrollen und in die Form legen.

Auf dem Teigboden viel Semmelmehl ausstreuen und das Obst darauf legen. Im Backofen bei 175–200 Grad den Kuchen etwa 30 bis 35 Minuten backen.

III The passive with modal verbs

In main clauses

Präsens	Aktiv	Man muss den Verletzten sofort operieren.
	Passiv	Der Verletzte *muss* sofort *operiert werden.*
Präteritum	Aktiv	Man musste den Verletzten sofort operieren.
	Passiv	Der Verletzte *musste* sofort *operiert werden.*
Perfekt	Aktiv	Man hat den Verletzten sofort operieren müssen.
	Passiv	Der Verletzte *hat* sofort *operiert werden müssen.*

In subordinate clauses

Präsens	Passiv	Es ist klar, dass der Verletzte sofort *operiert werden muss.*
Präteritum	Passiv	Es ist klar, dass der Verletzte sofort *operiert werden musste.*
Perfekt	Passiv	Es ist klar, dass der Verletzte sofort *hat operiert werden müssen.*

1. The general rules for the use of modal verbs also apply in passive sentences (see § 18 II).

2. The passive infinitive (past participle + *werden*) occurs in passive sentences instead of the active infinitive e. g.:

   Active Infinitive: operieren   anklagen   zerstören
   Passive Infinitive: operiert werden   angeklagt werden   zerstört werden

Notes

1. Passive sentence:
   Die Schuld des Angeklagten *kann* nicht *bestritten werden.*
   a)   Die Schuld des Angeklagten *ist* nicht *zu bestreiten.* (see § 48)
   b)   Die Schuld des Angeklagten *ist unbestreitbar.*
   c)   Die Schuld des Angeklagten *lässt sich* nicht *bestreiten.* (see § 10, § 48)

2. The modal verb *wollen* in an active sentence becomes *sollen* in a passive one.
   Man *will* am Stadtrand eine neue Siedlung errichten.
   Am Stadtrand *soll* eine neue Siedlung errichtet werden.

11a The passive with modal verbs

   Umweltschützer stellen fest: Umweltschützer fordern:
   Die Menschen verschmutzen die Flüsse. *Die Flüsse dürfen nicht länger ver-*
                                          schmutzt werden!

If you want to express the fact that things have been happening over a long period of time and that they will continue to do so, insert „nach wie vor" or „immer noch": *Die Menschen verschmutzen nach wie vor die Flüsse.* If you want to intensify the imperative nature of a statement, insert „auf keinen Fall" or „unter (gar)keinen Umständen" instead of „nicht": *Die Flüsse dürfen auf keinen Fall länger verschmutzt werden.*

1. Sie verunreinigen die Seen.   6. Sie werfen Atommüll ins Meer.
2. Sie verpesten die Luft.   7. Sie vergraben radioaktiven Müll in
3. Sie verseuchen die Erde.   der Erde.
4. Sie vergiften Pflanzen und Tiere.   8. Sie ruinieren die Gesundheit der
5. Sie vernichten bestimmte Vogel-   Mitmenschen durch Lärm.
   arten.

b   Der Landwirt berichtet von der   Von der Tagesarbeit auf
         Tagesarbeit: dem Bauernhof:
         Ich muss das Vieh füttern.   *Das Vieh muss gefüttert werden.*

         Ich muss
1. die Felder pflügen   5. die Melkmaschine reinigen
2. die Saat aussäen   6. Bäume fällen
3. die Äcker düngen   7. Holz sägen
4. die Ställe säubern   8. ein Schwein schlachten

9. Gras schneiden
10. Heu wenden

11. Äpfel und Birnen pflücken

c Eine Krankenschwester erzählt
von ihren Aufgaben:
Ich muss einige Patienten waschen
und füttern.

Von den Aufgaben einer
Krankenschwester:
*Einige Patienten müssen gewaschen und
gefüttert werden.*

1. Ich muss die Patienten wiegen.
2. Ich muss die Größe der Patienten feststellen.
3. Ich muss den Puls der Kranken zählen und das Fieber messen.
4. Ich muss beides auf einer Karte einzeichnen.
5. Ich muss Spritzen geben und Medikamente austeilen.
6. Ich muss Blut abnehmen und ins Labor schicken.
7. Ich muss Karteikarten ausfüllen.
8. Ich muss die Kranken trösten und beruhigen.

12 Von den Plänen der Stadtverwaltung. Practise in the same way, using the vocabulary
in § 8, exercise 3.

Man will den Park erweitern. *Der Park soll erweitert werden.*

IV The passive in infinitive constructions

Infinitive constructions in the passive voice are only possible, if the subject in the main
clause and the subject in the *dass*-clause refer to the same person or thing.

Ich fürchte, dass ich bald entlassen werde.
Ich fürchte, bald *entlassen zu werden.*
Sie hofft, dass sie vom Bahnhof abgeholt wird.
Sie hofft vom Bahnhof *abgeholt zu werden.*

The (present) passive infinitive with *zu* is used in the sentences with simultaneous
actions: *gezwungen zu werden, erkannt zu werden, angestellt zu werden.*

Er behauptet, dass er niemals vorher gefragt worden ist.
Er behauptet, niemals vorher *gefragt worden zu sein.*

If it is quite clear that the statement in the main clause is more recent than the statement in the infinitive construction, the perfect passive infinitive is used with *zu: gelobt
worden zu sein, verstanden worden zu sein, überzeugt worden zu sein.*

Note

According to the new spelling rules, there no longer has to be a comma in front of the infinitive construction, but one may be used to structure the sentence more clearly or to avoid misunderstandings. A comma must be used if the infinitive construction interrupts the sentence, or if there is an antecedent in the clause the infinitive construction is dependent on.

Exercises on the passive as a whole

13 Brand in der Großmarkthalle – Put the following passage into the passive. If the "instigator" appears in italics leave it out. Pay special attention to the tenses.

Gestern Abend meldete man der Feuerwehr einen leichten Brandgeruch in der Nähe der Großmarkthalle. Sofort schickte man drei Feuerwehrwagen an den Ort, aber man konnte zunächst den Brandherd nicht feststellen, weil *die Geschäftsleute* den Eingang zur Großmarkthalle mit zahllosen Kisten und Handwagen versperrt hatten. Als man die Sachen endlich weggeräumt hatte, musste man noch das eiserne Gitter vor dem Hallentor aufsägen, denn man hatte in der Eile vergessen die Schlüssel rechtzeitig zu besorgen. Immer wieder mussten *die Polizeibeamten* die neugierigen Zuschauer zurückdrängen. Nachdem man endlich die Türen aufgebrochen hatte, richteten *die Feuerwehrleute* die Löschschläuche in das Innere der Halle. Erst nach etwa zwei Stunden konnten *die Männer* das Feuer unter Kontrolle bringen. *Die Polizei* gab bekannt, dass *das Feuer* etwa die Hälfte aller Waren in der Markthalle vernichtet hat. Erst spät in der Nacht rief man die letzten Brandwachen vom Unglücksort ab.

14 Jugendliche aus Seenot gerettet – Put the following passage into the passive voice.

Gestern Morgen alarmierte man den Seenotrettungsdienst in Cuxhaven, weil man ein steuerlos treibendes Boot in der Nähe des Leuchtturms Elbe I gesehen hatte. Wegen des heftigen Sturms konnte man die Rettungsboote nur unter großen Schwierigkeiten zu Wasser bringen. Über Funk gab man den Männern vom Rettungsdienst den genauen Kurs bekannt. Mit Hilfe von starken Seilen konnte man die drei Jugendlichen aus dem treibenden Boot an Bord ziehen, wo man sie sofort in warme Decken wickelte und mit heißem Tee stärkte. Vorgestern Nachmittag hatte der scharfe Ostwind die drei Jungen in ihrem Segelboot auf die Elbe hinausgetrieben, wo sie bald die Kontrolle über ihr Fahrzeug verloren (Aktiv). Erst bei Anbruch der Dämmerung konnte man sie sichten. Niemand hatte ihre Hilferufe gehört. Wegen Verdachts einer Lungenentzündung musste man den Jüngsten der drei in ein Krankenhaus einliefern; die anderen beiden brachte man auf einem Polizeischnellboot nach Hamburg zurück, wo ihre Eltern sie schon erwarteten.

§ 20   Modal Verbs for Subjective Statements

Preliminary note

1. The modal verbs (§ 18) express objectivity with regard to an action:
   „Wie geht es dem alten Herrn?" – „Er war schwerkrank, aber er *kann* sich wieder erholen."
   > = Er ist dazu fähig, er ist kräftig genug, die Krankheit zu überstehen.

   Ein Professor *soll* alles verständlich *erklären.*
   > = Das ist seine Pflicht.

2. The same sentences can also express subjectivity, rumour or report:
   Der alte Herr ist schwerkrank, aber er kann sich (vermutlich) wieder erholen.
   > = Das hoffe / vermute ich.

   „Zu welchem Professor gehst du?" – „Zu Professor M., er *soll* alles verständlich *erklären.*"
   > = Das haben mir andere Studenten gesagt, das habe ich gehört.

3. In statements in the present tense, the difference between the objective meaning of a modal verb and the subjective statement can only be made clear within the context of a text or dialogue or (in spoken German) by stressing certain words.

4. In statements about an action or state in the past tense there are fixed rules for objective and subjective statements.

I Forms and uses

1. a) The modal verbs used to mark a subjective statement are in the present. In the imperfect they only occur in narrative texts or in reports. They are placed in the main clause in position II. In the subordinate clause they are placed at the end:
   Er *kann* mich gesehen haben.
   Ich bin beunruhigt, weil er mich gesehen haben *kann.*

   b) In subjective statements about an action in the past, the perfect infinitive is used.
   Perfect infinitive active: *gemacht haben, gekommen sein*
   Perfect infinitive passive: *gemacht worden sein*
   Vor 300 Jahren *sollen* Soldaten das Schloss völlig *zerstört haben.*
   Vor 300 Jahren *soll* das Schloss völlig *zerstört worden sein.*

   A girl-friend asks: *Warum ist deine Schwiegermutter nicht zu deinem Geburtstag gekommen?* The following answers are possible:
   a)   Du weißt doch, wie beschäftigt sie ist. Sie *muss* einen dringenden Termin in ihrem Betrieb *gehabt haben.* = That is very probable.

Du weißt doch, dass sie kein Zeitgefühl hat. Sie *kann* wieder mal den Zug *verpasst haben.* = That is possible.
Du weißt doch, dass sie Familienfeiern nicht schätzt. Wir verstehen uns gut, aber sie *mag* einfach keine Lust *gehabt haben.* = That may be the case, but it's not so important.

b) Du weißt doch, dass jetzt weniger gebaut wird, aber sie *soll* einen wichtigen Auftrag *bekommen haben.* = That's what I've heard, that's what people have told me, but I don't know exactly.

c) Du weißt doch, wie empfindlich sie ist. Ich habe ihr die Einladung ein bisschen zu spät geschickt, aber sie *will* sie erst nach meinem Geburtstag *erhalten haben.* = That's what she claims, but I don't believe it.

2. see a) *Mögen, können, müssen* in subjective statements express probability.

Tip: The subjective modal verb *müssen* indicates high probability (about 90 %).
The subjective modal *können* indicates about 50 % certainty/uncertainty.
The subjective modal *mögen* also expresses about 50% certainty/uncertainty, and the fact that it doesn't really matter one way or the other.

see b) *Sollen* expresses a rumour or report:
Somebody says something or reports on something, but there is no exact information available. This way of expressing statements is also used in newspaper reports:
In Italien *sollen* die Temperaturen auf minus 20 Grad *gesunken sein.*

see c) *Wollen* is used to claim, maintain or to pretend. Somebody says something about himself. The truth of the statement cannot be proven. On the other hand it cannot be proven untrue. This form is often used in the legal language of court cases:
Der Angeklagte *will* die Zeugin nie *gesehen haben.*

II Subjunctive use of modal verbs to express subjectivity

In order to make the difference clearer in subjective statements in the present (see preliminary note 3), the modal verb is often used in Konjunktiv II (see § 54, VI).

Someone asks: *Wo ist Frau M.? In ihrem Büro ist sie nicht.* The following answers are possible:
a) Sie *müsste* beim Chef sein, denn dort ist eine wichtige Besprechung.
= That is very probable.
Sie *könnte* auch in der Kantine sein, denn dort ist sie meistens um die Mittagszeit.
= That is possible.
b) Sie *sollte* (eigentlich) an ihrem Arbeitsplatz sein, denn die Mittagszeit ist schon vorbei.
= That is what staff are supposed to do, but she seems to be disregarding the rule.
c) Sie arbeitet nicht mehr bei uns; sie *dürfte* schon über 65 sein.

a) The subjective use of *können* and *müssen* in Konjunktiv II follows the rules set out in § 20, I, a).

b) *sollte / sollen* is often used with *eigentlich* to express the fact that the speaker thinks other behaviour better.

c) *dürfte* is mostly used to refer to numbers and dates that one is not sure about. But it is also used in the following meaning:
Das *dürfte* ihn interessieren. = It probably interests him.
Der Witz *dürfte* schon bekannt sein. = It's probably already familiar.

1 Change the sentences below so that the expressions conveying possibility or conviction such as „wohl", „sicher(lich)", „angeblich", „er behauptet", „so wird gesagt" etc., can be omitted.

Ich habe gehört, dass der Schriftsteller sich zur Zeit in Südamerika aufhält. (sollen)
Der Schriftsteller soll sich zur Zeit in Südamerika aufhalten.

1. Man hat den Mann verurteilt; aber er war unschuldig, so wird gesagt. (sollen)
2. Sie hat vielleicht Recht. (mögen)
3. Er hat angeblich sein ganzes Vermögen an eine Hilfsorganisation verschenkt. (sollen)
4. Der Zeuge behauptet, dass er den Unfall genau gesehen hat. (wollen)
5. Wie war das nur möglich? Es war doch 22 Uhr und wahrscheinlich stockdunkel. (müssen)
6. Er behauptet, dass er die 20 Kilometer lange Strecke in zweieinhalb Stunden gelaufen ist. (wollen)
7. Der Angeklagte behauptet, von zwei betrunkenen Gästen in der Wirtschaft angegriffen worden zu sein. (wollen)
8. Man ist überzeugt, dass der Angeklagte sich in großer Angst und Aufregung befunden hat. (müssen)
9. Ich frage mich, wie dem Angeklagten wohl zumute war. (mögen)
10. Sicherlich hat der Angeklagte die Tat nur im ersten Schrecken begangen. (können)

2 Aus der Zeitung – Explain the meaning of the modal verbs which appear in italics.

Wieder ist der Polizei ein Raubüberfall gemeldet worden. Drei Unbekannte *sollen* in der Zuckschwerdtstraße einen 26 Jahre alten Brückenbauer aus Frankfurt überfallen und niedergeschlagen haben. Nach Angaben der Polizei *soll* einer der Täter dem Brückenbauer in die Jackentasche gegriffen und Ausweispapiere sowie Schlüssel entwendet haben. Vorher *will* der Überfallene in einer Gaststätte in der Bolongarostraße gewesen sein, in der sich auch die Täter befunden haben *sollen*. Beim Bezahlen *können* die Täter gesehen haben, dass er einen größeren Geldbetrag – es *soll* sich um etwa 500 Euro gehandelt haben – bei sich führte. „Das *muss* der Anlass gewesen sein, dass die Kerle mir folgten und mich dann überfielen", meinte der Brückenbauer.

3 Choose the correct modal verb for the blanks in the sentences below and explain your choice.

1. Der Mann hat doch eine Verletzung! Wer das nicht sieht, ... blind sein.
2. Du ... Recht haben; aber es klingt sehr merkwürdig.
3. Diese Schauspielerin ... 80 Jahre alt sein, so steht es in der Zeitung. Sie sieht doch aus wie fünfzig!
4. Der Junge ... die Geldbörse gefunden haben; dabei habe ich gesehen, wie er sie einer Frau aus der Einkaufstasche nahm.
5. „Er ... ein Vermögen von zwei bis drei Millionen besitzen, glaubst du das?" – „Also das ... übertrieben sein. Es ... sein, dass er sehr reich ist, aber so reich sicher nicht!"
6. In Griechenland ... gestern wieder ein starkes Erdbeben gewesen sein.
7. Es ist schon zehn Uhr. Der Briefträger ... eigentlich schon da gewesen sein.
8. Eben haben sie einen Fernsehbericht über Persien angekündigt, jetzt zeigen sie Bilder über Polen. Da ... doch wieder ein Irrtum passiert sein!
9. Wir haben dein Portmonee in der Wohnung nicht gefunden. Du ... es nur unterwegs verloren haben. Wenn du es nicht verloren hast, ... es dir gestohlen worden sein.
10. Den Ring ... sie geschenkt bekommen haben, aber das glaube ich nicht.
11. Er ist erst vor zehn Minuten weggegangen. Er ... eigentlich noch nicht im Büro sein.
12. Es ... heute Nacht sehr kalt gewesen sein, die Straßen sind ganz vereist.

4 Replace the modal verb with the expression given.

1. Der Vater mag 72 Jahre alt gewesen sein, als er starb. (vielleicht)
2. Der Sohn soll das Millionenerbe seines Vaters, Häuser und Grundstücke, verkauft haben. (wie man sich erzählt)
3. Sein Onkel will davon nichts gewusst haben. (sagt er selbst)
4. Es mag sein, dass der Sohn alles verkauft hat; aber warum bezieht er jetzt Sozialhilfe? (möglicherweise)
5. Er soll Spieler gewesen sein. (habe ich gehört)
6. Er muss das ganze Geld in der Spielbank verjubelt (= leichtsinnig ausgegeben) haben. (mit großer Wahrscheinlichkeit)
7. Ein Bekannter will ihn als Straßenmusikanten gesehen haben. (Ein Bekannter glaubt ...)
8. Er soll ungepflegt ausgesehen haben. (angeblich)

5 Do the same here as in exercise 3 – Use the modal verbs to make a subjective statement.

1. Man sagt, dass im Krankenhaus der Stadt B. im letzten Jahr viele Millionen Euro veruntreut worden sind.
2. Ein junger Arzt sagt, dass er gehört habe, dass die Medikamente für das Krankenhaus gleich wieder verkauft worden seien.

3. Die Krankenschwestern und Pfleger haben davon vielleicht gar nichts gewusst.
4. Die Leute erzählen, dass der Chefarzt vor kurzem die hässliche Tochter des Gesundheitsministers geheiratet hat.
5. Sehr wahrscheinlich waren die Beamten des Gesundheitsministeriums über die Unterschlagungen im Krankenhaus schon seit langem informiert.
6. Vielleicht sind einige Beamte sogar bestochen worden.
7. Außerdem wird berichtet, dass alle Akten aus den Geschäftsräumen des Krankenhauses verschwunden sind.
8. Vielleicht waren unter den verschwundenen Medikamenten auch Drogen.
9. Ein verhafteter Drogenhändler sagt, dass er seinen „Stoff" immer an der Hintertür des Krankenhauses abgeholt habe.
10. Möglicherweise sind auch Verbandszeug und Kopfschmerztabletten verschoben worden.
11. In einem Zeitungsartikel wird berichtet, dass der Chefarzt in der vorigen Woche 450 000 Euro von seinem Konto abgehoben hat.
12. Sehr wahrscheinlich haben die Patienten unter den ungeordneten Zuständen in diesem Krankenhaus sehr gelitten.
13. Vielleicht wird der Prozess gegen den Chefarzt und den Gesundheitsminister noch in diesem Jahr eröffnet.

6 Replace the modal verbs with expressions of doubt, supposition and certainty.

1. a) Äsop, bekannt durch seine Fabeln, *soll* ein Sklave gewesen sein.
   b) Er *dürfte* im 6. Jahrhundert vor unserer Zeitrechnung in Kleinasien gelebt haben.
2. a) Der Graf von Sandwich *soll* das nach ihm benannte Sandwich 1762 erfunden haben.
   b) Er *soll* auf die Idee gekommen sein, weil er wegen des Essens nicht vom Spieltisch aufstehen wollte.
3. Der Hund *kann* schon vor 10 000 Jahren dem Menschen zur Jagd gedient haben.
4. Die fruchtbare Lösserde in Norddeutschland *kann* vom Wind von China nach Europa herübergetragen worden sein, sagen Wissenschaftler.
5. a) Der Vogel Strauß *soll* in Angstsituationen seinen Kopf in den Sand stecken
   b) Das *muss* aber ein Märchen sein.
6. Um ein Straußenei essen zu können, *soll* man es 40 Minuten kochen müssen.
7. a) Der Wanderfalke, ein Raubvogel, *soll* etwa 320 km/h schnell fliegen können.
   b) Das *mag* stimmen, aber sicher nur über sehr kurze Zeit.
8. Die Seeschwalbe, ein Meeresvogel, *soll* jahrelang pausenlos übers Meer fliegen.
9. a) Über Robin Hood, den Helfer der Armen, gibt es viele Geschichten.
   b) Es *kann* ihn tatsächlich gegeben haben; bewiesen ist es nicht.

§ 21 Futur I and II to express Probability or a Supposition

Preliminary note

1. Unlike other European languages in which the future has to be expressed with a fixed future form of the verb, German uses the present tense + time expression, when an activity, an event or a state in the future is certain:
Ich *komme morgen früh* zu dir und *bringe* dir die Fotos *mit.*
Heute Abend gibt es bestimmt noch ein Gewitter.

2. We use the perfect tense + temporal adverbs (Futur II) to say that something will have been completed by a certain point of time in the future:
Wenn ihr morgen erst um 10 Uhr kommt, *haben* wir schon *gefrühstückt.*

3. If a speaker uses the future for an event in the future nevertheless, he/she expresses certainty that it will take place. This is why this use is sometimes called the "prophetic future".
Ist es schon entschieden, dass man alle Bäume dieser Allee fällt? –
Ja, kein einziger Baum *wird stehen bleiben.*

4. If an activity, event or state in the future or present is uncertain, *werden* + infinitive is used. *werden* is not really a tense marker, but indicates – like a modal verb – a subjective attitude to the occurrence. By inserting *wohl, vielleicht, wahrscheinlich* the speaker/writer can emphasize the conjectory nature of his/her statement; with Futur I only the use of these words or the context indicates whether it is a statement of supposition. Futur II expresses uncertainty about activities and states in the past.

I Main clauses

Futur I Aktiv	Er *wird* die neue Stellung wahrscheinlich *annehmen.*
Futur II Aktiv	Er *wird* bei seiner Suche nach einer besseren Stellung (wohl) keinen Erfolg *gehabt haben.*
Futur I Passiv	Das Gesetz *wird* wohl bald *geändert werden.*
Futur II Passiv	Das Gesetz *wird* (wohl) inzwischen *geändert worden sein.*

Werden is used in active and passive sentences like a modal verb to mark subjectivity.

Futur I Aktiv with modal verb	Meine Freunde *werden* das Auto wohl *reparieren können.*
Futur II Aktiv with modal verb	In der kurzen Zeit *werden* die Gäste (wohl) nicht alles *gesehen haben können.*

Futur I Passiv with modal verb	Das Auto *wird* (wohl) nicht mehr *repariert werden können.*

Should an additional modal verb occur, it is placed at the end of the sentence in the infinitive. This complicated form is no longer used in Futur II.

II Subordinate clauses

Futur I Aktiv	Es ist ärgerlich, dass das Flugzeug wohl nicht planmäßig *landen wird.*
Futur II Aktiv	Ich mache mir Sorgen, obwohl das Flugzeug inzwischen in Rom *gelandet sein wird.* (oder: ... inzwischen wahrscheinlich in Rom gelandet ist.)
Futur I Aktiv with modal verb	Der Geschäftsmann regt sich auf, weil er sein Reiseziel wohl nicht rechtzeitig *wird erreichen können.* (oder: ... rechtzeitig erreichen kann.)

1. In subordinate clauses, *werden* occurs in conjugated form in final position to express supposition.

2. If a modal verb is added, it occurs at the end of the sentence in the infinitive form. The conjugated form of *werden* precedes the main verb (see § 18, II).

3. In general, it is considered better style to use the present or perfect in passive subordinate clauses expressing supposition. The items *wohl* or *wahrscheinlich* make the context clear:

Present passive:
Die alten Formulare gelten noch, obwohl das Gesetz wohl bald *geändert wird.* (instead of: ..., obwohl das Gesetz wohl bald *geändert werden wird.*)

Perfect passive:
Die alten Formulare gelten noch bis zum 1. Januar, obwohl das Gesetz wohl inzwischen schon *geändert worden ist.* (instead of: ..., obwohl das Gesetz wohl inzwischen schon *geändert worden sein wird.*)

4. It is also better to use the present or perfect in subordinate clauses containing a modal verb which expresses a supposition about the future.

Present active with a modal verb:
Es ist beruhigend, dass der Meister das Auto vielleicht schon bis übermorgen *reparieren kann.* (instead of: ..., dass der Meister das Auto vielleicht schon bis übermorgen *wird reparieren können.*)

Perfect active with a modal verb:
Am 1. Mai wollen wir nach Spanien fahren. Es ist beruhigend, dass der Meister das Auto wohl schon vorher *hat reparieren können.* (instead of: ... , dass der Meister das Auto wohl schon vorher *wird repariert haben können.*)

Present passive with a modal verb:

Es ist beruhigend, dass unser Auto vielleicht schon übermorgen *repariert werden kann*. (instead of: ..., dass unser Auto vielleicht schon übermorgen *wird repariert werden können*.)

Perfect passive with a modal verb:

Am 1. Mai wollen wir nach Spanien fahren. Es ist beruhigend, dass unser Auto schon vorher *hat repariert werden können*. (A construction with *werden* is no longer used.)

Note

Werden + infinitive is used to express a threat, a threatening prediction or an imperative equivalent:

Du *wirst* jetzt zu Hause *bleiben* und nicht in den Club *gehen*.
Wirst du endlich deine Hausaufgaben *machen*?

1 Signal an element of uncertainty in your answers to the following questions.

> Kommt Ludwig auch zu der Besprechung?
> *Ja, er wird wahrscheinlich auch zu der Besprechung kommen.*

Instead of using „wahrscheinlich", „wohl" or „vielleicht" can be inserted.

1. Gibt Hans seine Stellung als Ingenieur auf?
2. Geht er ins Ausland?
3. Will er in Brasilien bleiben?
4. Fliegt er noch in diesem Jahr rüber?
5. Nimmt er seine Familie gleich mit?
6. Besorgt ihm seine Firma dort eine Wohnung?

2 Hans und Inge haben einen langen Weg von Andreas Party nach Hause. Bis sie zu Hause sind, wird Andrea schon viel erledigt haben.

> schon alle Gläser in die Küche bringen
> *Sie wird schon alle Gläser in die Küche gebracht haben.*

1. die Schallplatten wieder einordnen
2. die Wohnung aufräumen
3. die Möbel an den alten Platz stellen
4. das Geschirr spülen und in den Schrank räumen
5. den Teppich absaugen
6. sich ins Bett legen
7. einschlafen

3 Müllers waren lange von zu Hause weg. Wie wird es wohl aussehen, wenn sie zurückkommen?

> der Gummibaum / vertrocknen   *Wird der Gummibaum vertrocknet sein?*

1. die Zimmerpflanzen / eingehen (= sterben)
2. die Möbel / sehr verstauben
3. die Teppiche / nicht gestohlen werden
4. die Blumen im Garten / verblühen
5. die Pflanzen auf dem Balkon / vertrocknen
6. die Nachbarin / die Post aufheben

4 Express probability in your answer. Use Futur II.

Hat er noch Geld? (sicher alles ausgeben)   *Er wird sicher alles ausgegeben haben.*

1. Sind die Gäste noch da? (wahrscheinlich schon nach Hause gehen)
2. Geht es ihm noch schlecht? (sich
   sicher inzwischen erholen)
3. Hat sie ihre Bücher mitgenommen?
   (ganz sicher mitnehmen)

4. Haben sie den letzten Bus noch ge-
   kriegt? (wahrscheinlich noch bekommen)
5. Ist Heinrich noch zum Zug gekommen? (sich bestimmt ein Taxi zum
   Bahnhof nehmen)

5 By using Futur II, express supposition.

Ich vermute, dass der Weg inzwischen gesperrt worden ist.
Der Weg wird inzwischen gesperrt worden sein.

1. Ich nehme an, dass der Lastwagen
   inzwischen aus dem Graben
   gezogen worden ist.
2. Ich vermute, dass die Polizei sofort
   benachrichtigt worden ist.
3. Ich glaube, dass niemand ernstlich
   verletzt worden ist.

4. Es ist anzunehmen, dass dem betrunkenen Fahrer der Führerschein
   entzogen worden ist.
5. Ich nehme an, dass die Ladung inzwischen von einem anderen
   Lastwagen übernommen worden
   ist.

Part II

§ 22 Word Order in Main Clauses

English-speaking students of German will soon notice that German word order differs greatly from the word order used in English sentences. When working through this grammar you will learn that four general rules apply to the position of almost all verbs you are likely to use in German. It will help you to master German word order if you try to recognize which rule of verb position is operating and the reason for it.

The sequence of adverbs and phrases differs from English. In general the sequence of thought in German is usually: (1) time, (2) manner, and (3) place:

Ich habe sie *heute glücklicherweise im Hotel* antreffen können.

It is, however, always possible to begin a sentence with a phrase or an adverb:

Glücklicherweise habe ich sie heute im Hotel getroffen./*Luckily I met* her in the hotel today.

I General rules

1. Sentences are made up of certain *units:* subject, predicate, objects, adverbials etc.
2. These units are arranged according to a certain word order in all languages.
3. The German sentence is determined by the position of the conjugated verb: this is the verb form with an inflected ending, e. g. ich geh*e*, du geh*st*.
4. The position of the conjugated verb varies considerably depending on whether it is in the main clause or in a subordinate clause.
5. The main clause is an independent, complete sentence. The conjugated verb always occurs in position II.
6. The subject in the main clause can move from position I to position III (IV), i. e. it moves around the conjugated verb (position II) as if this were an axis.

Notes

1. The position numbers I, II, III (IV) will be used from now on to illustrate the word order in main clauses.
2. The transfer of the subject from position I to position III will be referred to as *inversion* from now on.
3. The distribution of all other items following the subject changes according to the overall meaning, or to the context of the sentence. It is therefore not possible to define a fixed sequence.
4. Negation: if the whole statement is to be negated, *nicht* should be placed as close as possible to the end of the sentence, but in front of the second part of the verb. If just one part of the sentence is to be negated, *nicht* is placed in front of the relevant part.

    Der Postbote kommt heute *nicht*. (= negation of whole sentence)

    Der Postbote ist heute *nicht* gekommen. (= negation of whole sentence)

    Der Postbote kommt *nicht* heute, sondern morgen.
        (= negation of the adverbial expression)

    Nicht der Postbote kommt heute, sondern die Postbotin.
        (= negation of the subject)

II Word order with objects

	I	II		Dativ-objekt	Akkusativ-objekt	Partizip
a)	Die Firma	liefert	heute			nicht.
b)	Die Firma	lieferte	gestern			nicht.
c)	Die Firma	liefert	morgen			nicht.
d)	Die Firma	hat	gestern			nicht geliefert.
e)	Die Firma	liefert		dem Kunden	die Ware	nicht.
f)	Die Firma	hat		dem Kunden	die Ware	nicht geliefert.

The subject occurs in position I, followed by the conjugated verb in position II.

see a + b + c)   In the present, imperfect and future (= present with temporal expressions, compare § 21 preliminary note) the conjugated main verb occurs in position II.

see d)   The conjugated auxiliary verb occurs in position II in the perfect and past perfect. The past participle of the main verb occurs in final position.

see e)   Certain verbs are used with a dative or an accusative object or with both (see § 14, I–III).
When both objects occur in one sentence, the dative object usually appears before the accusative object.

III Inversion

	I	II	III	Dativ-objekt	Akkusativ-objekt	Partizip
a)	*Der Postbote*	kommt	*heute*			nicht.
	Heute	kommt	*der Postbote*			nicht.
b)	*Der Postbote*	ist	*heute*			nicht ge-kommen.
	Heute	ist	*der Postbote*			nicht ge-kommen.
c)	*Die Firma*	liefert	*wahr-scheinlich*	dem Kunden	die Ware	nicht.
	Wahr-scheinlich	liefert	*die Firma*	dem Kunden	die Ware	nicht.
	Die Firma	hat	*wahr-scheinlich*	dem Kunden	die Ware	nicht geliefert.
	Wahr-scheinlich	hat	*die Firma*	dem Kunden	die Ware	nicht geliefert.

1. Inversion means that another item occurs in position I, the conjugated verb then follows in position II and the subject in position III. Almost any other item can be placed in position I.

2. The overall meaning of the sentence is hardly affected by inversion. Position I often refers to a preceding statement and it emphasizes the progressive aspect of the action:
   Wir frühstücken immer um 8 Uhr. Heute haben wir verschlafen.
   Einstein emigrierte nach Amerika. Dort konnte er weiterarbeiten.
   Man stellte den Zeugen einige Männer vor. Den Täter erkannte niemand.
   Mein Fotoapparat ist nicht in Ordnung. Damit kannst du nichts anfangen.

see a + b + c)   Only positions I and III change in inversion; otherwise the word order remains the same.

IV Word order with pronouns in the accusative and dative

	I		II	
a)	Der Lehrer	gab	dem Schüler	das Buch vor dem Unterricht.
b)	Der Lehrer	gab	ihm	das Buch vor dem Unterricht.
	Der Lehrer	gab	es	dem Schüler vor dem Unterricht.
	Der Lehrer	gab	es	ihm vor dem Unterricht.

see a)   The dative object occurs before the accusative object (see I).

see b)   Pronouns are placed immediately after the conjugated verb. An accusative pronoun is placed in front of a dative pronoun.

V Inversion

a)			Pronomen (III)	Subjekt (Substantiv) IV	
	I	II			
Um 7 Uhr	bringt	mir		der Briefträger	die Post.
Aus Kairo	ruft	mich		der Chef	bestimmt nicht an.
Zum Glück	hat	es ihm		der Professor	noch mal erklärt.

b)			Subjekt (Pron.)		Akk./Dat.-Pronomen	
	I	II	III			
Vorgestern	hat	er			mir	das Buch geliehen.
Vorgestern	hat	er			es	dem Schüler geliehen.
Vorgestern	hat	er			es ihm	geliehen.

see a) The general rule that the accusative and dative pronoun follow immediately after the conjugated verb, also applies to inversion. In this case, the subject can be shifted to position IV if it is a noun.

see b) If the subject is itself a pronoun, however, it always remains in position III.

VI Word order for reflexive pronouns

I	II			
Ich	habe	mich		gewaschen.
Ich	habe	*mir*	*die Hände*	gewaschen.
Ich	habe	*sie*	*mir*	gewaschen.

Inversion

I	II	III	Pronomen	
Sofort	hat	*er*	sich	die Hände	gewaschen.
Sofort	hat	*er*	sie sich		gewaschen.

The word order rules for reflexive pronouns are the same as those discussed above.

1 Practise the word order.

Hat der Hotelgast der Schauspielerin den Pelzmantel gestohlen?
Ja, er hat ihn ihr gestohlen.

1. Hast du deiner Freundin dein Geheimnis verraten? (Ja, ich ...).
2. Hat Maria dir deine Frage beantwortet?
3. Hat der Reiseleiter Ihnen das Hotel Ritter empfohlen?
4. Hat die Gemeindeverwaltung deinen Freundinnen die Pensionsadressen zugeschickt?
5. Hat der Chef den Bewerbern schon eine Nachricht zugesandt?
6. Hat Ursula der Hauswirtin einen Blumenstock zum Geburtstag geschenkt?
7. Hat der Verlag dem Verfasser das Manuskript zurückgesandt?
8. Hat Angela dir ihre Ankunft verschwiegen?
9. Hat dir der Kaufmann die Lieferung versprochen?
10. Liefert diese Firma den Kunden die Ware kostenlos ins Haus?
11. Leihst du deinem Freund dein Auto?
12. Hat der Postbeamte dem Kunden den Scheck zurückgegeben?
13. Haben die Jungen den Eltern das Abenteuer erzählt?
14. Borgst du der Familie Schulz das Auto?
15. Hat der Taxifahrer den Beamten seine Unschuld bewiesen?
16. Teilst du deinen Verwandten deine Ankunft mit?
17. Hat der Mann den Kindern den Fußball weggenommen?
18. Verbietet der Landtag den Studenten die Demonstration?

2 Using the vocabulary in § 14 exercise 5, practise in the way shown below.

> der Arzt / der Mann / das Medikament / verschreiben
> *Hat der Arzt dem Mann das Medikament verschrieben?*
> *Ja, er hat es ihm verschrieben.*

3 Using the questions in § 14 exercise 4, make sentences like the one shown below.

> Hast du deinem Freund das Auto geliehen?
> *Ja, ich hab' es ihm geliehen.*

4 Transfer the words in italics to position I, paying special attention to the position of the pronouns.

1. Er hat mich *heute* wieder furchtbar geärgert.
2. Dein Vater hat es dir *gestern* doch ganz anders dargestellt.
3. Wir haben ihn *zufällig* auf dem Weg nach Hause getroffen.
4. Er hat mir *die Frage* leider immer noch nicht beantwortet.
5. Der Koffer steht *seit zehn Jahren* bei uns im Keller.
6. Ihr habt *mich* überhaupt nicht beachtet.
7. Der Zeuge hat ihn *trotz der Sonnenbrille* sofort erkannt.
8. Sie hat ihm *wütend* die Tür vor der Nase zugeschlagen.
9. Es hat *in der Nacht* stark geregnet.
10. Sie hat es mir *bis heute* verschwiegen.
11. Er hat *den Jugendlichen* mit seinem Zeitungsartikel nur geschadet.
12. Der Bäcker bringt mir *seit drei Monaten* die Brötchen ins Haus.
13. Sie ist *natürlich* immer vorsichtig gefahren.
14. Der Bauer schlug *vor Ärger* mit der Faust auf den Tisch.
15. Er gibt mir die Papiere *übermorgen* zurück.
16. Sie erklärte uns *vorsichtshalber* die ganze Sache noch einmal.
17. Der Nachbar hat ihnen *schon seit langem* misstraut.
18. Es geht *mir* eigentlich gut.
19. Das Gold liegt *aus Sicherheitsgründen* im Keller der Bank.
20. Der Beamte hat es euch *bestimmt* gesagt.

5 Insert the pronouns.

1. Der Museumsdirektor zeigte den Gästen die Ausstellung. In einem zweistündigen Vortrag führte … … jedes einzelne Bild vor.
2. Der Vater hatte dem Sohn nach dem Abitur eine Skandinavienreise versprochen. … wollte … … voll finanzieren.
3. Der Landwirt musste das Gebäude wieder abreißen. Das Bauamt hatte … … nicht genehmigt.
4. Die Studentin hatte sich von ihrem Freund ein Armband gewünscht. … schenkte … … zu ihrem Geburtstag.
5. Der Gefangene bat um seine Uhr, aber man gab … … nicht.
6. Ein Dieb hatte einer Rentnerin die Handtasche gestohlen. Nach einer Stunde konnte man … …, allerdings ohne Geld und Papiere, zurückgeben.
7. Ein Bauer hatte den Wanderern den Weg zur Berghütte erklärt. Sie fanden ihr Ziel leicht, denn … hatte … … sehr gut beschrieben.
8. In ihrem Testament vermachte (= schenkte) die alte Dame ihren Nichten und Neffen ihr ganzes

Vermögen. Der Notar ließ … …
durch die Bank überweisen.

9. Die Polizei hatte dem Kaufmann
den Führerschein entzogen. Nach
einem Jahr gab … … … zurück.

10. Der Gast hatte bei der Kellnerin noch
ein Bier bestellt, aber … brachte …
… nicht.

11. Alle Kinder hören gern Märchen
und Großmütter erzählen … …
gern.

12. Sie bat die Ärztin um den Termin
für die Operation, aber … teilte …
… nicht mit.

VII Word order with adverbial and prepositional phrases

Subjekt	II	wann? (temporal)	warum? (kausal)	wie? (modal)	wo? wohin? (lokal)
Ich	komme	morgen		mit Vergnügen	zu eurer Party.
Sie	schlief	gestern	vor Ärger	sehr schlecht.	
Sie	ging	heute früh	wegen der Prüfung	voller Furcht	zur Schule.

There are no fixed rules for the position of adverbials, in general, however, the distribution **TCMP** (= **t**emporal, **c**ausative, **m**anner, **p**lace) applies.

VIII Word order with objects and adverbials

I	II	Spalte A wann?	Dat.-objekt	Spalte B warum?	wie?	Spalte C Akk.-obj.	wo? wohin?
Er	hilft	abends	seinem Vater		gerne		im Büro.
Ich	schreibe	morgen	meinem Mann	wegen der Sache		einen Brief	nach Italien.
Sie	riss		dem Kind		voller Angst	das Messer	aus der Hand.

There are no fixed rules for the position of the various items. In general, the following distribution rules apply:

a) Time adverbials and dative objects occur after the conjugated verb (column A) or the other way round.

b) Adverbials of reason and manner occur in the middle of the sentence (column B).

c) The accusative object and the adverbs of place, especially the *wohin* items, occur at the end of the sentence (column C).

IX Inversion

	I	*II*	*III*	
a) temporale Angabe	*Heute*	fährt	mein Vetter	nach Köln.
b) kausale Angabe	*Wegen der Hitze*	arbeiteten	die Angestellten	nur bis 14 Uhr.
c) konzessive Angabe	*Trotz des Verbots*	rauchte	der Kranke	zwanzig Zigaretten pro Tag.
d) modale Angabe	*Höflich*	öffnete	der Herr	der Dame die Tür.
e) lokale Angabe (wo?)	*Im Garten*	fand	der Junge	sein Taschenmesser wieder.
f) Akkusativobjekt	*Den Lehrer*	kennen	alle Bauern	seit ihrer Kindheit.
g) Dativobjekt	*Dem Gast*	hat	das Essen	leider nicht geschmeckt.
h) Akkusativpronomen	*Mich*	sieht	die Schwiegermutter	niemals wieder.
i) Dativpronomen	*Mir*	tut	das Missverständnis	noch immer Leid.

see a–e) 1. Temporal, causative, concessive and manner adverbials can be placed in position I at all times, but only one item of the same category.
Wann? Am Sonntag, dem 22. Juli, einem Sommertag, verließ er sein Elternhaus.
Wo?   Auf dem Busbahnhof, direkt vor der Sparkasse, treffen wir uns morgen um 7 Uhr.
(Incorrect is: Auf dem Busbahnhof, um 7 Uhr treffen wir uns.)

2. Adverbials of place answering the question *wo?* are likely to be used in position I, whereas adverbials of place answering *wohin?* are generally used in final position.

see f–i) Nouns and pronouns can occur as accusative or dative objects in position I. In this case they are emphasized in spoken German. Position I is often compulsory here for a clearer understanding of the context.
The accusative pronoun *es* never occurs in position I.

Notes

1. The *wann/wo* items: When giving information about the time and the place of an action, e. g. in the news or in a report, these items are likely to occur towards the beginning of the sentence:
Im Frankfurter Hauptbahnhof fuhr *gestern Nachmittag* eine Lokomotive auf einen voll besetzten Zug.
Am Ostersonntag fand *in Rom* ein feierlicher Gottesdienst statt.

2. Adverbials of place in answer to the question *woher?* as well as the *wohin?* items, usually occur right at the end of the sentence. If both types are necessary, the *woher?* item generally precedes the *wohin?* item.

Er kam gestern mit einer Reisegesellschaft *aus Polen* zurück.
Die Angestellten strömten *aus den Büros* (woher?) *auf die Straße* (wohin?).

X Word order with prepositional objects

Er schrieb seit Jahren zum ersten Mal wieder einen Brief *an seinen Vater*.
Die alte Dame dachte später oft mit freundlichen Gefühlen *an ihn*.
Natürlich ärgert er sich schon lange *darüber*.
Der Wissenschaftler beschäftigt sich seit langem intensiv *mit diesem Problem*.

1. The prepositional object usually occurs right at the end of the sentence, following the objects and any other items.

2. The prepositional pronouns with *da(r)-* often occur in position I, depending on the context and how they are emphasized:
Darüber haben wir uns schon lange gewundert.
Damit habe ich mich leider niemals beschäftigt.

6 Put the parts of the sentence in the correct order.

Sie teilte … mit. (ihre Kündigung / zum 31. Mai / ihrem Arbeitgeber)
Sie teilte ihrem Arbeitgeber ihre Kündigung zum 31. Mai mit.

1. Ich habe … geliehen. (leider / mein neues Auto / meinem Freund)
2. Der Unglückliche hat … gefahren. (gestern / gegen einen Baum / es)
3. Er teilte … mit. (seine Ankunft / mir / in New York / mit einem Fax / gestern)
4. Die Firma wird … liefern. (den neuen Kühlschrank / mir / erst am kommenden Montag / wahrscheinlich)
5. Die Lehrer sprachen … (über die neuen Bestimmungen / heute / mit den Schülern)
6. Der Hausherr hat … gekündigt. (die Wohnung / zum 31.12. / mir)
7. Die Eltern bezahlten … (in England / einen Studienaufenthalt / ihrer Tochter)
8. Die Firma hat … geschenkt. (zum 70. Geburtstag / ihrem Angestellten / eine Kiste Sekt)
9. Er hat … mitgegeben. (mir / für seine Schwester / ein Paket)
10. Meine Kollegen haben … geschickt. (aus Rom / eine Ansichtskarte / dem Chef)

7 Start the sentences in exercise 6 with the following words:

1. Leider
2. Gestern
3. Mit einem Fax
4. Den neuen Kühlschrank
5. Heute
6. Die Wohnung
7. Ihrer Tochter
8. Zum 70. Geburtstag
9. Für seine Schwester
10. Aus Rom

Exercises on the whole area

8 Put the various items in their proper order.

1. Er kam …
   a) ins Büro
   b) aufgeregt
   c) gegen 9 Uhr
2. Sie hat … geantwortet.
   a) wegen ihrer Krankheit
   b) bis jetzt noch nicht
   c) uns
3. Er teilt … mit.
   a) das Ergebnis der Be-
      sprechung
   b) erst morgen
   c) mir
4. Sie steigt … ein.
   a) jetzt immer langsam
      und vorsichtig
   b) wegen ihrer Verletzung
   c) in die Straßenbahn
5. Der Bus fährt … vorbei.
   a) an unserem Haus
   b) ab heute
   c) wegen der Umleitung
6. Er hat … gelegt.
   a) voller Wut
   b) den Brief
   c) auf den Schreibtisch
   d) ihr

7. Sie hat … vergessen.
   a) im Zug   c) ihre Tasche
   b) gestern   d) dummerweise
8. Er hat … vorgestellt.
   a) immer   c) es
   b) genau so   d) sich
9. Er gab … zurück.
   a) das falsche Buch
   b) mit Absicht
   c) dem Professor
   d) nach dem Examen
10. Sie hat … verlassen.
    a) die Wohnung
    b) wegen der bösen Bemerkungen
       ihres Mannes
    c) heute Morgen
    d) wütend
11. Er brachte …
    a) mit einer Entschuldigung
    b) ins Hotel
    c) mir
    d) den geliehenen Mantel
    e) erst gegen Mitternacht

9 Do the same here.

1. Ein Bauer hat … getreten.
   a) bei einer Jagdgesellschaft
   b) aus Versehen
   c) auf den Fuß
   d) seinem Fürsten
2. Der Gast überreichte …
   a) einen Blumenstrauß
   b) an der Wohnungstür
   c) mit freundlichen Worten
   d) der Dame des Hauses
   e) zu ihrem 75. Geburtstag
3. Die junge Frau gab …
   a) zum Abschied
   b) an der Autotür

   c) einen Kuss
   d) ihrem Mann
4. Der Arzt legte …
   a) prüfend
   b) auf die Stirn
   c) dem Fieberkranken
   d) vor der Untersuchung
   e) die Hand
5. Die Versammelten verurteilten …
   a) in ein unabhängiges Land
   b) einstimmig
   c) den Einmarsch fremder Truppen
   d) Anfang Februar

6. Der Verfolgte sprang ...
   a) mit letzter Kraft
   b) über den Gebirgsbach
   c) kurz vor seiner Verhaftung
7. Der Motorradfahrer riss ...
   a) die Einkaufstasche
   b) aus der Hand
   c) einer alten Dame
   d) gestern gegen 17 Uhr
8. Der Vater zog ... weg.
   a) die Bettdecke
   b) wütend
   c) um 11 Uhr
   d) dem schlafenden Sohn

9. Du hast ... erzählt.
   a) schon gestern
   b) mir
   c) in der Mensa
   d) diese Geschichte
10. Er bot ... an.
    a) mit freundlichen Worten
    b) ihm
    c) es
    d) zum zweiten Mal
11. Ich habe ... vorgestellt.
    a) auf der Party
    b) ihm
    c) selbstverständlich
    d) mich

10 Practise word order.

Using exercise 8 begin sentence 1 with b; 2 with a; 3 with a; 4 with b; 5 with c; 6 with a; 7 with d; 8 with b; 9 with d; 10 with b; 11 with e.

§ 23   Sentence Coordinates: Conjunctions in Zero Position

Hauptsatz			Konjunktion	Hauptsatz		
I	II	III	0	I	II	
...	Verb	...	...	...	Verb	...

I   Word order

	0	I	II	
Die Eltern fahren nach Italien	und	die Tante	sorgt	für die Kinder.
Die Eltern fahren nach Italien,	aber	die Kinder	bleiben	zu Hause.
Die Eltern fahren unbeschwert ab,	denn	die Tante	sorgt	für die Kinder.
Entweder fahren die Eltern allein	oder	sie	nehmen	die Kinder mit.
Die Eltern fahren nicht weg,	sondern	sie	bleiben	bei den Kindern.

The conjunctions *und, aber, denn, oder, sondern* occur in zero position. A main clause follows with the regular word order: the subject occurs in position I and the conjugated verb, as always, in position II. (For *aber* see also section V.)

According to the new spelling rules, a comma is no longer necessary before *und* and *oder*.

II Inversion

	0	I	II	III
Ich habe heute die Prüfung bestanden	und	morgen	bekom-me	ich das Zeugnis.
Ich habe das Zeugnis abgeholt,	aber	*leider*	war	*mein Name* falsch ge-schrieben.
Ich habe das Zeugnis zurückgegeben,	denn	*so*	ist	*es* nicht brauch-bar.
Entweder hat sich die Sekretärin verschrie-ben	oder	*in mei-nem Pass*	steht	*der Name* falsch.
So habe ich nicht nur Ärger,	sondern	*bestimmt*	gibt	*es* auch Streit mit der Sekretärin.

Inversion can take place after *und, aber, oder, denn,* and *sondern,* as in every main clause: another item occurs in position I followed by the conjugated verb in position II and the subject in position III.

III Inversion with pronouns

	0	I	II	III Prono-men	IV Subjekt (Substantiv)
Er hatte gut ge-schlafen	und	am Mor-gen	weck-ten	ihn	die Vögel.
Er wollte aus dem Zug springen,	aber	im letzten Augen-blick	hielt	ihn	ein Reisender zurück.

If a pronoun occurs it follows the conjugated verb. The subject is then inserted in position IV.

IV Omission of the subject after „und"

		0	I	II
Ich ließ ihn stehen	und	ich	rannte	davon.
besser:				
Ich ließ ihn stehen	und		rannte	davon.
Der Verkäufer irrte sich	und	er	schrieb	eine zu hohe Rechnung aus.
besser:				
Der Verkäufer irrte sich	und		schrieb	eine zu hohe Rechnung aus.

1. If two main clauses have the same subject and are joined by *und,* it is considered better style to omit the subject after *und,* making one main clause with two statements.

2. It is also possible to have a number of statements one after the other. If the subject remains the same it is not repeated:
   Er kam nach Hause, *sagte* kein Wort, *holte* eine Flasche Bier aus dem Kühlschrank und *setzte sich* vor den Fernsehapparat.

3. If the subject does not occur in position I after *und,* it must be repeated:

		0	I	II	III
Er hörte nur kurz zu	und	sofort	war	*er*	dagegen.
Heute packe ich	und	morgen	fahre	*ich*	fort.

4. The subject should be mentioned again after *aber, oder,* and *sondern,* even if it is the same:
   Er verlor sein Vermögen, aber *er* war nicht unglücklich.
   Entweder helft *ihr* ihm oder *ihr* lasst ihn in Ruhe.
   Sie beklagten sich nicht, sondern *sie* begannen von vorn.

5. It is obligatory to use the subject after *denn:*
   Er ist nicht mehr ausgegangen, denn *er* war müde.

1 Join the sentences with „und". Do not repeat the subject unless it is necessary.

Ich bleibe hier. *Du* gehst fort. *Ich bleibe hier und du gehst fort.*
Ich bleibe hier. *Ich* erledige meine Arbeit. *Ich bleibe hier und erledige meine Arbeit.*
Wir bleiben hier. Abends machen *wir* noch einen Besuch.
Wir bleiben hier und abends machen wir noch einen Besuch.
Wir bleiben hier und machen abends noch einen Besuch.

Aus der Zeitung

a) *Nachtwächter zerstört drei Wohnungen*

1. Ein Nachtwächter übte Pistolenschießen. Er zerstörte mit einem Schuss drei Wohnungen.
2. Der Mann hatte Dosen auf die Gasuhr seiner Wohnung gestellt. Er versuchte sie zu treffen.
3. Dabei traf er die Gasuhr. Gas strömte in großen Mengen aus.
4. Das Gas entzündete sich an einer Zigarette. Es entstand eine furchtbare Explosion.
5. Drei Wohnungen wurden zerstört. Der Nachtwächter musste mit schweren Verbrennungen ins Krankenhaus gebracht werden.

b) *Frau jagt Haus in die Luft*

1. Eine Frau wollte ihre Kleidung in der Waschmaschine reinigen. Sie zerstörte dabei ihr Haus.
2. Sie war sehr sparsam. Sie wollte das Geld für die Reinigung sparen.
3. Sie schüttete Benzin in die Waschmaschine. Sie stellte den Schalter auf 60 Grad.
4. Schließlich schaltete sie die Maschine an. Dann ging sie aus dem Zimmer.
5. Plötzlich gab es eine starke Explosion. Ein Teil des Hauses brach zusammen und brannte.
6. Die Feuerwehr wurde gerufen. Die Löscharbeiten begannen.
7. Die Frau war gerade in den Keller gegangen. Dort wurde sie von der Explosion überrascht.
8. Sie erlitt einen schweren Schock. Deshalb musste sie sofort ins Krankenhaus gebracht werden.

c) *Hund erschießt Hund*

1. Die Jäger hatten ihre Jagd beendet. Nun saßen sie an einer Waldecke am Feuer.
2. Es war schon kalt. Die Jäger waren halb erfroren.
3. Jetzt freuten sie sich über die Wärme. Sie legten immer wieder Holz auf das Feuer.
4. Natürlich erzählten sie ganz unglaubliche Jagdgeschichten. Niemand achtete auf die Hunde.
5. Die Gewehre hatten sie an einen Baum gestellt. Die Hunde waren angebunden.
6. Aber plötzlich kamen die Tiere in Streit. Ein Gewehr fiel um.
7. Dabei löste sich ein Schuss. Er traf einen der Hunde tödlich.
8. Nun standen die Jäger um den toten Hund. Sie waren sehr erschrocken.
9. Nachdenklich packten sie zusammen. Sie fuhren nach Hause.

d) *Dackel frisst Haschisch*
(der Dackel = kleine Hunderasse)

1. Spaziergänger gingen durch einen Frankfurter Park. Sie beobachteten einen lustigen, kleinen Dackel, der auf einer Wiese herumsprang.
2. Der Hund hatte die Nase immer dicht am Boden. Er schnüffelte. Er suchte anscheinend etwas. Er begann plötzlich zu graben.
3. Auf einmal hatte der Dackel ein weißes Päckchen zwischen den Zähnen. Er spielte damit. Er biss darauf herum.
4. Da kam ein Mann angelaufen. Er jagte den Hund. Er packte und schüttelte ihn. Er riss ihm das Päckchen aus den Zähnen.
5. Die Besitzerin des Dackels, eine ältere Dame, lief sofort aufgeregt auf die Wiese. Die Spaziergänger folgten ihr.
6. Der Mann ließ den Dackel los. Er lief mit dem Päckchen ins Gebüsch.

7. Die Dame nahm den Hund auf den Arm. Sie tröstete und beruhigte ihn. Sie brachte ihn nach Hause.

8. Dort benahm sich der Dackel wie ein Betrunkener. Er lief von einer Ecke des Zimmers zur anderen. Er schlief plötzlich mitten im Zimmer auf dem Teppich ein.

9. Die Dame war beunruhigt. Sie telefonierte nach einem Taxi. Sie fuhr mit dem Hund zum Tierarzt.

10. Der Tierarzt untersuchte das kranke Tier. Er stellte eine Haschischvergif- tung fest. Er gab der Dame den Rat, den Dackel ausschlafen zu lassen.

11. Die Dame rief bei der Polizei an. Sie erzählte ihr Erlebnis. Sie erhielt die Auskunft, dass man schon lange einen Haschischhändler in dem Park vermutete.

12. Die Dame beschrieb den Mann. Sie gab den Ort und die Uhrzeit genau an. Vier Polizisten machten sich auf die Suche nach dem Rauschgift- händler.

V Functions and uses of the coordinating conjunctions „aber, oder, denn, sondern"

1. *Aber* is a coordinating conjunction joining contrasting units or clauses. *Aber erst, aber doch* can also have a modifying function (see § 24, II, 3c):
   Er bot mir Kekse und Schokolade an, *aber* keinen Kaffee.
   Sie kamen endlich an, *aber erst* nach langem Suchen.
   Gewiss, er hat sein Ziel erreicht, *aber doch* nicht ohne unsere Hilfe.

   Aber needn't be placed in position I. It can also occur in other positions within the sentence, depending on the emphasis:

	0	I	II	III	
Du kannst zu uns kommen,	*aber*	du	kannst	hier	nicht übernachten.
Du kannst zu uns kommen,		du	kannst	*aber* hier	nicht übernachten.
Du kannst zu uns kommen,		hier *aber*	kannst	du	nicht übernachten.
Du kannst zu uns kommen,		du	kannst	hier *aber*	nicht übernachten.

2. *Allein, doch* and *jedoch* are treated in the same way as *aber*. *Allein* always occurs in zero position, *doch* and *jedoch* in zero position or position I:
   Er versuchte, den Gipfel des Berges zu erreichen, *allein* er schaffte es nicht.
      (old-fashioned, literary)
   Er beeilte sich sehr, *doch* er kam trotzdem zu spät.
   Er beeilte sich sehr, *doch* kam er trotzdem zu spät.
   Er wollte gern Maler werden, *jedoch* er hatte zu wenig Talent.
   Er wollte gern Maler werden, *jedoch* hatte er zu wenig Talent.

3. *Oder* joins alternative sentence units or clauses. *Entweder* ist etwas so, *oder* es ist anders.

Er bringt immer Blumen *oder* Süßigkeiten mit.

Ist er wirklich krank *oder* tut er nur so?

4. *Denn* is a causative coordinating conjunction. It is the exact equivalent of the English *for*. Thus a *denn*-clause can never precede the clause with which it is coordinated, nor can it be used on its own:

Ich konnte nicht mit ihm sprechen, *denn* er war verreist.

5. *Sondern* presents two concepts which are incompatible and is only used after a negative. *Nicht nur …, sondern auch …* are often used to complete the statement in question:

Ich habe *nicht* dich gefragt, *sondern* ihn.

Sein Verhalten ist *keine* Hilfe, *sondern* es bringt nur zusätzlichen Ärger.

Er war *nicht nur* arm, *sondern* (er war) *auch* krank und einsam.

2 „Aber" in zero position or within the sentence.

Seine Frau hatte zu ihm gesagt:

Fahr nicht so schnell!   *Aber er ist doch zu schnell gefahren.*

Er ist aber doch zu schnell gefahren.

1. Gib nicht so viel Geld aus!
2. Schreib nicht so undeutlich!
3. Komm nicht zu spät!
4. Lauf nicht so schnell!
5. Lass dir nicht so viel gefallen!
6. Iss nicht so hastig!
7. Zieh dich nicht zu leicht an!
8. Fotografier nicht so viel!

3 Practise according to the following drill pattern:

(n) Stahlmesser / Brotmesser (zum B.)

Das Stahlmesser ist ein Messer aus Stahl, das Brotmesser aber ist ein Messer zum Brotschneiden.

1. (m) Eisenofen / Holzofen (für H.)
2. (m) Porzellanteller / Suppenteller (für S.)
3. (m) Holzkasten / Kohlenkasten (für K.)
4. (f) Ledertasche / Schultasche (für die S.)
5. (n) Papiertaschentuch / Herrentaschentuch (für H.)
6. (n) Baumwollhemd / Sporthemd (für den S.)
7. (Pl.) Lederschuhe / Wanderschuhe (zum W.)
8. (m) Plastikbeutel / Einkaufsbeutel (zum E.)

4 Join the sentences using „denn", „aber", or „sondern". Choose the appropriate conjunction.

In einer Großgärtnerei können die Kunden ihre Erdbeeren selber pflücken. Folgende Anzeige steht in der Zeitung:

Erdbeeren vom Feld!

1. Sie kaufen die Erdbeeren nicht fertig im Korb. Sie pflücken sie selbst!
2. Sie haben nur erstklassige Beeren. Was Ihnen nicht gefällt, pflücken Sie nicht.
3. Wir können Sie billig bedienen. Wir zahlen keine Ladenmiete!
4. Besuchen Sie uns bald! Wir sind am Ende der Saison.
5. Viele kommen nicht allein. Sie bringen ihre Familie mit.
6. Bringen Sie auch die Kleinen mit. Sie sind in unserem Kindergarten gut aufgehoben.
7. Sie sparen nicht nur Geld. Sie machen beim Sammeln gleich ein bisschen Gymnastik.
8. Sie sind nicht einsam. Die Sammler haben sich immer etwas zu erzählen.
9. Erdbeermarmelade kann man jeden Tag essen. Auch Erdbeersaft ist erfrischend zu jeder Jahreszeit!
10. Essen Sie mal ein paar Tage nur Erdbeeren! Das ist gesund.

5 Urlaubssorgen – Join the sentences with „denn", „aber", „oder", „sondern", „und". Choose the appropriate conjunction.

1. Ilse möchte im Urlaub in den Süden fahren. Sie liebt die Sonne und das Meer.
2. Willi und Helga möchten auch in Urlaub fahren. Sie müssen dieses Jahr zu Hause bleiben. Ihr Junge ist krank.
3. Ich verbringe dieses Jahr meinen Urlaub nicht auf einem Bauernhof. Ich bleibe zu Hause. Ich muss sparen.
4. Fritz macht keinen Urlaub auf dem Bauernhof. Er arbeitet lieber in seinem eigenen Garten.
5. Ruth bleibt dieses Jahr zu Hause. Sie will im nächsten Jahr zu ihrer Schwester nach Kanada fliegen. Dafür muss sie fleißig sparen.
6. Wolfgang und Heidi fliegen nicht nach Spanien. Sie fahren mit ihren Kindern an die Nordsee. Für die Kinder ist ein raues Klima besser, sagt der Arzt.
7. Eberhard will ins Hochgebirge. Er klettert gern. Seine Mutter ist davon nicht begeistert.
8. Rosemarie fährt zu ihrem Bruder nach Wien. Sie besucht ihre Verwandten in Leipzig.

§ 24   Sentence Coordinates; Conjunctions in Position I

Preliminary note

All coordinating conjunctions, except those mentioned in § 23 in zero position, occur in position I. Conjunctions in position I introduce a main clause. These conjunctions have a defining function within the sentence.

I Word order

Conjunctions in position I (= a) and inversion (= b)

	I	II	III	IV	
Er will abrei-sen,	a) *darum* b) er	hat hat	er *darum*		sein Zimmer gekündigt.
Er hatte sich sehr beeilt,	a) *trotzdem* b) er	kam kam	er *trotzdem*		zu spät.
Du schuldest mir noch 20 Mark,	a) *folglich* b) ich	gebe gebe	ich dir	dir *folglich*	nur 10 Mark zurück.
Wir mussten ihn anrufen,	a) *dann* b) er	kam kam	er *dann*		endlich.
Einerseits wollte er mit-kommen,	a) *anderer-seits* b) er	fürchtete fürchtete	er sich	sich *andererseits*	vor den Unkos-ten.
Er hat be-stimmt viel Arbeit,	a) *sonst* b) er	wäre wäre	er *sonst*		gekommen.

see a)　The conjunctions usually occur between the clauses in position I, followed by the conjugated verb in position II and the subject in position III.

see b)　The majority of conjunctions in position I can, according to the rules of inversion, also occur in position III, or in position IV, if a pronoun is required.

II Functions and uses of the conjunctions

1. Causative conjunctions are *darum, deshalb, deswegen, daher* etc. Clauses containing these conjunctions follow a clause which expresses *why* something has happened:
   Warum ging er zur Polizei? *Er hatte seinen Pass verloren, darum ging er zur Polizei.*
   Weshalb musst du jetzt gehen? *Wir erwarten Gäste, deshalb muss ich jetzt gehen.*
   Weswegen zog er sich zurück? *Man hatte ihn belogen, deswegen zog er sich zurück.*
   Aus welchem Grund interessiert er sich für griechische Kultur? *Seine Mutter stammt aus Griechenland, daher interessiert er sich für griechische Kultur.*

2. The conjunctions of result are *also, so, folglich, infolgedessen, demnach, insofern,* etc. Sentences containing these conjunctions express the consequence or result of what was said before:

Die alte Dame war erblindet, *also (so)* war sie gezwungen in ein Heim zu gehen.
In dem Geschäft hat man mich betrogen, *folglich* kaufe ich dort nicht mehr.
Der Kassierer hatte Geld aus der Kasse genommen, *infolgedessen* wurde er entlassen.
Er fuhr bei Rot über die Kreuzung, *demnach* handelte er verkehrswidrig.
Er war immer pünktlich und fleißig, *insofern* ist die Kündigung nicht gerechtfertigt.

3. a) Concessive conjunctions are *trotzdem, dennoch, allerdings, indessen,* etc. These conjunctions signal the unexpected, surprising nature of what is being said, in view of what was said in the preceding statement:

Sie war ein freundliches und hübsches Mädchen, *trotzdem* liebte er sie nicht.
Er hatte die besten Zeugnisse, *dennoch* bekam er die Stelle nicht.
Er ist ein großartiger Mathematiker, *allerdings* verrechnet er sich immer wieder.
Er spielte leidenschaftlich gern, er hatte *indessen* nur selten Glück.

b) *Zwar* can be placed at the beginning of a concessive clause in order to achieve strong emphasis. *Zwar* occurs either in position I or III (i. e. IV):

Zwar war das Zimmer ungeheizt, *trotzdem* liefen die Kinder barfuß umher.
Er kennt mich *zwar* vom Sehen, *allerdings* grüßt er mich nicht.

c) *Aber doch* also belongs to the concessive conjunctions, in which case *aber* either occurs at the beginning of the clause in zero position or with *doch* in position III (i. e. IV):

Zwar hatte er seit langem Kopfschmerzen, *aber* er wollte *doch* keinen Arzt aufsuchen.
Er hatte *zwar* seit langem Kopfschmerzen, er wollte *aber doch* keinen Arzt aufsuchen.

4. Temporal conjunctions are *dann, da, danach, daraufhin, inzwischen,* etc. These conjunctions place an action at a point of transition in the passage of time:

Er begrüßte sie zuerst sehr feierlich, *dann* lachte er und umarmte sie.
Ich kam zuerst an, *danach* kam mein Bruder.
Wir waren kaum zehn Schritte aus dem Haus, *da* begann es plötzlich heftig zu regnen.
Sie hatte nur eine unbedeutende Bemerkung gemacht, *daraufhin* rannte er aus dem Zimmer.
Die Touristen füllten die Formulare aus, *inzwischen* brachte der Hoteldiener die Koffer in die Zimmer.

Note

The temporal conjunctions have different meanings:
1. *Dann* is used to link actions in a sequence. *Danach* relates an action to a previous one.
2. *Da* signals a sudden change to a new action.
3. *Daraufhin* acts as a pointer to what happens next.

4. *Inzwischen* or *unterdessen* indicate what is happening or what has happened in the meantime.

5. Alternative conjunctions consist of two parts: *entweder – oder, nicht nur – sondern … auch, weder – noch, einerseits – andererseits, mal – mal, bald – bald,* etc. In the first part of the sentence the first possibility is shown, and in the second part the other possibility.

a) entweder – oder

I	II	III		0	I	II	
Entweder	kommt	er	noch heute	*oder*	er	kommt	überhaupt nicht mehr.

Entweder occurs in position I or III, *oder* always in zero position.

b) nicht nur – sondern … auch

I	II	III		0	I	II	
Er	hatte	*nicht nur* private Sorgen,		*sondern*	er	war	*auch* finanziell am Ende.

Nicht nur nearly always occurs in position III, *sondern* always in zero position. *Auch* usually follows the conjugated verb.

c) weder – noch

I	II	III		I	II	III
Er	war	*weder*	zu Hause	*noch*	konnten	wir	ihn in seinem Büro erreichen.

Weder – noch express a double negative: it's neither one nor the other. *Weder* usually occurs in position III, rarely in position I; *noch* follows in the second part of the sentence in position I.

d) einerseits – andererseits, mal – mal, bald – bald

Einerseits ist er geizig und rechnet mit jedem Pfennig, *andererseits* gibt er das Geld mit vollen Händen aus.

Mal putzt sie das Treppenhaus, *mal* tut er es.

Bald ist die Patientin optimistisch, *bald* ist sie verzweifelt.

1 darum, deshalb, deswegen, daher – trotzdem, dennoch, allerdings: choose a suitable conjunction for each gap.

1. Mein Bruder hat tausend Hobbys, … hat er nur selten Zeit dafür.

2. Herr M. geht nicht gern ins Theater, … tut er es seiner Frau zuliebe.

3. Herr K. macht nicht gern große Reisen, ... hat er sich jetzt einen Garten gekauft.

4. Ich habe ihm erst kürzlich wieder 50 Euro gegeben, ... soll er mich jetzt mal in Ruhe lassen.

5. Frau H. hat sich so viel Mühe mit dem Essen gegeben, es schmeckte ... nicht besonders gut.

6. Gisela hat heute Nacht bis drei Uhr gearbeitet, ... braucht sie jetzt Zeit zum Schlafen.

7. Die Ärzte haben alles versucht, ... konnten sie den Patienten nicht retten.

8. Dem Professor hört kein Mensch mehr zu, er spricht ... ruhig weiter.

9. Der Vortrag war schrecklich langweilig, ... schliefen die Zuhörer langsam ein.

10. Mein Freund hatte sich das Bein gebrochen, ... hat ihm der Arzt das Tennisspielen verboten, ... spielt er natürlich längst wieder mit.

11. Herr Z. ist Diabetiker, ... darf er bestimmte Speisen nicht essen.

12. Die Kinder sollen nicht an dem gefährlichen Fluss spielen, sie tun es ... immer wieder.

13. Das ganze Haus schläft, ... stellt Herr N. das Radio auf volle Lautstärke.

14. Mein Schreibpapier ist zu Ende, ... höre ich jetzt auf zu schreiben.

2 Join the following clauses according to their meaning, using a conjunction from exercise 1.

Er läuft gern Ski.   a) Er fährt diesen Winter nicht in Urlaub.
                       b) Er legt seinen Urlaub in den Winter.

Er läuft gern Ski, allerdings fährt er diesen Winter nicht in Urlaub.
Er läuft gern Ski, darum legt er seinen Urlaub in den Winter.

1. Die Kartoffeln sind noch nicht gar. a) Wir essen sie jetzt. b) Sie müssen noch fünf Minuten kochen.

2. Das Eis auf dem See ist noch nicht fest. a) Der Junge läuft darauf Schlittschuh. b) Das Betreten der Eisfläche ist gefährlich.

3. Die Familie kennt die Pilze nicht. a) Sie lässt sie stehen. b) Sie nimmt sie mit nach Hause.

4. Der kleine Kerl friert sehr. a) Er geht jetzt raus aus dem Wasser. b) Er bleibt stundenlang im Wasser.

5. Die Wanderer sind längst müde vom Laufen. a) Sie wollen die restliche Strecke noch schaffen. b) Sie machen erst einmal Pause.

6. Rauchen ist in diesem Gebäude verboten. a) Einige Leute rauchen ruhig weiter. b) Die meisten Leute machen ihre Zigarette aus.

7. Benzin wird immer teurer. a) Die meisten Autobesitzer wollen nicht auf ihr Fahrzeug verzichten. b) Immer mehr Personen fahren mit dem Zug.

8. Sie hat hohes Fieber. a) Sie bleibt im Bett liegen. b) Sie geht in den Dienst.

9. Er kann nicht schwimmen. a) Er geht gern segeln. b) Er hat immer Angst auf dem Wasser.

10. Er verdient sehr viel. a) Er kann sich die Villa kaufen. b) Er ist immer unzufrieden.

11. Kein Mensch will dick sein. a) Viele Menschen essen zu viel. b) Viele Leute sind vorsichtig mit dem Essen.

12. Sie isst sehr wenig. a) Sie wiegt noch zu viel. b) Sie ist immer müde.

3 Complete the sentences below.

1. Die Kellner in dem Restaurant waren recht unhöflich; infolgedessen …
2. Die Kinder bekamen auf der Geburtstagsfeier von jedem Kuchen ein Stück; so …
3. Die Autobahn war zwischen Kassel und Göttingen gesperrt; folglich …
4. In der Studentengruppe waren Anhänger der verschiedensten politischen Parteien; infolgedessen …
5. Der Redner beschimpfte die Anwesenden immer von neuem; insofern …
6. Nach kurzer Zeit sahen die Wanderer wieder ein Wanderzeichen; also …
7. Das Wasser war eiskalt; insofern …
8. Die Zahl der Brände in Hochhäusern nimmt zu; infolgedessen …
9. Die Kinokarten waren ausverkauft; folglich …
10. Die Strecke a ist so lang wie die Strecke c, die Strecke b ist ebenfalls so lang wie c; demnach …

4 Join the sentences with „zwar … aber (doch)".

Das Heizen mit Strom ist bequem. Es ist teuer.
Zwar ist das Heizen mit Strom bequem, aber es ist (doch) teuer.
Das Heizen mit Strom ist zwar bequem, es ist aber (doch) teuer.

1. Das Wasser ist kalt. Wir gehen schwimmen.
2. Das Bild ist teuer. Das Museum kauft es.
3. Ich wollte jetzt schlafen. Ich helfe dir erst.
4. Genf ist 600 Kilometer von Frankfurt entfernt. Wir schaffen die Strecke in fünf bis sechs Stunden.
5. Der Patient ist sehr schwach. Er muss sofort operiert werden.
6. Ich habe dir meinen Plan neulich erklärt. Ich erkläre dir jetzt alles noch einmal.
7. Du bist ein kluger Kopf. Alles verstehst du auch nicht.
8. Meine Eltern tun alles für mich. Meinen Studienaufenthalt können sie nicht bezahlen.
9. Deutschland gefällt mir ganz gut. Die Schweiz gefällt mir besser.
10. Die Schweiz ist schön. In Österreich lebt man billiger.

5 „da", „dann" or „daraufhin"?

1. Zunächst gab es eine Wirtschaftskrise, … kam die Geldentwertung; … verlor die Regierungspartei die nächste Wahl.
2. Ich beende erst mein Studium, … muss ich zum Militärdienst.
3. Wir waren gerade beim Essen, … klingelte das Telefon.
4. Die Vorstellung war zu Ende, … schrie plötzlich jemand „Feuer!"
5. Er wollte bezahlen, … merkte er, dass er sein Geld vergessen hatte.
6. Er musste sich nun erst Geld besorgen, … konnte er weiterreisen.
7. Alles war still, … fiel plötzlich ein Schuss.
8. Erst waren alle ganz erschrocken, … redeten alle durcheinander.
9. Die beiden Alten gingen durch den Wald, … trat plötzlich ein Mann mit einer Pistole in der Hand hinter einem Baum hervor und sagte: „Erst das Geld, … können Sie weitergehen." … gaben ihm die beiden ihr gesamtes Geld. … zog der Alte, ein pensionierter Polizeibeamter, seine Pistole und sagte: „Erst die Pistole und … kommen Sie mit!"

6 Insert the following conjunctions correctly: „da", „dann", „daraufhin", „also", „darum", „trotzdem".

Es war nachts gegen halb vier. Der Wächter im Kaufhaus war beinah eingeschlafen, ... hörte er ein verdächtiges Geräusch. Er lauschte einige Zeit, ... schlich er sich vorsichtig in die Lebensmittelabteilung hinunter. Die Nachtbeleuchtung war merkwürdigerweise ausgeschaltet, ... knipste er seine Taschenlampe an und bemerkte sofort, dass die Bürotür nicht geschlossen war. Er wusste genau, dass die Tür vorher verschlossen war, ... war ein Fremder in das Haus eingedrungen. Der Wächter zog seinen Revolver und atmete einmal tief durch, ... riss er die Tür auf und schrie: „Hände hoch!" Die beiden Männer im Büro waren schwer bewaffnet, ... verlor der Wächter keinen Augenblick die Ruhe und es gelang ihm, den Alarmknopf neben dem Schreibtisch zu erreichen. Seine Tat wurde in der Presse groß herausgebracht, ... erhöhte die Geschäftsleitung sein Gehalt.

7 Ausbildungs- und Berufsfragen – Make sentences with the words, using „entweder ... oder".

der Student / jetzt / die Prüfung / bestehen // er / in sein Heimatland / zurückkehren müssen
Entweder besteht der Student jetzt die Prüfung oder er muss in sein Heimatland zurückkehren.

1. Helga / Medizin / studieren // sie / die Musikhochschule / besuchen
2. er / jetzt / die Stelle als Ingenieur in Stuttgart / erhalten // er / eine Stelle in der Schweiz / annehmen
3. mein Bruder / den Facharzt / machen // er / praktischer Arzt / werden
4. der Arbeitslose / die angebotene Stelle / annehmen // er / die Arbeitslosenunterstützung / verlieren
5. Fritz / jetzt / das Abitur / bestehen // er / die Schule / verlassen müssen
6. meine Mutter / jetzt / eine Stelle als Sekretärin / erhalten // sie / eine neue Stellenanzeige in der Zeitung / aufgeben
7. ich / ab Januar / eine Gehaltserhöhung / bekommen // ich / meine Stellung kündigen
8. der Schüler / einen Notendurchschnitt von 1,7 / erhalten // er / keine Zulassung zur Universität / bekommen

8 „Jedes Ding hat seine zwei Seiten" – Make sentences with the words below, using „einerseits ... andererseits".

Felix / ein sehr guter Schüler / sein // er / überhaupt kein Selbstvertrauen / besitzen
Felix ist einerseits (oder: Einerseits ist Felix) ein sehr guter Schüler, andererseits besitzt er (oder: ..., er besitzt andererseits) überhaupt kein Selbstvertrauen.

1. Klaus / ein sehr langsamer Schüler / sein // er / immer / gute Noten / nach Hause bringen
2. das Institut / genug Lehrer für 200 Schüler / haben // nicht genügend Räume / für den Unterricht / vorhanden sein

3. der Mann / ein Vermögen / verdienen // er / keine Zeit haben / das Leben
   zu genießen
4. das Land / sehr gute Möglichkeiten zur Förderung des Tourismus / haben //
   dazu / das Geld / fehlen
5. man / immer mehr elektrischen Strom / benötigen // die Leute / keine Kraft-
   werke / in ihrer Nähe / haben wollen
6. jeder / mehr Geld / haben wollen // alle / weniger arbeiten wollen
7. er möchte ein Haus bauen // er / Angst vor den hohen Kosten / haben
8. sie / möchten / heiraten und Kinder haben // sie / ihre Freiheit / nicht
   verlieren wollen

9 Beim Radiohändler – Make sentences with the words below, using „nicht nur …,
sondern … auch".

an diesem Fernseher / der Lautsprecher / kaputt sein // er / schwer
zu bedienen sein
*An diesem Fernseher ist nicht nur der Lautsprecher kaputt, sondern er
ist auch schwer zu bedienen.*

1. diese Musik / viel zu laut sein // sie / ganz verzerrt / klingen
2. mit diesem Radiogerät / Sie / Mittelwelle und UKW / empfangen können //
   Sie / die Kurzwellensender im 41- und 49-Meter-Band hören können
3. dieser Apparat / Ihnen / Stereoempfang / bieten // er / einen eingebauten
   Kassettenrecorder / enthalten
4. wir / Ihnen / ein Fernsehgerät / zu einem günstigen Preis / verkaufen // wir /
   es / ins Haus bringen und / es einstellen
5. dieser Videorecorder / jedes Fernsehprogramm / aufzeichnen // er / in Ihrer
   Abwesenheit / sich automatisch an- und abstellen
6. der Kassettenrecorder / viel zu teuer sein // er / einen schlechten Klang /
   haben
7. der Apparat / mit 220 Volt arbeiten // er / mit eingebauter Batterie oder
   mit den 12 Volt aus dem Auto / funktionieren
8. ich / einen Fernseher / kaufen // ich / eine neue Dachantenne / brauchen

10 Gesundheit und Krankheit – „entweder … oder", „nicht nur … , sondern … auch"
oder „einerseits … , andererseits"? Join the sentences with the appropriate conjunction. (Sometimes there are two possibilities.)

1. Ich muss ständig Tabletten nehmen. Ich muss mich operieren lassen.
2. Ich fühle mich müde. Ich kann nicht schlafen.
3. Sie brauchen viel Schlaf. Sie müssen viel an die frische Luft.
4. Sie nehmen Ihre Medizin jetzt regelmäßig. Ich kann Ihnen auch nicht helfen.
5. Sie haben Übergewicht. Sie sind zuckerkrank.
6. Sie wollen gesund werden. Sie leben sehr ungesund.
7. Sie sind stark erkältet. Sie haben hohes Fieber.
8. Dieses Medikament gibt es in Tropfenform. Sie können es auch als Tabletten
   bekommen.
9. Es wird Ihnen Ihre Schmerzen nehmen. Sie werden auch wieder
   Appetit bekommen.

10. Ihnen fehlt der Schlaf. Sie brauchen unbedingt Erholung.
11. Sie hören sofort auf zu rauchen. Ich behandle Sie nicht mehr.
12. Ihr Kind leidet an Blutarmut. Es ist sehr nervös.
13. Sie müssen sich natürlich viel bewegen. Sie dürfen den Sport nicht übertreiben.
14. Sie trinken keinen Alkohol mehr. Sie werden nie gesund.

§ 25   Subordinate Clauses

General rules

It is helpful to bear in mind that the verb occurs at the end of all subordinate clauses, whether they are introduced by a conjunction or any other type of word, and that subordinate clauses are always preceded by a comma and followed by a comma, unless a final mark of punctuation is called for.

1. Subordinate clauses are incomplete sentences from the point of view of meaning. They supplement the main clause. In most cases, subordinate clauses cannot occur without a main clause.

2. Grammatically speaking, however, subordinate clauses are complete sentences, i. e. they require a subject and a conjugated verb. Even if the subject is the same in the main clause and in the subordinate clause, it must be repeated:
   Er sprang in den Fluss, als *er* Hilferufe hörte.

3. Subordinate clauses are introduced by subordinating conjunctions which define the meaning of the sentence:
   … , *als* er nach Hause kam.
   … , *obwohl* er nicht schwimmen konnte.

4. The subject usually occurs after the conjunction in subordinate clauses. The conjugated verb is at the end of the subordinate clause.

5. Subordinate clauses may precede or follow a main clause or the clause they refer to.
   a) The subordinate clause follows the main clause:
      Er schrieb an seine Tante, *als er Geld brauchte.*
   b) If the subordinate clause precedes the main clause, the same rules apply as in sentences where the subject is in position I. The conjugated verb in the main clause now occurs in position II, immediately after the comma; the subject follows in position III (IV):

I	II	III
Als er Geld brauchte,	schrieb	er an seine Tante.

6. Pronouns are placed as near the beginning of the subordinate clause as possible, usually straight after the conjunction.

Nachdem *sich* meine Freundin die Wohnung angesehen hatte, machte sie ein unzufriedenes Gesicht.

„Wenn *dir* die Wohnung nicht gefällt, brauchst du sie nicht zu nehmen."

If, however, the subject itself is a pronoun, all other pronouns (accusative and dative) are placed after it.

„Wenn *du dich* für eine andere Wohnung entscheidest, bin ich dir nicht böse."
„Bevor *ich es dir* endgültig sage, muss ich es mir genau überlegen."

7. Subordinate clauses can also be dependent on other subordinate clauses, infinitive constructions or relative clauses:

Er ärgerte sich, *weil sie ihn nicht begrüßte, als er ankam.*
Der Besucher fürchtet, *die Gastgeber zu kränken, wenn er das Hammelfleisch zurückweist.*
Es gibt Medikamente, *die frei verkäuflich sind, obwohl sie schädliche Stoffe enthalten.*
Note: To simplify matters the subordinate clause always relates to the main clause in the following examples.

§ 26   Temporal Subordinate Clauses (Subordinate Clauses of Time)

I   wenn, als

Wenn der Wecker klingelt, stehe ich sofort auf.

Wenn is used with the present tense for momentary, non-recurring actions (see also, conditional sentences, § 28).

Jedesmal (Immer) wenn es an der Tür läutete, erschrak er furchtbar.

Wenn is used with the present tense as well as with all past-tense forms for recurring actions.
If the subordinate clause occurs at the beginning, *jedesmal* or *immer* can be placed before *wenn* for emphasis.
In sentences describing recurring actions, the subordinating conjunction *sooft* can also be used: *Sooft* es an der Tür läutete ...

Als er das Feuer bemerkte, rannte er sofort zur Tür.
Als ich jung war, gab es noch keine Videogeräte.

Als is used for non-recurring actions in the past tense.

	Gegenwart	Vergangenheit
einmalige Handlung	wenn	als
wiederholte Handlung	wenn	wenn

1 An der Grenze – „wenn" oder „als"? Insert the correct conjunction.

1. Haben dich die Zollbeamten auch so gründlich untersucht, … du nach Tirol gefahren bist?
2. Ja, sie sind immer besonders genau, … junge Leute im Auto sitzen.
3. … ich neulich über den Brenner-Pass fuhr, musste ich jeden Koffer aufmachen.
4. … ich früher nach Tirol fuhr, habe ich nie ein Gepäckstück öffnen müssen.
5. Ja, … du damals nach Italien gefahren bist, gab's noch keine Terroristen!
6. … ich neulich in Basel über die Grenze fuhr, haben sie einem Studenten das halbe Auto auseinander genommen!
7. Im vorigen Jahr haben sie immer besonders genau geprüft, … ein Auto aus dem Orient kam.
8. Ich glaube, sie haben immer nach Rauschgift gesucht, … sie diese Wagen so genau untersucht haben.
9. Hast du auch jedesmal ein bisschen Angst, … du an die Grenze kommst?
10. Ja, … mich neulich der deutsche Zollbeamte nach Zigaretten fragte, fing ich gleich an zu stottern.
11. Aber jetzt nehme ich keine Zigaretten mehr mit, … ich über die Grenze fahre.
12. Und ich habe es den Zollbeamten immer lieber gleich gesagt, … ich etwas zu verzollen hatte.

2 Make subordinate clauses from the first sentences with „wenn" or „als".

1. Ich war im vorigen Sommer in Wien. Ich besuchte meine Schwester.
2. Der Junge war sechs Jahre alt. Da starben seine Eltern.
3. Die Menschen waren früher unterwegs. Sie reisten immer mit einem Pferdewagen.
4. Man senkte den Vorhang. Ich verließ das Theater.
5. Ich hatte in den Semesterferien Zeit. Ich ging immer Geld verdienen.
6. Er hatte ein paar Glas Bier getrunken. Er wurde immer sehr laut.
7. Sie dachte an ihre Seereise. Es wurde ihr jedes Mal beinahe schlecht.
8. Ich traf gestern meinen Freund auf der Straße. Ich freute mich sehr.
9. Der Redner schlug mit der Faust auf den Tisch. Alle Zuhörer wachten wieder auf.
10. Er kam aus dem Urlaub zurück. Er brachte immer Räucherfisch mit.

3 „wenn" or „als"? Answer the questions according to the example below.

Wann wurde J.F. Kennedy ermordet? (1963 / im offenen Auto durch die Stadt Dallas fahren)
J.F. Kennedy wurde ermordet, als er 1963 im offenen Auto durch die Stadt Dallas fuhr.

1. Wann verschloss man früher die Stadttore? (es / abends dunkel werden)
2. Wann brachen früher oft furchtbare Seuchen aus? (Krieg / herrschen und Dörfer und Städte / zerstört sein)

3. Wann mussten sogar Kinder 10 bis 15 Stunden täglich arbeiten? (in Deutschland / die Industrialisierung beginnen)
4. Wann fand Robert Koch den Tuberkulosebazillus? (er / 39 Jahre alt sein)
5. Wann wurden früher oft Soldaten in fremde Länder verkauft? (die Fürsten / Geld brauchen)
6. Wann mussten die Kaufleute jedesmal unzählige Zollgrenzen passieren? (sie / vor 200 Jahren z.B. von Hamburg nach München fahren)
7. Wann wanderten früher oft viele Menschen nach Amerika aus? (sie / in Europa / aus religiösen oder politischen Gründen / verfolgt werden)
8. Wann kam es zum Zweiten Weltkrieg? (die deutschen Truppen unter Hitler im August 1939 in Polen einmarschieren)

II   während, solange, bevor

Während er am Schreibtisch arbeitete, sah sie fern.
Solange er studierte, war sie berufstätig.

Während and *solange* are used for two or more simultaneous actions. The tenses in both the main clause and in the subordinate clause are always the same.

Bevor er studieren konnte, musste er eine Prüfung machen.

We use *bevor* for actions which occur at a later point in time than those in the main clause. Nevertheless, the same tenses are generally used in both the main clause and in the subordinate clause in German.
Ehe can be used in the same sense as *bevor:*
Ehe er studieren konnte…

Note

1. *Während* can be used to denote contrast (adversative meaning):
   Ich habe mich sehr gut unterhalten, *während* er sich gelangweilt hat.
   Sie schickte ihm seine Briefe zurück, *während* sie die Geschenke behielt.

2. *Solange* is only used in sentences about the end of an activity or state or where this is clear from the context:
   Solange er studierte, war sie berufstätig. (Aber nur bis er fertig war, dann gab sie ihren Beruf auf.)
   Solange der Schriftsteller in Brasilien lebte, war er unglücklich. (Aber nur bis er wieder nach Frankreich übersiedelte.)

4   Im Restaurant – Link the sentences with „während" or „bevor".

Ich betrete das Lokal. Ich schaue mir die Preise auf der Speisekarte vor der Tür an.
Bevor ich das Lokal betrete, schaue ich mir die Preise auf der Speisekarte vor der Tür an.

1. Ich bestelle mein Essen. Ich studiere die Speisekarte.
2. Ich warte auf das Essen. Ich lese die Zeitung.

3. Ich esse. Ich wasche mir die Hände.
4. Ich warte auf den zweiten Gang. Ich betrachte die Gäste und suche nach alten Bekannten.
5. Ich esse. Ich unterhalte mich mit den Gästen an meinem Tisch.
6. Ich bezahle. Ich bestelle mir noch einen Kaffee.
7. Ich trinke meinen Kaffee. Ich werfe noch einen Blick in die Tageszeitung.
8. Ich gehe. Ich zahle.

5 Change the part of the sentences in italics to a subordinate clause, using „bevor" or „während".

Vor den Semesterferien muss sie eine Klausur schreiben.
Bevor die Semesterferien beginnen, muss sie eine Klausur schreiben.

1. *Während des Studiums* arbeitet sie bereits an ihrer Doktorarbeit.
2. Sie hatte *vor dem Studium* eine Krankenschwesternausbildung mitgemacht.
3. *Vor ihrem Examen* will sie ein Semester in die USA gehen. (Examen machen)
4. *Während ihres Aufenthalts in den USA* kann sie bei ihrer Schwester wohnen. (sich aufhalten)
5. Ihren Mann kannte sie schon *vor dem Studium*.
6. *Vor ihrer Heirat* wohnte sie in einem möblierten Zimmer.
7. *Vor Verlassen der Universität* will sie promovieren.
8. *Während ihrer Arbeit fürs Examen* findet sie wenig Zeit für ihre Familie.
9. *Während ihrer Hausarbeit* denkt sie immer an ihre wissenschaftliche Tätigkeit. (Hausarbeit machen)
10. *Vor Sonnenaufgang* steht sie schon auf und setzt sich an ihren Schreibtisch.
11. *Während ihres Examens* muss ihr Mann für die Kinder sorgen.
12. *Vor Eintritt in die Firma ihres Mannes* will sie ein Jahr Pause machen.

6 Does „während" have a temporal or an adversative meaning in the following sentences? – Using „dagegen" or „aber", change the sentence with an adversative meaning.

Während er sich über die Einladung nach Australien freute, brach sie in Tränen aus.
Er freute sich über die Einladung nach Australien, dagegen brach sie in Tränen aus.

1. Während die öffentlichen Verkehrsmittel, Busse und Bahnen oft nur zu zwei Dritteln besetzt sind, staut sich der private Verkehr auf Straßen und Autobahnen.
2. Der Forscher entdeckte, während er sein letztes Experiment prüfte, dass seine gesamte Versuchsreihe auf einem Irrtum beruhte.
3. Obwohl er sich sehr anstrengte, schaffte er es kaum, 20 Kilometer pro Tag zu wandern, während trainierte Sportler mühelos 60 bis 80 Kilometer täglich laufen.
4. Die Mieter der Häuser in der Altstadt hoffen immer noch auf eine gründliche Renovierung, während der Abriss des gesamten Stadtviertels schon längst beschlossen ist.

5. Während ich anerkennen muss, dass deine Argumente richtig sind, ärgere ich mich darüber, dass du mich immerzu persönlich beleidigst.
6. Während er in seine Arbeit vertieft ist, hört er weder die Klingel noch das Telefon.
7. In dem Scheidungsurteil bestimmte der Richter, dass die Frau das Haus und das Grundstück behalten sollte, während der Ehemann leer ausging.
8. Während früher die Post zweimal am Tag ausgetragen wurde, kommt der Briefträger jetzt nur noch einmal und samstags bald überhaupt nicht mehr.
9. Ich habe genau gesehen, dass er, während wir spielten, eine Karte in seinen Ärmel gesteckt hat.

III nachdem, sobald

Nachdem er gefrühstückt hat, beginnt er zu arbeiten.
Nachdem er gefrühstückt hatte, begann er zu arbeiten.
Sobald er eine Flasche ausgetrunken hat, öffnet er gleich eine neue.
Sobald er eine Flasche ausgetrunken hatte, öffnete er gleich eine neue.

The action in a subordinate clause with *nachdem* and *sobald* always belongs to an earlier point in time than the action in the main clause; in clauses containing *nachdem* a change in tense is obligatory:

Nebensatz	Hauptsatz
Perfekt	→ Präsens
Plusquamperfekt	→ Präteritum

It is possible to have a gap in time between the two actions in sentences with *nachdem;* the actions are usually successive after *sobald*.
Simultaneous actions are possible in the main and subordinate clauses in sentences with *sobald:*
Sobald ein Streit *ausbricht, zieht* er sich *zurück.*
Sobald ein Streit *ausbrach, zog* er sich *zurück.*

7 Auf dem Kongress – Complete the endings of the verbs in brackets using the correct tense.

1. Nachdem der Präsident die Gäste (begrüßen), begeben sich alle in den Speiseraum.
2. Alle Teilnehmer der Konferenz begaben sich in den Versammlungsraum, nachdem sie (essen).
3. Nachdem alle Gäste Platz genommen haben, (beginnen) der erste Redner seinen Vortrag.
4. Nachdem der Redner seinen Vortrag (beenden), setzte eine lebhafte Diskussion ein.
5. Nachdem man dann eine kurze Pause gemacht hatte, (halten) ein Teilnehmer einen Lichtbildervortrag.
6. Nachdem alle Gäste zu Abend gegessen hatten, (sitzen) sie noch eine Zeit lang zusammen und (sich unterhalten).
7. Nachdem man so drei Tage (zuhören, lernen und diskutieren), fuhren alle Teilnehmer wieder nach Hause.

8 Der Briefmarkensammler – Change the words in italics into a subordinate clause with „nachdem".

> Nach dem Kauf der Briefmarken beim Briefmarkenhändler steckt
> sie der Sammler in sein Album.
> *Nachdem der Sammler die Briefmarken beim Briefmarkenhändler gekauft hat,*
> *steckt er sie in sein Album.*

1. *Nach einer halben Stunde in einem Wasserbad* kann man die Briefmarken leicht vom Papier ablösen. (in einem Wasserbad liegen)
2. *Nach dem Ablösen der Briefmarken von dem Brief* legt sie der Sammler auf ein Tuch und lässt sie trocknen.
3. *Nach dem Trocknen der Briefmarken* prüft er jede Marke genau auf Beschädigungen.
4. *Nach dem Aussortieren der schon vorhandenen Briefmarken* steckt er die anderen in sein Briefmarkenalbum.
5. *Nach dem Einsortieren jeder einzelnen Briefmarke* stellt er ihren Wert in einem Katalog fest.
6. *Nach der Beendigung dieser Arbeit* sortiert er die doppelten in Tüten, die nach Ländern geordnet sind, um sie mit seinen Freunden zu tauschen.

9 Do the same here as you did in exercise 8, paying close attention to the tenses.

1. *Nach dem Ende der Demonstration* wurde es still in den Straßen.
2. *Nach der gründlichen Untersuchung des Patienten* schickte der Arzt ihn ins Krankenhaus.
3. *Nach einem dreistündigen Aufenthalt in Zürich* reisten die Touristen nach Genua weiter. (sich aufhalten)
4. *Nach der Lösung aller Probleme* konnten die Architekten mit dem Bau des Hochhauses beginnen.
5. *Nach dem Bestehen des Staatsexamens* tritt Herr M. eine Stelle als Assistenzarzt in einem Krankenhaus an.
6. *Nach der Auflösung der verschiedenen Mineralien* wurde die Säure auf ihre Bestandteile untersucht. (sich auflösen)
7. *Nach dem Ende des Unterrichts* geht er in die Mensa.
8. *Nach dem Beginn der Vorstellung* wird kein Besucher mehr eingelassen.
9. *Nach der Entdeckung Amerikas* kehrte Columbus nach Europa zurück.
10. *Nach dem Regen* steigt Nebel aus dem Wald. (… es geregnet …)

IV bis, seit, seit(dem)

Bis er aus Amsterdam anruft, bleibe ich im Büro.
Er *war* immer vergnügt und lustig, *bis er heiratete.*

The conjunction *bis* is generally used to denote future actions. When the action in the main clause comes to an end, the subordinate clause introduces the new action. Generally speaking, the future or present tense is used both in the main and in the subordinate clause.

Bis unsere Tochter heiratet, haben wir etwa 10 000 Euro gespart.

If it is obvious that the main clause action occurs before the action in the subordinate clause, the perfect tense (Futur II) can be used in the main clause, and in the subordinate clause the present tense (Futur I) may be used.

Seitdem ich in Hamburg bin, habe ich eine Erkältung.

The conjunctions *seit* or *seitdem* are used for simultaneous actions which have begun in the past and are still continuing. In this case the tenses in both clauses are the same.

Seit man das Verkehrsschild hier aufgestellt hat, passieren weniger Unfälle.

If a past non-recurring action continues to have an effect, a change in tense is necessary.

10 „bis" or „seit"? Insert the appropriate conjunction.

… seine Eltern gestorben waren, lebte der Junge bei seiner Tante. Dort blieb er, … er 14 Jahre alt war. … er die Hauptschule verlassen hatte, trieb er sich in verschiedenen Städten herum. Er lebte von Gelegenheitsarbeiten, … er in die Hände einiger Gangster fiel. … er bei diesen Leuten lebte, verübte er nur noch Einbrüche, überfiel Banken und stahl Autos, … er dann schließlich von der Polizei festgenommen wurde. … er nun im Gefängnis sitzt, schreibt er an seiner Lebensgeschichte. … er in drei Jahren entlassen wird, will er damit fertig sein.

11 Change the part of the sentence in italics to a subordinate clause, using „seit", „seitdem" or „bis".

Seit der Fertigstellung der Bahnstrecke zwischen Stuttgart und Mannheim können die Züge hier viel schneller fahren.
Seitdem die Bahnstrecke zwischen Stuttgart und Mannheim fertig gestellt (worden) ist, können die Züge hier viel schneller fahren.

1. *Seit der Einführung der 5-Tage-Woche* ist die Freizeitindustrie stark angewachsen.
2. *Seit der Erfindung des Buchdrucks* sind über 500 Jahre vergangen.
3. *Seit dem Bau des Panamakanals* brauchen die Schiffe nicht mehr um Kap Horn zu fahren.
4. *Seit der Verlegung des ersten Telefonkabels von Europa nach Nordamerika im Jahr 1956* ist der Telefonverkehr sicherer und störungsfreier geworden.
5. *Bis zum Bau des Tunnels* ging der ganze Verkehr über den 2500 m hohen Pass.
6. *Bis zur Entdeckung des ersten Betäubungsmittels* mussten die Menschen bei Operationen große Schmerzen aushalten.
7. *Bis zur Einrichtung von sogenannten Frauenhäusern* wussten manche Frauen nicht, wo sie Schutz vor ihren aggressiven Männern finden konnten.
8. *Bis zur Einführung der 25-Stunden-Woche* werden wohl noch viele Jahre vergehen.

12 Nach einem Unfall – Change the prepositional phrase into a subordinate clause.

Vor dem Eintreffen des Krankenwagens ...
Bevor der Krankenwagen eintraf, ...

Während des Transports des Patienten ins Krankenhaus ...
Während der Patient ins Krankenhaus transportiert wurde, ...

Nach der Ankunft des Verletzten im Krankenhaus ...
Nachdem der Verletzte im Krankenhaus angekommen war, ...

Sofort nach der Untersuchung ...
Sobald man den Patienten untersucht hatte, ...

Bei der Untersuchung des Patienten ...
Als der Patient untersucht wurde, ...

Seit der Operation des Patienten ...
Seitdem man den Patienten operiert hat, ...

1. Vor der Ankunft des Krankenwagens an der Unfallstelle wurde der Verletzte von einem Medizinstudenten versorgt.
2. Während des Transports des Verletzten in ein Krankenhaus wurde er bereits von einem Notarzt behandelt.
3. Sofort nach der Ankunft des Verletzten im Krankenhaus haben Fachärzte ihn untersucht.
4. Bei der Untersuchung des Verletzten stellte man innere Verletzungen fest.
5. Vor der Operation des Patienten gab man ihm eine Bluttransfusion.
6. Vor dem Beginn der Operation legte man alle Instrumente bereit.
7. Nach der Operation brachte man den Patienten auf die Intensivstation. (die Operation beenden)
8. Nach einigen Tagen brachte man den Patienten in ein gewöhnliches Krankenzimmer. (Tage vergehen)
9. Vor seiner Entlassung hat man ihn noch einmal gründlich untersucht.
10. Nach seiner Rückkehr in seine Wohnung musste der Patient noch vierzehn Tage im Bett liegen bleiben.
11. Seit seinem Unfall kann der Verletzte nicht mehr Tennis spielen. (einen Unfall haben)

13 Do the same here:

Ein Fußballspiel

1. *Vor dem Beginn des Fußballspiels* loste der Schiedsrichter die Spielfeldseiten aus.
2. *Während des Spiels* feuerten die Zuschauer die Spieler durch laute Rufe an.
3. *Bei einem Tor* gab es jedesmal großen Jubel.
4. *Sofort nach einem Foul* zeigte der Schiedsrichter einem Spieler die gelbe Karte.
5. *Seit dem Austausch eines verletzten Spielers* wurde das Spiel deutlich schneller.
6. *Nach der Beendigung des Spiels* tauschten die Spieler ihre Trikots.

§ 27 Causative Subordinate Clauses (Subordinate Clauses of Reason)

weil, da, zumal

Weil man starke Schneefälle vorausgesagt hatte, mussten wir unseren Ausflug verschieben.
Da eine Bergwanderung im Schnee gefährlich ist, hat man uns geraten, darauf zu verzichten.

1. The causal conjunctions *weil* and *da* are often used synonymously. In a reply to a direct question *weil* must be used.
   Warum fährst du nicht mit uns? – Weil ich keine Zeit habe.

2. The time sequence in clauses with *weil* and *da* depends on the meaning being expressed. Simultaneous actions, as well as actions denoting different points in time (= tense change) are possible.

Bei solchem Wetter bleiben wir lieber im Hotel, *zumal* unsere Ausrüstung nicht gut ist.
Subordinate clauses containing *zumal* mention additional important reasons. *Zumal* is stressed in spoken German.

1 Die Gruppe feiert abends. Alle sind froh, aber jeder hat einen anderen Grund. – Make sentences with „weil".

A.: Ich habe eine gute Arbeit geschrieben; deshalb bin ich froh.
A. ist froh, weil er eine gute Arbeit geschrieben hat.

B.: Ich habe eine nette Freundin gefunden. (B. ist froh, weil…)
C.: Hier kann ich mal richtig tanzen.
D.: Ich kann mich mal mit meinen Freunden aussprechen.
E.: Ich kann mich hier mal in meiner Muttersprache unterhalten.
F.: Ich brauche mal keine Rücksicht zu nehmen.
G.: Ich habe mal Gelegenheit meine Sorgen zu vergessen.
H.: Ich bin so verliebt.

2 Am nächsten Tag ist die Gruppe nicht rechtzeitig zum Unterricht gekommen. Jeder hatte eine andere Ausrede. – Make sentences using „weil".

A. ist nicht gekommen, weil er Kopfschmerzen hat.

B.: Der Autobus hatte eine Panne.
C.: Der Wecker hat nicht geklingelt.
D.: Die Straßenbahn war stehen geblieben.
E.: Der Zug hatte Verspätung.
F.: Die Mutter hat verschlafen.

G.: Das Motorrad ist nicht angesprungen.
H.: Die Straße war wegen eines Verkehrsunfalls gesperrt.
I.: Er musste seinen Bruder ins Krankenhaus fahren.
J.: Sie ist in den falschen Bus gestiegen.

3 Einige konnten beim Fußballspiel nicht mitspielen.

Ich konnte nicht mitspielen, weil...
A.: Ich hatte keine Zeit.
B.: Ich habe mir den Fuß verletzt.
C.: Ich habe zum Arzt gehen müssen.
D.: Ich habe mir einen Zahn ziehen lassen müssen.
E.: Ich habe das Auto in die Werkstatt bringen müssen.
F.: Ich bin entlassen worden und habe mir einen neuen Job suchen müssen.
G.: Ich habe mich bei meiner neuen Firma vorstellen müssen.
H.: Ich habe zu einer Geburtstagsparty gehen müssen.
I.: Ich habe auf die Kinder meiner Wirtin aufpassen müssen.

4 Make a „weil"-clause from the second sentence.

Frau Müller hat wieder als Sekretärin gearbeitet. Die Familie hat
mehr Geld für den Hausbau sparen wollen.
Frau Müller hat wieder als Sekretärin gearbeitet, weil die Familie mehr
Geld für den Hausbau hat sparen wollen.

1. Herr Müller hat mit dem Bauen lange warten müssen. Er hat das notwendige
   Geld nicht so schnell zusammensparen können.
2. Er und seine Familie haben fünf Jahre auf alle Urlaubsreisen verzichtet. Sie haben mit dem Bau nicht so lange warten wollen.
3. Herr Müller hatte das Haus zweistöckig geplant. Er hat durch Vermietung einer
   Wohnung schneller von seinen Schulden herunterkommen wollen.
4. Er hat dann aber doch einstöckig gebaut. Das Bauamt hat ihm eine andere
   Bauart nicht erlauben wollen.
5. Herr Müller war zunächst ziemlich verärgert. Er hat einstöckig bauen müssen.
6. Später war er sehr froh. Sie haben alle Kellerräume für sich benutzen können.

5 In einem Möbelhaus – Practise according to the following drill pattern:

einen Schrank zum Kunden bringen
Unser Kundendienst ist nicht da, weil ein Schrank zu einem Kunden
gebracht werden muss.

Unser Kundendienst ist nicht da,
    weil...
1. neue Möbel abholen
2. bei einem Kunden einen Schrank
   aufbauen
3. bei einer Kundin die Esszimmer-
   möbel austauschen
4. in einem Vorort ein komplettes
   Schlafzimmer ausliefern
5. in der Innenstadt eine Küche einrichten
6. einer Firma sechs Ledersessel liefern
7. in einem Hotel einen Elektroherd
   installieren
8. in einer Neubauwohnung Teppiche
   verlegen

6 Arbeit bei der Stadtverwaltung – Using the vocabulary from exercise 6 in § 19, make sentences like the ones below:

> Wiedereröffnung des Opernhauses
> Ich habe noch viel zu tun, *weil das Opernhaus wieder eröffnet wird.*
> Ich habe noch viel zu tun, *weil das Opernhaus wieder eröffnet werden soll.*

7 Make sentences like the ones below with the vocabulary from exercise 9 in § 19:

> *Sagst du nichts, weil du nicht gefragt worden bist?*

§ 28   Conditional Subordinate Clauses

I   wenn, falls

Wenn ich das Stipendium bekomme, kaufe ich mir als erstes ein Fahrrad.

1. Conditional sentences with *wenn* indicate that a certain condition must be fulfilled before the statement in the main clause can be realized.

2. Conditional sentences occur both in the present and future tense. It is not always easy to distinguish between temporal and conditional sentences with *wenn* in German.

Bekomme ich das Stipendium, kaufe ich mir als Erstes ein Fahrrad.

Wenn can also be omitted in conditional sentences, in which case the conjugated verb appears at the beginning of the sentence.

Falls ich ihn noch treffe, was ich aber nicht glaube, will ich ihm
das Päckchen gern geben.
Treffe ich ihn noch, was ich aber nicht glaube, will ich ihm das
Päckchen gern geben.

In obvious conditional sentences the conjunction *falls* is used. *Falls* can also be omitted, in which case the conjugated verb occurs at the beginning of the sentence.

Du kannst dir eine Decke aus dem Schrank nehmen, *wenn* du frierst.

If the subordinate clause with *wenn* or *falls* follows the main clause, a complete subordinate clause with the conjunction is usually necessary.

Notes

1. The past tense is only possible in improbable conditional sentences. These sentences use *Konjunktiv II* (see § 54, II).

2. Contrary to normal word order, *dann* or *so* can be inserted at the beginning of the main clause when the conditional clause precedes it. *dann* or *so* serve to emphasize the statement; they can only be in position I.
   Wenn deine Katze Junge kriegt, *dann* ertränke ich sie im Teich.
   Wenn du meine Kätzchen ertränkst, *dann* verlasse ich dich.

II Differentiating conditional clauses

The following idiomatic expressions can be used to express a condition:
angenommen
   a) *Angenommen, dass* der Angeklagte die Wahrheit sagt, *so* muss er freigesprochen werden.
   b) *Angenommen*, der Angeklagte sagt die Wahrheit, *so* muss er freigesprochen werden.

vorausgesetzt
   a) *Vorausgesetzt, dass* ich den Zug erreiche, *(so)* komme ich morgen.
   b) *Vorausgesetzt*, ich erreiche den Zug, *so* komme ich morgen.

gesetzt den Fall
   a) *Gesetzt den Fall, dass* Herr H. unser Chef wird, *so / dann* gibt es viel Ärger im Büro.
   b) *Gesetzt den Fall*, Herr H. wird unser Chef, *so / dann* gibt es viel Ärger im Büro.

es sei denn
   a) Ich gehe nicht zu ihm, *es sei denn, dass* er mich um Verzeihung bittet.
   b) Ich gehe nicht zu ihm, *es sei denn*, er bittet mich um Verzeihung.

unter der Bedingung
   a) *Unter der Bedingung, dass* dein Onkel für den Kredit bürgt, können wir bauen, sonst nicht.
   b) (a main clause is rare here)

im Fall
   a) *Im Fall, dass* die elektrischen Leitungen nicht erneuert werden, miete ich diese Wohnung nicht.
   b) (a main clause is not normal here)

The use of these expressions varies as regards position. A main clause may be used instead of the *dass*-clause. Usually *so* is inserted, less often *dann*.

1 Postangelegenheiten – Link the sentences.

Der Brief ist unterfrankiert. Der Empfänger zahlt eine „Einziehungsgebühr".
Wenn der Brief unterfrankiert ist, zahlt der Empfänger eine Einziehungsgebühr.
Der Empfänger zahlt eine Einziehungsgebühr, wenn der Brief unterfrankiert ist.

1. Der Empfänger nimmt den Brief nicht an. Der Brief geht an den Absender zurück.
2. Der Brief soll den Empfänger möglichst schnell erreichen. Man kann ihn als Eilbrief schicken.
3. Es handelt sich um sehr wichtige Mitteilungen oder Dokumente. Sie schicken den Brief am besten per Einschreiben.
4. Ein Brief oder eine Postkarte ist größer oder kleiner als das Normalformat. Die Sendung kostet mehr Porto.
5. Eine Warensendung ist über zwei Kilogramm schwer. Man kann sie nicht als Päckchen verschicken.
6. Nützen Sie die verkehrsschwachen Stunden im Postamt. Sie sparen Zeit.
7. Sie telefonieren in der Zeit von 18 Uhr bis 8 Uhr. Sie zahlen wesentlich weniger für das Gespräch.
8. Sie wollen die Uhrzeit, das Neueste vom Sport oder etwas über das Wetter vom nächsten Tag erfahren. Sie können den Telefonansagedienst benützen.
9. Sie wollen ein Glückwunschtelegramm versenden. Die Postämter halten besondere Schmuckblätter für Sie bereit.
10. Sie haben ein Postsparbuch. Sie können in verschiedenen europäischen Ländern Geld davon abheben.

2 Make conditional sentences without „wenn". Use the sentences in exercise 1.

Ist der Brief unterfrankiert, so zahlt der Empfänger eine „Einziehungsgebühr".

Instead of using „so", „dann" can be used. The sentence is grammatically correct, however, without „so" or „dann".

3 Make a „wenn"-sentence from the part of the sentence in italics.

Bei der Reparatur einer Waschmaschine muss man vorsichtig sein.
Wenn man eine Waschmaschine repariert, muss man vorsichtig sein.

1. *Beim Motorradfahren* muss man einen Sturzhelm aufsetzen. (Wenn man …)
2. *Bei Einnahme des Medikaments* muss man sich genau an die Vorschriften halten.
3. *Beim Besuch des Parks* muss man ein Eintrittsgeld bezahlen. (… besuchen will …)
4. *Bei großer Hitze* fällt der Unterricht in der 5. und 6. Stunde aus. (es / sehr heiß sein)
5. *Bei einigen Französischkenntnissen* kann man an dem Sprachkurs teilnehmen. (Wenn man … hat)
6. *Bei achtstündigem Schlaf* ist ein Erwachsener im Allgemeinen ausgeschlafen.
7. *Bei entsprechender Eile* kannst du den Zug noch bekommen. (sich entsprechend beeilen)
8. *Bei Nichtgefallen* kann die Ware innerhalb von drei Tagen zurückgegeben werden. (Wenn … einem nicht gefällt)

9. *Bei unvorsichtigem Umgang mit dem Pulver* kann es explodieren.
10. *Bei sorgfältiger Pflege* werden Ihnen die Pflanzen jahrelang Freude bereiten. (Wenn Sie … pflegen)
11. *Bei unerlaubtem Betreten des Geländes* erfolgt Strafanzeige. (Passiv)
12. *Beim Ertönen der Feuerglocke* müssen alle Personen sofort das Gebäude verlassen.

4 Make conditional sentences.

(Sie / die Reise nicht antreten können) … , so müssen Sie 80 Prozent der Fahrt- und Hotelkosten bezahlen. (gesetzt den Fall)
Gesetzt den Fall, Sie können die Reise nicht antreten, so müssen Sie 80 Prozent der Fahrt- und Hotelkosten bezahlen.

1. (ich / krank werden) … , so muss ich von der Reise zurücktreten. (angenommen)
2. (der Hausbesitzer / mir die Wohnung kündigen) … , so habe ich immer noch ein Jahr Zeit um mir eine andere Wohnung zu suchen. (angenommen)
3. Ich gehe nicht zu ihm, … (er mich rufen) (es sei denn)
4. (ihr alle / den Protestbrief auch unterschreiben) … , so bin ich bereit ebenfalls zu unterschreiben. (vorausgesetzt)
5. (das Telefon / klingeln) … , so bin ich jetzt nicht zu sprechen. (gesetzt den Fall)
6. (er / den Unfall verursacht haben) … , so wird man ihm eine Blutprobe entnehmen. (gesetzt den Fall)
7. (Sie / den Leihwagen eine Woche vorher bestellen) … , so können Sie sicher sein, dass Sie einen bekommen. (unter der Voraussetzung)
8. (Sie / den Leihwagen zu Bruch fahren) … , so zahlt die Versicherung den Schaden. (gesetzt den Fall)
9. Wir fahren auf jeden Fall in die Berge, … (es / in Strömen regnen) (es sei denn)
10. (ich / gleich im Krankenhaus bleiben sollen) … , so muss ich dich bitten, mir Verschiedenes herzubringen. (angenommen)

5 Using the examples from exercise 4, make conditional sentences with „dass".

Gesetzt den Fall, dass Sie die Reise nicht antreten können, so müssen Sie 80 Prozent der Fahrt- und Hotelkosten bezahlen.

6 Complete the following sentences.

1. Angenommen, dass er mir das Geld nicht zurückgibt, …
2. Gesetzt den Fall, dass ich das gesamte Erbe meiner Tante bekomme, …
3. Im Fall, dass es Krieg gibt, …
4. Unter der Bedingung, dass du mich begleitest, …
5. Vorausgesetzt, dass ich bald eine Anstellung erhalte, …
6. … , es sei denn, dass ich wieder diese starken Rückenschmerzen bekomme.

§ 29 Consecutive Subordinate Clauses (Subordinate Clauses of Consequence)

so dass; so ..., dass

Der Gast stieß die Kellnerin an, *so dass* sie die Suppe verschüttete.

Subordinate clauses with *so dass* convey the consequence of an action in the preceding main clause. The subordinate clause with *so dass* always follows the main clause.

Er fuhr *so* rücksichtslos durch die Pfütze, *dass* er alle Umstehenden bespritzte.

1. If an adverb occurs in the main clause, *so* usually precedes the adverb. *So* as well as the adverb are stressed in spoken German. Instead of *so, derart/dermaßen* may be used. This adds to the emphasis.
   Sie war *derart* aufgeregt, dass sie nicht mehr wusste, was sie tat.
   Die Maus hat sie *dermaßen* erschreckt, dass sie in Ohnmacht fiel.

2. If, however, we wish to emphasize the consequence of the preceding action, the emphasis is placed on *so dass:*
   Er fuhr rücksichtslos durch die Pfütze, *so dass* er alle Umstehenden bespritzte.

3. Sometimes *so* can be used in a main clause without an adverb when the adverb is understood.
   Sein Bart wächst *so, dass* er sich zweimal am Tag rasieren muss.
   Sein Bart wächst *so* (schnell), *dass* ...

Er war ein *so erfolgreicher* Geschäftsmann, *dass* er in kurzer Zeit ein internationales Unternehmen aufbaute.

1. If an attributive adjective occurs in the main clause, *so* generally precedes the adjective. By so doing, the attributive adjective is automatically stressed:
   Er war ein *so erfolgreicher* Geschäftsmann, dass... (= Singular)
   Sie waren *so erfolgreiche* Geschäftsleute, dass... (= Plural)

2. Consequence can also be emphasized in the following way:
   Er war ein erfolgreicher Geschäftsmann, *so dass* er in kurzer Zeit ...

Notes

1. *solch-* see § 39, I and V
   Es herrschte *solche* Kälte / *solch eine* Kälte, dass die Tiere im Wald erfroren.

2. Consecutive clauses with *zu* ... , *als dass* are used with the unreal subjunctive (see § 54, V).

1 Link the sentences with „so dass" or „so ..., dass".

Das Haus fiel zusammen. Die Familie war plötzlich ohne Unterkunft.
Das Haus fiel zusammen, so dass die Familie plötzlich ohne Unterkunft war.

Das Erdbeben war stark. Es wurde noch in 300 Kilometer Entfernung registriert.
Das Erdbeben war so stark, dass es noch in 300 Kilometer Entfernung registriert wurde.

Erdbeben

1. Die Erde bebte plötzlich stark. Die Menschen erschraken zu Tode und rannten aus ihren Häusern.
2. Immer wieder kamen neue Erdbebenwellen. Die Menschen wollten nicht in ihre Häuser zurückkehren.
3. Viele Häuser wurden durch das Erdbeben zerstört. Die Familien mussten bei Freunden und Bekannten Unterkunft suchen.
4. Die Zerstörungen waren groß. Das Land bat andere Nationen um Hilfe.
5. Das Militär brachte Zelte und Decken. Die Menschen konnten notdürftig untergebracht werden.
6. Es wurden auch Feldküchen vom Roten Kreuz aufgestellt. Die Menschen konnten mit Essen versorgt werden.
7. Die Menschen in den benachbarten Ländern waren von den Bildern erschüttert. Sie halfen mit Geld, Kleidung und Decken.
8. Bald war genug Geld zusammen. Es konnten zahlreiche Holzhäuser gebaut werden.

2 Link the sentences with „so ..., dass".

1. Der Clown machte komische Bewegungen. Wir mussten alle lachen.
2. Die Seiltänzerin machte einen gefährlichen Sprung. Die Zuschauer hielten den Atem an.
3. Der Jongleur zeigte schwierige Kunststücke. Die Zuschauer klatschten begeistert Beifall.
4. Ein Löwe brüllte laut und böse. Einige Kinder fingen an zu weinen.
5. Ein Zauberkünstler zog viele Blumen aus seinem Mantel. Die Manege (= der Platz in der Mitte des Zirkus) sah aus wie eine Blumenwiese.
6. Die Musikkapelle spielte laut. Einige Leute hielten sich die Ohren zu.
7. Man hatte viele Scheinwerfer installiert. Die Manege war taghell beleuchtet.
8. Einige Hunde spielten geschickt Fußball. Die Zuschauer waren ganz erstaunt.

3 Exaggerations with *so ... dass*

Das Schiff war sehr lang. Der Kapitän fuhr mit dem Motorrad darauf herum.
Das Schiff war so lang, dass der Kapitän mit dem Motorrad darauf herumfuhr.

1. Der Tisch war sehr breit. Man konnte die Gegenübersitzenden kaum erkennen.
2. Er war sehr groß. Man musste eine Leiter anstellen, wenn man seine Nasenspitze sehen wollte.

3. Er war sehr fett. Man brauchte einen Schnaps, wenn man ihn gesehen hatte.
4. Sie war sehr hässlich. Das Feuer im Ofen ging aus, wenn sie hineinsah.
5. Es war sehr heiß und trocken. Die Bäume liefen den Hunden nach.
6. Das Schiff war riesig. Der Koch musste zum Umrühren mit einem Motorboot durch den Suppenkessel fahren.
7. Die Gassen in Venedig sind sehr eng. Die Hunde können nur senkrecht mit dem Schwanz wedeln.

Find other exaggerations with *so … dass*

§ 30   Concessive Subordinate Clauses

I obwohl, obgleich, obschon

Obwohl wir uns ständig streiten, sind wir doch gute Freunde.
Obgleich wir uns schon seit zwanzig Jahren kennen, hast du mich noch niemals besucht.
Obschon der Professor nur Altgriechisch gelernt hatte, verstanden ihn die griechischen Bauern.

1. *Obwohl, obgleich,* and the rarer *obschon* are used synonymously.

2. The above conjunctions indicate the unexpected, surprising nature of an action in the subordinate clause, in view of what was said before.

3. The tenses used in concessive subordinate clauses depend on the meaning being expressed.

Note

Obwohl introduces a subordinate clause, *trotzdem* introduces a main clause. It is important not to confuse these two conjunctions (the use of *trotzdem* instead of *obwohl* is archaic):
Obwohl wir uns ständig *streiten,* sind wir doch gute Freunde.
Wir sind gute Freunde; *trotzdem streiten wir uns* ständig.

1   Link the sentences with „obwohl", „obgleich" or „obschon".

1. Er ist nicht gekommen, …
   a) Ich hatte ihn eingeladen.
   b) Er hatte fest zugesagt.
   c) Er wollte kommen.
   d) Ich benötige seine Hilfe.
   e) Er wollte uns schon seit langem besuchen.
   f) Er wusste, dass ich auf ihn warte.

2. Sie kam zu spät, …
   a) Sie hatte ein Taxi genommen.
   b) Sie hatte sich drei Wecker ans Bett gestellt.
   c) Sie hatte sich übers Telefon wecken lassen.
   d) Die Straße war frei.
   e) Sie hatte pünktlich kommen wollen.
   f) Sie hatte einen wichtigen Termin.
   g) Sie hatte mir versprochen rechtzeitig zu kommen.

3. Ich konnte nicht schlafen, …
   a) Ich hatte ein Schlafmittel genommen.
   b) Ich war nicht aufgeregt.
   c) Niemand hatte mich geärgert.
   d) Ich hatte bis spät abends gearbeitet.
   e) Ich war sehr müde.

   f) Das Hotelzimmer hatte eine ruhige Lage.
   g) Kein Verkehrslärm war zu hören.
   h) Ich hatte eigentlich gar keine Sorgen.

4. Das Hallenbad wurde nicht gebaut, …
   a) Es war für dieses Jahr geplant.
   b) Die Finanzierung war gesichert.
   c) Der Bauplatz war vorhanden.
   d) Der Bauauftrag war bereits vergeben worden.
   e) Die Bürger der Stadt hatten es seit Jahren gefordert.
   f) Auch die Schulen benötigen es dringend.
   g) Auch die Randgemeinden waren daran interessiert.
   h) Man hatte es schon längst bauen wollen.

2 Link the sentences from exercise 1 with „zwar …, aber", „zwar …, aber doch", „zwar … allerdings", „dennoch" or „trotzdem" alternately (see § 24, 3).

3 Concessive clauses and clauses of reason – Make sentences from § 24 exercise 2 as in the examples (see § 24, 3):

Obwohl er gern Ski läuft, fährt er diesen Winter nicht in Urlaub.
Weil er gern Ski läuft, legt er seinen Urlaub in den Winter.

4 Link the sentences using the conjunctions in brackets.

1. Er war unschuldig. Er wurde bestraft. (dennoch; obwohl)
2. Die Familie wohnte weit von uns entfernt. Wir besuchten uns häufig. (zwar…, aber doch; obgleich)
3. Wir mussten beide am nächsten Tag früh zur Arbeit. Wir unterhielten uns bis spät in die Nacht. (trotzdem; dennoch; obwohl)
4. Wir stritten uns häufig. Wir verstanden uns sehr gut. (allerdings; obschon)
5. Die Gastgeber waren sehr freundlich. Die Gäste brachen frühzeitig auf und gingen nach Hause. (zwar… , dennoch; obwohl)
6. Die Arbeiter streikten lange Zeit. Sie konnten die geforderte Lohnerhöhung nicht durchsetzen. (obwohl; trotzdem)
7. Er hatte anfangs überhaupt kein Geld. Er brachte es durch seine kaufmännische Geschicklichkeit zu einem großen Vermögen. (indessen; obgleich)
8. Die Jungen waren von allen Seiten gewarnt worden. Sie badeten im stürmischen Meer. (dennoch; obwohl)

II wenn ... auch noch so

Wenn er *auch noch so* schlecht schlief, so weigerte er sich eine Tablette zu nehmen.

1. This complicated structure emphasizes the adverse meaning within the sentence more than the *obwohl*-clause.

2. The subordinate clause begins with *wenn, auch noch so* occurs after the subject, giving the sentence a concessive meaning. The main clause generally begins with *so,* which refers to the preceding subordinate clause.

Wenn er *auch noch so* schlecht schlief, *er weigerte sich* eine Tablette zu nehmen.

The main clause can also follow the subordinate clause without inversion (= subject in position I, followed by the conjugated verb in position II). This word order is not possible in other subordinate clauses.

Schlief er *auch noch so* schlecht, *er weigerte sich* eine Tablette zu nehmen.

Wenn can also be omitted in concessive subordinate clauses, in which case the conjugated verb replaces it.

5 Combine the sentences with the conjunction *wenn ... auch noch so*

Die Bergsteiger strengten sich an. Sie konnten den Gipfel nicht erreichen.
Wenn die Bergsteiger sich auch noch so anstrengten, sie konnten den Gipfel nicht erreichen. **oder:** *Die Bergsteiger strengten sich noch so an, sie ...*

1. Der Junge bat seine Eltern darum. Er bekam das Fahrrad doch nicht.
2. Der Student wurde von allen Seiten gewarnt. Er reiste doch in das Krisengebiet.
3. Die Eltern sparten eisern. Das Geld reichte hinten und vorne nicht.
4. Der Reisende hatte das Haschisch gut versteckt. Die Spürhunde fanden es aber sofort.
5. Du kannst dich beeilen. Du wirst den Zug nicht mehr erreichen. (können entfällt)

§ 31   Subordinate Clauses of Manner

I wie, als (Comparative clauses)

In comparative clauses with *wie* and *als* a tense change usually occurs. In most cases a previous supposition is compared with a construction expressing a fact.

Er ist *so reich, wie* ich vermutet habe.
Er machte *einen so hohen Gewinn* bei seinen Geschäften, *wie* er gehofft hatte.

If the comparison in question equates two things, *wie* is used in the subordinate clause.
So (genauso, ebenso, geradeso) precedes the adverb or attributive adjective in uninflected form in the main clause.

Er verhielt sich *(genau)so, wie* wir gedacht hatten.

So (genauso, ebenso and *geradeso)* can sometimes occur in the main clause without an adverb, in which case *so* is strongly emphasized.

Er ist noch *reicher, als* ich erwartet habe.
Er machte *einen höheren Gewinn, als* er angenommen hatte.

If the comparison in question differentiates between two things rather than equating them, *als* is used in the subordinate clause. The comparative occurs in the main clause.

Er verhielt sich ganz *anders, als* wir uns vorgestellt hatten.

A comparative construction with *als* occurs after *anders, ander-* (e. g.: Er hat gewiss *andere Pläne, als* ...).

1 „als" or „wie"? Which of the phrases in column II and III belong to the phrases in column I?

I	II	III
1. Es bleibt uns nichts anderes übrig		a) im Allgemeinen angenommen wird.
2. Der Bauer erntete mehr,		b) der Busfahrer geplant hatte.
3. Er erntete so dicke Äpfel,		c) wieder von vorn anzufangen.
4. Der Patient erholte sich schneller,		d) die Ärzte angenommen hatten.
5. Die Steuernachzahlung war nicht so hoch,	als	e) er sie in den Wintern zuvor gehabt hatte.
6. Im letzten Jahr hatte er eine höhere Heizölrechnung,	wie	f) er sie noch nie geerntet hatte.
7. Das Haus ist nicht so alt,		g) der Kaufmann befürchtet hatte.
8. Die Reise verlief anders,		h) er je zuvor geerntet hatte.

2 Practise the comparative.

> War das Konzert gut?
> *Ja, es war besser, als ich erwartet hatte.*
> *Es war nicht so gut, wie ich angenommen hatte.*

Complete the following sentences: als ich gedacht / erwartet / angenommen / gehofft / befürchtet / vermutet / geglaubt hatte.

1. Waren die Eintrittskarten teuer?
2. War der Andrang groß?
3. Waren die Karten schnell verkauft?
4. Spielten die Künstler gut?
5. Dauerte das Konzert lange?
6. War der Beifall groß?
7. Hast du viele Bekannte getroffen?
8. Bist du spät nach Hause gekommen?

3　Do the same here:

1. War die Tagung lohnend?
2. War das Hotel gut eingerichtet?
3. War euer Zimmer ruhig?
4. War das Essen reichhaltig?

5. Waren die Vorträge interessant?
6. Wurde lebhaft diskutiert?
7. Habt ihr viel gestritten?
8. Habt ihr viele Kollegen getroffen?

II　je ..., desto (Comparative clauses)

Nebensatz	Hauptsatz I	II	III	
a) Je schlechter die Wirtschaftslage ist,	**desto schneller**	steigen	die Preise.	
b)	**umso schneller**	steigen	die Preise.	
	desto höhere Steuern	müssen		gezahlt werden.
c)	**desto mehr Geld**	fließt		ins Ausland.
	desto mehr Menschen	werden		arbeitslos.
d)	**eine desto höhere Inflationsrate**	ist		die Folge.

1. Sentences containing *je ... , desto* or *je ... , umso* compare two comparatives, each expressing different content, despite the fact that they are part of a correlated sequence.

2. Word order: A subordinate clause with a comparative with *je* occurs first; the conjugated verb is in final position. A main clause follows with *desto* and a comparative in position I. The conjugated verb occurs in position II and the subject in position III (IV).
   see a)　The most common form: comparative adverbs are used to make a comparison.
   see b)　Attributive adjectives can also be used for comparative sentences. They usually precede zero article nouns.
   see c)　If there is no attributive item, the uninflected comparative form *mehr* or *weniger* is used.
   see d)　A rare form: the indefinite article always precedes *je* or *desto* with singular nouns which require an article.

3. All these forms can vary in *je* or *desto* constructions. The nouns in question can be used as a subject or an object, or even as a prepositional object:
   Je schlechter die Wirtschaftslage ist, *mit desto höheren Steuern* muss man rechnen.

4 Link the sentences using „je ..., desto".

Wir stiegen hoch; wir kamen langsam vorwärts.
Je höher wir stiegen, desto langsamer kamen wir vorwärts.

1. Er trank viel; er wurde laut.
2. Er isst wenig; er ist schlecht gelaunt.
3. Du arbeitest gründlich; dein Erfolg wird groß sein.
4. Das Hotel ist teuer; der Komfort ist zufriedenstellend.
5. Der Ausländer sprach schnell; wir konnten wenig verstehen.
6. Die Sekretärin spricht viele Fremdsprachen; sie findet leicht eine gute Stellung.
7. Das Herz ist schwach; eine Operation ist schwierig.
8. Du sprichst deutlich; ich kann dich gut verstehen.
9. Es ist dunkel; die Angst der Kleinen ist groß.
10. Das Essen ist gut gewürzt; es schmeckt gut.

5 Do the same here:

1. Es wurde spät; die Gäste wurden fröhlich.
2. Du arbeitest sorgfältig; du bekommst viele Aufträge.
3. Die Musik ist traurig; ich werde melancholisch.
4. Ich bekomme wenig Geld; ich muss sparsam sein.
5. Der Vertreter muss beruflich weit fahren; er kann viel von der Steuer absetzen.
6. Ihre Schüler waren klug und fleißig; die Arbeit machte ihr viel Spaß.
7. Hans wurde wütend; Gisela musste laut lachen.
8. Die Künstler, die im Theater auftraten, waren berühmt; viele Zuschauer kamen, aber die Plätze wurden teuer. (desto... , aber desto)
9. Er hält sich lange in Italien auf; er spricht gut Italienisch.
10. Du fährst schnell; die Unfallgefahr ist groß.

6 Complete the following on your own.

1. Je leiser du sprichst,...
2. Je stärker der Kaffee ist,...
3. Je schlechter die Wirtschaftslage des Landes wird,...
4. Je größer ein Krankenhaus ist,...
5. Je mehr sie über ihn lachten,...
6. Je länger ich sie kannte,...
7. Je öfter wir uns schrieben,...
8. Je frecher du wirst, ...
9. Je mehr du angibst, ...
10. Je strenger die Grenzkontrollen werden, ...

7 Link the sentences according to the following example:

Seine Ausbildung ist *gut;* er bekommt ein hohes Gehalt.
Je besser seine Ausbildung ist, ein desto höheres Gehalt bekommt er.

1. Du schreibst höflich; du erhältst eine höfliche Antwort.
2. Du triffst ihn oft; du wirst mit ihm ein gutes Verhältnis haben.
3. Du willst schnell fahren; du musst einen teuren Wagen kaufen.
4. Das Geld ist knapp; du musst einen hohen Zinssatz zahlen.
5. Wir kamen dem Ziel nah; ein starkes Hungergefühl quälte mich.

III   wie (Clauses of manner)

Wie es mir geht, weißt du ja.
Du weißt ja, *wie* es mir geht.
Wie ich ihn kennen gelernt habe, habe ich dir schon geschrieben.
Ich habe dir schon geschrieben, *wie* ich ihn kennen gelernt habe.

Subordinate clauses of manner can occur after *wie*-questions:
Wie geht es dir? Wie es mir geht, weißt du ja.

Wie gut er sich verteidigt hat, haben wir alle gehört.
Wir haben alle gehört, *wie gut* er sich verteidigt hat.

The modal conjunction *wie* can be complemented by an adverb.

Wie ich annehme, wird er trotzdem verurteilt.
Wie ich gehört habe, hat er sein gesamtes Vermögen verloren.

Subordinate clauses with *wie* can also convey the speaker's attitude to the content of
the sentence:
Wie ich annehme, kommt er morgen.
Wie ich glaube, ...
Wie er sagte,...
Wie ich erfahren habe,...

This type of clause rarely appears after the main clause:
Meine Verwandten sind schon lange umgezogen, *wie ich annehme.*

8   Practise „wie"-sentences according to the following example:

Ich werde morgen nach München fahren.
Wie ich Ihnen schon sagte, werde ich morgen nach München fahren.

Insert the following phrases correctly: Wie ich schon erwähnte... ; Wie ich hoffe / geplant habe; Wie Sie wissen...

1. Ich werde dort mit Geschäftsfreun-
   den zusammentreffen.
2. Wir werden uns sicher einig werden.
3. Ich werde interessante Aufträge für
   die Firma erhalten.

4. Von München aus werde ich meinen
   Urlaub antreten.
5. Ich werde zwei Wochen wegbleiben.
6. Die Ruhe wird mir gut tun.

IV   indem (Clauses of manner)

Sie gewöhnte ihm das Rauchen ab, *indem* sie seine Zigaretten versteckte.
Er kann den Motor leicht reparieren, *indem* er die Zündkerzen auswechselt.

The subordinate clause of manner with *indem* expresses the manner in which a person
does something as well as the means.
Phrases with *indem* answer the question *how?* How is an action performed?

9 Link the sentences in the same way as the example below using „indem".

Wie kann man Heizkosten sparen? – Man ersetzt die alten Fenster durch Doppelglasfenster.

Man kann Heizkosten sparen, indem man die alten Fenster durch Doppelglas-fenster ersetzt.

1. Wie kann man die Heizkosten auch noch senken? – Man lässt die Temperaturen abends nicht über 20 Grad steigen und senkt die Zimmertemperatur in der Nacht auf etwa 15 Grad.
2. Wie kann man ferner die Wohnung vor Kälte schützen? – Man bringt Isoliermaterial an Decke, Fußboden und Wänden an.
3. Wie können wir Rohstoffe sparen? – Im sogenannten Recycling verwendet man bereits gebrauchte Materialien wieder.
4. Wie kann man Benzin sparen? – Man fährt kleinere, sparsamere Autos und geht öfter mal zu Fuß.
5. Wie kann die Regierung die Luft vor industrieller Verschmutzung schützen? – Sie schreibt Rauch- und Abgasfilter gesetzlich vor.
6. Wie kann man die Stadtbewohner vor Lärm schützen? – Man richtet mehr Fußgängerzonen ein und baut leisere Motorräder und Autos.

10 Replace the word in italics with „durch ..." using a subordinate clause with „indem".

Die Bauern zeigten *durch Demonstrationen mit Traktoren und schwarzen Fahnen* ihren Protest gegen die neuen Gesetze.

Die Bauern zeigten ihren Protest gegen die neuen Gesetze, indem sie mit Traktoren und schwarzen Fahnen demonstrierten.

1. Die ständigen Überschwemmungen an der Küste können *durch den Bau eines Deiches* verhindert werden. (indem man...)
2. Die Ärzte konnten das Leben des Politikers *durch eine sofortige Operation nach dem Attentat* retten. (indem sie ihn...)
3. Als ich meinen Schlüssel verloren hatte, half mir ein junger Mann, *durch die Verwendung eines gebogenen Drahts* die Wohnungstür zu öffnen.
4. Manche Wissenschaftler werden *durch die Veröffentlichung falscher oder ungenauer Forschungsergebnisse* berühmt.
5. Der Chef einer Rauschgiftbande konnte *durch die rechtzeitige Information aller Zollstellen* an der Grenze verhaftet werden.
6. *Durch die Weitergabe wichtiger Informationen an das feindliche Ausland* hat der Spion seinem Land sehr geschadet. (Indem der Spion...)
7. Als die Räuber mit Masken und Waffen in die Bank eindrangen, konnte der Kassierer *durch den Druck auf den Alarmknopf* die Polizei alarmieren.
8. Kopernikus hat *durch die Beobachtung der Sterne* erkannt, dass die Erde eine Kugel ist, die sich um die Sonne dreht.

9. Es hat sich gezeigt, dass man *durch das Verbot der Werbung für Zigaretten im Fernsehen* den Tabakkonsum tatsächlich verringern kann.
10. Viele Menschen können *durch den Verzicht auf Bier und fette Speisen* sehr schnell abnehmen.
11. Die Menschen in den Industrieländern schaden der Umwelt *durch den Kauf von modischen, aber unbrauchbaren Dingen,* die bald wieder weggeworfen werden.

§ 32   Clauses of Purpose
(Clauses Expressing Intention)

damit; um ... zu (see § 33)

Damit der Arzt nichts merkte, versteckte *der Kranke* die Zigaretten.

Subordinate clauses with *damit* express the reason or intention behind a certain action. A *damit*-clause is used when the subject of the main clause and the subordinate clause are not the same.
The modal verbs *sollen* and *wollen* are not used in *damit*-clauses because *damit* expresses an intention, a wish or the will to do something.

Er nahm eine Schlaftablette, *damit er* leichter einschlafen kann.
Er nahm eine Schlaftablette *um* leichter einschlafen *zu* können.
Er nahm eine Schlaftablette *um* leichter ein*zu*schlafen.

If the subject of the main clause is also that of the purpose clause, it is better and more usual to use *um ... zu* + infinitive.
It is possible to use the modal verb *können,* but it is not always essential.

1 Link the following sentences with „um ... zu" where possible, otherwise with „damit". Note that the modal verb is omitted in position II.

Ich habe sofort telefoniert. Ich wollte die Wohnung bekommen.
Ich habe sofort telefoniert um die Wohnung zu bekommen.

Ich habe sofort telefoniert. Mein Bruder soll die Wohnung bekommen.
Ich habe sofort telefoniert, damit mein Bruder die Wohnung bekommt.

1. Ich habe die Anzeigen in der Zeitung studiert. Ich wollte eine schöne Wohnung finden.
2. Ich bin in die Stadt gefahren. Ich wollte eine Adresse erfragen.
3. Ich beeilte mich. Niemand sollte mir zuvorkommen.
4. Viele Vermieter geben aber eine Anzeige unter Chiffre auf. Die Leute sollen ihnen nicht das Haus einrennen.
5. Wir haben die Wohnung genau vermessen. Die Möbel sollen später auch hineinpassen.

6. Ich habe viele kleine Sachen mit dem eigenen Wagen transportiert. Ich wollte Umzugskosten sparen.
7. Wir haben das Geschirr von der Transportfirma packen lassen. Die Versicherung bezahlt dann auch, wenn ein Bruchschaden entsteht.
8. Wir haben den Umzug an den Anfang des Urlaubs gelegt. Wir wollen die neue Wohnung in aller Ruhe einrichten (… zu können).
9. Schließlich haben wir noch eine Woche Urlaub gemacht. Wir wollten uns ein bisschen erholen.

2 Make „um … zu"-clauses from the sentences in italics. If this is not possible, make „damit"-clauses. Note that the modal verb is omitted in position II.

1. Franz Häuser war von Wien nach Steyr gezogen. *Er sollte dort eine Stelle in einer Papierfabrik annehmen.*
2. Eines Tages beschloss Franz, im alten Fabrikschornstein hochzusteigen. *Er wollte sich seine neue Heimat einmal von oben anschauen.* Natürlich war der Schornstein schon lange außer Betrieb.
3. Franz nahm eine Leiter. *Er wollte den Einstieg im Schornstein erreichen.* Dann kroch er hindurch und stieg langsam hinauf.
4. Das war nicht schwer, denn innen hatte man eiserne Bügel angebracht; *die Schornsteinfeger sollten daran hochklettern können.*
5. Fast oben angekommen, brach ein Bügel aus der Mauer. Schnell ergriff er den nächsten Bügel. *Er wollte nicht in die Tiefe stürzen.*
6. Aber auch dieser brach aus und Franz fiel plötzlich mit dem Eisen in seiner Hand 35 Meter tief hinunter. Dennoch geschah ihm nichts weiter, nur der Ruß, der sich unten im Schornstein etwa einen Meter hoch angesammelt hatte, drang ihm in Mund, Nase und Augen. Er schrie und brüllte, so laut er konnte. *Seine Kameraden sollten ihn hören.*
7. Aber es war erfolglos, er musste einen anderen Ausweg finden. *Er wollte nicht verhungern.*
8. Er begann, mit der Spitze des Eisenbügels, den er immer noch in der Hand hielt, den Zement aus den Fugen zwischen den Backsteinen herauszukratzen. *Er wollte die Steine herauslösen.*
9. In der Zwischenzeit hatten seine Kameraden sich aufgemacht. *Sie wollten ihn suchen.*
10. Aber sie fanden ihn nicht. Nach ein paar Stunden hatte Franz eine Öffnung geschaffen, die groß genug war. *Er konnte hindurchkriechen.*
11. Man brachte ihn in ein Krankenhaus. *Er sollte sich von dem Schock und den Anstrengungen erholen.*
12. Dort steckte man ihn zuerst in eine Badewanne. *Man wollte ihn dort vom Ruß befreien.*

der Bügel = u-förmig gebogenes Eisen
die Fuge = schmaler Raum, z.B. zwischen zwei Backsteinen
der Ruß = schwarzes Zeug, das sich bei der Verbrennung niederschlägt

3 Answer with an „um … zu"-clause or with a „damit"-clause if the former is not possible.

Wozu braucht der Bauer einen Traktor? – Zur Bearbeitung der Felder.
Der Bauer braucht einen Traktor um die Felder bearbeiten zu können.

1. Wozu düngt er im Frühjahr die Felder? – Zum besseren Wachstum der Pflanzen.
2. Wozu hält er Kühe? – Zur Gewinnung von Milch.
3. Wozu braucht er eine Leiter? – Zum Ernten der Äpfel und Birnen.
4. Wozu nimmt er einen Kredit von der Bank auf? – Zur Einrichtung einer Hühnerfarm.
5. Wozu annonciert er in der Zeitung? – Zur Vermietung der Fremdenzimmer in seinem Haus.
6. Wozu kauft er eine Kutsche und zwei Pferde? – Zur Freude der Gäste. (sich daran freuen)
7. Wozu richtet er unter dem Dach noch Zimmer ein? – Zur Unterbringung der Gäste. (dort unterbringen)
8. Wozu baut er ein kleines Schwimmbecken? – Zur Erfrischung der Gäste und zu ihrem Wohlbefinden. (sich erfrischen, sich wohl fühlen)

§ 33　Infinitive Constructions with „um … zu, „ohne … zu", „anstatt … zu"

Unlike infinitive constructions with *zu* governed by certain verbs, the infinitive constructions with *um … zu, ohne … zu, anstatt (statt) … zu* are used independently and have their own lexical meaning.

a) *Um … zu* expresses purpose or a wish (see § 32):
   Ich gehe zum Meldeamt *um* meinen Pass ab*zu*holen.

b) *Ohne … zu* indicates that something you expected to happen did not:
   Er ging einfach weg *ohne* meine Frage *zu* beantworten.

c) *Anstatt … zu* indicates that someone is behaving contrary to the way they would normally be expected to:
   Die Gastgeberin unterhielt sich weiter mit ihrer Freundin *anstatt* die Gäste *zu* begrüßen.

Er ging ins Ausland *um* dort *zu* studieren.
　　　　　　　 ohne lange *zu* überlegen.
　　　　　　　 anstatt das Geschäft des Vaters weiter*zu*führen.

Infinitive constructions with *um … zu, ohne … zu, anstatt … zu* haven't got their own subject. They refer to the subject in the main clause. Constructions with *um … zu, ohne … zu, anstatt … zu* can occur either before or after the main clause.
Um im Ausland zu studieren verließ er seine Heimat.
Ohne lange zu überlegen begann er sein Studium.
Anstatt das Geschäft seines Vaters weiterzuführen ging er ins Ausland.

If the subject in the main clause and the subject in the subordinate clause refer to different persons or things, a complete subordinate clause with *damit, ohne dass* or *anstatt dass* is used.

Note

A comparative infinitive construction with *als* often occurs after *nicht/etwas anderes* or *alles andere*:

Der Junge hatte *nichts anderes* im Kopf *als* mit dem Motorrad *herumzufahren.*
Er tut alles andere als sich auf die Prüfung vorzubereiten.

1 Make an infinitive construction with a) „um … zu", b) „ohne … zu" or c) „(an)statt … zu" from the sentences in italics.

> Sie haben den Wagen heimlich geöffnet. *Sie wollten ihn stehlen.*
> *Sie haben den Wagen heimlich geöffnet um ihn zu stehlen.*
>
> Er hat den Wagen gefahren. *Er besaß keinen Führerschein.*
> *Er hat den Wagen gefahren ohne einen Führerschein zu besitzen.*
>
> *Sie hat den Unfall nicht gemeldet.* Sie ist einfach weitergefahren.
> *Anstatt den Unfall zu melden ist sie einfach weitergefahren.*

1. Drei Bankräuber überfielen eine Bank. *Sie wollten schnell reich werden.*
2. *Sie zählten das Geld nicht.* Sie packten es in zwei Aktentaschen.
3. Die Bankräuber wechselten zweimal das Auto. *Sie wollten schnell unerkannt verschwinden.*
4. *Sie nahmen nicht die beiden Taschen mit.* Sie ließen eine Tasche im ersten Wagen liegen.
5. *Sie kamen nicht noch einmal zurück.* Die vergesslichen Gangster rasten mit dem zweiten Auto davon.
6. Sie fuhren zum Flughafen. *Sie wollten nach Amerika entkommen.*
7. *Sie zahlten nicht mit einem Scheck.* Sie kauften die Flugtickets mit dem gestohlenen Geld.
8. *Sie wollten in der Großstadt untertauchen.* Sie verließen in Buenos Aires das Flugzeug, wurden aber sofort verhaftet.
9. Sie ließen sich festnehmen. *Sie leisteten keinen Widerstand.*
10. Sie wurden nach Deutschland zurückgeflogen. *Sie sollten vor Gericht gestellt werden.*
11. Sie nahmen das Urteil entgegen. *Sie zeigten keinerlei Gemütsbewegung.* (ohne irgendeine…)

2 Make an infinitive construction – where possible – with „um … zu", „ohne … zu" or „anstatt … zu" from the sentences in italics, otherwise, use „damit", „ohne dass" or „anstatt dass".

1. Herr Huber hatte in einem Versandhaus ein Armband bestellt. *Er wollte es seiner Frau zum Geburtstag schenken.*
2. Er schickte die Bestellung ab. *Er schrieb aber den Absender nicht darauf.*
3. Er wartete vier Wochen. *Das Armband kam nicht.*
4. *Er rief nicht an.* Er schimpfte auf die langsame Firma.
5. Dann feierte Frau Huber Geburtstag. *Ihr Mann konnte ihr das Armband nicht schenken.*

6. Schließlich schrieb er an das Versandhaus. *Sie sollten ihm das Armband endlich zuschicken.*

7. Herr Huber erhielt das erwartete Päckchen wenige Tage später. *Das Versandhaus gab keine Erklärung für die Verspätung ab.*

8. *Frau Huber wusste nichts von dem Geschenk ihres Mannes.* Am Tag der Zustellung des Päckchens kam Frau Huber aus der Stadt zurück: Sie hatte sich das gleiche Armband gekauft! (Ohne etwas … kam Frau Huber …)

3 Link the main clause with sentence a) and b) alternately. Make an infinitive construction or a „dass"- or a „damit"-sentence.

1. Der Schriftsteller schrieb seinen Roman, ohne …
   a) Er gönnte sich keine Pause.
   b) Kein Verlag hatte ihm die Abnahme garantiert.
2. An der Grenze zeigte der Reisende seinen Pass, ohne …
   a) Der Beamte warf keinen Blick hinein.
   b) Er war gar nicht darum gebeten worden.
3. Er machte die Taschenlampe an, *(damit* oder *um … zu)* …
   a) Sein Freund konnte ihn sehen.
   b) Er konnte von seinem Freund gesehen werden.
4. Er trug das gesamte Gepäck fünf Stockwerke hoch, statt …
   a) Seine Kinder halfen ihm nicht dabei.
   b) Er benutzte den Aufzug nicht.
5. Die beiden hatten sich etliche Bücher mit auf die Reise genommen, *(damit* oder *um … zu)* …
   a) Die Bahnfahrt sollte nicht zu langweilig werden. (langweilig würde)
   b) Sie wollten sich damit die Langeweile vertreiben.
6. Die Arbeiter forderten mehr Lohn, *(damit* oder *um … zu)* …
   a) Sie wollten bei sinkender Kaufkraft der Mark wenigstens keinen Einkommensverlust haben.

b) Ihr Einkommen sollte wenigstens die alte Kaufkraft behalten.

7. Eine Gruppe Arbeiter streikte, ohne …
   a) Sie hatte sich nicht mit der Gewerkschaftsleitung abgesprochen.
   b) Die Gewerkschaftsleitung war davon nicht informiert worden.
8. Die Unternehmensleitung erlaubte sich teure private Ausgaben, anstatt …
   a) Sie dachte nicht an das Wohl der Firma.
   b) Wichtige Investitionen wurden nicht gemacht. (worden wären)
9. Die Eigentümer verkauften die Firma, ohne …
   a) Der Betriebsrat wurde nicht informiert.
   b) Sie informierten den Betriebsrat nicht davon.
10. Die Arbeiter besetzten ihre bankrotte Firma, *(damit* oder *um … zu)* …
    a) Die Maschinen sollten nicht heimlich verkauft werden können.
    b) Sie wollten vom Verkauf der Maschinen den Arbeitslohn finanzieren, den sie noch zu bekommen hatten.

§ 34 Subordinate Interrogative Constructions

If a question occurs as a subordinate clause, it must be introduced with a conjunction.

Niemand weiß, *ob* wir sie jemals wiedersehen.

In questions with no interrogative word, the conjunction is always *ob*.

temporal	... , *wann* sie weggegangen ist.
kausal	... , *warum* sie sich verstecken muss.
	... , *weswegen* sie uns verlassen hat.
modal	... , *wie* es ihr geht.
	... , *wie* einsam sie jetzt ist.
lokal	... , *wo* sie jetzt ist.
	... , *wohin* sie geflohen ist.

... , *wer* ihr bei der Flucht geholfen hat.
... , *was* sie denkt und macht.
... , *wessen Befehle* sie ausführt.
... , *wem* sie gehorcht.
... , *wen* sie kennt.

... , *an wen* sie sich gewendet hat.
... , *vor wem* sie sich fürchtet.

... , *worauf* sie wartet.
... , *womit* sie sich beschäftigt.
... , *worunter* sie leidet.

In questions with an interrogative word, the relevant interrogative word is used, where necessary compounded with a preposition, functioning as a conjunction.

1 Make subordinate clauses from the questions in § 17, exercise 3 by placing the following idiomatic expressions in position I: „Wissen Sie vielleicht, ...?" „Können Sie mir sagen, ...?" „Ist Ihnen vielleicht bekannt, ...?" etc.

Backt dieser Bäcker auch Kuchen?
Haben Sie eine Ahnung, ob dieser Bäcker auch Kuchen backt?

2 Make indirect questions using exercise 9 in § 17 in the following way:

A: *Sag mir bitte, an wen du geschrieben hast!*
B: An wen...? Ich habe an meine Schwester geschrieben.

Make sentences. If necessary practise in pairs. A says to B: V*errat mir doch, ...;* *Erzähl mir mal, ...; Ich möchte wirklich gern wissen, ...* etc. B answers.

3 Practise according to the following drill pattern. Use phrases like: „Ich weiß leider auch nicht, …;" „Ich kann Ihnen auch nicht sagen, …;" „Mir ist leider auch nicht bekannt, …"

Wo kann ich hier eine Auskunft bekommen?
Ich kann Ihnen auch nicht sagen, wo Sie hier eine Auskunft bekommen können.

1. Wo kann ich hier ein Flugticket bekommen?
2. Warum können die Flugzeuge heute von hier nicht starten?
3. Wann soll das Flugzeug aus Kairo ankommen?
4. Um wie viel Uhr muss ich wieder hier sein?
5. Wo kann ich mein Gepäck abgeben?
6. Wie viel türkische Pfund darf ich in die Türkei mitnehmen?

4 Make an indirect question from the question and insert it in the second part of the sentence after the noun with ❥.

Mietest du ein Zimmer oder eine Wohnung?
Die Frage ❥ ist noch nicht geklärt.
Die Frage, ob ich ein Zimmer oder eine Wohnung miete, ist noch nicht geklärt.

1. Ist der Fahrer unaufmerksam gewesen und deshalb gegen einen Baum gefahren? – Das Rätsel ❥ ist noch nicht aufgeklärt.
2. Ist er zu schnell gefahren? – Die Frage ❥ wollte er nicht beantworten.
3. Hat der Verletzte etwas gebrochen? – Von der Feststellung ❥ hängt seine weitere Behandlung ab.
4. Hat der Fahrer Alkohol im Blut gehabt? – Die Frage ❥ wird die Blutuntersuchung beantworten.
5. Verliert der Autofahrer seinen Führerschein? – Die Entscheidung ❥ muss der Richter treffen.
6. Bekommt der Fahrer eine Gefängnisstrafe? – Die Ungewissheit ❥ macht ihn ganz krank.
7. Hat der Angeklagte sich verfolgt gefühlt? – Von der Feststellung des Richters ❥ hängt sehr viel ab.
8. Wird der Mann seine Stelle als Fernfahrer behalten? – Die Entscheidung ❥ hängt ganz vom Ergebnis der Blutuntersuchung ab.

5 Practise according to the following examples:

Kommt er mit uns? – Er hat sich noch nicht geäußert.
Er hat sich noch nicht geäußert, ob er mitkommt.

Wohin fahren wir? – Ich erzähle (es) dir nachher.
Ich erzähle dir nachher, wohin wir fahren.

1. Wer fährt sonst noch mit? – Wir werden (es) sehen.
2. Wann kommen wir zurück? – Ich weiß (es) selbst nicht.
3. Müssen wir einen Pass mitnehmen? – Kannst du mir (das) sagen?
4. Was kostet die Fahrt? – Ich möchte (es) gern wissen.
5. Kann ich vorne beim Fahrer sitzen? – Sag mir (das) bitte.
6. Fahren die Frauen auch mit? – Hans möchte (es) gern wissen.

7. Gehen wir zum Mittagessen in ein Restaurant oder müssen wir das Essen mitnehmen? – Es muss uns doch gesagt werden. (... oder ob)
8. Soll ich mein Fernglas mitnehmen? – Ich weiß (es) nicht.
9. Warum soll er seine Kamera nicht mitnehmen? – Hans will (es) wissen.
10. Hat der Bus eine Klimaanlage? – Kannst du mal nachfragen?

§ 35   Relative Clauses

Preliminary note

1. Relative clauses are subordinate clauses which are governed by a noun. They define the noun. Without this defining element, the meaning of the sentence is often unclear:
Jugendliche, *die einen guten Schulabschluss haben,* finden leichter eine Lehrstelle.

2. Relative clauses generally occur immediately after the noun they refer to, i. e. they are inserted in the existing sentence, or added on, without changing the word order of the sentence.
Relative clauses can be inserted in main clauses, subordinate clauses, infinitive constructions or other relative clauses:
   a) Main clause: Der Polizist fragt den Passanten, *der den Unfall gesehen hat,* nach seiner Meinung.
   b) Subordinate clause: Der Polizist vermutet, dass der Passant, *der den Unfall gesehen hat,* vor Gericht nicht aussagen will.
   c) Infinitive construction: Der Polizist hofft den Passanten, *der den Unfall gesehen hat,* wiederzuerkennen.
   d) Relative clause: Der Polizist verfolgt den Mann, *der* den Unfall, *bei dem ein Kind verletzt worden ist, gesehen hat.*
   Or less complicated: Der Polizist verfolgt den Mann, *der* den Unfall *gesehen hat, bei dem* ein Kind *verletzt worden ist.*

Notes

1. Verbs, affixes, as well as adverbs etc. can occur between the noun and the relative clause:
Wir müssen noch den Artikel *durchlesen,* der heute gedruckt werden soll.
Sie rannte dem Kind *hinterher,* das auf die Straße laufen wollte.

2. The relative pronouns *welcher, welche, welches* are seldom used in present-day German.

I Relative clauses with a relative pronoun in the nominative, accusative and dative case

Nom.	Sg.	m	Der Mann,	*der* dort steht,	kennt den Weg nicht.
		f	Die Frau,	*die* dort steht,	
		n	Das Kind,	*das* dort steht,	
	Pl.		Die Leute,	*die* dort stehen,	kennen den Weg nicht.
Akk.	Sg.	m	Der Mann,	*den* ich gefragt habe,	ist nicht von hier.
		f	Die Frau,	*die* ich gefragt habe,	
		n	Das Kind,	*das* ich gefragt habe,	
	Pl.		Die Leute,	*die* ich gefragt habe,	sind nicht von hier.
Dat.	Sg.	m	Der Mann,	*dem* ich geantwortet habe,	versteht mich nicht.
		f	Die Frau,	*der* ich geantwortet habe,	
		n	Das Kind,	*dem* ich geantwortet habe,	
	Pl.		Die Leute,	*denen* ich geantwortet habe,	verstehen mich nicht.

1. The relative pronoun agrees with the noun it refers to in gender and number.

2. The relative pronoun takes its case from its function within the relative clause.

Akk. Sg. m.   *Nom. Sg. m*

Die Anwohner können *den Verkehrslärm,* *der* ihren Schlaf stört,
kaum noch aushalten.

Nom. Sg. f   *Akk. Sg. f*

Heute hat *die alte Hausmeisterin,* *die* alle sehr schätzen, gekündigt.

Nom. Sg. m   *Dat. Sg. m*

Der Verteidiger, *dem* das Urteil ungerecht schien, protestierte heftig.

Nom. Pl.   *Dat. Pl.*

Die Zuschauer, *denen* die Aufführung nicht gefiel, verließen das Theater.

1 Kunden im Warenhaus – Insert the relative pronoun in the nominative and accusative case.

1. Ist das der Taschenrechner, … Sie in der Zeitung annonciert haben?
2. Was kosten die Hosen, … hier hängen?
3. Haben Sie auch Wanduhren, … mit einer Batterie betrieben werden?
4. Kann ich das Kleid, … im Schaufenster ausgestellt ist, mal anprobieren?

5. Ich suche einen Elektrokocher, ... man auf verschiedene Temperaturen einstellen kann.
6. Haben Sie Bürolampen, ... man am Schreibtisch anschrauben kann?
7. Wo haben Sie die Kaffeemaschine, ... kürzlich im Test so gut beurteilt wurde?
8. Was kostet der Lautsprecher, ... hier in der Ecke steht?
9. Ich suche ein Kofferradio, ... man sowohl mit Batterie als auch mit Netzstrom betreiben kann.
10. Haben Sie auch Armbanduhren, ... sich automatisch durch die Armbewegung aufziehen?
11. Das ist das Kästchen mit Spieluhr, ... ein Lied spielt, wenn man den Deckel öffnet.
12. Hier sind die Kerzen, ... nicht nur leuchten, sondern auch Insekten vertreiben.
13. Haben Sie auch einen Kühlschrank, ... man im Campingwagen mitnehmen kann?
14. Haben Sie Batterien, ... wieder aufgeladen werden können?

2 Using a relative clause, define the words.

ein Segelflugzeug (ohne Motor durch die Luft fliegen)
Ein Segelflugzeug ist ein Flugzeug, das ohne Motor durch die Luft fliegt.

1. ein Flussschiff (auf Flüssen verkehren)
2. ein Holzhaus (aus Holz gebaut sein)
3. eine Wochenzeitung (jede Woche einmal erscheinen)
4. eine Monatszeitschrift (?)
5. ein Elektromotor (von elektrischem Strom getrieben werden)
6. ein Motorboot (?)
7. eine Mehlspeise (aus Mehl zubereitet werden)
8. ein Kartoffelsalat (?)
9. eine Orgelmusik (mit einer Orgel ausgeführt werden)
10. eine Blasmusik (mit Blasinstrumenten...)
11. ein Holzwurm (im Holz leben)
12. ein Süßwasserfisch (?)

3 The relative pronoun in the nominative or accusative case – Ask questions about the nouns in italics. Always begin with the following: „Was machst du mit ...?"

Mein Onkel hat mir ein *Haus* vererbt.
Was machst du mit dem Haus, das dir dein Onkel vererbt hat?

1. Ich habe *500 Euro* im Lotto gewonnen.
2. Mein *Hund* bellt von morgens bis abends.
3. Meine Freundin hat das *Bügeleisen* kaputtgemacht.
4. Meine Eltern haben mir eine *Kiste Wein* zum Examen geschickt.
5. Meine Freunde haben mir eine *Palme* gekauft.
6. Mein *Papagei* (m) ruft immer „Faulpelz".
7. Meine Verwandten haben mir ein *Klavier* geschenkt.
8. Meine *Katze* stiehlt mir das Fleisch aus der Küche.

4 Do the same here. Always begin with: „Was hat er denn mit ... gemacht?"

Er hat sich *Nägel* gekauft.
Was hat er denn mit den Nägeln gemacht, die er sich gekauft hat?

1. Er hat sich *Farbe* (f) gekauft.
2. Sie hat sich *Topfpflanzen* besorgt.
3. Der Schriftsteller hat einen *Roman* geschrieben.
4. Die Kinder haben *Kreide* (f) aus der Schule mitgenommen.
5. Die Katze hat eine *Maus* gefangen.
6. Der junge Mann hat das *Auto* kaputtgefahren.
7. Die Nachbarin hat sich *Kleiderstoffe* (Pl.) gekauft.
8. Fritz hat eine *Brieftasche* gefunden.

5 Make interrogative and affirmative sentences as in exercise 3 and 4. Answer the questions as well, e. g.: „Das Haus, das mir mein Onkel vererbt hat, werde ich wahrscheinlich verkaufen."

6 Fill in the relative pronoun in the nominative, dative or accusative case.

1. Wer ist die Frau, … ?
   a) … immer so laut lacht
   b) … du eben begrüßt hast
   c) … du gestern angerufen hast
2. Kennst du die Leute, … ?
   a) … diese Autos gehören
   b) … da vor der Tür stehen
   c) … der Bürgermeister so freundlich begrüßt
3. Frau Huber, … , ist unsere Nachbarin.
   a) … du ja kennst
   b) … auch dieses Haus gehört
   c) … schon fünfzehn Jahre Witwe ist
4. Ich fahre morgen zu meinem Bruder,… .
   a) … schon seit zehn Jahren in Stuttgart wohnt
   b) … ich beim Hausbau helfen will
   c) … ich schon lange nicht mehr gesehen habe
5. Die Fußballspieler, … , gaben ihr Letztes.
   a) … ein Tor nicht genügte
   b) … von der Menge angefeuert wurden
   c) … aus Belgien kamen

II   Relative clauses with a relative pronoun in the genitive case

Sg.	m	Der Turm, **dessen** Fundamente morsch sind, soll abgerissen werden.
	f	Die Bibliothek, **deren** Räume renoviert werden, ist zur Zeit geschlossen.
	n	Das Gebäude, **dessen** Dach schadhaft ist, soll renoviert werden.
Pl.		Die Busse, **deren** Motoren zu alt sind, müssen verkauft werden.

1. The relative pronoun in the genitive case is a substitute for an attribute genitive:
   Die Fundamente des Turmes   =   dessen Fundamente
   die Räume der Bibliothek   =   deren Räume
   die Motoren der Busse   =   deren Motoren

2. The noun after the relative pronoun in the genitive case occurs without the article; the following adjectives also take the zero article declension:
   Der Turm, dessen feucht*es* Fundament …
   Die Busse, deren alt*e* Motoren …

3. The relative pronoun in the genitive case agrees with the noun it refers to in gender and number. The case of the following zero article noun depends on its function within the relative clause.

Nom. Sg. n	Akk. Sg. m

Das Gebäude, dessen Keller man renovieren will, ...
(= Man will *den Keller des Gebäudes* renovieren.)

Akk. Sg. n	Dat. Pl.

Wir lieben *das alte Haus, dessen* Bewohnern eine Räumungsklage droht.
(= *Den Bewohnern des alten Hauses* droht eine Räumungsklage.)

7 Fill in the relative pronoun in the genitive case.

1. a) Der Baum b) Die Pflanze c) Die Sträucher (Pl.)
   ... , ... Wurzeln krank waren, musste(n) ersetzt werden.
2. a) Der Reisende b) Die Touristin c) Das Kind
   ... , ... Ausweis nicht zu finden war, konnte die Grenze nicht passieren.
3. a) Der Student b) Die Studentin c) Die Studenten
   ... , ... Doktorarbeit in der Fachwelt großes Interesse fand, wurde(n) von der Universität ausgezeichnet.
4. a) Der Architekt b) Die Architektin c) Das Architektenteam
   ... , ... Brückenkonstruktion plötzlich zusammengebrochen war, wurde vor Gericht gestellt.
5. a) Der Junge b) Das Mädchen c) Die Kinder
   ... , ... Mutter im Krankenhaus lag, wurde(n) von einer Verwandten versorgt.
6. a) Der Arbeiter b) Die Arbeiterin c) Die Arbeiter
   ... , ... Betrieb schließen musste, war(en) plötzlich arbeitslos.
7. a) Die jungen Leute b) Die Dame c) Der Herr
   ... , ... Auto in einen Graben geraten war, bat(en) den Automobilclub telefonisch um Hilfe.
8. a) Der Sportverein b) Die Kleingärtner (Pl.) c) Der Tennisclub
   ... , ... Gemeinschaftsräume zu klein geworden waren, beschloss(en) den Bau eines neuen Hauses.

8 Link the sentences. The relative pronoun always occurs in the genitive case.

Wir beruhigten die Ausländerin. Ihr Sohn war bei einem Unfall leicht verletzt worden.
Wir beruhigten die Ausländerin, deren Sohn bei einem Unfall leicht verletzt worden war.

1. Der Geiger musste das Konzert absagen. Sein Instrument war gestohlen worden.
2. Der Dichter lebt jetzt in der Schweiz. Seine Romane waren immer große Erfolge.
3. Man hat das Rathaus abreißen wollen. Seine Räume sind dunkel und schlecht zu heizen.
4. Die Bürger jubelten. Ihre Proteste hatten schließlich zum Erfolg geführt.

5. Der Chirurg wurde von Patienten aus aller Welt angeschrieben. Seine Herzoperationen waren fast immer erfolgreich verlaufen.

6. Der Pilot hatte sich mit dem Fallschirm gerettet. Sein Flugzeug hatte zu brennen begonnen.

7. Der Autofahrer hatte sich verfahren. Seine Straßenkarten waren zu ungenau.

8. Die Reisenden wollten mit dem Bus nicht weiterfahren. Sein Fahrer war betrunken.

9. Wir konnten das Auto nicht selbst reparieren. Sein Motor war defekt.

10. Sie versuchten die arme Frau zu beruhigen. Ihr Sohn war mit dem Motorrad verunglückt.

11. Kurz nach 17 Uhr kam ich zur Post. Ihre Schalter waren aber inzwischen geschlossen.

12. Der Richter ließ sich von den Zeugen nicht täuschen. Ihre Aussagen waren widersprüchlich.

13. Die Angeklagte wurde zu zwei Jahren Gefängnis verurteilt. Ihre Schuld war erwiesen.

14. Verärgert stand er vor den verschlossenen Türen der Bank. Ihre Öffnungszeiten hatten sich geändert.

15. Für den Deutschen war es schwer, sich in dem fremden Land zurechtzufinden. Seine Fremdsprachenkenntnisse waren sehr gering.

III Relative clauses with prepositions

Einige Häuser, *für die* die Nachbarn gekämpft haben, sollen erhalten bleiben.
(Die Nachbarn haben für die Häuser gekämpft.)

Man will das Schloss, *in dessen* Park jetzt Festspiele stattfinden, renovieren.
(In dem Park des Schlosses finden jetzt Festspiele statt.)

If the relative pronoun has a preposition, it precedes the relative pronoun.

IV Relative clauses with „wo(-)"

Man hat das Haus, *in dem* wir zwanzig Jahre gewohnt haben, jetzt abgerissen.
Man hat das Haus, *wo* wir zwanzig Jahre gewohnt haben, jetzt abgerissen.
Die Kleinstadt, *in die* ich umgezogen bin, gefällt mir sehr gut.
Die Kleinstadt, *wohin* ich umgezogen bin, gefällt mir sehr gut.

The preposition *in* + relative pronoun can be replaced by *wo* (= *in* + dative) or *wohin* (= *in* + accusative).

In der Innenstadt von Hamburg, *wo* der Lärm unerträglich ist, möchte ich nicht wohnen.

The relative pronoun *wo* or *wohin* is used after town and country names (see notes).

Man hat den alten Marktplatz umgebaut, *worüber* sich die Bürger sehr aufgeregt haben.
In der Stadt bleibt nur noch wenig übrig, *woran* sich die Bürger erinnern.

If a preposition has to precede the relative pronoun and if the relative clause refers to the whole of the main clause, *wo(r)-* + preposition is used.

Notes

1. The neuter relative pronoun in the nominative, accusative or dative is used after proper nouns with no article (see § 3 III):
   Hamburg, *das* 100 Kilometer entfernt liegt, ist meine Heimatstadt.
   Russland, *das* er über 50 Jahre nicht mehr gesehen hatte, blieb ihm unvergesslich.

2. The relative pronoun *wo* can also refer to temporal adverbials:
   In den letzten Jahren, *wo* es der Wirtschaft gut ging, hat man die Renten weiter erhöht. (stilistisch besser: ... , *als* es der Wirtschaft gut ging, ...)

V Relative clauses with „wer, wen, wem, wessen"

Wer die Ehrlichkeit des Kaufmanns kennt, (der) wird ihm auch glauben.
Wen die Götter verderben wollen, (den) schlagen sie mit Blindheit.
Wessen Herz für die Freiheit schlägt, den nenne ich einen edlen Mann.
Wem die Bergwanderung zu anstrengend wird, der soll jetzt zurückbleiben.

1. The short relative clause with *wer, wessen, wem, wen* is the equivalent of a relative clause which refers to people in general:
   Jeder, der die Ehrlichkeit des Kaufmanns kennt, wird ihm auch glauben.
   Denjenigen, den die Götter verderben wollen, schlagen sie mit Blindheit.
   Alle, denen die Bergwanderung zu anstrengend ist, sollen jetzt zurückbleiben.

2. A demonstrative pronoun often occurs at the beginning of the main clause: *der, dem, die* etc. This is usually the case when the case in the relative clause and the case in the main clause are not the same (*wessen ..., den ...; wem ..., der ...*).

VI Relative clauses with „was"

Alles, was du mir erzählt hast, habe ich schon gehört.
Nichts, was du mir mitgeteilt hast, ist mir neu.
Das, was mich ärgert, ist der Inhalt deines letzten Briefes.
Das Schönste, was du geschrieben hast, ist die Nachricht von deiner Verlobung.

A defining relative clause with *was* is used after the demonstrative pronoun *das,* also after *alles, nichts, etwas, einiges, weniges* etc., and after the neuter superlative *das Schönste, das Letzte* etc.

Er rief gestern plötzlich an, *was* wir nicht erwartet hatten.
Er sagt, dass er Geldschwierigkeiten habe, *was* ich nicht glauben kann.

If a relative clause refers to the whole of the main clause it is introduced by *was.*

Er hat niemals *davon* gesprochen, *was* bei dem Unfall geschehen ist.
Er kann sich nicht mehr *daran* erinnern, *was* er alles erlebt hat.

If a relative clause with *was* refers to a statement with a prepositional object (e. g. *über die Ursache*), *da(r)-* + preposition must be used in the main clause (see § 15, II, § 16, II, 2.).

Was sich damals ereignet hat, (das) bleibt unerklärlich.
Was wir an diesem Tag erlebt haben, (das) können wir nie vergessen.
Was die Ursache des Unglücks war, *darüber* wollen wir schweigen.

If the *was*-clause is in first position, it replaces a subject, an accusative object or a prepositional object:

Das damalige Ereignis bleibt unerklärlich. (Subject)
Das Erlebnis an diesem Tag können wir nie vergessen. (Accusative object)
Über die Ursache des Unglücks wollen wir schweigen. (Prepositional object)

The demonstrative pronoun *das* can be placed at the beginning of the main clause for emphasis; *da(r)-* + preposition, on the other hand, must be placed in position I in the main clause, if the *was*-clause refers to a prepositional object.

As the relative pronoun *was* is always singular, it is important to deduce from the context if the statement in the *was*-clause is singular or plural. The following would also be possible in the above-mentioned examples.

Die damaligen Ereignisse bleiben unerklärlich. – *Unsere Erlebnisse* können wir nie vergessen.

---

9 Einige Fragen über die deutschsprachigen Länder – Relative pronouns with a preposition or „wo". The solutions are given at the end of section 35.

In welcher Stadt ist Wolfgang Amadeus Mozart geboren?
Salzburg ist die Stadt, in der Wolfgang Amadeus Mozart geboren ist. (... , wo ...)

1. In welcher Gegend gibt es die meisten Industrieanlagen?
2. An welchem Fluss steht der Lorelei-Felsen?
3. In welchem Wald steht das Hermanns-Denkmal?
4. In welchem Gebirge gibt es die höchsten Berge?
5. Auf welchem Berg wurde der Segelflug zum ersten Mal erprobt?
6. In welcher Stadt ist Ludwig van Beethoven geboren und in welcher Stadt ist er gestorben?
7. In welchem Staat gibt es drei Amtssprachen, aber vier Landessprachen?
8. An welchem See haben drei Staaten einen Anteil?
9. Über welche Leute werden die meisten Witze erzählt?
10. In welcher Stadt standen früher die schönsten Barockbauten Europas?
11. Vor den Mündungen welcher großen Flüsse liegt die Insel Helgoland? (Es sind die Mündungen der ... und der ...)
12. In welchen zwei Städten am Rhein liegen viele deutsche Kaiser und Könige begraben?
13. In der Nähe welcher Stadt wurden die olympischen Winterspiele 1976 ausgetragen? (...   ist die Stadt, in + Genitiv)

14. Durch welchen Berg führt die Straße von Basel nach Mailand?

15. Nach welchem Berg ist die Hochalpenstraße in Österreich benannt?

10 Make sentences according to the following example. A preposition precedes the relative pronoun.

Was ist ein Pass? (Ausweis (m) / mit / in andere Staaten reisen können)
Ein Pass ist ein Ausweis, mit dem man in andere Staaten reisen kann.

1. Was ist ein Holzfass? (Behälter (m) / in / z.B. Wein lagern können)
2. Was ist ein Fahrrad? (Verkehrsmittel (n) / mit / sich mit eigener Kraft fortbewegen können)
3. Was ist eine Dachrinne? (Rohr (n) / durch / das Regenwasser vom Dach leiten)
4. Was ist ein Staubsauger? (Maschine (f) / mit / Teppiche säubern)
5. Was ist ein Videorecorder? (Gerät (n) / mit / Fernsehsendungen aufnehmen und wiedergeben können)
6. Was ist eine Lupe? (Glas (n) / mit / kleine Dinge groß sehen können)
7. Was ist ein Tresor? (Schrank (m) aus Stahl / in / das Geld vor Dieben oder Feuer schützen können)
8. Was ist ein Herd? (Kücheneinrichtung (f) / auf / warme Speisen zubereiten können)

11 Make sentences according to the following example. The subordinate clause is introduced with „wer", „wessen", „wenn" or „wen".

Hat noch jemand etwas zu diesem Thema zu sagen? – Melden Sie sich bitte!
Wer noch etwas zu diesem Thema zu sagen hat, (der) soll sich bitte melden!

1. Gefällt jemandem die Lösung nicht? – Sagen Sie es bitte!
2. Steht jemandem noch Geld zu? – Stellen Sie schnell einen Antrag!
3. Ist jemandes Antrag noch nicht abgegeben? – Geben Sie ihn jetzt gleich im Sekretariat ab! (Wessen Antrag …)
4. Interessiert das jemanden nicht? – Gehen Sie ruhig schon weg!
5. Ist jemand an der Bildung einer Fußballmannschaft interessiert? – Kommen Sie bitte um 17 Uhr hierher!
6. Hat jemand noch Fragen? – Bringen Sie sie jetzt vor!
7. Versteht jemand die Aufgabe nicht? – Kommen Sie bitte zu mir!
8. Ist jemandem noch etwas Wichtiges eingefallen? – Schreiben Sie es auf einen Zettel und geben Sie ihn mir!
9. Ist jemandes Arbeit noch nicht fertig? – Geben Sie sie nächste Woche ab!
10. Braucht jemand noch Hilfe? – Wenden Sie sich bitte an den Assistenten!

12 Complete the following sentences. Apart from „was" and „wo" each word should only be used once: was, wo, wobei, wodurch, wofür, wogegen, womit, woraus, worüber, worunter, wovon, wovor, wozu.

1. Tu das, ... der Arzt gesagt hat! Schlafen ist das Beste, ... du jetzt machen kannst.
2. Der Schlosser öffnete die Tür mit einem Dietrich, ... man einen hakenförmig gebogenen Draht versteht. Die Frau gab dem Schlosser zehn Euro, ... dieser sich sehr freute.
3. Die Jungen gingen auf eine zweiwöchige Wanderung, ... sie sich ein Zelt ausgeliehen hatten. Sie kamen in schlechtes Wetter, ... sie schon gewarnt worden waren. So saßen sie mit ihrem Zelt eine Woche im Regen, ... natürlich nicht so angenehm war.
4. Frau Krüger sammelte Erdbeeren, ... ihr Mann einen sehr guten Wein bereitete. Aber im letzten Jahr hatte er etwas falsch gemacht, ... der Wein zu Essig geworden war.
5. Die Regierung hatte die BAFöG-Gelder heruntergesetzt, ... Studenten und Schüler protestierten. Sie veranstalteten einen Demonstrationsmarsch, ... sie große Protestschilder vor sich hertrugen.
6. Er bastelte ein Bücherregal, ... er Holz im Wert von 250 Euro kaufte. Es war eine Menge Material, ... aber zum Schluss nichts übrig blieb.
7. Herr Spätle hatte eine Alarmanlage gekauft, ... er sein Haus gegen Einbrecher schützen wollte.
8. Bei den Erdbeben verloren die Menschen fast alles, ... sie besaßen. Sie zogen mit dem, ... sie noch retten konnten, zu Verwandten.
9. Rothenburg ob der Tauber, das war das Schönste, ... ich an alten Städten je gesehen habe!
10. ... wir als Kinder Fußball gespielt haben, da steht jetzt ein Hochhaus.

13 Zum Thema Umweltschutz – Make sentences, using the words in brackets.

Die Autoabgase enthalten Giftstoffe. Das ist schon lange bekannt. (was)
Die Autoabgase enthalten Giftstoffe, was schon lange bekannt ist.

1. Tanker (= Ölschiffe) lassen jährlich mehrere Millionen Liter Ölreste ins Meer ab. Dort bilden sich riesige Ölfelder. (wo)
2. Auch mit den Flüssen wird sehr viel Öl ins Meer transportiert. Darauf machen Umweltschützer immer wieder warnend aufmerksam. (worauf)
3. Die Umweltverschmutzung verursacht immer größere Schäden. Darüber machen sich Fachleute große Sorgen. (worüber)
4. Es müssen strenge Gesetze zum Schutz der Umwelt aufgestellt werden. Darüber müssen die Fachleute aller Länder beraten. (worüber)
5. Das Plankton (= Kleinstlebewesen im Meer) wird mit Krebs erregenden Stoffen angereichert. Dies bedeutet indirekt eine Gefahr für die Ernährung der Menschen. (was)
6. Jährlich verschwindet ein gewisser Prozentsatz Wälder des tropischen Urwaldgürtels. Dadurch wird möglicherweise der Sauerstoffgehalt unserer Luft abnehmen. (wodurch)
7. Immer wieder werden schöne alte Häuser in den Zentren unserer Städte abgerissen. Dagegen protestieren die Bürger der Städte oft heftig. Das hat aber leider nicht immer den gewünschten Erfolg. (wogegen / was)
8. Naturschützer versuchen auch Wale und Robben vor der Ausrottung (= Vernichtung der Art) zu retten. Dabei setzen sie oft ihr Leben aufs Spiel. (wobei)

14 Ein Brief – Make „was"-clauses according to the following examples.

Ich muss dir etwas Wichtiges mitteilen. – Das ist eine schlimme Nachricht für dich.
Was ich dir jetzt mitteilen muss, ist eine schlimme Nachricht für dich.

Vorgestern ist etwas passiert. – Und zwar Folgendes: Unser Vater hat einen Schlaganfall gehabt.
Was vorgestern passiert ist, ist, dass unser Vater einen Schlaganfall gehabt hat.

1. Etwas macht mir Hoffnung. – Und zwar Folgendes: Er steht auf und läuft schon wieder normal.
2. Nach dem Schlaganfall ist leider etwas zurückgeblieben. – Das ist ein leichtes Zittern seiner linken Hand.
3. Sein Arzt hat ihm etwas geraten. – Und zwar Folgendes: Er soll das Rauchen aufgeben.
4. Etwas beunruhigt mich. – Das sind seine kleinen Gedächtnislücken.
5. Während seiner Krankheit muss er etwas vergessen haben. – Und zwar, dass er einige Jahre in Berlin gelebt hat.
6. Mir fiel etwas auf. – Und zwar Folgendes: Er konnte auf alten Fotos seine ehemaligen Nachbarn nicht wiedererkennen.
7. Etwas tröstet mich. – Und zwar, dass er diesen Gedächtnisverlust gar nicht bemerkt.
8. Trotz seiner 89 Jahre hat er etwas behalten. – Das ist seine positive Lebenseinstellung.

Exercises on relative clauses as a whole

15 a Make sentences like the ones below:

Ist das der Herr, ... ? (*Er* wollte mich sprechen.)
Ist das der Herr, der mich sprechen wollte?

1. Du hast gestern *mit ihm* gesprochen.
2. Du hast *ihn* eben gegrüßt.
3. *Seine* Tochter ist eine Freundin von dir.
4. *Er* ist Journalist bei der Norddeutschen Zeitung.
5. *Seine* Bücher habe ich auf deinem Schreibtisch liegen sehen.
6. Du hast mir neulich schon mal *von ihm* erzählt.

b Hier ist die Uhr, ... !

1. Ich habe *sie* so lange gesucht.
2. Du hast *sie* mir geschenkt.
3. Ich bin *damit* versehentlich ins Wasser gegangen.
4. Ich habe das Glas *der Uhr* verloren.
5. Du hast so *davon* geschwärmt.
6. Ich bin *damit* beim Uhrmacher gewesen.

c Das Buch, ... , gehört mir!

1. *Es* hat einen blauen Einband.
2. Du liest *darin*.
3. Du hast *davon* gesprochen.
4. Du hast *es* in deine Mappe gesteckt.
5. Ich habe *es* dir vor einem Jahr geliehen.
6. Du kannst die betreffenden Seiten *daraus* fotokopieren.

d Das Stipendium, ... , ist nicht leicht zu bekommen.

1. Man muss *es* bis Ende dieses Monats beantragen.
2. Man muss bestimmte Voraussetzungen *dafür* mitbringen.
3. Ich habe mich *darum* beworben.
4. *Um seinen* Erwerb bemühen sich viele Studenten.
5. *Es* wird von einer privaten Gesellschaft vergeben.
6. Du hast *davon* gehört.

e Den Test, ... , habe ich sicher ganz gut bestanden.

1. *Dabei* können auch mehrere Lösungen richtig sein.
2. Einige Assistenten haben *ihn* zusammengestellt.
3. *Er* prüft ein sehr weites Wissensgebiet.
4. Ich habe *ihn* gestern machen müssen.
5. Ich war *von seinem* Schwierigkeitsgrad überrascht.
6. *Von seinem* Ergebnis hängt für mich eine ganze Menge ab.

Exercises on compound sentences as a whole

16 Link the sentences which appear before the oblique to make one complete sentence. Use causative, concessive and relative clauses.

Ein alter Mann konnte nicht einschlafen. Sein Haus lag in der Nähe einer Eisenbahnstrecke. Das Geräusch des vorbeifahrenden Zuges klang anders als gewöhnlich. / Er stand auf und zog seinen Wintermantel über seinen Schlafanzug. Er wollte nachsehen. Was hatte dieses seltsame Geräusch hervorgerufen? / Er nahm einen Stock. Sein rechtes Bein war im Krieg verletzt worden und es war Winter. / Der Schnee lag hoch und sein Bein begann schon nach wenigen Schritten zu schmerzen. Er kehrte nicht um, sondern kletterte mit vielen Mühen auf den Eisenbahndamm. / Seine kleine Taschenlampe war gut zu gebrauchen. Er hatte sie vorsichtshalber mitgenommen. Das Licht der Laternen reichte nicht weit. / Nach längerem Suchen fand er endlich die Stelle. Dort war die Schiene gerissen. / Es war spät in der Nacht und der Wind pfiff. Er gab nicht auf und lief den langen Weg bis zur nächsten Bahnstation. Er wollte unbedingt die Menschen retten. Sie saßen ahnungslos im nächsten Schnellzug. Der Schnellzug kam aus München. / Der Bahnhofsvorsteher hielt den alten Mann zunächst für verrückt. Der alte Mann brachte ihm die Nachricht von einer zerrissenen Schiene. Der Beamte kam endlich mit um den Schaden selbst anzusehen. / Der Schnellzug näherte sich mit großer Geschwindigkeit der gefährlichen Stelle. Es gelang dem Beamten im letzten Augenblick dem Zugführer ein Zeichen zu geben. Der Beamte schwenkte eine weithin sichtbare rote Lampe.

17 Do the same here:

Ein junger Mann stand vor Gericht. Er hatte einige Zeit in einer Druckerei gearbeitet. Dort hatte er sich seine Kenntnisse angeeignet. Er hatte falsche Fünfzigeuroscheine hergestellt. / Er war sehr vorsichtig gewesen und hatte nur nachts gearbeitet. Man hatte ihn erwischt. / Der Hausmeister war aufmerksam geworden und hatte ihn bei der Polizei angezeigt. Er hatte ihn einige Male nachts in den Keller schleichen sehen. / Der Richter war dem Angeklagten freundlich gesinnt. Der junge Mann war arbeitslos und hatte sofort alles gestanden. Eine Gefängnisstrafe von zwei bis drei Jahren war ihm sicher. Geldfälschen muss hart bestraft werden. / Zu Beginn der Verhandlung las der Richter die Anklageschrift vor. Darin waren alle Beweisstücke aufgezählt: Der nachgemachte Kellerschlüssel, die Druckplatten und die falschen Fünfzigeuroscheine. / Der Gerichtsdiener war gebeten worden diese Sachen auf den Richtertisch zu legen. Der Gerichtsdiener war ein ordentlicher Mensch. Man musste den Geschworenen* die Sachen einzeln zeigen. Zum großen Erstaunen des Richters fehlte das Falschgeld. / Man konnte das fehlende Beweisstück nicht finden. Es wurde bei der Polizei angerufen. Die Polizei hatte den Fall bearbeitet und das Beweismaterial gesammelt. / Die Antwort war kurz: „Die Fünfzigeuroscheine haben wir Ihnen am 3. dieses Monats durch die Post überweisen lassen."

* der Geschworene = Hilfsrichter, Laienrichter

Solutions to exercise 9:

1. das Ruhrgebiet
2. der Rhein
3. der Teutoburger Wald
4. die Alpen (Pl.)
5. die Wasserkuppe
6. Bonn, Wien
7. die Schweiz
8. der Bodensee
9. die Ostfriesen
10. Dresden
11. die Elbe, die Weser
12. Worms und Speyer
13. Innsbruck
14. der St. Gotthard
15. der Großglockner

Part III

§ 36   Demonstrative Pronouns

Preliminary note

Demonstrative pronouns are more precise in referring to a person or a thing than the definite article. They are more stressed in spoken German than the definite article and occur in place of it.

I   Declension of „dieser, -e, -es"; „jener, -e, -es"; „solcher, -e, -es"

	Singular maskulin	feminin	neutral	Plural m + f + n
Nom.	dieser Mann	diese Frau	dieses Kind	diese Männer/ Frauen /Kinder
Akk.	diesen Mann	diese Frau	dieses Kind	diese Männer / Frauen/Kinder
Dat.	diesem Mann	dieser Frau	diesem Kind	diesen Männern / Frauen /Kindern
Gen.	dieses Mannes	dieser Frau	dieses Kindes	dieser Männer / Frauen /Kinder

1. The demonstrative pronouns mentioned above have the same endings as the definite article.

2. *Dieser, -e, -es* refer to a certain person or thing already mentioned; *jener, -e, -es* denote contrast:
   Ich habe *diesen* Roman noch nicht gelesen.
   Wir haben von *diesem und jenem* Problem gesprochen.
   Diesen Herrn kenne ich nicht, aber *jenem* (Herrn) bin ich schon oft begegnet.

3. *Solcher, -e, -es* are used as intensifiers, premodifying a noun:
   Er hatte *solchen* Hunger, dass ihm fast schlecht wurde.

Notes

1. *Solch* (uninflected) generally precedes the indefinite article, in which case *so* can be used as an alternative. (*So* is frequently used to render *such,* particularly in conversation.)
   solch ein Mann (= so ein Mann)   solch eine Frau (= so eine Frau)

2. If *solch-* occurs after the indefinite article as an attributive adjective, it is declined in the same way as the adjective declension (see § 39, II):
   ein solch*er* Mann   eine solch*e* Frau

II Declension of „derselbe, dieselbe, dasselbe"; „derjenige, diejenige, dasjenige"

	Singular maskulin	feminin	neutral	Plural m + f + n
Nom.	derselbe Mann	dieselbe Frau	dasselbe Kind	dieselben Männer...
Akk.	denselben Mann	dieselbe Frau	dasselbe Kind	dieselben Männer...
Dat.	demselben Mann	derselben Frau	demselben Kind	denselben Männern...
Gen.	desselben Mannes	derselben Frau	desselben Kindes	derselben Männer...

1. The above-mentioned demonstrative pronouns are declined in the same way as the definite article in the first part of the word *(der-, die-, das-)*; the ending is the same as the adjective declension (see § 39, I)

2. *Derselbe, dieselbe, dasselbe* refer to a person or a thing which has already been mentioned:
   Heute hast du schon wieder *dasselbe* Kleid an wie gestern und vorgestern.

3. *Derjenige, diejenige, dasjenige* refer to a person or thing defined in a post-positioned relative clause. The demonstrative pronoun occurs without a noun if information contained in the relative clause makes the overall meaning clear:
   Man hatte *denjenigen* Bewerber ausgewählt, der ausreichend Fremdsprachenkenntnisse besaß. – *Diejenigen, die* zuviel rauchen und trinken, schaden sich selbst.

Note

   Der gleiche, die gleiche, das gleiche (written separately) refer to a person or thing of the same nature as a person or thing already mentioned, the two not being one and the same:
   Meine Freundin hat sich zufällig *das gleiche* Kleid gekauft wie ich.

III Declension of „der, die, das" (as demonstrative pronouns)

	Singular maskulin	feminin	neutral	Plural m + f + n
Nom.	der	die	das	die
Akk.	den	die	das	die
Dat.	dem	der	dem	denen
Gen.	dessen	deren	dessen	deren (derer)

1. The demonstrative pronouns *der, die, das* occur in the nominative, dative and accusative case as an independent subject or object. They refer to a preceding item or to a post-positioned relative clause:
   Sind Ihre Fenster bei der Explosion kaputtgegangen?
   Ja, *die* müssen erneuert werden.

Haben Ihre Nachbarn wieder so viel Krach gemacht?
Ja, *denen* werde ich bald mal meine Meinung sagen.
Den, der mich gerade so beschimpft hat, kenne ich gar nicht.
Mit *denen,* die Physik studieren wollen, muss ich noch sprechen.

2. The demonstrative pronouns *der, die, das* have the same form as the relative pronouns, they should not be confused with them, however:
Kennst du den Film? – Nein, *den kenne* ich nicht.
Über einen Film, *den* ich nicht *kenne,* kann ich nichts sagen.

3. *Der, die, das* occur if it is not necessary to repeat a noun. This is the case when, in the clause that follows, only the attributive item changes:
Die Sprechweise des jungen Schauspielers ähnelt *der* seines Lehrers.
Die Treppe in eurem Haus erinnert mich an *die* in Goethes Geburtshaus.

4. a) *Das,* emphasized by using *alles* or *all,* can refer to the whole of the preceding clause:
Habt ihr von seinem Erfolg gehört? – Ja, *das* hat uns sehr erstaunt.
Er hat zwei Stunden lang geredet, aber *all das* wissen wir doch längst.
Sieh dir das dicke Buch an. Als Pharmaziestudent muss ich *das alles* (oder: *alles das*) auswendig lernen.

   b) In sentences with *sein* and *werden* the demonstrative pronoun *das* occurs even if it refers to a masculine or feminine noun or to a plural noun, as *das* refers to the preceding statement. (The noun following *sein* and *werden* is called predicate nominative. If this noun occurs in the plural, the conjugated verb also occurs in the plural.) (see § 14, VII, Note.)
Da geht eine Dame in einem blauen Pelzmantel. *Das* ist meine Chefin.
Öffentliche Telefonzellen werden häufig demoliert. *Das* ist eine Schande.
Hier darf man nicht nach links abbiegen, dort nicht nach rechts.
Das sind unnötige Vorschriften.
Es regnet schon seit drei Wochen. *Das* wird ein nasser Urlaub.

   c) Differentiate between *das* and *es:*
das bezieht sich auf einen vorherigen Zusammenhang; *es* bezieht sich auf eine nachfolgende Erklärung oder Aussage.
Kannst du diese acht Kisten allein in den 5. Stock hochtragen? – Nein, *das* ist unmöglich.
Es ist unmöglich, dass ich diese acht Kisten allein in den 5. Stock hochtrage.

5. a) The demonstrative pronouns in the genitive case, *dessen* and *deren,* are seldom used; they can usually be replaced by possessive pronouns:
Hast du mit dem Professor selbst gesprochen? –
Nein, nur mit *dessen (seinem)* Assistenten.
Kommen Herr und Frau Sommer heute Abend auch? –
Ja, und *deren (ihre)* älteste Tochter.

   b) The demonstrative pronouns *dessen* and *deren* must be used when use of the same possessive pronoun would lead to confusion and unclear reference.
Heute besuchte uns der Direktor mit seinem Sohn und *dessen* Freund.
(= der Freund des Sohnes; „... und *seinem* Freund" könnte heißen: der Freund des Direktors)

c) The special form in the genitive plural – *derer* – refers to a post-positioned relative clause. *Derer* is the same as the demonstrative pronoun *derjenigen* (= genitive plural):
Die Kenntnisse *derer (derjenigen)*, die Physik studieren wollen, sind ausreichend.

Notes

1. *Selbst* refers to a preceding item and confirms identity. *Selbst* is not declined.

2. *Selbst* (or in colloquial German *selber*) occurs
   a) directly after the word it refers to for stronger emphasis:
   Ich selbst habe keine weiteren Fragen.
   Die Sache selbst interessiert mich.
   In der Stadt selbst hat sich wenig verändert.

   b) in free position:
   Die Arbeiter können *selbst* entscheiden.
   Er kam dann endlich *selbst* um nachzusehen.

3. If *selbst* occurs before an item it means „sogar" (see § 51):
   Selbst der Dümmste muss das doch einsehen.
   Er war *selbst* dann vergnügt, wenn es ihm schlecht ging.
   Sie hat immer gearbeitet, *selbst* wenn sie sich krank fühlte.

1 Name the feminine and the plural forms of the nouns below.

dieser Student: *diese Studentin, diese Studenten, diese Studentinnen*

1. derjenige Schüler
2. mit diesem Schweizer
3. von jenem Österreicher
4. wegen jenes Zollbeamten

5. durch denjenigen Polen
6. ein solcher Student
7. trotz dieses Richters
8. solch ein Schauspieler
   (Pl.: solche Schauspieler)

2a Im Warenhaus

Kühlschrank (m) / klein
Was halten Sie von diesem Kühlschrank hier?
Also diesen Kühlschrank nehme ich nicht, der ist mir zu klein.

1. Waschmaschine (f) / teuer
2. Küchenmöbel (Pl.) / bunt
3. Nähmaschine (f) / unpraktisch

4. Elektroherd (m) / unmodern
5. Dampfbügeleisen (n) / kompliziert
6. Spülbecken (Pl.) / empfindlich

b Schrank (m) / neben / Bett (n) / Bruder
Wie gefällt Ihnen der Schrank neben diesem Bett?
Der gefällt mir recht gut; denselben hat mein Bruder.

1. Einrichtung (f) / in / Küche (f) / Schwester
2. Sessel (m) / an / Kamin (m) / Eltern

3. Bücherregal (n) / in / Flur (m) / Freundin
4. Stehlampe (f) / neben / Sitzecke (f) / Freund
5. Stuhl (m) / vor / Schreibtisch (m) / Nachbar
6. Rauchtischchen (n) / in / Ecke (f) / Untermieter

c
Fernseher (m) / sehr zuverlässig
Welchen Fernseher können Sie mir empfehlen?
Ich empfehle Ihnen diesen Fernseher, der ist sehr zuverlässig.

1. Kofferradio (n) / angenehm leicht
2. Cassettenrecorder (m) / sehr gut
3. Lautsprecher (Pl.) / sehr preiswert
4. Videorecorder (m) / wirklich sehr zuverlässig
5. Taschenrechner (m) / unglaublich preiswert
6. Schreibmaschine (f) / zur Zeit im Sonderangebot

3 Fill in the gaps – but only where necessary.

1. Kauf dir doch auch solch_ ein_ Schal (m)! Dann haben wir beide d_ gleich_ Schals.
2. Bist du auch mit dies_ Zug (m) gekommen? Dann haben wir ja in d_selb_ Zug gesessen!
3. Was machst du eigentlich zur Zeit? – D_ möchtest du wohl gern wissen? Ich treibe mal dies_, mal jen_, mal lebe ich in dies_ Stadt, mal in jen_.
4. Sie sprachen von dies_ und jen_, aber d_ hat mich alles nicht interessiert.
5. Wird Ladendiebstahl schwer bestraft? – D_ weiß ich nicht; frag doch mal Gisela, d_ Mutter (Giselas Mutter!) ist doch Rechtsanwältin, d_ muss es wissen.
6. Niemand kennt die Namen d_ (Gen.), die hier begraben liegen.
7. Die Angst d_jenig_ (Gen.), die auf dem brennenden Schiff waren, war unbeschreiblich.
8. Von dies_ Bekannten habe ich noch d_ 100 Mark zurückzubekommen, die ich ihm Ostern geliehen habe.
9. Ich spreche von d_jenig_, die immer das letzte Wort haben. Dies_ Leute sind mir nicht sympathisch.
10. D_jenig_, der meine Brieftasche findet, wird gebeten, dies_ gegen Belohnung bei mir abzugeben.
11. Wir sind beide in d_selb_ Ort (m) geboren und auf d_selb_ Schule gegangen.
12. Solch_ ein_ Teppich (m) möchte ich haben! Ein_ solch_ Stück (n) besitzt meine Schwiegermutter; d_ ist ganz stolz darauf.
13. Ich wundere mich, dass er von solch_ ein_ Hungerlohn (m) leben kann und dass er dann ein_ solch_ Wagen fährt.
14. Dies_ Zug fährt abends wieder zurück; wir treffen uns dann wieder in d_selb_ Abteil (n).
15. Es herrscht wieder dies_ Novemberstimmung (f); d_ macht mich ganz krank. An ein_ solch_ Tag möchte ich am liebsten im Bett liegen bleiben.

4   Complete the following sentences using „das" or „es".

1. Ein betrunkener Autofahrer ist direkt auf mich zugefahren. … ist der
   Grund, weswegen ich jetzt im
   Krankenhaus liege.
2. Wenn Kinder krank sind, soll man
   ihnen spannende Geschichten erzählen, … hilft oft mehr als die beste Medizin.
3. Natürlich war … traurig, dass der
   begabte Künstler nie Erfolg gehabt
   hatte.
4. Ich war gestern im Moskauer
   Staatszirkus. … war erstaunlich zu
   sehen, wie exakt die Artisten arbeiten.
5. Glaubt ihr, dass ihr in München so
   einfach eine Wohnung bekommen
   könnt? … müsste schon ein
   Glücksfall sein.
6. Du musst endlich deine Steuererklärung machen. … ist unverantwortlich, dass du die Sache noch
   weiter hinausschiebst.
7. Dass ein 18-jähriger Schüler den
   Nobelpreis bekommen hat, kann
   ich nicht glauben. … ist doch unmöglich.
8. Ich habe viermal angerufen, aber
   die alte Dame hat sich nicht gemeldet. … hat mich misstrauisch gemacht und ich bin zur Polizei gegangen.
9. Bitte schreib mir öfters. … macht
   mich froh, wenn ich von dir höre.
10. Aber ein Glas Rotwein wirst du
    doch trinken dürfen. … macht
    doch nichts. Du fährst doch erst in
    zwei Stunden nach Hause.
11. Er war bereits morgens betrunken,
    wenn er zur Arbeit kam. Deshalb
    war … nicht verwunderlich, dass er
    entlassen wurde.

§ 37   Indefinite Pronouns

Preliminary note

Indefinite pronouns indicate that persons or things are not defined, and that they have
not already been referred to. They are written in lower case.

I   Indefinite pronouns used on their own as subjects or as objects

Nom.	man	jemand	einer, -e, -(e)s	irgendwer	etwas / nichts
Akk.	einen	jemand(en)	einen, -e, -(e)s	irgendwen	etwas / nichts
Dat.	einem	jemand(em)	einem, -er, -em	irgendwem	–
Gen.	–	jemandes	–	–	–

1. *Man* is used when referring to a group of persons in general. The English equivalent
    is *one, you, they, people* etc. *Man* always occurs in the singular.
    In der Tagesschau kann *man* sich über die Ereignisse des Tages informieren.
    Die Tagesschau gibt *einem* nicht genügend Informationen.
    Das Fernsehprogramm kann *einen* schon manchmal ärgern!

2. *Jemand* or *niemand* refer to one or more persons in the general sense both in
    positive and in negative sentences. Both pronouns occur only in the singular. The
    endings can be omitted in the dative and in the accusative case:
    Zum Glück hat mir *jemand* beim Einsteigen geholfen.
    Ich wollte, ich wäre auf *niemandes* Hilfe angewiesen.
    Während der Fahrt habe ich mit *niemand(em)* gesprochen.
    Beim Aussteigen habe ich *jemand(en)* um Hilfe gebeten.

3. *Einer, eine* or *eines* refer to a particular person or thing within a group. The plural
    form is *welche; keiner, keine* or *keines* (plural *keine*) are used in negative sentences:
    Zehn Leute haben am Seminar teilgenommen, *einer* hat Protokoll geführt.
    Hier soll es günstige Anzüge geben, aber ich habe noch *keinen* gesehen. Hast du
    welche entdeckt?

    Einander occurs in the dative and in the accusative case:
    Zu Neujahr wünscht man *einander* viel Glück. (= einer *dem* anderen)
    Sie kannten *einander* gut. (= einer *den* anderen)

    Einander can be used with a preposition; the two items are written as one word:
    Wir haben *beieinander* gesessen, *miteinander* gesprochen und *voneinander* gelernt.

4. *Irgendwer* and *irgend jemand* refer to one or more undefined persons:
    Hast du noch *irgendwen* in der Firma erreichen können?
    Das hat *irgendjemand* erzählt, ich weiß nicht mehr, wer.

5. *Etwas* and *nichts* are used for things, and in general to refer to something or any-
    thing:
    Ich habe dich *etwas* gefragt!
    Er hat bei dem Geschäft *nichts* verdient.

1   Complete the following sentences using either „jemand" or „niemand". Use the
    declinable form.

    1. Er war enttäuscht, denn seine Arbeit wurde von ... anerkannt.
    2. Ich kenne ..., der die Reparatur ausführen kann; aber er ist ziemlich teuer!
    3. Wenn du ...(Gen.) Rat annehmen willst, ist dir nicht zu helfen.
    4. Er langweilte sich auf der Party, denn er kannte ...
    5. Wenn ich ... wirklich gern helfen würde, dann bist du es.
    6. Ich musste alles allein machen; ... hat mir geholfen.
    7. Alte Leute sind oft allein stehend und haben ..., der sich um sie kümmert.

2 Practise using „ein-" or „kein-".

Hat jemand ein Taschenmesser?

Ja, ich habe eins.
Nein, ich habe keins.

1. Möchte jemand ein Butterbrot?
2. Möchte jemand einen Aperitif?
3. Hat jemand ein Lexikon?
4. Hat jemand vielleicht ein Fünf-markstück?

5. Backt jemand wieder einen Kuchen?
6. Braucht jemand einen Kalender?
7. Hat jemand einen Fahrplan?

II Indefinite pronouns with or without a noun

Declension of „jeder, -e, -es", plural: „alle"; „sämtliche" – „mancher, -e, -es", plural: „manche"

	Singular maskulin	feminin	neutral	Plural m + f + n
Nom.	jeder Mann	jede Frau	jedes Kind	alle Männer...
Akk.	jeden Mann	jede Frau	jedes Kind	alle Männer...
Dat.	jedem Mann	jeder Frau	jedem Kind	allen Männern...
Gen.	jedes Mannes	jeder Frau	jedes Kindes	aller Männer ...

The above-mentioned indefinite pronouns have the same endings as the indefinite article and can be used in place of it.

1. *Jeder, -e, -es* are only used in the singular; *alle* is used in the plural, or for stronger emphasis *sämtliche.*
   Zu dem Gartenfest soll *jeder Hausbewohner* etwas mitbringen.
   Jeder muss helfen.
   Alle Hausbewohner feierten bis zum späten Abend. *Alle* waren sehr vergnügt.
   Ich habe bei dieser Gelegenheit *sämtliche Hausbewohner* kennen gelernt.

2. *Mancher, -e, -es,* plural *manche* refer to one ore more undefined persons or things:
   Die Sozialhelferin hat schon *manchem einsamen Menschen* geholfen.
   Manche (Menschen) wollen sich nicht helfen lassen.
   Wir haben schon so *manches* erlebt.

3. a) The neuter pronoun *alles* (nom. acc.), *allem* (dat.) is used when the context is quite clear:
   Jetzt war *alles* wieder genauso wie vorher.
   Man kann mit *allem* fertig werden, wenn man Mut hat.

b) The singular form *all-* precedes a nominalized adjective (upper case!) and nouns with zero article (see § 39 Note). It is declined in the same way as the definite article:

Ich wünsche Ihnen *alles Gute*. (Akk. Sg. n)
Zu *allem Unglück* ist er auch noch krank geworden. (Dat. Sg. n)
Sie trennten sich in *aller Freundschaft*. (Dat. Sg. f)
Sie hat sich *alle Mühe* gegeben. (Akk. Sg. f)

c) The shortened plural form *all* precedes the definite article, a demonstrative pronoun or a possessive pronoun:

Die Kinder freuten sich über *all die vielen Geschenke*.
Wer kann sich schon *all diese Sachen* leisten?
Er hat *all seine Kinder und Enkelkinder* um sich versammelt.

3 Complete with „jed-" or „all-" using the correct ending.

… Gäste waren pünktlich eingetroffen. Fast … Gast hatte einen Blumenstrauß mitgebracht. … einzelne wurde gebeten sich in das Gästebuch einzutragen, aber nicht … taten es. Das Büfett war schon vorbereitet und … nahm sich, was er wollte. … mussten sich selbst bedienen, aber bei … den guten Sachen wusste mancher nicht, was er zuerst nehmen sollte. Natürlich gab es für … Geschmack etwas zu trinken: Sekt, Wein, Bier, aber auch verschiedene Säfte, denn nicht … mochte oder durfte Alkohol trinken. Die Hausfrau hatte sich wirklich … Mühe gegeben. … schmeckte es offenbar großartig, denn nach zwei Stunden war so gut wie … aufgegessen.

5

10

15

Declension of „andere", „einige", „einzelne", „mehrere", „viele", „wenige"

	Plural
Nom.	viel**e** Leute
Akk.	viel**e** Leute
Dat.	viel**en** Leuten
Gen.	viel**er** Leute

1. The above-mentioned indefinite pronouns have the same form as the zero article adjective in the plural (see § 39, II). They are generally used in the plural:

Es gibt *viele Probleme* in der Landwirtschaft.
Vor *einigen chemischen Substanzen* muss gewarnt werden.
Andere Mittel können ohne Schaden für die menschliche Gesundheit verwendet werden.
Nach dem Streit verließen *einige* den Raum, *andere* diskutierten weiter.
Einzelne teilten die Ansicht des Redners, *mehrere* waren dagegen.
Das Urteil *einiger* wiegt oft schwerer als die Einwände *vieler*.

2. a) *ander-, einzeln-* and *folgend-* can also be used as an adjective in the singular.
Ich habe einen *anderen* Film gesehen.
Er erzählte den *folgenden* Witz
Wir müssen jeden *einzelnen* Fall diskutieren.

b) The following neuter forms – singular *anderes* (nom. acc.), *anderem* (dat.), *einiges, einigem, vieles, vielem, weniges, wenigem* – are used if the context is clear:
Vieles war noch zu besprechen.
Sie war nur mit *wenigem* einverstanden.

3. The uninflected forms *mehr, viel* and *wenig* occur with nouns with zero article in the singular (see § 3, III and § 39, IV):
Er hatte nur sehr *wenig Geld*.
Kinder sollten *mehr Obst* essen.

4. The uninflected form *mehr* also occurs before nouns in the plural, usually in comparative sentences (see § 31, II and § 40, III):
Es werden *mehr Ärzte* ausgebildet, als gebraucht werden.

Notes

1. The form *anders* (Adverb) answers the question *wie?*:
Sie kleidet sich jetzt *anders* als früher.

2. Note the difference between *anders* and *anderes*:
Was meinst du eigentlich? Neulich hast du die Sache *anders* erklärt. (= Wie?)
Tatsächlich ist aber etwas *anderes* geschehen. (= Was?)

4 Put in the pronouns in brackets with the right endings.

1. a) Er hatte sich mit … … zusammengetan und Lotto gespielt. (einige andere) b) Die Gruppe hat gewonnen; was machen sie jetzt mit dem … Geld? (viel)
2. a) Er hat eine Briefmarkensammlung mit sehr … Marken. (viel) b) … Stücke sind … als 500 Euro wert. (einige / mehr)
3. a) Sie hat … exotische Pflanzen in ihren Garten eingepflanzt. (viel) b) Mit … hat sie Glück gehabt, sie sind gut angewachsen; mit … … hat sie weniger Glück, sie wollen nicht recht wachsen. (einige / einige andere)
4. a) Die Zollbeamten untersuchten jeden … Koffer der Schauspielerin. (einzeln) b) Bei … Leuten waren sie wieder nicht so genau. (andere)
5. a) Die Einwohnerzahlen … Bundesländer in Deutschland sind in letzter Zeit gestiegen. (viel) b) Die Einwohnerzahlen … … Länder sind jedoch gefallen. (einige wenige)

§ 38   Numerals

I   Cardinals

1. The indefinite article *ein, -e, ein* can be used as a numeral, in which case it is stressed in spoken German:
   Hinter dem Sportplatz steht nur noch *ein* Haus.
   Ich habe *einen* Zentner Kartoffeln gekauft, nicht zwei.

2. When used as a cardinal, *eins* has the same ending as the definite article:
   Nur *einer* von zehn Schülern war anwesend.
   Mit nur *einem* allein kann man keinen Unterricht machen.

3. If the numeral *eins* is used with the definite article, it has the same ending as the adjective after the definite article:
   Nach dem Streit sprach *der eine* nicht mehr mit *dem anderen.*
   Im Gegensatz zu *dem einen* wird oft *der andere* genannt. (lower case!)

4. a) The cardinal numbers *zwei* and *drei* are only inflected in the genitive and dative case:
   Wir begrüßen die Anwesenheit *zweier / dreier* Präsidenten.
   Sie hatte viele Enkel: mit *zweien / dreien* hatte sie ständig Kontakt.

   b) All the other cardinal numbers up to 999 999 are uninflected.

5. When cardinal numbers function as nouns they are written in upper case:
   Eine Null hinter einer Ziffer bedeutet einen Zehnerabstand.
   Der Schüler bekam *eine Eins* für seine Arbeit.
   Die Zehn hält da hinten. (Straßenbahn)

6. The following are also written in upper case: *eine Million, zwei Millionen;*
   eine Milliarde, -n; eine Billion, -en:
   Bei dem Geschäft hat er *eine Million* verdient.

Notes

1. *Beide* and *beides* mean the same as *two,* but they refer back to persons or things already mentioned *(beide)* or context items *(beides).* They are declined in the same way as the definite article:
   Ich habe mit dem Personalchef und dem Abteilungsleiter gesprochen; *beide* haben mir die Stellung zugesagt.
   Die Politik unserer Partei war schwankend, das Wahlergebnis war schlecht; *beides* enttäuschte mich sehr.

2. *Ein Paar* (capital 'P') means *two* persons or things which belong together:
   Die beiden heiraten heute; sie sind *ein hübsches Paar.*

   Ein paar (small 'p') means a *few* people or things:
   Ich habe für den Balkon *ein paar* Blumen gekauft.

3. *Zwölf* means the same as *ein Dutzend* (a dozen):
   Ein Dutzend Eier sind zwölf Eier.

4. *Hunderte, Tausende* etc. (= hundreds or thousands) are used and declined as a subject or object:
   Seit dem Erdbeben leben noch *Hunderte* in Baracken.
   Zum Oktoberfest kommen *Tausende* nach München.
   Bei der nächsten Demonstration rechnet die Polizei mit *Zehntausenden*.

5. Numerals with the fixed ending *-er* are declinable:
   Für den Automaten fehlt mir *ein Zehner*. (= 10 Cent oder 10 Euro)
   Man spricht oft von dem raschen Wirtschaftswachstum *in den Fünfzigern*.
   (= in the fifties) in den fünfziger / 50er Jahren / Fünfzigerjahren)
   Bewundernswert war die sportliche Leistung eines *Achtzigers*. (= a man between 80 and 90)

6. The number of people can also be given using the construction *zu -t*:
   Gestern waren wir *zu viert* im Kino.
   Meiers fahren dieses Jahr nicht mit der ganzen Familie, sondern nur *zu zweit* in Urlaub.

Examples for the use of cardinals in spoken German

1. Clock-time
   Note that there are at least three ways of expressing clock-time in German. The twenty-four hour system is commonly used in spoken German as well as in written German. It is important for English speakers to take special care when expressing clock-time in conjunction with half-past. *Half-past twelve* is *halb eins* in German for example. The English perceive half-past ... as being half an hour past the previous hour, whilst Germans see half hourly time as half an hour before the approaching hour. You can avoid making mistakes if you say the hour followed by the minutes:
   e. g. instead of saying *halb eins* etc. you can say *12 Uhr dreißig, 1 Uhr dreißig* etc.

9.00	spoken:	neun Uhr
8.45		acht Uhr fünfundvierzig
		oder: Viertel vor neun
13.30		dreizehn Uhr dreißig
		oder: halb zwei (= nachmittags)
14.50		vierzehn Uhr fünfzig
		oder: zehn (Minuten) vor drei (= nachmittags)

2. Currencies
   der Euro (€)
   der Cent, -s
   17,11 € = siebzehn Euro elf
   der Schweizer Franken, – (SF) der Rappen, –
   6,10 SF = sechs Franken zehn

   more examples:

200,— €	spoken:	zweihundert Euro
2,98 €		zwei Euro achtundneunzig
—,55 €		fünfundfünfzig Cent(s)

3. Temperatures

14°C	spoken:	vierzehn Grad Celsius
0°		null Grad
2°–		zwei Grad minus
2°+		zwei Grad plus
29,9°C		neunundzwanzig Komma neun Grad Celsius

4. Calculations

2 + 2 = 4	spoken:	zwei plus / und zwei ist / gleich vier
3 – 2 = 1		drei minus / weniger zwei ist / gleich eins
3 x 3 = 9		drei mal drei ist / gleich neun
21 : 7 = 3		einundzwanzig dividiert / geteilt durch sieben ist / gleich drei

5. Dates

im Jahr(e) 33 v. Chr.	spoken:	dreiunddreißig vor Christus
im Jahr 1024 n. Chr.		(ein)tausendvierundzwanzig nach Christus
1492		vierzehnhundertzweiundneunzig
1800		achtzehnhundert
1984		neunzehnhundertvierundachtzig
2000		zweitausend

Note

In German dates can either be used on their own or preceded by *im Jahr(e)*. The ending -*e* is an old dative ending which can also be omitted.

II Ordinals

1. The ordinals can be written either in numerals plus a full stop (der 2.) or in letters *(der zweite)*. They are always spoken with the appropriate adjective ending.

2. The form for a question regarding an ordinal item is *der, die, das wievielte?*

3. The ordinals are formed by adding -*te* to the cardinals 2 to 19 (also 102 to 119 and 1002 to 1019 etc.); and from 20 upwards with -*ste*. *Der, die, das erste, der, die, das dritte* and *der, die, das achte* are deviations:

der, die, das	*erste*	der, die, das	zwanzigste
	zweite		einundzwanzigste
	dritte		…
	vierte		hundertste
	…		hundert*erste*
	siebente (oder: siebte)		hundert*zweite*
	achte (nur ein *t*)		…
	…		hundertdreißigste
	neunzehnte		tausendste
			tausend*erste*
			…
			tausenddreißigste

4. Ordinals are inflected and declined like adjectives (see § 39).

   a) In conjunction with a noun:
      Ich habe heute *mein zweites Examen* bestanden.
      Sie arbeitet mit *ihrem dritten Chef* genauso gut zusammen wie mit
      ihrem ersten und *zweiten* (Chef).

   b) Without the article and noun:
      Beim Pferderennen wurde er *Erster.*
      Sein Konkurrent kam erst als *Dritter* durchs Ziel.

   c) Dates:
      Der 2. Mai (= der zweite Mai) ist kein Feiertag.
      Er kommt *am Freitag, dem 13.* (= dem Dreizehnten)
      Wir haben heute *den 7. Juli* (= den siebten Juli)
      Letter heading: Frankfurt am Main, den 20.8.1984 (= den Zwanzigsten Achten...)
      Heute habe ich Ihren Brief vom 28.8. (= vom Achtundzwanzigsten Achten)
      dankend erhalten.

   d) Roman ordinals:
      Karl I. (= Karl der Erste) wurde im Jahr 800 zum Kaiser gekrönt.
      Unter Kaiser *Karl V.* (= Karl dem Fünften) waren Deutschland und
      Spanien vereint.

5. Ordinal numbers without an ending after *zu,* used to indicate a number of people
   (cf. I, 6.):
   Zu meinem Geburtstag waren wir nur *zu dritt.*
   Er brachte seine gesamte Familie mit; sie waren *zu sechst.*

6. Ordinals with no ending with a superlative:
   Der *zweitschnellste* Läufer kam aus Argentinien.
   Die besten Skiläufer kamen aus Österreich, die *drittbesten* aus Schweden.

Notes

1. *Der erste* occurs at the beginning of a series, *der letzte* at the end:
   Die ersten Besucher bekamen gute Plätze, *die letzten* mussten stehen.

2. If two persons or things of the same gender are referred to in a preceding sentence,
   it helps to make the context clearer if *der erstere* and *der letztere* are used (also in the
   plural):
   Der Geselle und der Meister stritten sich. *Der erstere* fühlte sich unterdrückt,
   der letztere (fühlte sich) ausgenutzt.

III More numerals

1. **Fractions** refer to a part of the whole:

   a) The half of a whole is *ein halb:*
      $\frac{1}{2} \cdot \frac{1}{2} = \frac{1}{4}$ (ein halb mal ein halb ist ein viertel)
      As an adjective: Ein *halbes* Kilo Kirschen, bitte.
      Numeral + fraction: Wir müssen noch ca. *viereinhalb* Kilometer laufen.

Er war *anderthalb* Jahre in Persien.
(= *ein und ein halbes Jahr*)

b) All other fractions are formed by replacing the final -*te* of the ordinals by -*tel*.
They are not declined.

As nouns:	Ich gebe *ein Drittel* meines Gehalts für Miete aus.
	Ein Fünftel der Einwohner sind Bauern.
Fraction + noun:	Sie bearbeitet ein Maschinenteil in einer *achtel* Minute.
	Die letzte *viertel* Stunde (oder: Viertelstunde) war quälend.
Number + fraction:	Er lernte die Sprache in einem *dreiviertel* Jahr.
	Er siegte mit einem Vorsprung von *fünf achtel* Sekunden.

2. **Sequence numbers** indicate the order of a particular list. They are formed from the ordinals and -*ens*. They are not declined.

Sequence in numbers:	Bei uns herrscht Chaos:
	1. Die Waschmaschine ist ausgelaufen.
	2. Ich habe meinen Autoschlüssel verloren.
	3. Morgen kommt Tante Emma!
In a text referring to a list of things:	Bei uns herrscht Chaos. Erstens ist die Waschmaschine ausgelaufen, zweitens habe ich meine Autoschlüssel verloren und zu allem Unglück kommt drittens morgen Tante Emma!

Word order: As numbers 1., 2., 3. etc. are usually placed in front of a sentence.
As words *erstens, zweitens …* are used as parts of the sentence. They are usually in position I.

3. **Frequency expressions** answer the question *wie oft? wievielmal?* As adverbs they are formed by adding -*mal*. They are not declined. As adjectives they are formed by adding -*malig* and the appropriate adjective ending:

As adverbs:	Ich bin ihm nur *einmal* begegnet.
	Wir haben bei euch schon *fünfmal* angerufen.
As adjectives:	Das war eine *einmalige* Gelegenheit.
	Nach *viermaliger* Behandlung war der Patient geheilt.

Notes

a) After *einmal* it is usual to count on with an ordinal and -*mal* or *Mal*:
Wir klingelten einmal, dann zum zweiten Mal, aber erst beim dritten Mal machte jemand die Tür auf.

b) Indefinite repetitive numbers are *vielmals, mehrmals, oftmals:*
Ich bitte *vielmals* um Entschuldigung.
Im Kaufhof ist schon *mehrmals* eingebrochen worden.

I General rules

	Adjektivattribut	Adverb
Komparativ	das *kalte* Wetter im Oktober	Im Oktober ist es oft schon *kalt.*
	das *kältere* Wetter im November	Im November ist es meistens *kälter.*
Superlativ	der *kälteste* Januar seit zehn Jahren	Im Durchschnitt ist es im Januar *am kältesten.*

1. The *comparative* is used for comparing and contrasting. *Als* always occurs after the comparative (never *wie!*). The comparative is formed by adding *-er* to the stem.

   a) The attributive comparative has *-er* and the adjective ending:
      der *stärkere* Wind; ein *leichteres* Gewitter

   b) The adverbial comparative only has *-er:*
      In Hamburg regnete es *stärker* als in Hannover.

2. The *superlative* is the highest form of comparison and is therefore always used with the definite article. The superlative is formed with *-st-*.

   a) The attributive superlative has *-st-* and the adjective ending:
      der *längste* Tag des Jahres

   b) The adverbial superlative is always formed with *am … -sten:*
      Am 22. Juli war die Sicht auf die Alpen *am klarsten.*

II The use of the superlative

1. The superlative is the highest form of comparison:
   Der Äquator ist der *längste* Breitengrad.

2. It is often necessary to qualify the statement by naming a geographical area or a period of time or by using other additional items:
   Der Mount Everest ist der *höchste* Berg *der Erde.*
   Das war der *wärmste* Maitag *seit zehn Jahren.*
   Wir wohnen in der *hässlichsten* Stadt, *die ich kenne.*

3. The superlative can be qualified by pointing out the group of people or things in question (see § 37, I, 3). The genitive plural always follows *einer, eine, eines* (or in rarer cases *von* + dative):
   Der Rhein ist *einer der verkehrsreichsten Ströme* (m).
   Die Heuschrecke ist *eines der schädlichsten Insekten* (n).
   Die Königin lebt in *einem der schönsten Schlösser* (n) von England.
   Zum Glück ist meine Wohnung *eine der billigsten* (Wohnungen) in Frankfurt.

III Special forms

1. Some monosyllabic adjectives and adverbs form the comparative and superlative with an „Umlaut":
   arm, *ärmer, am ärmsten*
   The following words are formed in this way: alt, dumm, grob, hart, jung, kalt, klug, kurz, lang, scharf, stark, schwach, warm; *also:* gesund.

2. a) Adjectives and adverbs with irregular comparative forms:

hoch	*attributiv*	das ho**ch**e Haus	das hö**h**ere Haus	das hö**ch**ste Haus
	adverbial	es ist ho**ch**	es ist hö**h**er	es ist am hö**ch**sten
nah	*attributiv*	das na**h**e Ziel	das nä**h**ere Ziel	das nä**ch**ste Ziel
	adverbial	es ist na**h**	es ist nä**h**er	es ist am nä**ch**sten
gut	*attributiv*	die gute Art	die ***bessere*** Art	die ***beste*** Art
	adverbial	es ist gut	es ist ***besser***	es ist am ***besten***
viel	*attributiv*	viele Angebote	***mehr*** (undekli- nierbar) Angebote	die ***meisten*** Ange- bote
	adverbial	es gibt viel	es gibt ***mehr***	es gibt am ***meisten***
gern	*adverbial*	das tue ich gern	das tue ich ***lieber***	das tue ich am ***liebsten***

Note

1. *mehr* (not declinable) indicates an unspecific amount. It is used in front of zero-article nouns in the singular and plural. (See § 37, II, 4 and § 39, III, 3)

2. *mehrere* (declinable) indicates an unspecific number (= some, more than two):
   Ich musste mehrere Stunden beim Zahnarzt warten.

b) Irregular adverbs ending in *-stens,* which deviate in meaning:

höchstens	Kleine Kinder sollten *höchstens* drei Wochen von ihren Eltern getrennt sein.
nächstens	Wir werden Sie *nächstens* genauer informieren.
bestens	Er war *bestens* auf sein Examen vorbereitet.
meistens	Für seine Verspätung hatte er *meistens* eine Ausrede.
wenigstens	Schick ihm *wenigstens* fünfzig Euro.
mindestens	Das Schwein wiegt *mindestens* vier Zentner.
zumind*est*	Du hättest *zumindest* anrufen können.

3. a) Adjectives and adverbs ending in -d, -t, -tz, -z, -sch, -ss and -ß form the super-lative inserting an -e:

wild	wilder	am wild**e**sten
breit	breiter	am breit**e**sten
stolz	stolzer	am stolz**e**sten
spitz	spitzer	am spitz**e**sten
heiß	heißer	am heiß**e**sten
krass	krasser	am krass**e**sten
hübsch	hübscher	am hübsch**e**sten

b) The same rule applies to adjectives and adverbs derived from a past participle of a weak verb:

vertraut	vertrauter	am vertrautesten
beliebt	beliebter	am beliebtesten

Irregular forms without the intrusive -e:

a) groß, größer, am größten

b) ending in -isch: am neid*isch*sten, am heim*isch*sten

c) derived from a present participle:
bedeutend, bedeutender, am bedeuten*ds*ten
zutreffend, zutreffender, am zutreffen*ds*ten

d) derived from a past participle of a weak verb and which end in -ert, -elt or -tet:
begeistert, begeisterter, am begeister*ts*ten
bekümmert, bekümmerter, am bekümmer*ts*ten
verzweifelt, verzweifelter, am verzweifel*ts*ten
gefürchtet, gefürchteter, am gefürchte*ts*ten

4. Adjectives and adverbs ending in -el or -er have irregular forms:

dunk*el*	der dunk*le* Keller	es wird dunk*ler*	es ist am dunk*elsten*
ed*el*	der ed*le* Wein	er ist ed*ler*	er ist am ed*elsten*
teu*er*	der teu*re* Mantel	er ist teu*rer*	er ist am teu*ersten*

1a Practise the comparative.

Sprich bitte laut!
Gut, ich werde jetzt lauter sprechen als bisher.

Instead of using „gut", willingness can be expressed by using „(ja) gern". Impatience is implied if you say: *Also schön, ich werde ...,* especially when the emphasis is on *schön.*

1. Schreib bitte schnell!
2. Sprich bitte deutlich!
3. Rechne bitte genau!
4. Hör bitte gut zu!
5. Sei bitte leise!
6. Lauf bitte langsam!
7. Bediene bitte freundlich!
8. Arbeite bitte sorgfältig!
9. Fahr bitte vorsichtig!
10. Sei bitte ordentlich!
11. Üb bitte viel!

b

Der Bus fährt aber nicht sehr schnell!
Das stimmt, er könnte schneller fahren.

Other forms of agreement: *Da haben Sie Recht, ... ; Ja, wirklich, ... ; Da bin ich ganz Ihrer Meinung, ...* (The emphasis is on „wirklich" or „ganz".)

1. Der Radfahrer fährt aber nicht sehr vorsichtig!
2. Der Motorradfahrer ist aber nicht sehr rücksichtsvoll!
3. Die Fußgänger gehen aber nicht sehr schnell über die Straße!
4. Der Autofahrer ist aber nicht sehr höflich!

5. Die Straßenlaternen sind aber nicht sehr hell!
6. Die Straße ist aber nicht sehr gut!
7. Der Bus ist aber nicht sehr billig!
8. Die Haltestelle ist aber nicht sehr nah!

c   Essen (n) / billig. Dieses Essen ist aber nicht billig!
Stimmt, es könnte billiger sein.

1. Kellner (m) / höflich
2. Kaffee (m) / stark
3. Brötchen (Pl.) / frisch
4. Suppe (f) / warm
5. Kartoffeln (Pl.) / weich
6. Bier (n) / kalt
7. Pudding (m) / süß
8. Äpfel (Pl.) / saftig

d   Schuhe (Pl.) / bequem. Sind die Schuhe nicht bequem?
Sie könnten bequemer sein.

In colloquial speech „na ja" is often inserted before the answer:
Na ja, sie könnten. . .

1. Jacke (f) / warm
2. Einkaufstasche (f) / fest
3. Mantel (m) / leicht
4. Kleid (n) / modern
5. Anzug (m) / billig
6. Socken (Pl.) / lang
7. Wolle (f) / grob
8. Fell (n) / dick
9. Leder (n) / gut
10. Gürtel (m) / breit

2   Practise the comparative.

Fritz springt … als Emil. (hoch / Hans)
Fritz springt höher als Emil.
Aber Hans springt am höchsten.

1. Stella spricht … Deutsch als Michaela. (gut / Angela)
2. Müller arbeitet … als Maier. (zuverlässig / Schulze)
3. Wein trinkt er … als Bier. (gern / Sekt)
4. Seine Kusinen stehen ihm … als seine Tante. (nah / Geschwister)
5. Das Radio war … als der Plattenspieler. (teuer / der Fernseher)
6. Ein Skorpionstich ist … als ein Wespenstich. (gefährlich / ein Schlangenbiss)
7. Mein Schäferhund ist … als euer Dackel. (wild / der Jagdhund des Nachbarn)
8. Sie isst Rindfleisch … als Schweinefleisch. (gern / Hammelfleisch)
9. Im Einzelhandelsgeschäft ist die Bedienung … als im Warenhaus. (freundlich / im Tante-Emma-Laden)
10. Im Zug reist man … als im Bus. (schnell / im Flugzeug)
11. In der Sahara ist es … als in Israel. (heiß / am Äquator)
12. In Grönland ist es … als in Schweden. (kalt / im Nordosten von Russland)
13. Der Amazonas ist … als der Mississippi. (lang / der Nil)
14. In Asien sind Dialekte … als in Südamerika. (verbreitet / in Afrika)
15. In Europa ist die Zahl der Deutschsprechenden … als die Zahl der Menschen, die Englisch als Muttersprache sprechen. (hoch / die Zahl der Russischsprechenden)

3 Practise the comparative.

Ich möchte ein Paar warme Handschuhe.
Haben Sie keine wärmeren? – Nein, das sind die wärmsten, die wir haben.

The answer sounds more polite like this: *Nein, leider ... ; Nein, es tut mir Leid,
... ; oder: Ich bedaure, aber das ...*

Ich möchte ...

1. ... einen guten Tennisschläger.
2. ... eine große Einkaufstasche.
3. ... einen kleinen Fotoapparat.
4. ... festes Packpapier.
5. ... ein Paar schwere Wanderschuhe.
6. ... ein Paar leichte Sommerschuhe.
7. ... einen warmen Wintermantel.
8. ... einen billigen Wecker.
9. ... einen bequemen Sessel.
10. ... einen preiswerten Kalender.

4 Herr Neureich ist mit nichts zufrieden.

Die Wohnung ist nicht groß genug.
Er möchte eine größere Wohnung.

1. Die Lampen sind nicht hell genug.
2. Die Möbel sind nicht elegant genug.
3. Das Porzellan ist nicht wertvoll genug.
4. Der Schrank ist nicht breit genug.
5. Der Orientteppich ist nicht alt genug.
6. Das Fernsehbild ist nicht groß genug.

5 Im Antiquitätenladen findet man ...

interessante Dinge.
die interessantesten Dinge.

1. elegante Vasen
2. merkwürdige Bilder
3. alte Spielsachen
4. wertvolle Gläser
5. verrückte Bierkrüge
6. teure Möbel
7. hübsche Bilderrahmen
8. altmodische Stehlampen

6 Make questions with the superlative in the forms of a quiz. (Answers p. 323)

1. Wie heißt das (groß) Säugetier der Erde?
2. Wie heißt das (klein) Säugetier der Erde?
3. Wie heißt das Tier mit dem (hoch) Wuchs?
4. Welches Tier kann am (schnell) laufen?
5. Welche Schlange ist am (giftig)?
6. Wie heißt der (groß) Ozean?
7. Wie tief ist die (tief) Stelle des Meeres?
8. Welches ist der (klein) Erdteil?
9. Wo ist es am (kalt)?
10. Wo regnet es am (viel)?
11. In welcher Gegend der Erde ist es am (stürmisch)?
12. Wann ist auf der Nordhalbkugel der (kurz) Tag?
13. Wann ist auf der Nordhalbkugel der (lang) Tag?
14. Wie heißt das (leicht) Gas?
15. Wann sind wir von der Sonne am (weit) entfernt?
16. Wann ist die Sonne der Erde am (nah)?

7 Practise according to the following examples.

> A: (behauptet) Der alte Turm ist *das schönste Gebäude* dieser Stadt.
> B: (protestiert) *Es gibt aber noch andere schöne Gebäude in dieser Stadt.*
> A: (muss zugeben) *Der alte Turm ist eines der schönsten Gebäude in dieser Stadt.*

1. Das Herz ist das empfindlichste Organ in unserem Körper.
2. Homer war der größte Dichter im Altertum.
3. Diese chinesische Vase ist das kostbarste Gefäß in diesem Museum.
4. Das Fahrrad ist die nützlichste Erfindung seit 200 Jahren.
5. Das Grippevirus ist wahrscheinlich das gefährlichste (Virus). (Pl.: *Viren*)
6. Der Zug von Paris nach Marseille ist der schnellste (Zug) in Frankreich.
7. Als wir den Professor kennen lernten, wussten wir nicht, dass er der bekannteste (Professor) für afrikanische Literaturgeschichte ist.
8. Der französische Regisseur hat den besten Film in dieser Saison gedreht.
9. Wir haben an der tollsten Party in diesem Winter teilgenommen.
10. In Köln wurde das hässlichste Museum (Pl. Museen) gebaut.
11. Seit der Renovierung gilt unser Haus als das schönste (Haus) im Viertel.
12. Wissen Sie, dass Sie mit dem einflussreichsten Mann in dieser Stadt gesprochen haben?

§ 41 Adjectives and Participles as Nouns

a) In unserem Abteil saßen einige *Jugendliche*.
b) Die jungen Leute diskutierten mit den *Reisenden*.
c) Ein alter *Beamter* wollte die Argumente der *Jugendlichen* nicht anerkennen.

Adjectives and participles used as independent nouns are declined like adjectives.

see a) The following commonly used nouns are derived from adjectives:

der Adlige, ein -er   der Jugendliche, ein - er
der Arbeitslose, ein - er   der Kranke, ein - er
der Bekannte, ein - er   der Lahme, ein - er
der Blinde, ein - er   der Rothaarige, ein - er
der Blonde, ein - er   der Schuldige, ein - er
der Deutsche, ein - er   der Staatenlose, ein - er
der Farbige, ein - er   der Taubstumme, ein - er
der Fremde, ein - er   der Tote, ein - er
der Geizige, ein - er   der Verwandte, ein - er
der Gesunde, ein - er   der Weise, ein - er
der Heilige, ein - er   der Weiße, ein - er

see b) The following commonly used nouns are derived from present participles. (The present participle is formed from the infinitive + -d: fragend, laufend. See § 46, I):

der Abwesende, ein - er   der Leidtragende, ein - er
der Anwesende, ein - er   der Reisende, ein - er

der Auszubildende, ein - er   der Überlebende, ein - er
der Heranwachsende, ein - er   der Vorsitzende, ein - er

see c) The following commonly used nouns are derived from the past participle
(for the forming of the Perfect see § 6, I, 5; § 7; § 8; § 46):

der Angeklagte, ein - er   der Gelehrte, ein - er
der Angestellte, ein - er   der Geschiedene, ein - er
der Beamte, ein - er   der Verheiratete, ein - er
aber: die / eine Beamtin   der Verletzte, ein - er
der Behinderte, ein - er   der Verliebte, ein - er
der Betrogene, ein - er   der Verlobte, ein - er
der Betrunkene, ein - er   der Verstorbene, ein - er
der Gefangene, ein - er   der Vorgesetzte, ein - er

1 Practise the definitions.

> der Geizige / möglichst nichts von seinem Besitz abgeben wollen
> *Ein Geiziger ist ein Mensch, der möglichst nichts von seinem Besitz abgeben will.*

1. der Betrunkene / zu viel Alkohol trinken (Perf.)
2. der Geschiedene / seine Ehe gesetzlich auflösen lassen (Perf.)
3. der Staatenlose / keine Staatszugehörigkeit besitzen
4. der Taubstumme / nicht hören und nicht sprechen können
5. der Weise / klug, vernünftig und lebenserfahren sein
6. der Überlebende / bei einer Katastrophe mit dem Leben davonkommen (Perf.)
7. der Vorsitzende / eine Partei, einen Verein o.Ä. leiten
8. der Lahme / sich nicht bewegen können
9. der Auszubildende / eine Lehre machen
10. der Vorgesetzte / anderen in seiner beruflichen Stellung übergeordnet sein

2 Now define the following:

1. der Weiße
2. der Farbige
3. der Verstorbene
4. der Gefangene
5. der Reisende
6. der Abwesende
7. der Anwesende
8. der Arbeitslose
9. der Einäugige
10. der Schuldige

3 Put the definitions into the plural.

> der Weiße
> *Weiße sind Menschen mit heller Hautfarbe.*

4 Put in the endings.

Ein Betrunken_ fuhr gestern auf der Autobahn als sogenannter Geisterfahrer in der falschen Richtung. Dabei rammte er einen Bus. Trotzdem fuhr der Betrunken_ weiter. Die Leidtragend_ waren die Reisend_ in dem Bus, meist Jugendlich_, die zu einem Fußballspiel fahren wollten. Der Bus kam von der Fahrbahn ab und überschlug sich. Das Ergebnis: ein Tot_ und 15 Verletzt_. Ein Schwerverletzt_ wurde mit dem Hubschrauber ins Krankenhaus gebracht. Der Busfahrer, ein Angestellt_ der hiesigen Stadtverwaltung, blieb unverletzt; der Tot_ jedoch ist ein naher Verwandt_ des Fahrers. Dem Schuldig_, den man kurz nach dem Unfall stoppen konnte, wurde eine Blutprobe entnommen. Der Führerschein des Betrunken_ wurde sichergestellt.

15

20

§ 42   Adverbs

I General rules

a) Ich sehe ihn *bald.*
    Er arbeitet *sorgfältig.*
    Dein Auto steht *da hinten.*

b) Das Wetter war *ungewöhnlich* gut.
    Sie ist *ziemlich* ungeschickt.

c) Er hat ein *bewundernswert* gutes Gedächtnis.

Adverbs are not declined. They refer to the verb and have a fixed position within the sentence (see § 22 VII-IX).

see a) We ask: *Warum, wie, wo ist oder geschieht etwas?*

see b) Adverbs can refer to other adverbs. We ask: *Wie ungeschickt war sie? –* Answer: *Ziemlich ungeschickt.*

see c) Adverbs can refer to attributive adjectives. We ask: *Was für ein Gedächtnis? –* Answer: *Ein bewundernswert gutes Gedächtnis.*

II Temporal adverbs

Temporal adverbs indicate *wann, bis wann, seit wann, wie lange, wie oft* something takes place.

The following list shows what time an adverb refers to, not the tense within the sentence or text.

1. *Present:* heute, jetzt, nun, gerade; sofort, augenblicklich; gegenwärtig, heutzutage

2. *Past:* gestern, vorgestern; bereits, eben, soeben, vorhin, früher, neulich, kürzlich; inzwischen, unterdessen; einst, einmal, ehemals, jemals; seither, vorher, damals, anfangs

3. *Future:* morgen, übermorgen; bald, demnächst, nächstens, künftig; nachher, danach, später

4. *General:* wieder, oft, oftmals, häufig, mehrmals, stets, immer, immerzu, ewig; erst, zuerst, zuletzt, endlich; nie, niemals, morgens, mittags, abends, nachts, vormittags usw.

Note

The temporal accusative is used in the same way, e. g.: *alle Tage, nächste Woche, jeden Monat, voriges Jahr* etc.

III Adverbs of manner

Adverbs of manner indicate *wie, auf welcher Art, mit welcher Intensität* something takes place:

1. Adjectives can be used as adverbs of manner:
    Er fragte mich *freundlich.*
    Es geht mir *schlecht.*
    In this function they are not declined, but comparatives/superlatives are possible.

2. The following adverbs of manner give the context a certain slant. The majority refer to another adverb. They are used:
    for emphasis: sehr, besonders, außerordentlich, ungewöhnlich
    as downtoners: fast, kaum, beinahe; ganz, recht, einigermaßen, ziemlich
    to express
    doubt: wohl, vielleicht, versehentlich, vermutlich, möglicher-
                          weise, wahrscheinlich
    to express
    reassurance: sicher, bestimmt, allerdings, natürlich, gewiss, folgender-
                          maßen, tatsächlich, absichtlich, unbedingt
    as adjuncts: gar nicht, überhaupt nicht, keineswegs, keinesfalls;
                          vergebens, umsonst

3. Adverbs of manner in the comparative formed with *-weise:*
    Er steht *normalerweise* um 7 Uhr auf.
    Er hat *dummerweise* den Vertrag schon unterschrieben.
    Sie haben *glücklicherweise* die Prüfung bestanden.
    Er hat ihm *verständlicherweise* nicht mehr als fünfzig Euro geliehen.

4. Adverbs of manner with *-halber* or *-falls* used to mark reason or condition:
    Wir haben *vorsichtshalber* einen Rechtsanwalt genommen. (= weil wir vorsichtig sein wollten)
    Das Haus ist *umständehalber* zu verkaufen. (= weil die Umstände so sind)
    Er wird *schlimmstenfalls* eine Geldstrafe zahlen müssen. (= wenn es schlimm kommt)
    Bestenfalls wird er freigesprochen. (= wenn der beste Fall eintritt)

IV Adverbs of place

Adverbs of place indicate *wo* (where) something is or where it happens, *wohin* something goes or *woher* (where) something comes from:
wo? da, dort, hier; außen, draußen, drinnen, drüben, innen; oben, unten, mitten,
         vorn, hinten, links, rechts

wohin? dahin, dorthin, hierhin; hinaus, heraus, hinein, herein, hinauf, herauf, hinunter, herunter, hinüber, herüber; aufwärts, abwärts, vorwärts, rückwärts, seitwärts – oder mit Präposition: nach unten / oben usw.

woher? daher, dorther – oder mit Präposition: von unten / draußen usw.

Notes

1. With the help of the ending *-ig* attributive adjectives can be derived from adverbs: der *heutige* Tag, im *vorigen* Monat:
   heutig-, gestrig-, morgig-, hiesig-, dortig-, obig-, vorig-

2. Attributive adjectives can also be derived from the following adverbs: *außen, innen, oben, unten, vorn, hinten* etc:
   äußere Probleme, innere Krankheiten, das untere oder unterste Stockwerk, die hintere oder hinterste Reihe, die vorderen oder vordersten Stühle

1 Make an attributive adjective from the adverb.

   die Zeitung von gestern   *die gestrige Zeitung*

   1. die Nachricht von gestern   5. die Jugend von heute
   2. das Wetter von morgen   6. die Zeilen von oben
   3. die Stadtverwaltung von hier   7. das Wissen von jetzt
   4. die Beamten von dort   8. die Versuche bisher

2 Insert the correct adverb from the list below.

   a) bestenfalls b) dummerweise c) folgendermaßen d) normalerweise e) oftmals
   f) verständlicherweise g) vorsichtshalber

   Wir sind diesen Weg ... gegangen. Dennoch habe ich ... die Wanderkarte mitgenommen. Ich denke, wir laufen am besten ... : von hier über den Blocksberg nach Ixdorf. ... kann man den Weg in einer Stunde zurücklegen. Wegen des Schnees braucht man heute ... etwas länger. Jetzt habe ich doch ... meine Brieftasche zu Hause gelassen! In meinem Portmonee habe ich nur noch fünf Mark; das reicht ... für ein Bier für jeden.

3 Reword the sentences using the adverbs given.

   Wie ist die Wohnung eingerichtet? / schön
   Es handelt sich um eine schön eingerichtete Wohnung.

   1. Wie groß sind die Hochhäuser? / erstaunlich
   2. Wie hoch ist die Miete für die Büroräume? / unglaublich
   3. Wie bekannt ist der Schauspieler? / allgemein
   4. Wie ist mein neues Auto lackiert? / rot
   5. Wie ist das Kind erzogen worden? / gut
   6. Wie ist das Haus renoviert worden? / unvollständig und nicht sachgerecht
   7. Wie ist die Einigung zwischen den Partnern entstanden? / mühsam
   8. Wie wurde die Maschine konstruiert? / fehlerhaft

9. Wie wurden die Vorschriften zum Umweltschutz in der Chemiefabrik behandelt? / allzu oberflächlich
10. Wie zahlen die Mieter (Aktiv) / im Allgemeinen regelmäßig
11. Wie wachsen einige Bäume? / schnell
12. Wie wurde das Spiel unserer Fußballmannschaft verloren? / haushoch
13. Wie hat die Fußballmannschaft verloren? / haushoch
14. Wie argumentiert die Zigarettenindustrie im Streit mit dem Fernsehen? / ungeschickt
15. Wie wurde der Angeklagte verurteilt? / von dem Richter ungerecht
16. Wie hat man das Unfallopfer ins Krankenhaus gebracht? / schwer verletzt
17. Wie ist diese Suppe zu kochen? / besonders leicht
18. Wie sind diese Probleme zu lösen? / überhaupt nicht oder nur schwer

§ 43 Adverbs with the Dative or Accusative Case

I A selection of the most commonly used adverbs with the dative case

abträglich	Das Rauchen ist *seiner Gesundheit* abträglich.
ähnlich	Das Kind ist *der Mutter* ähnlich.
angeboren	Der Herzfehler ist *ihm* angeboren.
angemessen	Ein Studium an einer Fachhochschule ist *ihm* angemessen.
behilflich	Der Gepäckträger war *der Dame* behilflich.
beschwerlich	Lange Zugreisen sind *mir* zu beschwerlich.
bekannt	Seine Aussage ist *mir* seit langem bekannt.
bewusst	Das ist *mir* noch niemals bewusst geworden.
böse	Er ist *seiner Freundin* böse.
entsprechend	Unser Verhalten war *dem seinen* entsprechend.
fremd	Er ist *mir* immer fremd geblieben.
gegenwärtig	Der Name war *dem Professor* im Augenblick nicht gegenwärtig.
geläufig	Das Wort ist *dem Ausländer* nicht geläufig.
gelegen	Die Nachzahlung kommt *mir* sehr gelegen.
gewachsen	Er ist *den Problemen* nicht gewachsen.
gleichgültig	Die Politik ist *mir* im Allgemeinen nicht gleichgültig.
nahe	Wir waren *dem Ziel* schon nahe.
peinlich	Sein Lob war *mir* peinlich.

recht	Sein Aufenthalt war *den Verwandten* nicht recht.
sympathisch	Die Zeugin war *dem Richter* sympathisch.
treu	Er ist *ihr* treu geblieben.
überlegen	Die bayerische Fußballmannschaft war *den Hamburgern* überlegen.
unterlegen	Er war *seinen Konkurrenten* unterlegen.
vergleichbar	Dein Lebensweg ist *meinem* vergleichbar.
verhasst	Dieser Mensch ist *mir* verhasst.
zugetan	Er ist *den Kindern* sehr zugetan.
zuwider	Deine Lügen sind *mir* zuwider.

II Adverbs with temporal expressions and expressions of measure with the accusative case

alt	Der Säugling ist erst *einen Monat* alt.
breit	Das Regal ist *einen Meter* breit.
dick	Das Brett ist *20 mm* dick.
hoch	Der Mont Blanc ist fast *5000 m* hoch.
tief	Die Baugrube ist etwa *zehn Meter* tief.
lang	Moderne Betten sind *2,30 m* lang.
schwer	Das kaiserlicher Silberbesteck war *einen Zentner* schwer.
weit	Vögel können über *10 000 Kilometer* weit fliegen.
wert	Die Aktien sind nur noch *die Hälfte* wert.

1 Fill in the blanks with a pronoun or a preposition.

1. Ich habe sie offenbar verärgert; nun ist sie … böse.
2. Der Arzt sagte zu mir: Möglichst keine Aufregung! Das ist … Gesundheit abträglich.
3. Er hat sich nicht mal bedankt. Das sieht … ähnlich!
4. Sie ist unglaublich gelenkig; das ist … angeboren.
5. Ich verstehe mich nicht gut mit ihnen; sie sind … fremd.
6. Du musst … Gesundheitszustand entsprechend leben!
7. Der ältere Herr mag die jungen Leute von nebenan. Sie sind … sympathisch und er ist … sehr zugetan; umgekehrt sind sie … beim Einkaufen und Tragen der Sachen gefällig.
8. Es ist … Menschen (Pl.) nicht gleichgültig, ob ihr Lebensgefährte … treu ist oder nicht.
9. Es ist … nicht bewusst, wann ich die Leute verärgert habe; aber ich weiß, ich bin … verhasst.

10. Sie ist … in Mathematik, aber ich bin … dafür in Sprachen überlegen. … Anforderungen in den anderen Fächern sind wir beide gewachsen.

11. Das kommt … gerade gelegen, dass du vorbeikommst! Kannst du … beim Umräumen mal behilflich sein?

§ 44   Adverbs with Prepositions

Worauf seid ihr stolz?
Wir sind stolz *auf* sein ausgezeichnetes Examen.
Wir sind stolz *darauf*, dass er ein ausgezeichnetes Examen gemacht hat.

A selection of the most commonly used adverbs with prepositions

arm an + D	Phantasie
angesehen bei + D	seinen Kollegen
ärgerlich über + A	die Verspätung
aufmerksam auf + A	die Verkehrsregeln
begeistert von + D	dem neuen Backrezept
bekannt mit + D	seinen Nachbarn
bei + D	seinem Vorgesetzten
für + A	seine Unpünktlichkeit
bekümmert über + A	seinen Misserfolg
beliebt bei + D	seinen Kommilitonen
blass vor + D	Neid
böse auf + A	seinen Hund
betroffen von + D	der Gehaltskürzung
über + A	den plötzlichen Tod seines Vetters
besessen von + D	den neuen Ideen
beunruhigt über + A	die Wirtschaftslage
eifersüchtig auf + A	seine Schwester
entsetzt über + A	den Mord im Nachbarhaus
erfreut über + A	die rasche Genesung
erkrankt an + D	Kinderlähmung
fähig zu + D	dieser Tat
fertig mit + D	dem Kofferpacken
zu(r) + D	Abfahrt
frei von + D	Gewissensbissen
freundlich zu + D	allen Menschen

froh über + A	die neue Stellung
glücklich über + A	die billige Wohnung
interessiert an + D	den Forschungsergebnissen
nachlässig in + D	seiner Kleidung
neidisch auf + A	den Erfolg seines Kollegen
nützlich für + A	den Haushalt
rot vor + D	Wut
reich an + D	Talenten
stolz auf + A	sein gutes Ergebnis
schädlich für + A	die Bäume
überzeugt von + D	der Richtigkeit seiner Theorie
verbittert über + A	den langen Verwaltungsweg
verliebt in + A	die Frau seines Freundes
voll von + D	Begeisterung
verrückt nach + D	einem schnellen Sportwagen
verschieden von + D	seinen Geschwistern
verständnisvoll gegenüber + D	der Jugend
verwandt mit + D	der Frau des Ministers
verwundert über + A	seine Geschicklichkeit
voreingenommen gegenüber + D	berufstätigen Frauen
zufrieden mit + D	der guten Ernte
zurückhaltend gegenüber + D	seinen Mitmenschen

1 Insert the correct preposition.

1. Der Bauer ist … seiner Ernte sehr zufrieden; aber er ist verbittert dar_, dass durch die reiche Getreideernte die Preise fallen.

2. Der gute Junge ist ganz verrückt … meiner Schwester, aber die ist … ihm überhaupt nicht interessiert. Sie hat einen anderen Freund. Er ist nun … ihre Gleichgültigkeit recht bekümmert und … den Freund natürlich furchtbar eifersüchtig.

3. Der Stadtverordnete ist … seinen Kollegen sehr angesehen, denn er ist bekannt … seine gerade, mutige Haltung. Er ist freundlich … jedermann und verständnisvoll … den Anliegen der Bürger.

4. Viele Menschen sind beunruhigt … die politische Entwicklung. Sie sind entsetzt … die furchtbaren modernen Waffen und überzeugt … der Notwendigkeit, den Frieden zu bewahren.

5. Schon lange war mein Bruder … deine Schwester verliebt. Ich bin sehr froh und glücklich dar_, dass die beiden heiraten wollen und stolz … eine so hübsche und kluge Schwägerin. Die Eltern sind ihr … noch etwas voreingenommen; aber sie wird schon fertig … ihnen, da_ bin ich überzeugt.

6. Mein Bruder ist … Tuberkulose erkrankt. Als er es erfuhr, wurde er blass … Schreck. Nun ist er in einer Klinik, die bekannt … ihre Heilerfolge ist. Er ist ganz begeistert … der freundlichen Atmosphäre dort. Der Chefarzt ist beliebt … Personal und Patienten.

7. Ständig hat der Junge den Kopf voll … dummen Gedanken! Er ist besessen … schweren Motorrädern, aber nachlässig … seiner Arbeit, begeistert … Motorradrennen und fähig … den verrücktesten Wettfahrten!

8. Jetzt ist er beleidigt, weil du ihm
   mal die Meinung gesagt hast. Er
   wurde ganz rot ... Zorn und nun
   ist er böse ... dich. Aber es war notwendig, dass du es ihm mal gesagt
   hast, du kannst ganz frei ...
   Schuldgefühlen sein.

§ 45   The „Zustandspassiv"

aktive Handlung   Kurz vor 8 Uhr *hat* der Kaufmann seinen Laden *geöffnet.*
passive Handlung   Kurz vor 8 Uhr *ist* der Laden *geöffnet worden.*

The active and the passive action both express that someone is doing something. Even
if the "instigator" is not mentioned in the passive, the participle form *worden* implies
that an instigator is present.

Zustandspassiv   Jetzt ist es 10 Uhr; seit zwei Stunden *ist* der Laden
Präsens   *geöffnet.*
Zustandspassiv   Als ich kam, *war* der Laden schon *geöffnet.*
Vergangenheit

The „Zustandspassiv" is formed with *sein* and the past participle.

1. The past participle has an adverbial or attributive function in the „Zustandspassiv".
   It expresses a state following a preceding action. There is no longer an instigator.
   We ask: *Wie* ist der Zustand?

   adverbial: attributive:
   Der Teller ist zerbrochen.   der zerbrochene Teller
   Das Tor war verschlossen.   das verschlossene Tor

2. Only two tenses are usual in the Zustandspassiv, the present and imperfect of *sein:*
   Heute *sind* die Kriegsschäden in Frankfurt fast völlig *beseitigt.*
   1945 *war* die Altstadt Frankfurts gänzlich *zerstört.*

1   Frau Luther kommt spät nach Hause; ihr Mann war schon früher da.

    Wäsche waschen
    Ich wollte die Wäsche waschen, aber sie war schon gewaschen.

    1. Teller (Pl.) spülen   6. die Kleider zur Reinigung bringen
    2. Geschirr (n) wegräumen   7. den Teppich saugen
    3. die Schuhe putzen   8. die Blumen gießen
    4. die Betten machen   9. die Treppe wischen
    5. die Hemden bügeln   10. das Abendessen zubereiten

2   Vor der Reise

Fenster schließen
Vergiss nicht die Fenster zu schließen!
Sie sind schon geschlossen.

You wish to express that this reminder is superfluous. Everything has been done already: *Die sind schon längst geschlossen!*

1. die Fahrkarten kaufen
2. die Zeitung abbestellen
3. die Turnschuhe einpacken
4. die Wasserleitung abstellen
5. die Sicherungen abschalten
6. den Nachbarn informieren
7. die Tür verschließen
8. die Schlüssel beim Hausverwalter abgeben
9. ein Taxi rufen

3   Beim Arzt

Frau Kapp den Verband anlegen
Arzt: Haben Sie Frau Kapp schon den Verband angelegt?
Sprechstundenhilfe: Ja, er ist schon angelegt.

The answer sounds more reassuring if the doctor's receptionist says: *Ja, ja, der ist schon angelegt.* (Note „er" or „sie" is used for persons!)

1. Herrn Müller den Arm röntgen
2. dem Jungen einen Krankenschein schreiben
3. diesem Herrn den Blutdruck messen
4. Frau Neumann wiegen
5. Frau Kübler Blut abnehmen
6. dem Verletzten die Wunde reinigen
7. den Krankenwagen benachrichtigen
8. das Rezept für Frau Klein ausschreiben

§ 46   The Participle Construction

Preliminary note

1. The present participle (Partizip I) and past participle (Partizip II) can be used as attributive adjectives.

2. The present participle is formed with the infinitive + *-d*, e. g.: *liebend, reißend*, etc. Attributive adjectives require the appropriate ending, e. g.: die *liebende* Mutter, der *reißende* Strom.

3. The past participle is formed according to the rules already discussed (see § 6, I, 5, § 7, 8). Attributive adjectives require the appropriate ending, e. g.: die *gekauften* Sachen, die *unterlassene* Hilfe.

4. The attributive present participle with the reflexive pronoun is used with reflexive verbs (*sich nähern* – das sich *nähernde* Schiff) and the attributive past participle without the reflexive pronoun (*sich beschäftigen* – der *beschäftigte* Rentner).

I General rules

a)　　　　　　　　　　Das　　　　　　　*schreiende* Kind konnte rasch gerettet werden.
Erweiterung:　　Das　　　　　　*laut schreiende* Kind konnte rasch gerettet werden.
Erweiterung:　　Das *laut um Hilfe schreiende* Kind konnte rasch gerettet werden.

b)　　　　　　　　　　Die　　　　　　　　　*zerstörte* Stadt war ein schrecklicher Anblick.
Erweiterung:　　Die　　　　*durch Bomben zerstörte* Stadt war ein schrecklicher Anblick.
Erweiterung:　　Die *im Krieg durch Bomben zerstörte* Stadt war ein schrecklicher Anblick.

1. The participle with its appropriate ending generally occurs immediately before the noun it refers to.

2. Other adverbials in the sentence can refer to the participle, in which case they precede the participle. This expansion is called the participle construction.

3. The participle construction usually occurs between the article and the noun or directly in front of the noun if there is no article:
Am Arbeitsplatz verletzte Personen sind voll versichert.

4. A further attributive adjective can occur before or after the participle construction:
Unser *altes*, schon ein wenig *verfallenes* Fachwerkhaus muss renoviert werden.

II The participle construction with transitive verbs (= verbs which can be used with an accusative object)

a)		
P. Präs.	gl.*	Der meinen Antrag *bearbeitende* Beamte *nimmt* sich viel Zeit.
(Aktiv)	gl.	*nahm* sich viel Zeit.
		hat sich viel Zeit *genommen.*
Rel.-S.	gl.	Der Beamte, der meinen Antrag *bearbeitet, nimmt* sich viel Zeit.
(Aktiv)	gl.	*bearbeitete, nahm* sich viel Zeit.
	gl.	*bearbeitet hat, hat* sich viel Zeit *genommen.*

* gl. = gleichzeitig

b)

P. Perf.	gl.*	*Nicht mehr beachtete* Vorschriften *müssen* geändert werden.
(Passiv)	gl.	Vorschriften, die nicht mehr *beachtet werden, müssen* geändert werden.

P. Perf.	v.*	Der gut versteckte Schatz	*wird*	gefunden.
(Passiv)	v.		*wurde*	gefunden.
			ist	gefunden *worden*.
Rel.-S.	v.	Der Schatz, der gut *versteckt worden ist,*	*wird*	gefunden.
(Passiv)	v.		*worden war, wurde*	gefunden.
	v.		*worden war, ist*	gefunden *worden*.

* gl. = gleichzeitig   v. = vorzeitig

see a) The participle construction with the present participle conveys an active action, state or process which co-occurs – generally of secondary importance – with the main action. This can be seen from the active relative clause. The required tense for the relative clause is governed by the main clause.

see b) The participle construction with the past participle conveys passive actions, states or processes. This can be seen from the passive relative clause. The tense required in the relative clause is the same, if rules or laws are being discussed. In most cases, the action in the participle construction belongs to the past, so that a tense change (perfect or past perfect) has to occur in the relative clause.

III The participle construction with intransitive verbs (= verbs which cannot have an accusative object) that form the Perfekt with „sein"

Gegenwärtiger Vorgang	*Beendeter Vorgang*
a) Verben der Bewegung mit *sein*: der *ankommende* Zug = der Zug, der gerade *ankommt* die *an die Unfallstelle eilenden* Passanten = die Passanten, die gerade an die Unfallstelle *eilen*	der *angekommene* Zug = der Zug, der gerade *angekommen ist* die *an die Unfallstelle geeilten* Passanten = die Passanten, die schon an die Unfallstelle *geeilt sind*
b) Verben der Zustandsänderung mit *sein*: die rasch *vergehende* Zeit = die Zeit, die rasch *vergeht*	die *vergangene* Zeit = die Zeit, die schon *vergangen ist*

1. The participle construction with the present participle conveys a present action, which can be converted into an active relative clause.
   Der *in Bonn ankommende* französische Außenminister begrüßte die Journalisten.
   Der französische Außenminister, *der in Bonn ankommt*, begrüßte die Journalisten.

2. The participle construction with the past participle conveys a completed action. The relevant relative clause is formed with the past participle + *sein.*

Der *verspätet angekommene* französische Außenminister wurde besonders herzlich begrüßt.
Der französische Außenminister, *der verspätet angekommen war,* wurde besonders herzlich begrüßt.

Note

Only the present participle can be formed from intransitive verbs with *haben* (see § 12, I, 4 und § 13, I):
Ein *tief schlafendes* Kind sollte man nicht wecken.
Nach 30 Jahren fuhr der *in Paris lebende* Maler wieder nach Spanien.

IV The participle construction with the „Zustandspassiv"

Der *seit Jahren verschlossene* Schrank wird (wurde) endlich geöffnet.
  = Der Schrank, der *seit Jahren verschlossen ist (war),* wird (wurde) endlich geöffnet.
Erst nach Jahren holen (holten) die Bankräuber ihre *gut versteckte* Beute.
  = Erst nach Jahren holen (holten) die Bankräuber ihre Beute, die *gut versteckt ist (war).*

1. Transitive verbs can form the „Zustandspassiv". We ask the question: What is the state of something like after a preceding action? (see § 45)

2. The appropriate relative clause for this participle construction is only formed with the past participle + *sein.*

Note

Adjectives can also be qualified by additional adverbials according to the rules for the participle construction. In which case *sein* is used in the relative clause:
der beim Publikum *beliebte* Schauspieler
= der Schauspieler, der beim Publikum *beliebt ist*
die seit 40 Jahren *notwendige* Änderung des Gesetzes
= die Änderung des Gesetzes, die seit 40 Jahren *notwendig ist*

1 Make a participle construction with Partizip I from the relative clause.

    die Banditen, die auf die Polizei schießen
    die auf die Polizei schießenden Banditen

Was es in diesem Film alles zu sehen gibt! Da sind:

1. die Gangster, die eine Bank ausräumen
2. die Polizisten, die die Banditen jagen
3. die Häftlinge, die durch ein Kellerfenster aus der Haftanstalt ausbrechen
4. die Wächter, die überall nach den Entflohenen suchen

5. die Gefangenen, die über die Dächer der Häuser fliehen
6. die Hubschrauber, die das Gangsterauto verfolgen
7. die Verfolgten, die rücksichtslos über die Kreuzungen fahren
8. die Entflohenen, die unter einer Brücke übernachten
9. die Spürhunde, die die Spuren der Gangster verfolgen
10. die Gangster, die mit einem Flugzeug nach Südamerika entfliehen

2 Make a participle construction with Partizip II from the relative clause.

die • alte Vase, die in einem Keller gefunden worden ist
die in einem Keller gefundene alte Vase

Was da in einem Heimatmuseum alles zu finden ist:

1. eine • drei Meter hohe Figur, die aus einem einzigen Stein herausgearbeitet worden ist
2. ein • 5000 Jahre altes Skelett, das in einem Moor gefunden worden ist
3. eine • zehn Zentner schwere Glocke, die bei einem Brand aus dem Kirchturm der Stadt gestürzt ist
4. ein Bild der • Stadt, die 1944 durch einen Bombenangriff zu 80 % zerstört worden ist
5. eine • Bibel, die von dem Begründer der Stadt vor 1200 Jahren mitgebracht worden ist
6. eine • wertvolle Porzellansammlung, die der Stadt von einem reichen Kunstfreund geschenkt worden ist
7. • Geräte und Maschinen, die im vorigen Jahrhundert zur Herstellung von Textilien verwendet worden sind
8. ein • Telegraphenapparat, der von einem Bürger der Stadt 1909 erfunden worden ist
9. eine • genaue Nachbildung des alten Rathauses, die aus 100 000 Streichhölzern zusammengebastelt worden ist
10. ein großes • Mosaik, das von einem Künstler der Stadt aus farbigen Glasstückchen zusammengesetzt worden ist

3 Make participle constructions from the relative clauses.

1. Die Ergebnisse, die in langjährigen Wetterbeobachtungsreihen festgestellt worden sind, reichen nicht aus, sichere Prognosen zu stellen.
2. Im Gegensatz zu dem sonnigen und trockenen Klima, das südlich der Alpen vorherrscht, ist es bei uns relativ niederschlagsreich.
3. In den Vorhersagen, die vom Wetterdienst in Offenbach ausgegeben werden, hieß es in diesem Sommer meistens: unbeständig und für die Jahreszeit zu kühl.
4. Ein Tiefdruckgebiet, das von den Küsten Südenglands nach Südosten zieht, wird morgen Norddeutschland erreichen.
5. Die Niederschlagsmenge, die am 8. August in Berlin registriert wurde, betrug 51 Liter auf den Quadratmeter.
6. Das ist ein einsamer Rekord, der seit 100 Jahren nicht mehr erreicht worden ist.
7. Dagegen gab es in Spanien eine Schönwetterperiode, die über fünf Wochen mit Höchsttemperaturen von 30 bis 40 Grad anhielt.

8. Die allgemeine Wetterlage dieses Sommers zeigte Temperaturen, die von Süden nach Norden um 25 Grad voneinander abwichen.

4 Make relative clauses from the participle constructions.

1. Über die Kosten des durch die Beschädigung einer Gasleitung entstandenen Schadens können noch keine genaueren Angaben gemacht werden.
2. Der bei seiner Firma wegen seiner Sorgfalt und Vorsicht bekannte Baggerführer Anton F. streifte bei Ausgrabungsarbeiten eine in den offiziellen Plänen nicht eingezeichnete Gasleitung.
3. Das sofort ausströmende Gas entzündete sich an einem von einem Fußgänger weggeworfenen und noch brennenden Zigarettenstummel.
4. Bei der Explosion wurden drei in der Nähe spielende Kinder von herumfliegenden Steinen und Erdbrocken getroffen.
5. Der telefonisch herbeigerufene Krankenwagen musste aber nicht die Kinder, sondern eine zufällig vorübergehende alte Dame ins Krankenhaus bringen, wo sie wegen eines Nervenschocks behandelt werden musste.

5 Make participle constructions.

1. Im Zoo von San Francisco lebte ein Löwe, der mit beiden Augen in jeweils verschiedene Richtungen schielte.
2. Er bot einen Anblick, der derart zum Lachen reizte, dass es nicht lange dauerte, bis er entdeckt und zu einem Star gemacht wurde, der beim Fernsehpublikum von ganz Amerika beliebt war.
3. Der Löwe, der von Dompteuren und Tierpflegern für seine Auftritte vorbereitet wurde, stellte sich allerdings so dämlich an, dass man ihm nur leichtere Aufgaben, die sein Fassungsvermögen nicht überschritten, zumuten konnte,
4. was aber dem Publikum, das wie närrisch in den unmäßig blöden Ausdruck des Löwen verliebt war, nichts auszumachen schien.
5. Damit die Sendung nicht langweilig wurde, engagierte man kleinere Zirkusunternehmen, die um ihre Existenz kämpften.
6. Sie nahmen natürlich die Gelegenheit, die sich ihnen bot, mit Freuden an,
7. aber alle ihre Darbietungen, die sorgfältig eingeübt worden waren, wurden von dem Publikum, das allein auf den schielenden Löwen konzentriert war, glatt übersehen.
8. Auch die Kritiken, die regelmäßig am Morgen nach der Sendung erschienen, erwähnten nur beiläufig die Akrobaten und Clowns, die bis heute unbekannt geblieben sind.

§ 47   Participle Clauses

	II		
a)	*Sich auf seine Verantwortung besinnend,**	übernahm	*der Politiker* das schwere Amt.
	Der Politiker	übernahm,*	*sich auf seine Verantwortung besinnend**, das schwere Amt.
b)	*Napoleon, auf die Insel St. Helena verbannt,*	schrieb	seine Memoiren.
c)	*Den Verfolgern entkommen,**	versteckte	sich *der Einbrecher* in einer Scheune.
	Der Einbrecher	versteckte	sich, *den Verfolgern entkommen,* in einer Scheune.

* According to the new spelling rules, these commas are now optional; they can be used to avoid misunderstandings. The commas must be used if the sentence construction is interrupted (b and the second example in a and c).

1. The participle clause is generally an expansion of the subject.

2. The participle clause is formed with a zero ending participle accompanied by adverbials which refer to the participle.

3. The participle clause occurs in a main clause either in position I or III (IV).

4. The participle clause follows the subject in a subordinate clause:
   Der Kranke war tief beunruhigt, nachdem *die Ärzte, laut über seinen Fall diskutierend,* das Krankenzimmer verlassen hatten.

5. The present participle indicates an active action, the past participle a passive action:
   see a) Der Politiker, der sich auf seine Verantwortung *besann,* übernahm das schwere Amt. (Present participle = active)
   see b) Napoleon, der auf die Insel St. Helena *verbannt worden war,* schrieb seine Memoiren. (Past participle = passive)
   see c) Der Einbrecher, der den Verfolgern *entkommen war,* versteckte sich in einer Scheune. (Past participle = anteriority)

Note

The present participle of *sein* and *haben (seiend, habend)* never occurs in a participle clause. The abbreviated form is then used:
Der Besucher, *den Hut in der Hand,* plauderte noch eine Weile mit der Hausfrau.
Die Geschwister, *ein Herz und eine Seele,* besuchten dieselbe Universität.

---

1   Make participle constructions.

Der Sprecher forderte schärfere Kontrollen zum Schutz der Natur.
(Er kam auf den Ausgangspunkt seines Vortrags zurück.)
Auf den Ausgangspunkt seines Vortrags zurückkommend forderte der Sprecher schärfere Kontrollen zum Schutz der Natur.

1. Der Politiker bahnte sich den Weg zum Rednerpult. (Er wurde von Fotografen umringt.)
2. Der Redner begann zu sprechen. (Er war von den Blitzlichtern der Kameraleute unbeeindruckt.)
3. Der Redner begründete die Notwendigkeit härterer Gesetze. (Er wies auf eine Statistik der zunehmenden Luftverschmutzung hin.)
4. Der Politiker sprach zwei Stunden lang. (Er wurde immer wieder von Beifall unterbrochen.)
5. Die Besucher verließen den Saal. (Sie diskutierten lebhaft.)
6. Der Redner gab noch weitere Auskünfte. (Er wurde von zahlreichen Zuhörern umlagert.)

2 Use the sentences from exercise 1 and place the participle clause in position III (IV).

Der Sprecher forderte, auf den Ausgangspunkt seines Vortrags zurückkommend, schärfere Kontrollen zum Schutz der Natur.

3 Make participle clauses according to the examples in exercise 1 and 2.

1. Lawinen entstehen vorwiegend um die Mittagszeit. (Sie werden meist durch Erwärmung hervorgerufen.)
2. Lawinen begraben Jahr für Jahr zahlreiche Menschen unter dem Schnee. (Sie stürzen von den Bergen herunter.)
3. Suchhunde haben schon manchen unter dem Schnee Verschütteten gefunden. (Sie wurden für diese Aufgabe speziell ausgebildet.)
4. Die Bora fegt Dächer von den Häusern, Autos von den Straßen und bringt Schiffe in Seenot. (Sie weht eiskalt von den Bergen des Balkans zur Adria herab.)
5. Der Föhn fällt als warmer, trockener Wind in die nördlichen Alpentäler. (Er kommt von Süden.)
6. Ärzte vermeiden bei Föhnwetter schwierigere Operationen. (Sie wurden durch negative Erfahrungen gewarnt.)

4 Replace the participial construction with a subordinate clause and finish the sentence, e.g. with the sentence parts given in a–e.

Nach seiner Meinung gefragt ... (als)
Als man den Politiker nach seiner Meinung fragte, antwortete er nicht.

1. Seinem Prokuristen das Papier über den Schreibtisch reichend ... (indem)
2. Im Gras liegend und mit den Augen den Wolken folgend ... (während)
3. Mit seinen Fäusten laut auf das Rednerpult trommelnd ... (indem)
4. Sich in dem eleganten, teuren Mantel vor dem Spiegel drehend ... (während)
5. Nach ihrer Meinung befragt ... (als)

a) erklärte der Gewerkschaftsführer erregt, so könne es keinesfalls weitergehen.
b) dachte sie besorgt an ihr Konto.
c) dachte er über den Sinn des Lebens nach.
d) erklärte die bekannte Journalistin, auch das gegenwärtige Wirtschaftssystem werde einmal seinem Ende entgegengehen.
e) meinte der Chef: „Wir rationalisieren oder wir müssen zumachen!"

§ 48   „Haben" and „sein" with „zu"

a) Necessity, obligation, law
   Aktiv   Die Reisenden müssen (sollen) an der Grenze ihre Pässe vorzeigen.
           Die Reisenden *haben* an der Grenze ihre Pässe vorzuzeigen.
   Passiv An der Grenze müssen die Pässe vorgezeigt werden.
           An der Grenze *sind* die Pässe vorzuzeigen.

Active sentences expressing obligation or necessity (with the modal verbs *müssen, sollen, nicht dürfen*) can be formed with *haben + zu*. Corresponding passive sentences can be formed with *sein + zu*. Both constructions mean the same. Statements like this sound peremptory and often impolite. *Zu* occurs between the prefix and the stem verb in separable verbs.

b) Possibility, impossibility
   Passiv Die alte Maschine kann nicht mehr repariert werden.
           Die alte Maschine *ist* nicht mehr *zu* reparieren.

Sentences expressing possibility or impossibility (with modal verbs *müssen* or *können*) are generally formed in the passive voice with *sein + zu*.

Note

1. The following are used in a passive sense (see § 19, III):
   1. *sein + zu:* Das *ist* weder *zu* verstehen noch *zu* beweisen.
   2. Adjectives and adverbs ending in *-bar, -lich:* Das ist weder verständ*lich* noch beweis*bar*.
   3. *Lassen* + reflexive pronoun: Das *lässt sich* weder *verstehen* noch *beweisen*.

2. Sentences like these are semantically passive. Therefore *es* can only be used in position I (see § 19, II, passive sentences without a subject); otherwise it is left out.
   Es lässt sich nicht erklären, warum er nicht gekommen ist.
   but: Warum er nicht gekommen ist, lässt sich nicht erklären.
   Es ist nicht zu erklären, warum er nicht gekommen ist.
   but: Sein Verhalten ist nicht zu erklären.

1 Make sentences with „haben" or „sein" + „zu" + infinitive.

Der Autofahrer muss regelmäßig die Beleuchtung seines Wagens prüfen.
Der Autofahrer hat regelmäßig die Beleuchtung seines Wagens zu prüfen.

Die Bremsen müssen auf Verkehrssicherheit geprüft werden.
Die Bremsen sind auf Verkehrssicherheit zu prüfen.

Vorschriften:

1. Der Sportler muss auf sein Gewicht achten. Er muss viel trainieren. Er muss gesund leben und auf manchen Genuss verzichten.

2. Der Nachtwächter muss in der Nacht seinen Bezirk abgehen. Er muss die Türen kontrollieren. Unverschlossene Türen müssen zugeschlossen werden. Besondere

Vorkommnisse müssen sofort gemeldet werden.

3. Der Zollbeamte muss unter bestimmten Umständen das Gepäck
der Reisenden untersuchen. Das
Gepäck verdächtiger Personen
muss ggf. auf Rauschgift untersucht
werden. Dabei können u.U. Spürhunde zu Hilfe genommen werden.

4. Der Autofahrer muss die Verkehrs-
regeln kennen und beachten. Er

muss in den Ortschaften die vorge-
schriebene Geschwindigkeit einhalten. Er muss Rücksicht auf die anderen Verkehrsteilnehmer nehmen.
Der Polizei, der Feuerwehr und
dem Krankenwagen muss auf jeden
Fall Vorfahrt gewährt werden. Er
muss seinen Führerschein immer
mitführen. Das Motoröl muss nach
einer bestimmten Anzahl von Kilometern erneuert werden.

2   Practise according to the following examples:

A: Ist dieser Schrank verschließbar?
B: Wie bitte?
A: Ich meine: Kann man diesen Schrank verschließen?
B: Ja (Nein), dieser Schrank ist (nicht) zu verschließen.

Instead of saying *Wie bitte* B can also say: *Was meinten Sie, bitte? Was sagten Sie, bitte?*

1. Ist die Helligkeit der Birnen ver-
stellbar?
2. Ist diese Handtasche verschließbar?
3. Ist dieses Puppentheater zerlegbar?
4. Ist diese Uhr noch reparierbar?
(nicht mehr)

5. Sind die Teile des Motors austausch-
bar?
6. Sind diese Batterien wiederaufladbar?
7. Ist dieser Videorecorder program-
mierbar?
8. Ist dieser Ball aufblasbar?

3   Practise according to the following examples:

A: Wussten Sie, dass man Altpapier leicht wiederverwerten kann?
B: Natürlich, Altpapier ist leicht wiederzuverwerten.
C: Ja, dass sich Altpapier leicht wiederverwerten lässt, ist mir bekannt.

Wussten Sie, . . .

1. dass man viel mehr Energie aus
Wind erzeugen kann?
2. dass man Textilreste zu hochwerti-
gem Papier verarbeiten kann?
3. dass es Motoren gibt, die man mit
Pflanzenöl betreiben kann?
4. dass es bei uns Häuser gibt, die
man fast ausschließlich mit Son-
nenwärme beheizen kann?
5. dass man große Mengen von
Kupfer (Cu) und Blei (Pb)
aus Schrott gewinnt? (*der
Schrott* = Metallabfall)

6. dass man Autoabgase durch einen
Katalysator entgiften kann?
7. dass man aus Müll Heizgas gewinnen kann?
8. dass man nicht einmal in der
Schweiz mit Hilfe des Wassers den
Strombedarf decken kann?
9. dass man, wenn man ein Haus bau-
en will, in einigen Bundesländern
Zuschüsse für eine Solaranlage bekommen kann?

10. dass man den Spritverbrauch der
Autos durch langsameres Fahren
stark herabsetzen kann? (*der Sprit* =
Kraftstoff, z.B. Benzin)

4 Discuss the following issues according to the examples below. The words in square brackets are omitted with B and C.

A: Man kann die Wahrheit seiner Aussage bestreiten.
B: Du irrst! Die Wahrheit seiner Aussage kann nicht bestritten werden.
C: So ist es! Die Wahrheit seiner Aussage ist nicht zu bestreiten.

1. Man kann Lebensmittel nach dem Ablauf des Verfallsdatums [noch] verkaufen.
2. Man kann dein altes Fahrrad [doch nicht mehr] verwenden. (mein / noch gut)
3. Man kann die genaue Zahl der Weltbevölkerung [leicht] feststellen.
4. Man konnte den Fehler in der Kühltechnik des Raumfahrzeugs finden.
5. Man kann Lebensmittel [auch] in Kühlhäusern nicht über längere Zeit frisch halten. (auch über längere Zeit)
6. Man kann Salz nicht in Wasser lösen. (problemlos)
7. [Auch] wenn wir unsere Einstellung ändern, können wir die finanziellen Probleme nicht lösen. (mit Sicherheit)
8. Mit dem Öl von Pflanzen kann man [auch] besonders konstruierte Motoren nicht betreiben. (ohne weiteres)
9. Ob die Nachrichten im Fernsehen oder in den Zeitungen wirklich zutreffen, kann der einfache Bürger [ohne weiteres] nachprüfen. (von dem einfachen … nicht)
10. Man kann die Anlage einer Mülldeponie in einem wasserreichen Gebiet [ohne weiteres] verantworten.

5 Zwei „Oberschlaue" müssen natürlich auch ihre Meinung abgeben. Use the sentences in exercise 4 like this:

D: Also, das steht fest: Die Wahrheit seiner Aussage lässt sich nicht bestreiten!
E: Ja, ja, ganz recht! Die Wahrheit seiner Aussage ist unbestreitbar!

Here is something to help you with the "E" sentences:

1. nicht mehr verkäuflich
2. verwendbar
3. nicht feststellbar
4. nicht auffindbar
5. haltbar (ohne „frisch")
6. löslich
7. lösbar
8. betreibbar
9. nicht nachprüfbar
10. unverantwortlich

§ 49   The „Gerundivum"

Aktiv		eine Aufgabe, die man nicht lösen kann.
Passiv	Die Quadratur	eine Aufgabe, die nicht gelöst werden kann.
sein + zu	des Kreises ist	eine Aufgabe, die nicht zu lösen ist.
Gerundivum		eine nicht zu lösende Aufgabe.

1. The so-called „Gerundivum" is a participle construction with *zu*. It is derived from a relative clause with *sein + zu* (see § 48). The „Gerundivum" expresses possibility or impossibility, or necessity, i. e. whether or not something *can* or *has to* be the way it is.

2. The „Gerundivum" has actually got a passive meaning: die *zu lösende* Aufgabe = die Aufgabe, die *gelöst werden kann* oder *muss*; but it is always formed with the present participle (I):
   die *zu lösende* Aufgabe = die Aufgabe, die *zu lösen* ist (= infinitive active)

3. *Zu* precedes the present participle or is inserted in separable verbs (see § 16, I):
   die einzusetzenden Beträge

1   Practise the Gerundivum.

Ein Fehler in der Planung, den man nicht wiedergutmachen kann, ist ein nicht wiedergutzumachender Fehler in der Planung.

1. Ein Gerät, das man nicht mehr reparieren kann, ist …
2. Eine Krankheit, die man nicht heilen kann, ist …
3. Ein Auftrag, der sofort erledigt werden muss, ist …
4. Seine Bemühungen, die man anerkennen muss, sind …
5. Die negative Entwicklung, die man befürchten muss, ist …
6. Die Besserung der wirtschaftlichen Lage, die man erwarten kann, ist …
7. Die Invasion von Insekten, die man nicht aufhalten kann, ist …
8. Der Schaden, den man nicht beseitigen kann, ist …
9. Eine Entscheidung, die nicht verantwortet werden kann, ist …
10. Das Komitee, das sofort gebildet werden muss, ist …

2   Make complete sentences using the expressions in exercise 1.

Ein nicht wiedergutzumachender Fehler in der Planung führte zum Zusammenbruch der Firma.

3   Using the relative clauses below, make a) a passive sentence, b) a sentence with „sein" + „zu" and c) the „Gerundivum" = the participle construction with „zu".

Die Zahl Pi, die man nie vollständig berechnen kann, beweist die Unmöglichkeit der Quadratur des Kreises.

a) *Die Zahl Pi, die nie vollständig berechnet werden kann, beweist die Unmöglichkeit der Quadratur des Kreises.*
b) *Die Zahl Pi, die nie vollständig zu berechnen ist, beweist die Unmöglichkeit der Quadratur des Kreises.*
c) *Die nie vollständig zu berechnende Zahl Pi beweist die Unmöglichkeit der Quadratur des Kreises.*

1. Infolge der Erhöhung des Meeresspiegels, die man in den nächsten Jahrzehnten erwarten muss, werden viele Inseln im Meer versinken.
2. Immer wieder werden die gleichen ökologischen Fehler gemacht, die man nach den neuesten Erkenntnissen leicht vermeiden kann.
3. Die Mediziner müssen sich ständig mit neuen Grippeviren beschäftigen, die sie mit den vorhandenen Mitteln nicht identifizieren können.
4. Bei sogenannten Preisrätseln zu Werbezwecken werden oft Aufgaben gestellt, die man allzu schnell erraten kann,
5. denn meistens handelt es sich nur um den Firmennamen, den man an einer bestimmten Stelle ankreuzen muss.
6. Unkomplizierte Steuererklärungen, die man leicht bearbeiten kann, werden von den Finanzbeamten bevorzugt.
7. Die Verantwortlichen haben sich um die Akten, die man vernichten musste, persönlich gekümmert.
8. Für die einzige vom Orkan in Honduras verschonte kleine Stadt M. war der Strom der Flüchtlinge aus anderen Landesteilen ein Problem, das sie beim besten Willen nicht bewältigen konnte.
9. Der wissenschaftliche Wert von Erkenntnissen, die man nur im Labor erreichen kann, ist gering.
10. Bei einem Überschuss von Agrarprodukten werden zum Beispiel viele Tonnen von Tomaten und Gurken, die man weder verkaufen noch exportieren kann, vernichtet.
11. Das Gemüse, das man in kürzester Zeit vernichten muss, wird auf eine Deponie gebracht und verbrannt.
12. Diese Verschwendung von Lebensmitteln, die man nicht leugnen kann, ist eine aus der Agrarpreispolitik der Europäischen Wirtschaftsgemeinschaft resultierende Tatsache.

4 Using the participle construction with „zu" („Gerundivum"), make relative clauses: a) in the passive with a modal verb, b) with „sein" + „zu".

1. Wenn die Ölquellen in Brand geraten, können *kaum jemals wiedergutzumachende* ökologische Schäden entstehen.
2. Die meisten als „Krebs" angesehenen Tumore sind zum Glück nur *ohne Schwierigkeiten operativ zu entfernende* Verdickungen des Zellgewebes.
3. Nach der Explosion in dem Chemiewerk hat man an einigen *besonders zu kennzeichnenden* Stellen auf dem Fabrikgelände rote Warnlichter aufgestellt.
4. *Von unparteiischen Kollegen nicht zu wiederholende* chemische oder medizinische Experimente haben keinen wissenschaftlichen Wert.
5. Um einige Schäden am Dach des alten Rathauses zu beheben schlug eine Firma vor, ein 25 Meter hohes, *an der Rückwand des Gebäudes aufzustellendes* Gerüst zu liefern.

6. Wegen eines *nicht restlos aufzu-*
   klärenden Fehlers eines Chirurgen
   litt der Patient jahrelang an
   Rückenschmerzen.
7. Die einfachen, *leicht zu beweisenden*
   Ergebnisse des Chemikers

überzeugten auch seine Kollegen.
8. Aufgrund von *nicht zu widerlegen-*
   den Tatsachen bewies der Verteidiger die Unschuld des Angeklagten.

§ 50   Appositions

Nominativ	Nominativ	
Friedrich Ebert,	**der erste Präsident der Weimarer Republik,** war ein überzeugter Sozialdemokrat.	
	Genitiv	Genitiv
Der erste Präsident	der Weimarer Republik,	**des ersten demokratisch regierten Staates in der deutschen Geschichte,** war Friedrich Ebert.
Dativ	Dativ	
In der Bundesrepublik Deutschland,	**dem zweiten demokratisch regierten Staat in der deutschen Geschichte,** gelten die im Grundgesetz festgelegten Rechte der Bürger.	
Akkusativ	Akkusativ	
Für den Bundestag, **die gesetzgebende Versammlung der Bundesrepublik,** sind die Artikel des Grundgesetzes bindend.		

1. Appositions supply us with information about a noun. They generally occur after the noun and are enclosed in commas.

2. Appositions are sentence parts which always occur in the same case as the noun they refer to. It is possible to have more than one apposition in a sentence:
   Karl V., deutscher Kaiser, König von Spanien, Herrscher über die amerikani-schen Kolonien, teilte vor seiner Abdankung sein Weltreich.

3. Appositions occur with *als* (to indicate a profession, a rank, a religion or a nationali-ty) or *wie* (to illustrate something with an example). They are not separated before *als* with a comma, but generally before *wie:*
   Der Papst *als Oberhaupt der katholischen Kirche* wandte sich mahnend an alle Regierenden.
   In der Steuergesetzgebung werden Abhängige, *wie zum Beispiel Kinder, Alte und Behinderte,* besonders berücksichtigt.

4. Dates:
   Heute ist Freitag, *der* 13. Oktober.
   Wir haben heute Freitag, *den* 13. Oktober.
   Ich komme *am* Freitag, *dem* 13. Oktober.

1 Practise appositions.

Das Geburtshaus Goethes • steht in Frankfurt. (der größte deutsche Dichter)
Das Geburtshaus Goethes, des größten deutschen Dichters, steht in Frankfurt.

1. Mit Eckermann • führte der Dichter zahlreiche lange Gespräche. (sein bewährter Mitarbeiter)
2. Goethe schrieb „Die Leiden des jungen Werthers" • nach einem bitter enttäuschenden Liebeserlebnis. (ein Roman in Briefen)
3. Die ersten Alphabete • kamen vor ungefähr 3500 Jahren auf. (vielleicht die größten Erfindungen der Menschheit)
4. Deutsch • wird in der Welt von etwa 110 Millionen Menschen gesprochen. (eine der germanischen Sprachgruppe zugehörige Sprache)
5. Innerhalb der germanischen Sprachen • finden sich große Ähnlichkeiten. (eine Sprachgruppe in der Familie der indogermanischen Sprachen)
6. „Alles Leben ist Leiden" ist ein Wort Arthur Schopenhauers •. (ein bekannter deutscher Philosoph des vorigen Jahrhunderts)
7. Von Ortega y Gasset • stammt das Wort: „Verliebtheit ist ein Zustand geistiger Verengung." (ein spanischer Philosoph)
8. Robert Koch • wurde 1905 der Nobelpreis verliehen. (der Begründer der bakteriologischen Forschung)
9. Der Dieselmotor • setzte sich erst nach dem Tod des Erfinders in aller Welt durch. (eine nach seinem Erfinder Rudolf Diesel benannte Verbrennungskraftmaschine)
10. Am 28. Februar 1925 begrub man den erst 54-jährigen Friedrich Ebert • (der erste Präsident der Weimarer Republik)
11. Die Tier- und Pflanzenbilder Albrecht Dürers • zeichnen sich durch sehr genaue Detailarbeit aus. (der berühmte Nürnberger Maler und Graphiker)
12. Am Samstag • jährte sich zum zehnten Mal der Tag, an dem Großbritannien, Dänemark und Irland der EG beigetreten sind. (der 1. Januar 1983)

§ 51   „Rangattribute"

Ich muss deine Aussagen berichtigen: …
Nicht im November, sondern im Oktober ist das Haus nebenan abgebrannt.
Schon mein erster Anruf hat die Feuerwehr alarmiert.
Auch die anderen Bewohner unseres Hauses haben geholfen.
Selbst die alte Dame aus dem dritten Stock hat einige Sachen gerettet.
Gerade du solltest die Nachbarschaftshilfe anerkennen.
Nur die ausgebildeten Männer von der Feuerwehr konnten wirksam eingreifen.
Allein dem Mut der Feuerwehrleute ist es zu verdanken, dass niemand
    verletzt wurde.
Besonders der Arzt im Parterre hat Glück gehabt.
Sogar seine wertvollen Apparate konnten gerettet werden.
Erst spät in der Nacht wurden die letzten Brandwachen vom Unglücksort
    abgerufen.

1. „Rangattribute" refer directly to a sentence unit and form together with this unit an
   element within the sentence. They are emphasized in spoken German:
   Auch seinem eigenen Bruder hat er nicht mehr trauen können.
   Er hat *auch seinem eigenen Bruder* nicht mehr trauen können.

2. „Rangattribute" generally occur before the sentence unit they refer to.

Notes

Note the difference in meaning:
1. Er kam *auch* zu spät, genauso wie ich.
   Auch er kam zu spät, obwohl er sonst immer pünktlich ist.
2. Er hat seinen Wagen *selbst* repariert, denn er ist sehr geschickt.
   Selbst er (= Sogar er) hat seinen Wagen repariert, obwohl er doch so
   ungeschickt ist. (see § 36, III)
3. Ich saß eine halbe Stunde *allein* im Wartezimmer, später kamen
   noch andere Patienten.
   Bei dem Sturm in Norddeutschland stürzten *allein in Hamburg*
   mehr als zwanzig Bäume um. (= auch anderswo sind Bäume umgestürzt,
   hier wird aber nur von denen in Hamburg berichtet)

1 Fill in the appropriate „Rangattribut".

1. Nun brechen die Gangster … am
   helllichten Tag in Banken und Pri-
   vatwohnungen ein! (erst / schon /
   nicht)
2. … die kleinsten Filialen auf dem
   Land verschonen sie nicht. (nicht /
   gerade / sogar)
3. Im Gegenteil, … die kleinen Banken sind oft das Ziel von Raubüber-
   fällen. (erst / überhaupt / besonders)
4. Neulich haben Gangster … einen
   unterirdischen Gang zu einer Bank
   gegraben. (sogar / ganz / gerade)
5. Den Gang zu graben war wahrscheinlich … schön mühsam. (ganz
   / so / gar)
6. Dafür haben sie dann … eine Rie-
   sensumme „mitgenommen". (nur /
   eben / aber)

7. Das war … eine … raffinierte Idee. (überhaupt, ganz / allein, erst / ja, besonders)

8. … die Kriminalbeamten wunderten sich über so viel Raffinesse (selbst / allein / schon)

9. Dennoch, … kurze Zeit später hatte man die Burschen erwischt. (ganz / so / schon)

10. Die Kerle werden … schöne Strafen bekommen! (erste / ganz / so)

Part IV

§ 52   The „Konjunktiv" (Subjunctive)

Preliminary note

1. The various aspects of the indicative – e. g. *er geht, er lernte, er hat gesagt* – were illustrated in § 6. An indicative sentence makes a factual statement.

2. The subjunctive conveys another kind of aspect – e. g. *er gehe / er ginge, er lerne, er habe / hätte gesagt.* We differentiate between

   a) „Konjunktiv I", also known as "Indirect Speech Konjunktiv" or „Konjunktiv der fremden Meinung":

      a) Indikativ   Der Richter sagte: „Das glaube ich nicht."
      b) Konjunktiv I   Der Richter sagte, *er glaube das nicht.*

   In example a) the speech is a direct account of what was said. The untransformed speech is marked with inverted commas („...").

   In b) the speech is reported "indirectly", i. e. someone is relating what the judge said. Someone else's opinion or speech is being related.

   b) „Konjunktiv II", also known as „Konjunktiv irrealis" (abbreviated "Irrealis") or „Konjunktiv der Nichtwirklichkeit":

      a) Indikativ   Er ist krank, er kann dir nicht helfen.
      b) Konjunktiv II   *Wenn er gesund wäre, könnte er dir helfen.*

   Example a) is a fact, b) expresses an unreal wish.

3. As the various forms of „Konjunktiv I" are replaced by „Konjunktiv II" forms, we are first going to consider „Konjunktiv II".

§ 53   „Konjunktiv II"

Various forms

Indikativ	Konjunktiv II
a) er fährt	er *führe*
b) er fuhr er ist (war) gefahren	er *wäre gefahren*
er las er hat (hatte) gelesen	er *hätte gelesen*

„Konjunktiv II" has two tenses: a) a present tense, and b) a past tense. Unlike the indicative which has three different past tense forms, „Konjunktiv II" only has one.

I Present tense forms

1. Strong verbs

The stem of the imperfect indicative has the following endings added to it:

	Singular	Plural
1. Person	-e	-en
2. Person	-est	-et
3. Person	-e	-en

The diphthongs ä, ö, ü replace the stem vowels a, o, and u:

Infinitiv	Indikativ Präteritum	Konjunktiv II Gegenwartsform
sein	war	ich wäre, du wär(e)st, er wäre ...
bleiben	blieb	ich bliebe, du bliebest, er bliebe ...
fahren	fuhr	ich führe, du führest, er führe ...
kommen	kam	ich käme, du kämest, er käme ...
ziehen	zog	ich zöge, du zögest, er zöge ...

2. Weak verbs

The present tense forms of „Konjunktiv II" are the same as those for the imperfect indicative. No diphthongs (Umlaute) occur:

Infinitiv	Indikativ Präteritum	Konjunktiv II Gegenwartsform
fragen	fragte	ich fragte, du fragtest, er fragte …
sagen	sagte	ich sagte, du sagtest, er sagte …

3. Exceptions

a) The modal verbs *dürfen, können, mögen, müssen,* the mixed verbs *denken, bringen, wissen* and the auxiliary verbs *haben* and *werden* have a diphthong in „Konjunktiv II":

Infinitiv	Indikativ Präteritum	Konjunktiv II Gegenwartsform
bringen	brachte	ich brächte, du brächtest, er brächte …
haben	hatte	ich hätte, du hättest, er hätte …
können	konnte	ich könnte, du könntest, er könnte …
werden	wurde	ich würde, du würdest, er würde …

b) Some strong and mixed verbs do not have the same vowel in „Konjunktiv II" as they would do in the imperfect indicative. These forms are seldom used, however. *Würde* + infinitive is preferred (see § 54 III):

Infinitiv	Indikativ Präteritum	Konjunktiv II Gegenwartsform
helfen	half	hülfe
werfen	warf	würfe
verderben	verdarb	verdürbe
stehen	stand	stünde
sterben	starb	stürbe
nennen	nannte	nennte u. a.

Note

The weak form is always used with „Konjunktiv II" with the mixed verbs *senden – sandte / sendete* and *wenden – wandte / wendete.*
In contemporary speech (sometimes in the written language, too) the alternative structure with *würde* + infinitive is used. The K-II forms are only always used when the verb is a modal or auxiliary. (see § 54, III)

II Past tense forms

1. The past tense is formed with the auxiliary verbs *haben* and *sein* in „Konjunktiv II" (*wäre, hätte*) and the past participle:

Infinitiv	Vergangenheit im Konjunktiv II
haben	ich hätte gehabt, du hättest gehabt …
sein	ich wäre gewesen, du wär(e)st gewesen …
arbeiten	ich hätte gearbeitet, du hättest gearbeitet …
bleiben	ich wäre geblieben, du wär(e)st geblieben …
kommen	ich wäre gekommen, du wär(e)st gekommen …
ziehen	ich hätte gezogen, du hättest gezogen …

2. Unlike the indicative which has three forms of the past tense „Konjunktiv II" only has one:

Indikativ	Konjunktiv II
Hans kam.	Hans **wäre gekommen.**
Hans ist gekommen.	
Hans war gekommen.	

III The passive in „Konjunktiv II"

	Indikativ	Konjunktiv II
Gegenwart	ihm wird geholfen	ihm **würde geholfen**
Vergangenheit	ihm wurde geholfen	
	ihm ist geholfen worden	ihm **wäre geholfen worden**
	ihm war geholfen worden	

1 Conjugate the following verbs in the present and past tense forms of „Konjunktiv II".

1. rechnen	3. abreisen	5. ausschalten	7. lernen
2. arbeiten	4. sollen	6. telefonieren	8. klettern

2 Do the same here:

1. nehmen	3. schlagen	5. fliegen	7. frieren	9. rufen
2. essen	4. schließen	6. abfahren	8. erfahren	10. weggehen

3 Do the same here:

1. dürfen	2. denken	3. wissen	4. umbringen	5. absenden

4   Put the verbs into the appropriate forms of „Konjunktiv II".

1. du stehst
   du hast gestanden
2. es verdirbt
   es verdarb
3. sie widerstehen
   sie widerstanden
4. wir grüßten
   wir hatten gegrüßt
5. sie wird verhaftet
   sie wurde verhaftet
6. du erwiderst
   du hattest erwidert

7. sie redeten
   sie hatten geredet
8. er freute sich
   er hat sich gefreut
9. sie wollen reden
   sie wollten reden
10. ich will
    ich habe gewollt
11. er schneidet
    er hat geschnitten
12. sie klingeln
    sie klingelten

13. er handelt
    er handelte
14. ihr wandert
    ihr seid gewandert
15. ich fasse zusammen
    ich fasste zusammen
16. du reist ab
    du bist abgereist
17. ich musste abreisen
    ich habe abreisen müssen
18. sie wurden geschlagen
    sie sind geschlagen worden

§ 54   The Use of „Konjunktiv II"

I   Sentences expressing unreal wishes

a) Er ist nicht gesund. Er wünscht sich:
   Wenn ich doch gesund *wäre!*
   Wäre ich doch gesund!
b) Die Freunde sind nicht mitgefahren. Wir wünschen:
   Wenn sie nur (or: doch nur) *mitgefahren wären!*
   Wären sie nur (or: doch nur) *mitgefahren!*
c) Hans belügt mich immer. Ich wünsche mir:
   Wenn er mir doch die Wahrheit *sagte* (or: *sagen würde*)!
d) Ich habe Evas Adresse vergessen und wünsche mir:
   Wüsste ich doch (or: bloß) ihre Adresse!

1. Sentences expressing unreal wishes can be introduced with *wenn,* in which case the verb occurs at the end of the sentence. If *wenn* is not used, the verb occurs at the beginning of the sentence.

2. The sentence has to be completed with *doch, bloß, nur* or *doch nur.*

3. An exclamation mark (!) occurs at the end of every such sentence.

1   Make unreal wishes in the present tense.

   Sie kommt nicht zurück.   *Wenn sie doch zurückkäme!*
   Es ist so heiß.   *Wenn es doch nicht so heiß wäre!*

1. Der Bus kommt nicht.
2. Es ist hier so dunkel.
3. Ich habe Angst. (nicht solche Angst)
4. Ich muss lange warten. (so lange)
5. Ich habe nicht viel Zeit. (etwas mehr)
6. Der Zug fährt noch nicht ab. (doch schon)

2 Make wishes in the past tense.

> Du hast mir nicht geschrieben, wann du kommst.
> *Wenn du mir doch nur geschrieben hättest, wann du kommst!*

1. Du hast mir nicht gesagt, dass du Urlaub bekommst.
2. Ich habe nicht gewusst, dass du nach Spanien fahren willst.
3. Ich habe keine Zeit gehabt Spanisch zu lernen.
4. Du hast mir nicht geschrieben, was du vorhast.
5. Ich habe nicht genug Geld gespart um mitzufahren.

3 Using exercise 1 and 2 make wishes without „wenn".

4 Make wishes with or without „wenn". Pay attention to the tense!

1. Ich kann nicht zu der Ausstellung fahren.
2. Du hast mich nicht besucht, als du hier warst.
3. Er ist bei diesem schlechten Wetter auf eine Bergtour gegangen.
4. Er ist nicht hier geblieben.
5. Ich bin nicht informiert worden.
6. Ich darf nicht schneller fahren.
7. Ich werde von der Polizei angehalten.
8. Wir müssen noch weit fahren. (nicht mehr so weit)
9. Wir sind noch lange nicht da. (bald da)
10. Er schenkte der Stadt sein ganzes Vermögen.
11. Mein Bruder war nicht auf der Party.
12. Er hatte keine Zeit zu kommen.

5 Make unreal wishes.

> Er arbeitet langsam. (schneller)
> *a) Wenn er doch schneller arbeitete!*
> *b) Wenn er doch nicht so langsam arbeitete!*

1. Sie spricht undeutlich. (deutlicher)
2. Die Fernsehsendung kommt spät. (früher)
3. Der Busfahrer fährt schnell. (langsamer)
4. Ich verdiene wenig Geld. (mehr)
5. Er stellt das Radio laut. (leiser)
6. Das Zimmer ist teuer. (billiger)

II Unreal conditional sentences

1. Wenn ich genug Geld habe, baue ich mir ein Haus.

   Expresses an open condition, i. e.: *Ich spare und eines Tages werde ich bauen.* A real plan has been made.

   Wenn ich genug Geld hätte, baute ich mir ein Haus (oder: würde … bauen).

Expresses an unreal condition, i. e.: *Ich habe nicht genug Geld, ich kann nicht bauen; aber wenn ...* – an unreal plan, a wish. „Konjunktiv II" occurs here in the main clause as well as in the subordinate clause.

2. Wenn ich Zeit hätte, käme ich zu dir.
   Ich käme zu dir, wenn ich Zeit hätte.
   Wenn ich gestern Zeit gehabt hätte, wäre ich zu dir gekommen.

The subordinate clause with *wenn* can occur before or after the main clause.

Hätte ich Zeit, (so) käme ich zu dir.

The conditional sentence can also be formed without *wenn,* in which case the verb appears in position I. The main clause can be introduced with *so* or *dann;* in this case it always follows the conditional clause.

Was machtet ihr, wenn jetzt ein Feuer ausbräche?
Hättest du mich gestern besucht, wenn du Zeit gehabt hättest?

If there is a question embedded in the conditional clause, the *wenn*-clause follows.

Er musste ein Taxi nehmen, sonst wäre er zu spät gekommen.
Man musste ihn ins Krankenhaus bringen, andernfalls wäre er verblutet.

„Konjunktiv II" often occurs after *sonst* or *andernfalls* in a main clause in which inversion is possible.

Er musste ein Taxi nehmen, *er* wäre *sonst* zu spät gekommen.

Es wäre mir angenehmer, er käme schon am Freitag.
Es wäre besser gewesen, wir hätten vorher mit ihm gesprochen.

A main clause can also occur after impersonal, subjective statements in „Konjunktiv II" which are usually used with a comparative construction.

III „Konjunktiv II" with „würde" + infinitive

(Wenn ich Karin *fragte, berichtete* sie mir von ihrer Tätigkeit.)

A sentence like this with two weak verbs is ambivalent. It can mean: 1. *Jedesmal, wenn ich sie fragte ...* (= imperfect indicative) or 2. *Im Fall, dass ich sie fragen sollte ...* (present tense „Konjunktiv II").
In this case the *würde + infinitive* form is preferable. Its double use in the main and subordinate clause should be avoided, however.

Wenn ich Karin *fragen würde, berichtete* sie mir von ihrer Tätigkeit.
Wenn ich Karin *fragte, würde* sie mir von ihrer Tätigkeit *berichten.*

(Wenn sie mich zur Teilnahme *zwängen, träte* ich aus dem Verein *aus.*)
Wenn sie mich zur Teilnahme zu zwingen *versuchten, würde* ich aus dem Verein *austreten.*

Many strong verb forms in „Konjunktiv II" are considered archaic (e. g. *träte, böte, grübe*); they are replaced by *würde + infinitive*.

6 Say what would be better.

> Er kümmert sich nicht um sein Examen.
> *Es wäre besser, wenn er sich um sein Examen kümmerte.*
> Or: *... , wenn er sich um sein Examen kümmern würde.*

1. Der Angestellte kommt nicht pünktlich zum Dienst.
2. Der Angeklagte sagt nicht die volle Wahrheit.
3. Die Stadt baut keine Radfahrwege.
4. Der Hausbesitzer lässt das Dach nicht reparieren.
5. Du kaufst keine neuen Reifen für dein Auto.
6. Sie geht nicht zum Arzt und lässt sich nicht untersuchen.
7. Er kauft sich keine neue Brille.
8. Der Motorradfahrer trägt keinen Schutzhelm.

7 Use the sentences from exercise 6 and change them to the past tense.

> *Es wäre besser gewesen, wenn er sich um sein Examen gekümmert hätte.*

8 Use the sentences from exercise 6 and 7 in the following way:

> *(1) Es wäre besser, er kümmerte sich um sein Examen.*
> Or: *..., er würde sich um sein Examen kümmern.*
> *(2) Es wäre besser gewesen, er hätte sich um sein Examen gekümmert.*

9 Link the sentences below to make one unreal conditional sentence with or without „wenn". Pay attention to the tense!

> Er findet meine Brille nicht. Er schickt sie mir nicht.
> *Wenn er meine Brille fände, schickte er sie mir.*
> Or: *..., würde er sie mir schicken.*

> Ich habe von seinem Plan nichts gewusst. Ich habe ihn nicht gewarnt.
> *Hätte ich von seinem Plan gewusst, hätte ich ihn gewarnt.*

1. Der Fahrgast hat keinen Fahrschein gehabt. Er hat 30 Euro Strafe zahlen müssen.
2. Der Ausländer hat den Beamten falsch verstanden. Er ist in den falschen Zug gestiegen.
3. Die beiden Drähte berühren sich nicht. Es gibt keinen Kurzschluss.
4. Es gibt nicht genügend Laborplätze. Nicht alle Bewerber können Chemie studieren.
5. Ich bin nicht für die Ziele der De-
monstranten. Ich gehe nicht zu der Demonstration.
6. Du hast das verdorbene Fleisch gegessen. Dir ist schlecht geworden.
7. Der Apotheker hatte keine Alarmanlage installiert. Die Diebe konnten unbemerkt eindringen und bestimmte Medikamente mitnehmen.
8. Die Feuerwehr hat den Brand nicht sofort gelöscht. Viele Häuser sind von den Flammen zerstört worden. (nicht so viele)

10 Complete the conditional sentences using „Konjunktiv II".

1. Wäre sie nicht so schnell gefahren, so …
2. Hätte er nicht so viel durcheinander getrunken, so …
3. Hätte er dem Finanzamt nicht einen Teil seines Einkommens verschwiegen, …
4. Hätten wir nicht im Lotto gespielt, …
5. Wäre er nicht auf die Party seines Freundes gegangen, …
6. Hätten die Politiker rechtzeitig verhandelt, …
7. Wäre der Bus pünktlich gekommen, so …
8. Gäbe es keine Schreibmaschine, dann …
9. Würde er aus dem Gefängnis fliehen, …
10. Ginge ich in der Nacht durch den Stadtpark, …

11 Answer the questions using an unreal conditional sentence.

Was würden (see § 54, III) Sie machen, wenn . . .

1. Sie Ihre Tasche (Brieftasche) mit allen Papieren verloren hätten?
2. Ihr Zimmer (Ihre Wohnung) plötzlich gekündigt würde?
3. Sie eine Million Euro im Toto gewonnen hätten?
4. in Ihrer Nähe plötzlich jemand um Hilfe riefe?
5. Sie von einer giftigen Schlange gebissen worden wären?
6. Sie im Kaufhaus ein kleines Kind nach seiner Mutter schreien hörten?
7. Sie bei einem Versandhaus einen Anzug bestellt und ein Fahrrad erhalten hätten?
8. Sie zufällig auf der Straße ein Flugticket nach New York und zurück fänden?

12 Make sentences with „sonst" or „andernfalls". The second sentence always occurs in the past tense in „Konjunktiv II".

Er musste ein Taxi nehmen. (er / zu spät zum Bahnhof / kommen)
Er musste ein Taxi nehmen, sonst wäre er zu spät zum Bahnhof gekommen.

1. Er musste das Dach neu decken lassen. (ihm / das Regenwasser / in die Wohnung / laufen)
2. Gut, dass du endlich zurückkommst! (ich / dich / durch die Polizei / suchen lassen)
3. Die Forscher mussten den Versuch abbrechen. (es / eine Explosion / geben / und / die teure Apparatur / zerstört werden)
4. Sie nahm ihren Studentenausweis mit. (sie / den normalen Fahrpreis / bezahlen müssen)
5. Mein Nachbar hat mich in ein langes Gespräch verwickelt. (ich / nicht so spät / zu dir kommen)
6. In diesem Winter musste man die Tiere des Waldes füttern. (sie / alle / verhungern)
7. Es war schon spät. (wir / bei dir / vorbeikommen)
8. Er musste aufhören zu rauchen. (ihn / der Arzt / nicht mehr behandeln)
9. Man musste den Patienten an eine Herz-Lungen-Maschine anschließen. (er / nicht mehr / zu retten sein)
10. Der Arzt entschloss sich zu einem Luftröhrenschnitt. (das Kind / ersticken)

13 Make unreal conditional sentences. Use the „würde"-form for the sentences in brackets.

(Du erreichst einen günstigeren Preis.) Du handelst mit ihm.
Du würdest einen günstigeren Preis erreichen, wenn du mit ihm handeltest.

(Die alte Regelung gilt noch.) Dann ist alles viel leichter.
Wenn die alte Regelung noch gelten würde, wäre alles viel leichter.

1. (Du fragst mir die Vokabeln ab.) Du tust mir einen großen Gefallen.
2. (Du holst mich von der Bahn ab.) Ich brauche kein Taxi zu nehmen.
3. (Er spart viel Geld.) Er heizt etwas sparsamer.
4. Wir besuchen ihn. (Wir kennen seine Adresse.)
5. (Sie richten ihn hin.) Das Volk empört sich gegen die Regierung.
6. (Du liest das Buch.) Du weißt Bescheid.
7. Man pflanzt in der Stadt Bäume. (Man verbessert die Luft und verschönert die Stadt.)
8. (Ich kenne sein Geburtstagsdatum.) Ich gratuliere ihm jedes Jahr.

IV Unreal comparative sentences

1. Sie schaut mich an, *als ob* sie mich nicht *verstünde.*
   Sie schaut mich an, *als ob* sie mich nicht *verstanden hätte.*

   The comparative clause with *als ob* or *als* (less frequently with *als wenn* or *wie wenn*) indicates an unreal comparison: Sie schaut mich so an, aber in Wirklichkeit versteht sie mich oder hat mich wahrscheinlich verstanden.

   Er hat solchen Hunger, *als hätte* er seit Tagen nichts *gegessen.*

   If the subordinate clause is introduced with *als,* the verb follows immediately after.

2. A factual statement is expressed in the first part; the verb is therefore in the indicative.

14 Make unreal comparative sentences with „als ob" or „ als wenn".

Der Junge tat so, (er / nicht laufen können)
Der Junge tat so, als ob (als wenn) er nicht laufen könnte.

1. Der Angler tat so, (er / einen großen Fisch an der Leine haben)
2. Der Lehrer sprach so laut, (seine Schüler / alle schwerhörig sein)
3. Unser Nachbar tut so, (Haus und Garten / ihm gehören)
4. Der Junge hat die Fensterscheibe eingeschlagen, aber er tut so, (er / ganz unschuldig sein)
5. Gisela sprang von ihrem Stuhl auf, (sie / von einer Tarantel gestochen worden sein) (die Tarantel = giftige Spinne)
6. Der Rennfahrer saß so ruhig hinter dem Steuer seines Rennwagens, (er / eine Spazierfahrt machen)
7. Der Hund kam auf mich zugerannt, (er / mich in Stücke reißen wollen)
8. Das Mädchen fuhr auf ihren Skiern so geschickt den Berg hinunter, (sie / das schon tausendmal geübt haben)

15 Make unreal sentences with „als" from exercise 14.

Der Junge tat so, als könnte er nicht laufen.

16 Complete the comparative sentences using „Konjunktiv II".

1. Der Politiker sprach so laut, als ob …
2. Der Busfahrer fuhr so schnell, als wenn …
3. Der Hotelgast gab so hohe Trinkgelder, als …
4. Der Arzt machte ein Gesicht, als …
5. Der Schriftsteller wurde gefeiert, als …
6. Die Musik kam so laut und klar im Radio, als …
7. Der Koch briet so viel Fleisch, als …
8. Der Zug fuhr so langsam, als …
9. Das Kind schrie so entsetzlich, als …
10. Die Kiste war so schwer, als …

17 Make unreal comparative sentences.

Ich fühle mich bei meinen Wirtsleuten so wohl wie zu Hause.
Ich fühle mich bei meinen Wirtsleuten so wohl, als ob ich zu Hause wäre.

1. Er hatte sich in den Finger gestochen und schrie wie ein kleines Kind.
2. Die Wirtin behandelte ihren Untermieter wie einen nahen Verwandten.
3. Er sieht aus wie ein Bettler.
4. Er gibt das Geld aus wie ein Millionär.
5. Er bestaunte das Auto wie einer, der noch nie ein Automobil gesehen hat. (… Auto, als ob er …)
6. Er schaute mich verständnislos an. (nicht verstanden haben)
7. Der Automechaniker stellte sich an wie einer, der noch nie einen Motor auseinander genommen hat. (… sich an, als ob er …)
8. Der Chef sprach mit dem Angestellten wie mit einem dummen Jungen.

V Unreal consecutive sentences

Es ist *zu* spät, *als dass* wir noch bei ihm anrufen könnten.
Ich hab' das Tier *viel zu* gern, *als dass* ich es weggeben könnte.

The consecutive sentence usually refers to an adverb with *zu* or *allzu* (= emphasis). *Zu* indicates that something has gone beyond the limit or is no longer tolerable, so that the consequence mentioned in the *als*-clause can no longer happen. For this reason this phrase with *als dass* occurs in „Konjunktiv II".

Er hat *so* viel Zeit, *dass* er das ganze Jahr verreisen könnte.

The consequences mentioned in the subordinate clause with *so … dass* will not come about; they are unreal. The subordinate clause is therefore in „Konjunktiv II".

Er ging weg, *ohne dass* er sich verabschiedet hätte.

The anticipated result has not come about in the *ohne dass*-clause. The subordinate clause is therefore in „Konjunktiv II".

18 Make unreal consecutive sentences with „zu ..., als dass".

Die Versuche sind zu teuer. Man kann sie nicht unbegrenzt fortsetzen.
Die Versuche sind zu teuer, als dass man sie unbegrenzt fortsetzen könnte.

1. Der Schwimmer ist mit 32 Jahren schon zu alt. Er kann keine Spitzenleistungen mehr erbringen. (noch)
2. Diese Bergwanderung ist zu gefährlich. Ihr könnt sie nur mit einem Seil machen. (ohne Seil)
3. Die Tour ist zu weit. Sie können die Strecke nicht an einem Tag schaffen.
4. Die Wanderer sind viel zu müde. Sie wollen nicht mehr tanzen. (noch)
5. Das Hotel ist zu teuer. Wir können dort nicht wohnen.
6. Der Wind ist zu kalt. Das Laufen macht keinen Spaß mehr. (noch ... würde)
7. Die Mathematikaufgabe ist zu schwierig. Die Schüler können sie nicht lösen.
8. Das Bild ist zu groß. Ich will es mir nicht ins Zimmer hängen.
9. Die Reise ist zu anstrengend. Ich werde sie nicht mehr machen. (noch einmal ... würde)
10. Das Fernsehprogramm ist viel zu langweilig. Ich sehe es mir nicht an.

19 Put sentences 1–5 of exercise 18 into the Imperfekt or Perfekt and make consecutive sentences.

Die Versuche waren zu teuer. Man konnte sie nicht unbegrenzt fortsetzen.
Die Versuche waren zu teuer, als dass man sie unbegrenzt hätte fortsetzen können.

20 Make unreal consecutive sentences with „so ..., dass". Pay attention to the tenses!

Die Straßenbahn fuhr (fährt) so langsam, (man / ebensogut laufen können)
Die Straßenbahn fuhr (fährt) so langsam, dass man ebensogut hätte laufen können (laufen könnte).

1. Die Sonne schien so warm, (man / im Badeanzug auf der Terrasse liegen können)
2. Sein Geschäft geht so gut, (er / es ganz groß ausbauen können)
3. Die Terroristen hatten so viele Waffen, (man / eine ganze Kompanie Soldaten damit ausrüsten können)
4. Der Sportwagen ist so teuer, (man / zwei Mittelklassewagen / sich dafür kaufen können)
5. Die Höhle hat so viele Gänge, (man / sich darin verlaufen können)
6. Das Haus, in dem er wohnt, ist so groß, (drei Familien / darin Platz finden)
7. Das Gift wirkt so stark, (man / mit einem Fläschchen / eine ganze Stadt vergiften können)
8. Der Mond schien so hell, (man / Zeitung lesen können)

21 Make sentences with „ohne dass". Pay attention to the tenses!

Sie waren oft hier in Wien. Sie haben uns nicht ein einziges Mal besucht.
Sie waren oft hier in Wien, ohne dass sie uns ein einziges Mal besucht hätten.

1. Der Arzt überwies den Patienten ins Krankenhaus. Er hat ihn nicht untersucht.
2. Ein Onkel sorgte für die verwaisten Kinder. Er hat kein Wort darüber verloren.
3. Ein ausländischer Konzern kaufte die Fabrik. Es wurde nicht lange über den Preis verhandelt. (*es* fällt weg!)
4. Die Tochter verließ das Elternhaus. Sie schaute nicht noch einmal zurück.
5. Er wanderte nach Amerika aus. Er hat nie wieder ein Lebenszeichen von sich gegeben. (ohne dass er jemals wieder)
6. Luft und Wasser werden von gewissen Industriebetrieben verschmutzt. Diese werden dafür nicht zur Verantwortung gezogen.
7. Sie hat uns geholfen. Wir haben sie nicht darum gebeten.
8. Er verschenkte seine wertvolle Münzsammlung. Es hat ihm keinen Augenblick Leid getan.

VI More uses of „Konjunktiv II"

Beinah(e) wäre das ganze Haus abgebrannt!
Fast hätte ich den Bus nicht mehr erreicht.

„Konjunktiv II" is used: in sentences with *beinah(e)* or *fast* to express that an anticipated event has not come about;

Ich hätte dich besucht, aber ich hatte deine Adresse nicht.
Der Bus ist noch nicht da; dabei hätte er schon vor zehn Minuten kommen müssen.

to show the difference between the real and the unreal;

Sollte es wirklich schon so spät sein?
Würdest du mir tatsächlich Geld leihen?

in questions we ask when we find it hard to believe something;

Wären Sie so freundlich mir zu helfen?
Könnten Sie mir vielleicht sagen, wie ich zum Bahnhof komme?

to make a polite request in the form of a question.

Würden Sie mir bitte einen Gefallen tun?
Würden Sie vielleicht gegen zehn Uhr noch mal anrufen?

The alternative form – *würde* + infinitive – is often used for a polite request – see i + j);

Zum Einkaufen dürfte es jetzt zu spät sein.
(Wie alt schätzt du Gisela?) Sie dürfte etwa zwanzig sein.

with *dürfen* if you want to express a supposition carefully;

So, das wär's für heute! (Morgen geht's weiter.)
Das hätten wir geschafft!

to express that part of the thing in question (here work) has been completed;

Ich glaube, dass ich ihm in dieser Lage auch nicht helfen könnte.
Ich meine, dass er sich endlich ändern müsste.

to express uncertainty about something. Verbs like *annehmen, glauben, denken, meinen* occur in the main clause.

Ich kenne keinen anderen Arzt, der dir besser helfen könnte.
Ich wüsste kein Material, das härter wäre als ein Diamant.

„Konjunktiv II" occasionally occurs in relative clauses with a comparative, in which case they are governed by a negative in the main clause.

22 Practise the past tense of „Konjunktiv II" after „beinah(e)" or „fast".

Hast du das Haus gekauft?
Nein, aber beinah (fast) hätte ich es gekauft.
Oder: *Nein, aber ich hätte es beinah (fast) gekauft.*

1. Hast du dein Geld verloren?
2. Bist du betrogen worden?
3. Bist du verhaftet worden?
4. Ist das Flugzeug abgestürzt?
5. Hast du dein Geschäft verkaufen müssen?
6. Ist das Schiff untergegangen?
7. Seid ihr zu spät gekommen?

23 Express an element of doubt in your question.

Ist sie wirklich erst 17? – Ja, das stimmt.
Sollte sie wirklich erst 17 sein? – Ja, das dürfte stimmen.

1. Ist dieses Haus wirklich für 100 000 Euro zu haben? – Ja, das stimmt.
2. Hat er wirklich die Wahrheit gesagt? – Nein, das war nicht die Wahrheit.
3. Ist er wirklich in schlechten finanziellen Verhältnissen? – Ja, das trifft leider zu.
4. Habe ich für diesen Pelzmantel wirklich 100 Euro zu viel bezahlt? – Ja, das stimmt annähernd.
5. Hatte der Sultan wirklich 90 Kinder? – Nein, es waren nur etwa 50.
6. Hat er mich mit Absicht falsch informiert? – Nein, er hat nur wieder mal nicht aufgepasst.
7. Ist der Zug wirklich schon abgefahren ? – Ja, der ist schon weg.
8. Hat der Zeuge sich wirklich nicht geirrt? – Nein, seine Aussage entspricht so ziemlich den Tatsachen.
9. Hat er seine Steuererklärung wirklich ungenau ausgefüllt? – Ja, die Angaben waren unzutreffend.

24 Make polite questions.

> Nehmen Sie das Paket mit?
> *Würden Sie bitte das Paket mitnehmen?*
> *Könnten Sie bitte das Paket mitnehmen?*
> *Würden Sie so freundlich sein und das Paket mitnehmen?*
> *(... das Paket mitzunehmen?)*
> *Dürfte ich Sie bitten das Paket mitzunehmen?*
> *Würden Sie mir den Gefallen tun und das Paket mitnehmen?*
> *(... das Paket mitzunehmen?)*

1. Schicken Sie mir die Waren ins Haus?
2. Wo ist die Stadtverwaltung?
3. Wie komme ich zum Krankenhaus?
4. Reichen Sie mir das Salz?
5. Geben Sie mir noch eine Scheibe Brot?
6. Bringen Sie mir noch ein Glas Bier?
7. Helfen Sie mir den Wagen anzuschieben?
8. Wird der Eilbrief heute noch zugestellt? (... mir sagen, ob ...)
9. Kommen Sie gegen 5 Uhr noch mal vorbei?
10. Nimmst du dieses Päckchen mit zur Post?

25 Say what would be possible in different circumstances.

> Zu Fuß kannst du den Zug nicht mehr erreichen; (mit dem Taxi / noch rechtzeitig zur Bahn kommen)
> *Zu Fuß kannst du den Zug nicht mehr erreichen; mit dem Taxi könntest du noch rechtzeitig zur Bahn kommen.*

1. Ohne Antenne kannst du das Programm von Bayern III nicht empfangen; (mit Antenne / du / es gut hereinbekommen)
2. Hier müssen alle Kraftfahrzeuge langsam fahren; (ohne diese Vorschrift / es / viele Unfälle geben)
3. Leider ist unser Auto kaputt; (sonst / wir / heute ins Grüne fahren)
4. Ohne Licht darfst du abends nicht Rad fahren; (sonst / dir / ein Unglück passieren)
5. Du brauchst unbedingt eine Waschmaschine; (damit / du / viel Zeit sparen)
6. Du machst dir keine genaue Zeiteinteilung; (sonst / du / viel mehr schaffen)
7. Diesen Ofen benutzen wir nur in der Übergangszeit; (im Winter / wir / das Haus damit nicht warm bekommen)
8. Die Arbeiter müssen zur Zeit Überstunden machen; (die Firma / andernfalls / die Liefertermine nicht einhalten)
9. Hier darfst du nicht fotografieren; (du / wegen Spionage verhaftet werden)

§ 55   „Konjunktiv I"

The subjunctive/Konjunktiv

Although the English subjunctive has almost died out, German still uses its subjunctive, or rather Konjunktiv, quite widely, especially in formal or literary contexts. There has been a growing tendency in the recent past to use the indicative in spoken German, but Konjunktiv forms are still very common.

Various forms

	Indikativ	Konjunktiv I
a)	er fährt	er *fahre*
b)	er wird fahren	er *werde fahren*
c)	er fuhr	
	er ist / war gefahren }	er *sei gefahren*
	er sah	
	er hat / hatte gesehen }	er *habe gesehen*

„Konjunktiv I" has three different tenses: a) a present tense, b) a future tense form (also supposition) and c) a past tense form.

I   Present tense forms

1. The same endings are added to the infinitive stem as those used for „ Konjunktiv II" (see § 53, I).

2. The following forms occur:

Starkes Verb	Schwaches Verb	Verb mit Hilfs-e	Modalverb	Hilfsverb	
kommen	planen	schneiden	dürfen	haben	werden
(ich	(ich	(ich	ich	(ich	(ich
komme)	plane)	schneide)	dürfe	habe)	werde)
du	du	(du	du	du	du
kommest	planest	schneidest)	dürfest	habest	werdest
er	er	er	er	er	er
komme	plane	schneide	dürfe	habe	werde
(wir	(wir	(wir	(wir	(wir	(wir
kommen)	planen)	schneiden)	dürfen)	haben)	werden)
ihr	ihr	(ihr	ihr	ihr	(ihr
kommet	planet	schneidet)	dürfet	habet	werdet)
(sie	(sie	(sie	(sie	(sie	(sie
kommen)	planen)	schneiden)	dürfen)	haben)	werden)

The forms in brackets correspond with the indicative. They are replaced by the corresponding present tense forms of „Konjunktiv II", so that they can be distinguished from the indicative. If Konjunktiv II is the same form as the imperfect, *würde* + infinitive is usually used instead. The following forms occur:

Starkes Verb	Schwaches Verb	Verb mit Hilfs-e	Modalverb	Hilfsverb	
ich	ich	ich	ich	ich	ich
käme	plante	schnitte	dürfe	hätte	würde
du	du	du	du	du	du
kommest	planest	schnittest	dürfest	habest	werdest
er	er	er	er	er	er
komme	plane	schneide	dürfe	habe	werde
wir	wir	wir	wir	wir	wir
kämen	planten	schnitten	dürften	hätten	würden
ihr	ihr	ihr	ihr	ihr	ihr
kommet	planet	schnittet	dürfet	habet	würdet
sie	sie	sie	sie	sie	sie
kämen	planten	schnitten	dürften	hätten	würden

In spoken German these rules are not strictly adhered to, so that „Konjunktiv II" is often used also in the 2nd person sing. and pl.: *du kämest, ihr kämet.*

Note

The special forms in the 2nd and 3rd person singular present tense of the strong verbs are not discussed in the „Konjunktiv I" table: *du gebest, er gebe.*

3. The *sein*-forms are an exception to the rule:

ich sei	wir seien
du sei(e)st	ihr seiet
er sei	sie seien

II Future tense forms (also supposition)

1. The Futur I is formed with the above forms of *werden* and the infinitive:

ich würde kommen	wir würden kommen
du werdest kommen	ihr würdet kommen
er werde kommen	sie würden kommen

2. The Futur II is formed accordingly with the perfect infinitive:

ich würde gekommen sein	ich würde geplant haben
du werdest gekommen sein	du werdest geplant haben

III Past tense forms

The past tense is formed with the above forms of *haben* or *sein,* whichever the case may be, and the past participle:

ich sei gekommen	ich hätte geplant
du sei(e)st gekommen	du habest geplant

IV The passive in „Konjunktiv I"

The passive is formed with the above forms of *werden:*

Gegenwart	ich würde informiert, du werdest informiert …
Zukunft	ich würde informiert werden, du werdest informiert werden …
Vergangenheit	ich sei informiert worden, du sei(e)st informiert worden …

1 Conjugate in the present and past tense forms of „Konjunktiv I".

1. reisen	4. fliegen	7. abschneiden	10. fahren
2. ordnen	5. fallen	8. sich ärgern	11. frieren
3. schicken	6. geben	9. beabsichtigen	12. benachrichtigt werden

2 Put the verbs into the appropriate forms of „Konjunktiv I".

1. ich stelle er stellt er stellte	7. ich gehe du gehst er ist gegangen	13. du fährst ihr fahrt sie fuhren
2. du bittest er bittet wir baten	8. sie betet sie beten er betete	14. ich rufe an du rufst an sie riefen an
3. wir telefonieren ihr telefoniert sie telefonierten	9. sie schneidet wir schneiden wir haben geschnitten	15. du streitest sie streitet ihr habt gestritten
4. sie grüßt sie grüßen sie grüßten	10. ich antworte er antwortet ihr antwortet	16. er stirbt sie sterben sie starben
5. ich werde eingeladen du wirst eingeladen du wurdest eingeladen	11. er wird gewogen wir werden gewogen ihr wart gewogen worden	17. du wirst bestraft er wird bestraft sie wurde bestraft
6. du wirst dich erkälten sie wird sich erkälten sie werden sich erkälten	12. sie wird sich erholt haben ihr werdet euch erholt haben sie werden sich erholt haben	

§ 56   Use of „Konjunktiv I"

Whilst indirect speech in English is marked by a change in tense, „Konjunktiv I" is used in German. The tense used in the direct speech sentence is retained, provided the Konjunktiv and indicative forms are not identical. As the main function of indirect speech is to report opinions and statements uttered by a third person, the third person forms are particularly important when rendering indirect speech in German.

I   Indirect speech

Direkte Rede	Indirekte Rede
In der Wahlnacht spricht der Partei-vorsitzende. Er sagt unter anderem:	Ein Journalist berichtet.
	Der Parteivorsitzende sagte,
a) „Wir können stolz sein auf unseren Erfolg."	*dass sie* stolz auf *ihren* Erfolg sein könnten.
	sie könnten stolz sein auf *ihren* Erfolg.
b) *„Ihnen, liebe Parteifreunde,* danke ich herzlich."	er danke *seinen Parteifreunden* herzlich.
„Jetzt heißt es für uns alle: *Vorwärts, an die Arbeit!"*	jetzt heiße es für sie, *sofort mit der Arbeit zu beginnen.*
c) *„Für morgen* ist ein Gespräch mit dem Bundespräsidenten geplant."	*für heute, Montag,* sei ein Gespräch mit dem Bundespräsidenten geplant.
„Hier wird es einige Veränderungen geben."	*dort, im Bundestag,* werde es einige Veränderungen geben.
d) „Ich, als Demokrat, akzeptiere das Wahlergebnis, *auch wenn es anders ausgefallen wäre."*	er, als Demokrat, akzeptiere das Wahlergebnis, *auch wenn es anders ausgefallen wäre.*

Indirect speech is often used to report what someone has said objectively, often in a shortened version. Very often only the most important facts contained in speeches, letters or public announcements are reported. The person reporting can use „Konjunktiv I" to distance himself or herself from what (s)he is saying.

see a) 1. Indirect speech can be introduced by a *dass*-clause. In an extended report the *dass*-clause generally occurs at the beginning only.

2. The pronouns change in indirect speech according to the context. Here, the following points are important: a) who is speaking, b) who is being spoken to or what is being spoken about and c) if necessary, who is reporting.

see b) 1. Forms of address, exclamations, spontaneous idiomatic expressions, are generally omitted in indirect speech.

2. To make the context easier to understand, it is possible to repeat names or to insert adverbs or to use verbs like *bejahen, verneinen, ablehnen*.

see c) Place or temporal adverbs have to be changed according to the context.

see d) „Konjunktiv II" remains unchanged in indirect speech.

II Indirect questions

Direkte Frage	Indirekte Frage
Er fragt: a) „*Gehst* du morgen zur Wahl?" b) „*Wann* gehst du zum Wahllokal?" „*Welche Partei* willst du wählen?"	Er fragt, *ob* ich morgen zur Wahl ginge. *wann* ich zum Wahllokal ginge. *welche Partei* ich wählen wolle.

Questions occur as subordinate clauses in indirect speech.

see a) In questions without interrogative words the conjunction *ob* is used.

see b) In questions with interrogative words, the same interrogative word is used or the extended interrogative word is used as a conjunction.

III Indirect imperative

Direkter Imperativ	Indirekter Imperativ
a) „Reg dich doch bitte nicht so auf!"	Er bat mich (freundlich), ich *möge* mich nicht so aufregen.
b) „Hört jetzt endlich auf, über das Wahlergebnis zu diskutieren!"	Er befahl uns (scharf), wir *sollten* aufhören über das Wahlergebnis zu diskutieren.

The imperative is conveyed in indirect speech by modal verbs.

see a) In polite requests *mögen* is used.

see b) In a request or demand *sollen* is used.

Note

The imperative in the 3rd person singular or in the 1st person plural can be expressed by the „Konjunktiv I" forms:
Es *lebe* die Freiheit!
Damit *sei* die Sache vergessen!
Seien wir froh, dass alles vorbei ist!
Man *nehme* 15–20 Tropfen bei Bedarf und *behalte* die Flüssigkeit einige Zeit im Mund.
Man *nehme* ein Pfund Mehl, drei Eier und etwas Milch und *verrühre* das Ganze zu einem Teig.
Die Strecke b *sei* 7 cm. Man *schlage* von D aus einen Halbkreis über b.

Notes on punctuation in indirect speech

1. The colon (:) and the inverted commas („...") are omitted in indirect speech. A comma (,) occurs before indirect speech.

2. As requests, demands and questions are only being reported indrectly, exclamation marks (!) and question marks (?) do not occur.

1 Put the following text into indirect speech. Begin with: Fachleute weisen darauf hin, dass …

„Große Teile der Wälder in der Bundesrepublik sind durch schwefelsäurehaltigen Regen von einem allmählichen Absterben bedroht. Nicht nur die Nadelhölzer, sondern auch die Laubbäume werden geschädigt. Sie reagieren zum Teil sogar noch empfindlicher als Nadelbäume. Als gefährlichste Verursacher des Waldsterbens sieht man die großen Kohlekraftwerke an, die die Schadstoffe durch hohe Schornsteine ableiten. Das entlastet zwar die nächste Umgebung, doch wird die Schädigung weiträumig in Gebiete getragen, die bisher noch ökologisch gesund waren; denn hohe Schornsteine bringen die Schadstoffe in höhere Schichten der Atmosphäre und so können sie vom Wind ziemlich weit getragen werden.
Gefordert werden neue Gesetze, die das Übel an der Wurzel packen. Es müssen Anlagen vorgeschrieben werden, die die Schadstoffe herausfiltern, so dass sie nicht mehr in die Luft gelangen können."

2 Put the following newspaper article into indirect speech. Begin with: Die Zeitung berichtet, dass Teile Australiens …

Teile Australiens erleben eine katastrophale Trockenheit. Infolge des Regenmangels droht in fünf von sechs australischen Bundesländern eine Dürrekatastrophe. Neben den Farmern, die bereits ihre Ernten und Tierherden verloren haben, spüren jetzt auch die Bewohner der Städte den Wassermangel besonders stark. Für sie gilt eine strenge Beschränkung des Wasserverbrauchs. Sie dürfen ihre Gärten nicht mehr so intensiv bewässern. Das Gießen ist ihnen tagsüber nur noch mit Kannen und Eimern erlaubt. Schläuche dürfen nur zwischen 19 und 21 Uhr benutzt werden.
Die Geldstrafe, die auf Nichteinhaltung der Beschränkungen steht, ist von 100 auf 1000 Dollar erhöht worden. Zwanzig Funkwagen machen Jagd auf Wasserverschwender.
In einigen Gemeinden des Staates Victoria ist die Not schon so groß, dass das Wasser auf 60 Liter pro Kopf und Tag rationiert wurde.
Perioden großer Trockenheit hat es in Australien schon oft gegeben. Eine solche Katastrophe ist aber in der Geschichte des weißen Mannes noch nie da gewesen.

3 Do the same here: Der Verteidiger sagte, man …

Der Verteidiger sagte: „Man muss, wenn man ein gerechtes Urteil fällen will, die Kindheit und Jugendzeit des Angeklagten kennen. Als dieser drei Jahre alt war, starb seine Mutter. Sein Vater war ein stadtbekannter Trinker. Der Angeklagte hat noch drei Jahre mit seinem Vater zusammengelebt. Eine Tante, die den Haushalt führte, mochte ihn nicht und hat ihn oft geschlagen. Als der Angeklagte sechs Jahre alt war, nahm man den ganz verwahrlosten Jungen aus dem Haushalt seines Vaters und steckte ihn in ein Waisenhaus, wo er bis zu seinem 14. Lebensjahr blieb. Nach seiner Entlassung kehrte der Junge zu seinem Vater zurück. Dieser veranlasste den Jungen immer wieder zu Diebstählen in Warenhäusern und Lebensmittelgeschäften. Mit sechzehn Jahren wurde der Jugendliche zum ersten Mal wegen Diebstahls vor Gericht gestellt und von diesem in eine Jugendstrafanstalt eingewiesen. So hat der Angeklagte nie ein normales, ge-

25 regeltes Leben kennen gelernt; er hat nie den Schutz und die Nestwärme erfahren, die eine Familie einem Heranwach-

senden im Allgemeinen bietet. Das muss bei einer Verurteilung des Angeklagten berücksichtigt werden." 30

4 Change the direct speech to indirect speech and vice versa.

Der Arzt fragte den Patienten: „Wie lange haben Sie die Kopfschmerzen schon? Sind die Schmerzen ständig da oder treten sie nur manchmal auf? Liegen die 5 Schmerzen hinter den Augen? Haben Sie auch nachts Kopfschmerzen? Nehmen Sie Tabletten? Was für Tabletten haben Sie bis jetzt genommen? Ist der Schmerz so stark, dass Sie es ohne Tabletten 10 nicht aushalten? Was für eine Arbeit verrichten Sie im Büro? Wie lan-

ge müssen Sie täglich vor dem Bildschirm sitzen? Haben Sie die Möglichkeit Ihre Tätigkeit zu wechseln?"
Der Patient fragte den Arzt, wie oft er 15 die Tabletten nehmen solle, ob er im Bett liegen bleiben müsse, oder ob er wenigstens zeitweise aufstehen dürfe, wie lange die Krankheit denn wohl dauere und ob er überhaupt wieder ganz 20 gesund werde.

5 Do the same here.

Der Turnlehrer sagte zu den Schülern: „Stellt euch gerade hin und streckt die Arme nach vorn! Bringt jetzt die Arme in weitem Bogen nach hinten, lasst den 5 Kopf zurückfallen und biegt den ganzen Körper nach hinten durch! Jetzt kommt langsam zurück, bis ihr wieder gerade steht! Lasst nun den Oberkörper nach vorn herunterfallen, bis der Kopf die 10 Knie berührt."

Der Lehrer sagt zu der Schülerin, dass sie den Mund schließen und durch die Nase atmen solle. Sie solle die Übungen ruhig mitmachen, aber darauf achten, dass nichts weh tue. Wenn es ihr zu anstrengend werde, solle sie aufhören. 15
Uta sagte zum Lehrer, er möge sie entschuldigen, sie fühle sich nicht wohl und wolle nach Hause gehen.

6 Put the indirect speech in this anecdote into direct speech. Which form seems livelier?

Der berühmte Pianist Anton Rubinstein unterhielt sich auf einer Konzerttour in England mit einem Briten über seine Auslandserfahrungen. Dabei sprachen 5 sie auch über die Konzertreise des Künstlers in Spanien. Ob er denn Spanisch könne, fragte der Engländer. Rubinstein verneinte. Ob er dann wohl

Französisch gesprochen habe. Das habe er auch nicht, entgegnete der Künstler 10 schon etwas verärgert. Womit er sich denn in Spanien durchgeholfen habe, wollte der neugierige Herr wissen. „Mit Klavier!", erwiderte Rubinstein und ließ den lästigen Frager stehen. 15

7 Change the direct speech to indirect speech.

Der Hahn und der Fuchs

Auf einem Baum saß ein alter Hahn. Ein Fuchs, der gerade vorbeikam, sah den Hahn und da er gerade Hunger hatte,
5 sagte er: „Komm doch herunter! Allgemeiner Friede ist unter den Tieren geschlossen worden. Komm herab und küsse mich, denn von heute ab sind wir Brüder!" „Lieber Freund", entgegnete
10 der Hahn, „das ist eine wunderbare Nachricht! Dort sehe ich auch zwei Hunde herbeieilen. Sie wollen uns sicher auch die Friedensnachricht bringen. Dann können wir uns alle vier küssen." „Entschuldige!", rief der Fuchs eilig, „ich habe noch einen weiten Weg. Das Friedensfest werden wir später feiern!" Traurig, dass er seinen Hunger nicht stillen konnte, lief er davon. Der Hahn aber saß auf seinem Ast und lachte: „Es macht doch Spaß einen Betrüger zu betrügen!"

(Nach La Fontaine)

8 Change the direct speech to indirect speech and vice versa.

Totgefragt

Auf einem Dampfer, der von Hamburg nach Helgoland fuhr, wendete sich eine Dame an den Kapitän und fragte: „Sind Sie der Kapitän?" Der Kapitän bejahte.
5 „Ist es eigentlich gefährlich auf See?" Der Kapitän verneinte, zur Zeit nicht, es sei ja beinah windstill. Da werde wohl keiner seekrank.
„Ach, das meine ich auch nicht", ent-
10 gegnete die Dame, „ich meine nur wegen der Seeminen." (= Explosivkörper zur Vernichtung von Schiffen im Krieg) Da sei nichts zu befürchten, die seien alle längst weggeräumt.
15 „Aber wenn sich nun mal eine versteckt hat?"
Das könne sie nicht. Die Minen blieben immer an der Wasseroberfläche und auch die allerletzten seien längst entdeckt und vernichtet worden. Da könne sie ganz beruhigt sein.
„Sie sind ja ein Fachmann. Sicher fahren Sie schon lange auf dieser Strecke?" Er fahre schon vier Jahre.
„So lange fahren Sie schon? Wie hieß doch der Kapitän, der früher auf diesem Schiff fuhr? Es war so ein Großer, Blonder."
„Sein Name war Albers."
„Ja, an den kann ich mich noch gut erinnern. Lebt er noch?"
„Nein", bedauerte der Kapitän, Albers sei schon lange tot.
„Ach, das ist schade! Woran ist er denn gestorben?"
Die Reisenden hätten ihn totgefragt, entgegnete der Kapitän und ließ die erstaunte Dame stehen.

9 Put the reports into indirect speech.

Eine junge Ärztin erzählt ein Erlebnis von einer Expedition. Sie berichtet, dass vor einiger Zeit ...

„Vor einiger Zeit kam eine Mutter mit einem schwerkranken Säugling zu mir. Das Kind war schon blau im Gesicht und atmete schwer. Nach einer kurzen
5 Untersuchung konnte ich feststellen, dass eine leichte Form von Diphtherie vorlag. Nachdem ich, weil mir andere Instrumente fehlten, das altmodische, aber scharfe Rasiermesser unseres Kochs desinfiziert hatte, wagte ich einen
10 Schnitt in den Kehlkopf des Kindes. Das herausspritzende Blut versetzte die Mut-

ter in helle Aufregung. Sie schrie verzweifelt: „Sie tötet mein Kind! Sie
15 schlachtet es wie ein Schaf!" Viele Einwohner des Dorfes liefen mit drohenden Gebärden herbei, so dass ich das Schlimmste für mein Leben und das des Kindes fürchten musste. Zum Glück war
20 der Weg vom Dorf bis zu unserer Station steil und steinig und als die erregten Leute an meinem Zelt ankamen, atmete das Kind schon wieder ruhig und hatte 15 seine natürliche Gesichtsfarbe zurückgewonnen. Seitdem behandeln die Dorfbewohner mich wie eine Heilige und es ist schwierig, sie davon zu überzeugen, dass ich keine Toten erwecken kann." 20

10 Do the same here:

Ein Pilot berichtet über seine Erlebnisse bei einer versuchten Flugzeugentführung.

„Genau um 23.37 Uhr, als sich unsere Maschine in etwa 500 Meter Höhe über den letzten Ausläufern des Taunus befand, teilte mir unsere Stewardess, Frau
5 Schröder, aufgeregt mit: ‚Einem Passagier ist schlecht geworden; er ist ganz bleich und sein Kopf liegt auf der Seitenlehne seines Sessels.' Ich schickte meinen Kollegen, Flugkapitän Berger, in
10 den Passagierraum. Nach kurzer Zeit kam Berger zurück und berichtete: ‚Der Mann ist erschossen worden. Wahrscheinlich ist eine Pistole mit Schalldämpfer benutzt worden, denn
15 niemand hat etwas gehört.'
Diese Nachricht habe ich sofort an die Bodenstationen in München, Wien und Mailand weitergegeben. Die Antworten lauteten allerdings nur etwa so: ‚Fliegen
20 Sie ruhig weiter und lassen Sie alles genau beobachten. Im Augenblick können wir Ihnen nichts Genaues sagen. Die Polizei ist informiert worden.'
In den nächsten eineinhalb Stunden ereignete sich nichts, aber kurz vor der Landung in Wien erschienen zwei maskierte Männer in der Tür zur Pilotenkanzel, richteten ihre Pistolen auf mich und Kapitän Berger und befahlen: ‚Bewegen Sie sich nicht! Sie können wählen: Ent- 30 weder halten Sie sich an unsere Befehle oder Sie werden erschossen! Das Ziel der Reise ist Tripolis. Die Maschine wird augenblicklich gesprengt, wenn Sie nicht alle unsere Befehle befolgen!' 35 Ich war ganz ruhig, weil ich mir vorher schon alles überlegt hatte. Ironisch fragte ich: ‚Was machen Sie denn mit der Leiche, wenn wir landen?' Diese Frage machte die Leute stutzig. Der eine be- 40 fahl dem anderen, in den Passagierraum zu gehen und nachzusehen. Es gelang mir, den hinter mir stehenden Luftpiraten zu Fall zu bringen, indem ich die Maschine auf die Seite legte. Kapitän 45 Berger konnte den Augenblick nützen, den Mann zu entwaffnen. Der zweite leistete keinen Widerstand mehr, nachdem er gesehen hatte, dass sein Komplize bereits gefesselt war." 50

11 Do the same here:

Ein ärztliches Gutachten
Professor B. über den Angeklagten F.:
„Es handelt sich bei dem Angeklagten um einen überaus einfältigen Menschen. Seine Antworten auf Fragen nach
5 seiner Kindheit lassen auf schwere Störungen im häuslichen Bereich schließen. So antwortete er auf die Frage: ‚Haben Ihre Eltern Sie oft geschlagen?' mit der Gegenfrage: ‚Welche Eltern meinen Sie? Den mit den grauen 10 Haaren hasse ich, aber die beiden Frauen mit den Ohrringen besuchen mich manchmal im Gefängnis und bringen mir Kaugummi mit.' Offensichtlich wuchs der Angeklagte in derart unge- 15 ordneten Familienverhältnissen auf,

dass nur äußere Anhaltspunkte wie graues Haar oder Ohrringe in ihm einige Erinnerungen wachrufen. In einem so
20 gestörten Hirn wie dem des Angeklagten gleiten Erinnerungen und Vorstellungen ineinander, Fakten verlieren an Realität und unwichtige Eindrücke nehmen plötzlich einen bedeutenden Platz ein."
25 An die Geschworenen gewandt erklärte

Professor B.: „Beachten Sie, dass ein Mensch, der nicht angeben kann, wer seine Eltern sind, für ein Verbrechen, das er unter Alkoholeinfluss begangen hat, nach dem Grundsatz ‚im Zweifel 30 für den Angeklagten' nicht oder nur unter der Bedingung strafmildernder Umstände verantwortlich gemacht werden darf."

Part V

§ 57   Prepositions

German prepositions often present problems to English-speaking students. In English there is little need to consider case when using prepositions. But in German, the case of nouns and pronouns is governed by the prepositions they occur with. Some prepositions always govern the same case, and you will overcome some of the difficulties involved in learning the prepositions and their cases if you memorize those which govern one case only. Note that prepositions taking the dative or accusative case are much more common than those taking the genitive case.

Preliminary note

There are

1. prepositions with a fixed case:

    a) with the accusative: bis, durch, entlang, für, gegen, ohne, um, wider

    b) with the dative: ab, aus, außer, bei, dank, entgegen, entsprechend, gegenüber, gemäß, mit, nach, nebst, samt, seit, von, zu, zufolge.

2. prepositions with the dative or the accusative: an, auf, hinter, in, neben, über, unter, vor, zwischen.

    Which case to use can be decided by asking *wo* or *wohin:*

    a) When describing a movement to a certain place, the preposition occurs with the accusative. The question is *wohin?*

    b) When talking about a fixed place, with no motion involved, the preposition occurs with the dative. The question is *wo?*
    (The dative is always used after the question *woher?*)

3. For prepositions with the genitive, see § 61.

4. Separable verbs often lose their prefix, if a corresponding preposition is used:
    Jetzt müssen wir *aussteigen.* – Jetzt müssen wir *aus dem Zug steigen.*
    Als der Redner *vortrat,* lächelte er. – Als der Redner *vor das Publikum trat,* lächelte er.

Note

The following sections do not cover

1. Prepositions dependent on verbs (see § 15, III) and the corresponding expressions with nouns, e.g.:
    sich fürchten vor   Furcht vor
    kämpfen für / gegen / um   Kampf für / gegen / um

2. Prepositions dependent on adverbs (see § 44) and the corresponding expressions with nouns, e.g.:

neidisch sein auf	Neid auf
reich sein an	Reichtum an

3. Prepositions are used in many different ways in German. Only the more common uses are coverd here.

§ 58   Prepositions with the Accusative Case

I bis

1. with zero article

   a) in place and temporal adverbials:
      Bis Hamburg sind es noch etwa 250 Kilometer.
      Bis nächsten Montag muss die Arbeit fertig sein.
      Er will noch *bis September* warten.

   b) with numerals (often with *zu*):
      Von 13 *bis 15 Uhr* geschlossen!
      Ich zahle *bis zu 50 Euro,* nicht mehr.

   c) before adverbs:
      Bis dahin ist noch ein weiter Weg.
      Auf Wiedersehen, *bis bald (bis nachher, bis später).*

2. together with another preposition. The second preposition governs the case of the following item.

   a) *bis* + preposition with accusative:
      Wir gingen *bis an den Rand* des Abgrunds.
      Der Zirkus war *bis auf den letzten Platz* ausverkauft.
      Er schlief *bis in den Tag* hinein.
      Bis auf den Kapitän wurden alle gerettet (= alle außer dem Kapitän).

   b) *bis* + preposition with dative:
      Kannst du nicht *bis nach dem Essen* warten?
      Bis vor einem Jahr war noch alles in Ordnung.
      Bis zum Bahnhof will ich dich gern begleiten.

II durch

1. in place adverbials:
   Wir gingen *durch den Wald.*
   Er schaute *durchs Fenster.*

2. to mark cause, means or mediator (generally in passive sentences):
   Er hatte *durch einen Unfall* seinen rechten Arm verloren.
   Der kranke Hund wurde *durch eine Spritze* eingeschläfert.
   Diese Nachricht habe ich *durch den Rundfunk* erfahren.

3. in instructions (subordinate clause with *indem,* see § 31, IV):
Durch die Benutzung eines Notausgangs konnten sich die Bewohner retten.
Durch jahrelanges Training stärkte der Behinderte seine Beinmuskeln.

4. in temporal adverbials (generally followed by *hindurch*):
Den September hindurch hat es nur geregnet.
Das ganze Jahr hindurch hat sie nichts von sich hören lassen.

III entlang

1. to mark direction along a specific route (post-modifying):
Er fuhr *die Straße entlang.*
Das Schiff fuhr *den Fluss entlang.*
Sie gingen *den Bahnsteig entlang.*

2. to mark direction alongside a fenced-off area (*an* + dative ... *entlang*):
Am Zaun entlang wachsen Kletterpflanzen.
An der Mauer entlang werden Leitungen gelegt.

3. *Entlang* is sometimes used with the genitive in first position (see also *längs,* § 61):
Entlang des Weges standen Tausende von Menschen.

Note

Verbs of action with *entlang* are used as separable verbs:
Sie *gingen* den Bahnsteig *entlang.* (entlanggehen)
Er *rannte* an der Mauer *entlang.* (entlangrennen)

IV für

1. in the interest of, or to help someone, or addressed to someone:
Ich tue alles *für dich.*
Der Blumenstrauß ist *für die Gastgeberin.*
Er gab eine Spende *für das Rote Kreuz.*

2. in place of someone:
Bitte geh *für mich* aufs Finanzamt.
Er hat schon *für alle* bezahlt.

3. to mark a certain period of time:
Ich komme nur *für zwei Tage.*
Hier bleiben wir *für immer.*

4. to compare:
Für sein Alter ist er noch sehr rüstig.
Für einen Architekten ist das eine leichte Aufgabe.
Für seine schwere Arbeit erhielt er zu wenig Geld.

5. in expressions of price and value:
Wie viel hast du *für das Haus* bezahlt?
Ich habe es *für 200 000 Euro* bekommen.

6. in a sequence of nouns without an article for emphasis:
Dasselbe geschieht *Tag für Tag, Jahr für Jahr.*
Er schrieb das Protokoll *Wort für Wort, Satz für Satz* ab.

V gegen

1. to mark motion towards something which is a point of contact:
Er schlug mit der Faust *gegen die Tür.*
Sie fuhr mit hoher Geschwindigkeit *gegen einen Baum.*

2. to mark approximate time or number (a little less than anticipated):
Wir kommen *gegen 23 Uhr* oder erst *gegen Mitternacht.*
Man erwartet *gegen 400 Besucher.*

3. to mark rejection or disapproval:
Ärzte sind *gegen das Rauchen.*
Wir müssen etwas *gegen die Fliegen* tun.

4. to compare or exchange:
Gegen ihn bin ich ein Anfänger.
Ich habe die zehn Euro *gegen zwei Fünfeurostücke* eingetauscht.

VI ohne

generally without the article, if specification of the noun in question is not necessary:
Ohne Auto können Sie diesen Ort nicht erreichen.
Ohne Sprachkenntnisse wirst du niemals Chefsekretärin.
Ohne ihren Mann war sie völlig hilflos.
Ohne die Hilfe meiner Schwester hätte ich den Umzug nicht geschafft.

VII um

1. in place adverbials *(= um … herum)*

a) without motion, grouped around a central point:
Um den Turm (herum) standen viele alte Bäume.
Wir saßen *um den alten Tisch (herum)* und diskutierten.

b) with motion around a certain point:
Gehen Sie dort *um die Ecke,* da ist der Briefkasten.
Die Insekten fliegen dauernd *um die Lampe herum.*

2. in time adverbials and with numerals:

a) clock-time:
Um 20 Uhr beginnt die Tagesschau.

b) in expressions of approximate time or number: (a little earlier or later):
Die Cheopspyramide wurde *um 3000 v. Chr.* erbaut.
Um Weihnachten sind die Schaufenster hübsch dekoriert.
Die Uhr hat *um die 150 Euro* gekostet.

c) to mark a change in number:
Die Temperatur ist *um 5 Grad* gestiegen.
Die Preise wurden *um 10%* reduziert.
Wir müssen die Abfahrt *um einen Tag* verschieben.

3. to mark loss:
Er hat ihn *um seinen Erfolg* betrogen.
Vier Menschen sind bei dem Unfall *ums Leben* gekommen.
Er hat ihn *um sein ganzes Vermögen* gebracht.

VIII wider

(= *gegen,* see V) some fixed expressions:
Er hat *wider Willen* zugestimmt.
Wider Erwarten hat er die Stellung bekommen.
Wider besseres Wissen verurteilte er den Angeklagten.

1 Fill in the gaps in the text below with one of the following prepositions:
a) bis b) durch c) entlang d) für e) gegen f) ohne g) um h) wider.

… Vermittlung eines Freundes konnte ich meinen alten Wagen … 1000
Euro verkaufen. … das neue Auto brauche ich einen Bankkredit. … Erwarten
besorgte mir mein Onkel einen Kredit von einem Geldinstitut. … zur völligen
Zurückzahlung bleibt der Wagen natürlich Eigentum der Bank.
5   Tag … Tag erfinden die Kinder neue Spiele. Sie rennen … die Wette … den
Sandkasten herum. Sie hüpfen auf einem Bein … zum Zaun und wieder
zurück. Dann rennen sie in entgegengesetzten Richtungen am Zaun … . Wer
zuerst wieder zurück ist, hat gewonnen.
Wenn wir Karten spielen, spielen wir … Zehntelcent. … hundert verlorene
10 Punkte zahlt man also zehn Cent. Ganz … Geld macht uns das Kartenspielen
keinen Spaß. In die Karten des anderen zu schauen, ist … die Spielregel. Wir
spielen meist … … Mitternacht. Spätestens … ein Uhr ist Schluss.

§ 59   Prepositions with the Dative Case

I   ab

1. in time and place adverbials, indicating a starting point in space or time (often with-
   out the article; also: *von … ab*):
   Ich habe die Reise *ab Frankfurt* gebucht.
   Ab kommender Woche gilt der neue Stundenplan.
   Jugendlichen *ab 16 Jahren* ist der Zutritt gestattet.
   Ab morgen werde ich ein neues Leben beginnen.

2. with the accusative to mark dates:
   Ab ersten Januar werden die Renten erhöht.
   Ab Fünfzehnten gehe ich in Urlaub.
   Aber auch: *ab dem ersten Januar; ab dem Fünfzehnten*

II   aus

1. to signal an action *(= aus … heraus)*:
   Er trat *aus dem Haus.*
   Er nahm den Brief *aus der Schublade.*
   Sie kommen um 12 *aus der Schule.*

2. to mark the place or date of origin:
   Die Familie stammt *aus Dänemark.*
   Diese Kakaotassen sind *aus dem 18. Jahrhundert.*
   Er übersetzt den Roman *aus dem Spanischen* ins Deutsche.

3. with concrete generic reference nouns (with zero article):
   Die Eheringe sind meistens *aus Gold.*

4. to mark behaviour patterns that explain a certain action (without the article):
   Er hat seinen Bruder *aus Eifersucht* erschlagen.
   Aus Furcht verhaftet zu werden, verließ er die Stadt.
   Aus Erfahrung mied der Bergführer den gefährlichen Abstieg.

III   außer

1. to mark restriction:
   Außer einem Hund war nichts Lebendiges zu sehen.
   Außer Milch und Honig nahm der Kranke nichts zu sich.

2. fixed idiomatic phrases (without the article):
   with *sein*: außer Atem, außer Betrieb, außer Dienst, außer Gefahr, außer Kurs etc.
   etwas steht außer Frage, außer Zweifel

etwas außer Acht lassen; etwas außer Betracht lassen
jemand ist außer sich (= sehr aufgeregt sein), außer Haus
with the genitive: außer Landes sein

IV bei

1. to mark place *(= in der Nähe von):*
   Hanau liegt *bei Frankfurt.* – Sie müssen *beim Schwimmbad* rechts abbiegen.

2. to indicate where someone is:
   Ich war *beim Arzt.*
   Jetzt arbeitet er *bei einer Baufirma,* vorher war er *beim Militär.*
   Sie wohnt jetzt *bei ihrer Tante,* nicht mehr *bei mir.*

3. for simultaneous actions, usually used with a nominalized verb (subordinate clause with *wenn, als,* see § 26 I):
   Er hatte sich *beim Rasieren* geschnitten.
   Beim Kochen hat sie sich verbrannt.
   Bei der Arbeit solltest du keine Musik hören.

4. in expressions indicating a certain kind of behaviour:
   Bei deiner Gewissenhaftigkeit und Sorgfalt ist der Fehler kaum erklärlich.
   Bei aller Vorsicht gerieten sie doch in eine Falle.
   Bei seinem Temperament ist das sehr verständlich.

5. fixed idiomatic phrases (usually with zero article):
   bei Nacht und Nebel, bei schönstem Wetter, bei Tagesanbruch etc.
   jemanden *beim Wort* nehmen
   bei offenem Fenster schlafen
   jemanden *bei guter Laune* halten
   etwas *bei Strafe* verbieten etc.

V dank

to mark achievement:
Dank dem Zureden seiner Mutter schaffte er doch noch das Abitur.
Dank seinem Lebenswillen überlebte der Gefangene.

VI entgegen

to convey surprise at something contrary to the anticipated result
(pre- or post-modifying):
Entgegen den allgemeinen Erwartungen siegte die Oppositionspartei.
Den Vorstellungen seiner Eltern entgegen hat er nicht studiert.

Note

Verbs of motion with *entgegen* are used as separable verbs:
Das Kind *lief* seinem Vater *entgegen*. (entgegenlaufen)
Er *kam* meinen Wünschen *entgegen*. (entgegenkommen)

VII entsprechend

to express accordance with something (pre- or post-modifying):
Er hat *seiner Ansicht entsprechend* gehandelt.
Entsprechend ihrer Vorstellung von südlichen Ländern haben die Reisenden nur leichte Kleidung mitgenommen.

VIII gegenüber

1. as a place marker (pre- or post-modifying):
   Gegenüber der Post finden Sie verschiedene Reisebüros.
   Der Bushaltestelle gegenüber wird ein Hochhaus gebaut.

2. with regard to persons – opinions – and also things (may precede or follow):
   Dir gegenüber habe ich immer die Wahrheit gesagt.
   Den Bitten seines Sohnes gegenüber blieb er hart.
   Kranken gegenüber fühlen sich viele Menschen unsicher.
   Den indischen Tempeln gegenüber verhielt er sich gleichgültig.

3. Verbs like *stehen, sitzen, liegen* etc., are used as separable verbs with *gegenüber:*
   Sie *saß* mir den ganzen Abend *gegenüber*. (gegenübersitzen)

IX gemäß

mostly used in a legal context (= *entsprechend*; may precede or follow):
Gemäß der Straßenverkehrsordnung ist der Angeklagte schuldig.
Das Gesetz wurde *den Vorschlägen der Kommission gemäß* geändert.

X mit

1. to illustrate the correlating element in a context:
   Jeden Sonntag bin ich *mit meinen Eltern* in die Kirche gegangen.
   Mit ihr habe ich mich immer gut verstanden.
   Wir möchten ein Zimmer *mit Bad*.

2. to indicate means or instrument:
   Wir heizen *mit Gas*.
   Ich fahre immer *mit der Bahn*.
   Er öffnete die Tür *mit einem Nachschlüssel*.

3. a) to convey a feeling or behaviour pattern (often used with zero article):
    Ich habe *mit Freude* festgestellt, dass …
    Er hat das sicher nicht *mit Absicht* getan.
    Mit Arbeit, Mühe und Sachkenntnis hat er seine Firma aufgebaut.

    b) to indicate manner (often with zero article):
    Er hat das Examen *mit Erfolg* abgeschlossen.
    Die Maschinen laufen *mit hoher Geschwindigkeit.*
    aber: Sie schrieb ihre Briefe immer *mit der Hand.*

4. to indicate a point in time or duration:
    Mit 40 (Jahren) beendete er seine sportliche Laufbahn.
    Mit der Zeit wurde sie ungeduldig.

XI nach

1. in place adverbials with zero article

    a) before geographical names and before points of the compass (for exceptions see § 3, III):
    Unsere Überfahrt *nach England* war sehr stürmisch.
    but: Wir fahren in die Türkei.
    Die Kompassnadel zeigt immer *nach Norden.*
    but: Im Sommer reisen viele Deutsche in den Süden.

    b) before adverbs of place:
    Bitte kommen Sie *nach vorne.*
    Fahren Sie *nach links* und dann geradeaus.

2. in time adverbials

    a) with public holidays, weekdays, months (also *Anfang, Ende …*) *nach* is used with zero article:
    Nach Ostern will er uns besuchen.
    Ich bin erst *nach Anfang (Ende) September* wieder in Frankfurt.
    Nach Dienstag nächster Woche sind alle Termine besetzt.
    Es ist 5 Minuten *nach 12.*

    b) with the article:
    Nach dem 1. April wird nicht mehr geheizt.
    Nach der Feier wurde ein Imbiss gereicht.
    Der Dichter wurde erst *nach seinem Tode* anerkannt.

3. according to, or in accordance with. In this sense *nach* sometimes precedes and sometimes follows its noun. (The subordinate clause is with *so … wie,* see § 31, I):
    Dem Protokoll nach hat er Folgendes gesagt …
    Nach dem Gesetz darf uns der Hauswirt nicht kündigen.
    Meiner Meinung nach ist der Satz richtig.
    Er spielt *nach Noten;* er zeichnet *nach der Natur.*

4. to indicate a sequence:
    Nach dir komme ich dran.
    Nach Medizin ist Jura das beliebteste Studienfach.

XII nebst

(= together with, in addition to) (mainly in formal contexts):
Er verkaufte ihm das Haus *nebst Garage.*

XIII samt

(= together with, in addition to):
Er kam überraschend – samt seinen acht Kindern.
fixed idiom: Sein Besitz wurde samt und sonders versteigert. (= vollständig)

XIV seit

1. in time adverbials

a) with zero article for public holidays, weekdays, months (also *Anfang, Mitte, Ende* ...):
    Seit Pfingsten habe ich euch nicht mehr gesehen.
    Er ist *seit Dienstag* krankgeschrieben.
    Seit Anfang August hat er wieder eine Stellung.

b) with the article:
    Seit der Geburt seiner Tochter interessiert er sich für Kinder.
    Seit einem Monat warte ich auf Nachricht von euch.
    Seit dem 28. Mai gilt der Sommerfahrplan.

XV von

1. in place adverbials:
    Ich bin gerade *von Schottland* zurückgekommen.
    Der Wind weht *von Südwesten.*
    Vom Bahnhof geht er immer zu Fuß nach Hause.
    Das Regenwasser tropft *vom Dach.*

2. with calender dates:
    Vom 14.7. bis 2.8. haben wir Betriebsferien.
    Ich danke Ihnen für Ihren Brief *vom 20.3.*

3. a) *von ... ab* to denote a vantage point:
        Von der Brücke ab sind es noch zwei Kilometer bis zum nächsten Dorf;
        von dort ab können Sie den Weg zur Stadt selbst finden.

b) *von ... aus* to denote a departure point:
Vom Fernsehturm aus kann man die Berge sehen.
Von Amerika aus sieht man das ganz anders.

c) *von ... an* (also *von ... ab*) to denote a certain point in time:
Von 15 Uhr an ist das Büro geschlossen.
Er wusste *von Anfang an* Bescheid.

4. to indicate the instigator in passive sentences:
Er ist *von Unbekannten* überfallen worden.
Der Schaden wird *von der Versicherung* bezahlt.
Der Polizist wurde *von einer Kugel* getroffen.

5. a) In place of a genitive attribute, if the article is not used:
Viele Briefe *von Kafka* sind noch nicht veröffentlicht.
Man hört den Lärm *von Motoren*.
Zur Herstellung *von Papier* braucht man viel Wasser.

b) instead of an attributive adjective:
eine wichtige Frage – eine Frage *von Wichtigkeit*
ein zehnjähriges Kind – ein Kind *von zehn Jahren*
der Hamburger Senat – der Senat *von Hamburg*

6. with other prepositional items (= fixed idioms):
von heute auf morgen; in der Nacht von Dienstag auf Mittwoch (vom Dienstag
zum Mittwoch); von Tag zu Tag; von Ort zu Ort

XVI zu

1. to express movement towards or up to:
Er schwimmt *zu der Insel* hinüber.
Gehen Sie doch endlich *zu einem Arzt*.
Er bringt seine Steuererklärung *zum Finanzamt*.
Am Freitag komme ich *zu dir*.

2. in time adverbials:

a) without the article for public holidays:
Zu Weihnachten bleiben wir zu Hause.

b) with the article to denote a specific point in time:
Zu dieser Zeit, d.h. im 18. Jahrhundert, reiste man mit Kutschen.
Zu deinem Geburtstag kann ich leider nicht kommen.

3. to denote intention (subordinate clause: *damit ...; um ... zu*) (see § 32, 33):
Zum Beweis möchte ich folgende Zahlen bekannt geben ...
Man brachte ihn *zur Feststellung seiner Personalien* ins Polizeipräsidium.
Zum besseren Verständnis muss man Folgendes wissen ...

4. to express a feeling:
Zu meinem Bedauern muss ich Ihnen mitteilen ...
Ich tue das nicht *zu meinem Vergnügen*.

5. to signal a change:
   Unter Druck wurden die organischen Stoffe *zu Kohle*.
   Endlich kommen wir *zu einer Einigung*.

6. when discussing number:
   Umfragen ergeben ein Verhältnis von *1 : 3 (eins zu drei)*
   gegen das geplante neue Rathaus.
   Wir haben jetzt schon *zum vierten Mal* mit ihm gesprochen.
   Liefern Sie mir 100 Kugelschreiber *zu je 1 Euro*.

7. fixed phrases
   a) with zero article:

zu Hause sein	*zu Boden* fallen
zu Besuch kommen	*zu Hilfe* kommen
zu Gast sein	*zu Gott* beten
zu Fuß gehen	*zu Ansehen / zu Ruhm* kommen
zu Mittag / zu Abend essen	*zu Ende* sein
zu Bett gehen	*zu Tisch* kommen / sitzen

   b) with the article:
   zur Rechten / zur Linken eines anderen stehen / sitzen
   die Nacht *zum Tag* machen
   etwas *zum Frühstück* essen
   Zucker *zum Tee* nehmen

XVII zufolge

1. in accordance with, *zufolge* is generally used with a preceding dative:
   Der Diagnose des Arztes zufolge kann der Beinbruch in zwei
   Monaten geheilt werden.

2. *zufolge* occurs in position I with the genitive:
   Zufolge des Berichts wurden einige Keller überflutet.

1 Insert the following prepositions correctly:
   a) ab b) aus c) außer d) bei e) mit f) nach g) seit.

   ... zwei Wochen ist die Gewerkschaft schon in Verhandlungen ... der Betriebs-
   leitung. ... den Angaben einiger Gewerkschaftsführer hat man sich bis jetzt
   nicht geeinigt. ... Donnerstag wird deshalb gestreikt. ... den Büroangestellten
   machen alle Betriebsangehörigen mit. Die Büroangestellten streiken ... dem
   Grunde nicht, weil sie in einer anderen Gewerkschaft sind. Die Forderung ...
   Lohnerhöhung liegt ... 8 Prozent.

2 Do the same here: a) dank b) entgegen c) gegenüber d) samt.

   Ein Feuer vernichtete den Hof des Bauern Obermüller ... Stall und Scheune. ...
   der Hilfe der Nachbarn konnte der Bauer wenigstens seine Möbel und die
   Haustiere retten. Einem Nachbarn ... äußerte der Bauer den Verdacht der

Brandstiftung. Aber ... diesem Verdacht stellte man später fest, dass ein Kurzschluss die Ursache des Brandes war.

3 Do the same here: a) ab b) außer c) dank d) gemäß e) entgegen.

... den Satzungen des Vereins gehört der Tierschutz und die Tierpflege zu den
wichtigsten Aufgaben der Mitglieder. ... zahlreicher Spenden konnte der Verein ein neues Tierheim erbauen. ... Katzen und Hunden werden auch alle anderen Haustiere aufgenommen. ... einer anders lautenden Mitteilung in der
Zeitung ist das Tierheim täglich ... sonntags ... 9 Uhr geöffnet.

§ 60   Prepositions with the Accusative or Dative Case

I   an

1. in place adverbials

   a) with the accusative in response to the question *wohin?*:
   Er stellt die Leiter *an den Apfelbaum.*
   Sie schreibt das Wort *an die Tafel.*
   Wir gehen jetzt *an den See.*

   b) with the dative in response to the question *wo?*:
   Frankfurt liegt *am Main.*
   Die Sonne steht schon hoch *am Himmel.*
   An dieser Stelle wuchsen früher seltene Kräuter.

2. with the dative in expressions indicating times of the day, dates and weekdays:
   Am Abend kannst du mich immer zu Hause erreichen.
   Sie ist *am 7. Juli 1981* geboren.
   Am Freitagnachmittag ist um 4 Uhr Dienstschluss.
   Am Anfang schuf Gott Himmel und Erde.
   Am Monatsende werden Gehälter gezahlt.

3. with the accusative to express numbers or amounts:
   Es waren *an (die) fünfzig Gäste* anwesend.
   Die Villa hat *an (die) 20 Zimmer.*

4. *an ... vorbei* with the dative (often used as a separable verb):
   Er *ging an mir vorbei* ohne mich zu erkennen.
   Perfekt: Er *ist an mir vorbeigegangen* ohne mich zu erkennen.

5. fixed phrases:
   Ich *an deiner Stelle* hätte anders gehandelt.
   An meiner Stelle hättest du genauso gehandelt.

II auf

1. in place adverbials

   a) with the accusative in response to *wohin?:*
      Er stellte die Kiste *auf den Gepäckwagen.*
      Plötzlich lief das Kind *auf die Straße.*
      Er legte seine Hand *auf meine.*

   b) with the dative in response to *wo?:*
      Dort *auf dem Hügel* steht ein alter Bauernhof.
      Auf der Erde leben etwa 6 Milliarden Menschen.
      Auf der Autobahn dürfen nur Kraftfahrzeuge fahren.

2. in time adverbials:
   Von Freitag *auf Sonnabend* haben wir Gäste.
   Dieses Gesetz gilt *auf Zeit,* nicht *auf Dauer.*
   Der erste Weihnachtstag fällt *auf einen Dienstag.*
   Kommen Sie doch *auf ein paar Minuten* herein.

3. a) *auf ... zu* with the accusative to mark a movement towards someone or
      something:
      Der Enkel lief *auf die Großmutter zu.*
      Der Enkel ist *auf die Großmutter zugelaufen.* (Perfekt)

   b) *auf ... hin* with the accusative when referring to something previously
      mentioned:
      Auf diesen Bericht hin müssen wir unsere Meinung korrigieren.

   c) *auf ... hinaus* with the accusative when referring to the future:
      Er hatte sich *auf Jahre hinaus* verschuldet.

4. fixed phrases:

   a) with the accusative:
      Er warf einen Blick auf den Zeugen und erkannte ihn sofort.
      Das Schiff nimmt Kurs auf Neuseeland.
      Auf die Dauer kann das nicht gut gehen.
      Wir müssen uns endlich auf den Weg machen.
      Das Haus muss auf jeden Fall verkauft werden.
      Auf einen Facharbeiter kommen zehn Hilfsarbeiter.
      Sie fahren nur für zwei Wochen auf Urlaub.

   b) with the dative:
      Ich habe ihn auf der Reise / auf der Fahrt / auf dem Weg hierher kennen
      gelernt.
      Auf der einen Seite (einerseits) habe ich viel Geld dabei verloren, auf der an
      deren Seite (andererseits) habe ich eine wichtige Erfahrung gemacht.
      Wie sagt man das auf Deutsch? (oder: in der deutschen Sprache)

III hinter

1. in place adverbials

   a) with the accusative in response to *wohin?:*
      Stell das Fahrrad *hinter das Haus!*
      Das Buch ist *hinter das Bücherregal* gefallen.

   b) with the dative in response to *wo?:*
      Das Motorrad steht *hinter der Garage.*
      Er versteckte den Brief *hinter seinem Rücken.*

2. to signal support for something:
   with the accusative: Die Gewerkschaft stellt sich *hinter ihre Mitglieder.*
   with the dative: Die Angestellten stehen *hinter ihrem entlassenen Kollegen.*

3. *hinter ... zurück* with the dative:
   Sie blieb hinter der Gruppe der Wanderer zurück.
   Sie ist hinter der Gruppe der Wanderer zurückgeblieben. (Perfekt)

4. fixed phrases:
   jemanden *hinters Licht führen* (= jemanden betrügen)
   hinterm Mond sein (= uninformiert sein)

IV in

1. in place adverbials

   a) with the accusative in response to *wohin?:*
      Ich habe die Papiere *in die Schreibtischschublade* gelegt.
      Am Sonnabendvormittag fahren wir immer *in die Stadt.*
      Er hat sich *in den Finger* geschnitten.

   b) with the dative in response to *wo?:*
      Die Villa steht *in einem alten Park.*
      Der Schlüssel steckt immer noch *im Schloss.*
      Bei diesem Spiel bilden wir einen Kreis und einer steht *in der Mitte.*

2. with the dative in time adverbials

   a) with second, minutes, hours; with weeks, months, seasons; with years, centuries etc.
      Note: *am Tag, am Abend,* but: *in der Nacht.*
      In fünf Minuten (= innerhalb von) läuft er einen halben Kilometer.
      Im April beginnen die Vögel zu brüten.
      Im Jahr 1914 brach der Erste Weltkrieg aus.
      Im 18. Jahrhundert wurden die schönsten Schlösser gebaut.

Note:

Years occur either on their own *(1914, 1914–1918)* or with the additional *im Jahr* (*im Jahr 1914, in den Jahren 1914 bis 1918*); it would be incorrect to use „in" without *Jahr* in German.

b) to mark a later point in time:
   In fünf Minuten ist Pause.
   In zwei Tagen komme ich zurück.
   In einem halben Jahr sehen wir uns wieder.

3. with the dative when referring to a written statement or to a verbal statement:
   In dem Drama „Hamlet" von Shakespeare steht folgendes Zitat: ...
   Im Grundgesetz ist festgelegt, dass ...
   In seiner Rede sagte der Kanzler: „ ... "
   In dieser Hinsicht hat er Recht, aber ...

4. with the dative when discussing conditions or feelings (often with possessive pronouns):
   In seiner Verzweiflung machte er eine Dummheit.
   In ihrer Angst sprangen einige Seeleute ins Wasser.
   In seinen Familienverhältnissen ist nichts geregelt.
   In diesem Zustand kann man den Kranken nicht transportieren.

5. fixed phrases:
   etwas ist *in Ordnung*
   jemand fällt *in Ohnmacht*
   etwas geschieht *im Geheimen / im Verborgenen*
   jemand ist *in Gefahr*
   ein Gesetz tritt *in Kraft*

V   neben

1. in place adverbials

   a) with the accusative in response to *wohin?:*
      Der Kellner legt das Besteck *neben den Teller.*
      Er setzte sich *neben mich.*

   b) with the dative in response to *wo?:*
      Der Stall liegt rechts *neben dem Bauernhaus.*

2. with the dative (= in addition to something else):
   Neben seinen physikalischen Forschungen schrieb er Gedichte.
   Sie betreut *neben ihrem Haushalt* auch noch eine Kindergruppe.

VI   über

1. in place adverbials

   a) with the accusative in response to *wohin?:*
      Der Entenschwarm fliegt *über den Fluss.*

Der Sportler sprang *über die 2-Meter-Latte*.
Er zog die Mütze *über die Ohren*.

b) with the dative in response to *wo?*:
Der Wasserkessel hing *über dem Feuer*.
Das Kleid hing unordentlich *über dem Stuhl*.

2. with the accusative (= to cross over):
Die Kinder liefen *über die Straße* und dann *über die Brücke*.
Der Sportler schwamm *über den Kanal* nach England.

3. with zero article (= via):
Wir fahren von Frankfurt *über München* nach Wien, dann *über Budapest* nach Rumänien.

4. with the accusative in time adverbials (usually post-modifying):
Den ganzen Tag über hat er wenig geschafft.
Den Winter über verreisen wir nicht. (aber: *übers Wochenende*)

5. with the accusative to mark comparison (= *länger als, mehr als*):
Die Bauarbeiten haben *über einen Monat* gedauert.
Sie ist *über 90 Jahre* alt.
Das geht *über meine Kräfte*.
Sein Referat war *über alle Erwartungen* gut.

6. with the accusative when introducing a topic:
Sein Vortrag *über die Eiszeiten* war hochinteressant.
Über die Französische Revolution gibt es verschiedene Meinungen.

7. fixed phrases:
Plötzlich, gleichsam *über Nacht*, hat sie sich völlig verändert.
Er sitzt *über seinen Büchern*.
Er ist *über seiner Lektüre* eingeschlafen.
Der Geldfälscher ist längst *über alle Berge*.

VII unter

1. in place adverbials

a) with the accusative in response to *wohin?*:
Die Schlange kroch *unter den Busch*.
Sie legte ihm ein Kissen *unter den Kopf*.

b) with the dative in response to *wo?*:
Die Katze sitzt *unter dem Schrank*.
Die Gasleitungen liegen einen halben Meter *unter dem Straßenpflaster*.

2. with the dative in expressions of time and amount:
Kinder *unter zehn Jahren* sollten täglich nicht mehr als eine Stunde fernsehen.
Sein Lohn liegt *unter dem Mindestsatz*.

3. with the dative when refering to certain people or things within a group:
   Zum Glück war *unter den Reisenden* ein Arzt.
   Unter den Goldstücken waren zwei aus dem 3. Jahrhundert.
   Unter anderem sagte der Redner ...

4. with the dative when describing a state or condition:
   Natürlich konntet ihr *unter diesen Umständen* nicht bremsen.
   Die Bergwanderer konnten nur *unter großen Schwierigkeiten* vorankommen.
   Der Angeklagte stand während der Tat *unter Alkoholeinfluss*.
   Es ist unmöglich, *unter solchen Verhältnissen* zu arbeiten.

5. fixed phrases:
   ein Vergehen / ein Verbrechen fällt *unter den Paragraphen* ...
   etwas *unter den Teppich* kehren (= nicht weiter verfolgen)
   etwas *unter Kontrolle* bringen / halten
   unter Wasser schwimmen / sinken
   etwas unter der Hand (= heimlich) kaufen / verkaufen

VIII vor

1. in place adverbials

   a) with the accusative in response to *wohin?*:
      Stell den Mülleimer *vor das Gartentor*!
      Beim Gähnen soll man die Hand *vor den Mund* halten.

   b) with the dative in response to *wo?*:
      Das Taxi hält *vor unserem Haus*.
      Auf der Autobahn *vor Nürnberg* war eine Baustelle.
      In der Schlange standen noch viele Leute *vor mir*.

2. with the dative in time adverbials:
   Vor drei Minuten hat er angerufen.
   Der Zug ist 10 Minuten *vor 8* abgefahren.
   Leider hat er kurz *vor der Prüfung* sein Studium abgebrochen.

3. with the dative to mark the reason for a certain type of behaviour:
   Vor Angst und Schrecken fiel er in Ohnmacht.
   Er konnte sich *vor Freude* kaum fassen.

4. fixed phrases:
   Gnade vor Recht ergehen lassen
   ein Schiff liegt im Hafen vor Anker
   vor Gericht stehen
   vor Zeugen aussagen
   vor allen Dingen

IX zwischen

1. in time adverbials

a) with the accusative in response to *wohin?*:
Er hängte die Hängematte *zwischen zwei Bäume.*
Sie nahm das Vögelchen *zwischen ihre Hände.*

b) with the dative in response to *wo?*:
Er öffnete die Tür *zwischen den beiden Zimmern.*
Der Zug verkehrt stündlich *zwischen München und Augsburg.*

2. with the dative in expressions of time and number:
Zwischen dem 2. und 4. Mai will ich die Fahrprüfung machen.
Zwischen Weihnachten und Neujahr wird in vielen Betrieben nicht gearbeitet.
Auf der Insel gibt es *zwischen 60 und 80 Vogelarten.*

3. with the dative to mark a relationship:
Der Botschafter vermittelt *zwischen den Regierungen.*
Das Kind stand hilflos *zwischen den streitenden Eltern.*

4. fixed phrases:
zwischen Tür und Angel stehen
sich zwischen zwei Stühle setzen
zwischen den Zeilen lesen

---

1 „an (am)" or „in (im)"? Fill in the following gaps where necessary.

Meine Eltern sind ... 1980 nach Berlin gezogen. ... Frühjahr 1983 habe ich hier mein Studium begonnen. ... 1988 bin ich hoffentlich fertig. ... 20. Mai beginnen die Semesterferien. ... Juni fahre ich nach Frankreich. Meine Freunde in Paris erwarten mich ... 2. Juni. – ... kommenden Wochenende
5 besuchen wir unsere Verwandten in Kassel. Mit dem Auto sind wir ... fünf Stunden dort. ... Sonntag machen wir mit ihnen einen Ausflug in die Umgebung. ... der Nacht zum Montag kommen wir zurück. ... Montag braucht mein Vater nicht zu arbeiten.

---

2 Do the same here:

Noch nie hat sich die Welt so schnell verändert wie ... den letzten zweihundert Jahren. ... Jahr 1784 entwickelte James Watt die erste brauchbare Dampfmaschine. ... Juli 1783 ließen die Brüder Montgolfier den ersten Warmluftballon in die Luft steigen. Keine zweihundert Jahre später, ... 21.7.1969,
5 landeten die ersten Menschen auf dem Mond. ... 1807 fuhr zum ersten Mal ein Dampfschiff 240 Kilometer den Hudson-Fluss (USA) hinauf. ... unserem Jahrzehnt sind Dampfschiffe längst unmodern geworden. ... gleichen Jahr erstrahlten die Straßen in London im Licht der Gaslaternen. ... 20. Jahrhundert hat jedes Dorf seine elektrische Straßenbeleuchtung.
10 Die erste deutsche Dampfeisenbahn fuhr ... 7.12.1835 von Nürnberg nach Fürth. Hundert Jahre später gab es in Deutschland über 43 000 Kilometer Eisenbahnlinien.
(Fortsetzung Übung § 61 Nr. 17)

3 „An (am)" or „in (im)"? Now do it very quickly!

... einem Monat, ... drei Tagen, ... meinem Geburtstag, ... Morgen, ... 20 Sekunden, ... der Nacht, ... letzten Tag des Monats, ... Jahresanfang, ... der Neuzeit, ... Jahr 1945, ... Herbst, ... Samstag, ... Juli, ... zwei Jahren, ... Nachmittag, ... dritten Tag, ... wenigen Jahrzehnten, ... der Zeit vom 1. bis 10., ... der Mittagszeit, ... diesem Augenblick, ... Moment

4 Practise the present tense of the following verbs: „stehen – stellen / sitzen – setzen / liegen – legen / hängen (stark) – hängen (schwach)".

Zeitung / auf / Tisch / liegen
Wo liegt denn die Zeitung?
Auf dem Tisch! Du weißt doch, ich lege die Zeitung immer auf den Tisch.

1. Fotos (Pl.) / in / Schublade (f) / liegen
2. Jacke (f) / an / Garderobe (f) / hängen
3. Besen (m) / in / Ecke (f) / stehen
4. Puppe (f) / auf / Stuhl (m) / sitzen
5. Schlüssel (Pl.) / neben / Tür (f) / hängen
6. Wecker (m) / auf / Nachttisch (m) / stehen
7. Handtuch (n) / neben / Waschbecken (n) / hängen
8. Schallplatten (Pl.) / in / Schrank (m) / liegen
9. Vogel (m) / in / Käfig (m) / sitzen

5 Now practise the perfect tense using the vocabulary from exercise 4.

Ich habe die Zeitung doch auf den Tisch gelegt!
Ja, sie hat vorhin noch auf dem Tisch gelegen!

6 Practise according to the following example:

auf / Küchentisch / legen
Wo hast du den Hundertmarkschein gelassen? Hast du ihn vielleicht auf den Küchentisch gelegt?
Nein, auf dem Küchentisch liegt er nicht.

1. in / Hosentasche (f) / stecken
2. in / Küchenschrank (m) / legen
3. in / Portmonee (n) / stecken
4. auf / Schreibtisch (m) / legen
5. in / Schreibtischschublade (f) / legen
6. hinter / Bücher (Pl.) / legen
7. zwischen / Seiten (Pl.) eines Buches / legen
8. unter / Radio (n) / legen
9. unter / Handtücher (Pl.) / im Wäscheschrank / legen
10. in / Aktentasche (f) / stecken

7 „Wohin?" – Familie Günzler zieht um und die Leute von der Spedition helfen.
Complete the following passage.

Zuerst hängen sie die Lampen in den Zimmern an … Decken (Pl.). Dann legen sie den großen Teppich in … Wohnzimmer, den runden Teppich in …
Esszimmer und den Läufer (= langer, schmaler Teppich) in … Flur (m). Dann
kommen die Schränke: Sie stellen den Bücherschrank in … Wohnzimmer an
5 … Wand (f) neben … Fenster (n); den Kleider- und den Wäscheschrank stellen sie in … Schlafzimmer zwischen … Fenster und den Geschirrschrank in
… Esszimmer neben … Tür (f). Die Garderobe stellen sie in … Flur. Sie tragen den Tisch in … Esszimmer und stellen die Stühle um … Tisch. Die Betten kommen natürlich in … Schlafzimmer und die Nachttischchen neben …
10 Betten. Auf … Nachttischchen (Pl.) stellen sie die Nachttischlampen. Dann
packen sie die Bücher aus und stellen sie in … Bücherschrank. Tassen, Teller
und Gläser kommen in … Geschirrschrank und die Kleider hängen sie in …
Kleiderschrank. Die Spüle stellen sie in … Küche (f) zwischen … Herd (m)
und … Küchenschrank. Nun hängen die Günzlers noch die Vorhänge an
15 … Fenster (Pl.) In der Zwischenzeit tragen die Leute von der Spedition noch
die Sitzmöbel in … Wohnzimmer. Dann setzen sich alle erst mal in …
Sessel (Pl.) und auf … Couch (f) und ruhen sich aus. Gott sei Dank! Das
meiste ist geschafft!

8 „Wo?" Alles hängt, steht oder liegt an seinem Platz.

Die Lampen *hängen* an *den* Decken. Der große Teppich *liegt* im Wohnzimmer,
der runde Teppich …

Continue on your own!

9 „Wo?" or „Wohin?" – Put in the prepositions and the articles.

Für Familie Günzler bleibt noch viel zu tun: Herr G. hängt z.B. die Blumenkä-
sten … … Balkongitter (n), dann kauft er Blumen und setzt sie … … Kä-
sten (Pl.). In der Küche dauert es lange, bis die drei Hängeschränke … …
Wand hängen, und Frau G. braucht einen halben Tag, bis die Töpfe … …
5 Schränken stehen und die vielen Küchensachen alle … … richtigen Platz
liegen. … … Arbeitszimmer stehen zwei Bücherregale … … Wand, ein
Schreibtisch steht … … Fenster, ein Schreibmaschinentisch steht … …
Fenster und … Tür. Frau G. nimmt die Aktenordner aus den Kartons und
stellt sie … … Regale. Die Schreibmaschine stellt sie … … Schreibmaschi-
10 nentisch und das Schreibpapier legt sie … … Schubladen (Pl.). „Wo sind
denn die Schreibsachen?" fragt sie ihren Mann. „Die liegen schon … …
Schreibtisch", sagt Herr G., „ich habe sie … … mittlere Schublade gelegt."

§ 61   Prepositions with the Genitive Case

1. temporal (subordinate clauses with *wenn, als, solange, während* see § 26 I, II):

   anlässlich   *Anlässlich des 100. Todestages des Dichters* wurden
   seine Werke neu herausgegeben.

   außerhalb   Kommen Sie bitte *außerhalb der Sprechstunde.*

   binnen   Wir erwarten Ihre Antwort *binnen einer Woche.*
   (auch: innerhalb)

   während   *Während des Konzerts* waren die Fenster zum Park
   weit geöffnet.

   zeit   Er hat *zeit seines Lebens* hart gearbeitet.

2. of place:

   abseits   *Abseits der großen Eisenbahnstrecke* liegt das Dorf M.

   außerhalb   Spaziergänge *außerhalb der Anstaltsgärten* sind
   nicht gestattet.
   (auch: temporal)

   beiderseits   *Beiderseits der Grenze* stauten sich die Autos.

   diesseits   *Diesseits der Landesgrenzen* gelten noch die alten Ausweise.

   inmitten   *Inmitten dieser Unordnung* kann man es nicht aushalten.

   innerhalb   *Innerhalb seiner vier Wände* kann man sich am besten
   erholen.
   (auch: temporal)

   jenseits   *Jenseits der Alpen* ist das Klima viel milder.

   längs, längsseits   *Längs der Autobahn* wurde ein Lärmschutzwall gebaut.

   oberhalb   Die alte Burg liegt *oberhalb der Stadt.*

   seitens, von   *Seitens seiner Familie* bekommt er keine finanzielle
   seiten   Unterstützung.

   unterhalb   *Unterhalb des Bergdorfs* soll eine Straße gebaut werden.

   unweit   *Unweit der Autobahnausfahrt* finden Sie ein Gasthaus.

3. causal (subordinate clause with *weil* see § 27):

   angesichts   *Angesichts des Elends der Obdachlosen* wurden größere
   Summen gespendet.

   aufgrund   *Aufgrund der Zeugenaussagen* wurde er freigesprochen.

   halber (nachge-   *Der Bequemlichkeit halber* fuhren wir mit dem Taxi.
   stellt)

   infolge   *Infolge eines Rechenfehlers* wurden ihm 150 Euro mehr
   ausgezahlt.

   kraft   Er handelte *kraft seines Amtes.*

   laut (ohne Artikel *Laut Paragraph I der Straßenverkehrsordnung* war er an dem
   und Genitiv-   Unfall mitschuldig.
   Endung)

   mangels   Er wurde *mangels ausreichender Beweise* freigesprochen.

   zufolge   (siehe § 59, XVII)

   zugunsten   Er zog sich *zugunsten seines Schwiegersohnes* aus dem
   Geschäft zurück.

   wegen (auch nach-   *Wegen eines Herzfehlers* durfte er nicht Tennis spielen.
   gestellt)

(*Wegen* with the dative is only used in colloquial German; in written German the genitive is used. *Wegen* is normally only used with personal pronouns: Machen Sie sich *wegen mir* keine Sorgen. Better: meinetwegen, deinetwegen, Ihretwegen …)

4. concessive (subordinate clause with *obwohl* see § 30, I):

   trotz   *Trotz seines hohen Alters* kam der Abgeordnete zu jeder Sitzung.

   Aber als Nomen mit Personalpronomen: *mir zum Trotz, dir zum Trotz* etc.

   ungeachtet   *Ungeachtet der Zwischenrufe* sprach der Redner weiter.

5. alternative (subordinate clause with *anstatt dass* or *infinitive construction*, see § 33):

   statt (oder: anstatt) *Statt eines Vermögens* hinterließ er seiner Familie nur Schulden.

   anstelle   *Anstelle des wahren Täters* wurde ein Mann gleichen Namens verurteilt.

6. instrumental (subordinate clause with *indem* see § 31, IV):

   anhand   *Anhand eines Wörterbuchs* wies ich ihm seinen Fehler nach.

   mit Hilfe   So ein altes Bauernhaus kann nur *mit Hilfe eines Fachmanns*
   (auch: von   umgebaut werden.
   + Dativ)

   mittels, vermittels *Mittels eines gefälschten Dokuments* verschaffte er sich Zugang zu den Akten.

   vermöge   *Vermöge seines ausgezeichneten Gedächtnisses* konnte er alle Fragen beantworten.

7. purpose (surbordinate clause with *damit* or infinitive construction with *um … zu*, see § 32):

   um … willen   *Um des lieben Friedens willen* gab er schließlich nach.

   zwecks (meist   *Zwecks besserer Koordination* wurden die Ministerien
   ohne Artikel)   zusammengelegt.

---

1 Insert the following prepositions correctly: a) abseits b) anlässlich c) außerhalb d) beiderseits e) binnen f) inmitten g) unweit (2x) h) zeit.

… seines Lebens hatte Herr Sauer von einem eigenen Haus geträumt. Es sollte ruhig und … der großen Verkehrslinien liegen, also irgendwo draußen, … der Großstadt. Andererseits sollte es natürlich … einer Bus- oder Bahnlinie liegen, damit die Stadt leichter erreichbar ist.
… der Festwoche einer Hilfsorganisation wurden Lose verkauft. Erster Preis: ein Einfamilienhaus. – Herr Sauer gewann es! Aber da es … eines Industriegebiets lag, war es sehr laut dort. … des Grundstücks (auf beiden Seiten) führten Straßen mit viel Verkehr entlang und … des Industriegebiets, nur 2,5 km entfernt, lag auch noch der Flugplatz. … eines Monats hatte Herr Sauer es verkauft.

---

2 Insert the following prepositions and put in the endings:
a) wegen b) dank c) unweit d) halber e) binnen f) ungeachtet.

1. Ich muss leider … ein__ Monats ausziehen.

2. Geben Sie mir d__ Ordnung … Ihre Kündigung bitte schriftlich.

3. … d__ Hilfe meines Freundes habe ich ein möbliertes Zimmer gefunden.

4. Es liegt … d__ Universität.

5. … d__ Nähe der Universität habe ich keine Ausgaben für Verkehrsmittel.

6. Deshalb nehme ich das Zimmer … d__ hoh__ Miete.

3 Put in the endings and complete the sentences.

1. Der Sportler konnte ein__ schwer__ Verletzung *wegen* …
2. In den Alpen gibt es *oberhalb* ein__ gewiss__ Höhe …
3. *Ungeachtet* d__ groß__ Gefahr …
4. *Aufgrund* sein__ schwer__ Erkrankung …
5. *Anstelle* mein__ alt__ Freundes …
6. *Um* d__ lieb__ Friedens *willen* …
7. *Unweit* mein__ alt__ Wohnung …
8. *Abseits* d__ groß__ Städte …
9. Wenn die Arbeitgeber bei der Lohnerhöhung *unterhalb* d__ 4-Prozent-Grenze bleiben, …
10. Wenn ich nicht *innerhalb* d__ nächst__ vier Wochen eine Stelle finde, …

4 Form a) the nominative and b) the genitive, using the prepositions given.
c) Make complete sentences from the following:

sein__ intensiv__ Bemühungen / dank
seine intensiven Bemühungen – dank seiner intensiven Bemühungen
Dank seiner intensiven Bemühungen fand er endlich eine Anstellung.

1. sein__ technisch__ Kenntnisse / dank
2. unser__ schnell__ Hilfe / infolge
3. mein__ jüngst__ Schwester / anstelle
4. ihr__ jetzig__ Wohnung / unterhalb
5. ihr__ gut__ Fachkenntnisse / trotz
6. sein__ langweilig__ Vortrag__ / während
7. d__ erwartet__ gut__ Note / anstatt
8. d__ laut__ Bundesstraße / abseits
9. ihr__ siebzigst__ Geburtstag__ / anlässlich
10. sein__ wiederholt__ Wutanfälle / aufgrund
11. d__ umzäunt__ Gebiet__ / außerhalb
12. ein__ Meute bellend__ Hunde / inmitten
13. dies__ hoh__ Gebirgskette / jenseits
14. ein__ selbst gebastelt__ Radiosender__ / mittels
15. d__ zuständig__ Behörde / seitens
16. d__ geplant__ Reise / statt
17. d__ holländ__ Grenze / unweit
18. sein__ schwer wiegend__ Bedenken (Pl.) / ungeachtet
19. vorsätzlich__ Mord / wegen
20. ein__ schwer__ Unfall__ / infolge

5 Rearrange the following prepositions to make correct sentences and put in the endings.

1. *Abseits* sein__ hundertjährig__ Bestehens veranstaltete der Wanderverein einen Volkslauf.

2. Die Wanderstrecke verlief *anlässlich* d__ groß__ Straßen.

3. *Wegen* d__ groß__ Kälte beteiligten sich viele Menschen an dem 35 Kilometer langen Lauf.
4. *Ungeachtet* d__ stark__ Regens suchten die Wanderer Schutz in einer Waldhütte.

5. *Dank* d__ ungeheur__ Anstrengung gab niemand vorzeitig auf.
6. *Trotz* d__ vorzüglich__ Organisation gab es keinerlei Beschwerden.

6 Do the same here:

1. *Mittels* ein__ grob__ Konstruktionsfehlers brach die fast neue Brücke plötzlich zusammen.
2. *Infolge* ein__ fröhlich__ Tanzparty brach plötzlich Feuer in der Wohnung aus.
3. *Während* ein__ raffiniert__ Tricks verschaffte der Spion sich Geheiminformationen aus dem Computer.

4. *Anstelle* sein__ siebzigsten Geburtstags erhielt der ehemalige Bürgermeister zahlreiche Gratulationsbriefe.
5. *Trotz* d__ erkrankt__ Bundespräsidenten wurde der ausländische Staatsmann vom Bundestagspräsidenten begrüßt.
6. *Anlässlich* d__ Bemühungen aller Beteiligten konnte keine Kompromisslösung gefunden werden.

Exercises on prepositions as a whole

7 Tagesablauf eines Junggesellen – Put in the articles or the ending as well, e. g. am, ins, einem.

Herr Müller steigt morgens um sieben Uhr aus … Bett. Als Erstes stellt er sich unter … Dusche (f); dann stellt er sich vor … Spiegel (m) und rasiert sich. Er geht zurück in__ Schlafzimmer, nimmt sich Unterwäsche aus … Wäscheschrank, nimmt seinen Anzug vo__ Kleiderständer (m) und zieht sich an. Er geht in … Küche, schüttet Wasser in … Kaffeemaschine, füllt drei Löffel Kaffee in … Filter (m) und stellt die Maschine an. Dann geht er an … Haustür und nimmt die Zeitung aus … Briefkasten (m). Nun stellt er das Geschirr auf … Tisch in … Wohnküche, setzt sich auf ein__ Stuhl, trinkt Kaffee und liest in … Zeitung zuerst den Lokalteil. Dann steckt er die Zeitung in … Aktentasche, nimmt die Tasche unter … Arm und geht zu sein__ Bank. Dort steht er den ganzen Vormittag hinter … Schalter (m) und bedient die Kundschaft. Zu Mittag isst er in … Kantine (f) der Bank. Am Nachmittag arbeitet er in … Kreditabteilung (f) seiner Bank. Meist geht er dann durch … Park (m) nach Hause. Bei schönem Wetter geht er gern noch etwas i__ Park spazieren und wenn es warm ist, setzt er sich auf ein__ Bank, zieht seine Zeitung aus … Tasche und liest. Am Abend trifft er sich oft mit sein__ Freunden in ein__ Restaurant (n). Manchmal geht er auch in__ Theater (n), in … Oper (f) oder zu ein__ anderen Veranstaltung (f). Wenn es einen Krimi i__ Fernsehen (n) gibt, setzt er sich auch mal vor … Fernseher. Manchmal schläft er vor … Apparat ein. Gegen 12 Uhr spätestens geht er in__ Bett.

8 Put in the prepositions and the articles, also; ins, zum, etc.

Gestern Abend fuhr ein Betrunkener … … alten Volkswagen … … Main (m). Das Auto stürzte … … Kaimauer (f) … Wasser und ging sofort unter. Einige Leute, die … … Brücke (f) standen, liefen sofort … nächsten Telefon und … fünf Minuten war die Feuerwehr schon da. Zwei Feuerwehrmänner … Taucheranzügen und … Schutzbrillen … … Gesicht (n) tauchten … kalte Wasser. Sie befestigten … Wasser Stricke … … beiden Stoßstangen des Wagens. Ein Kran zog das Auto so weit … … Wasser, dass man die Türen öffnen konnte. Der Fahrer saß ganz still … … Platz … Steuer; sein Kopf lag … … Lenkrad. Er schien tot zu sein. Vorsichtig wurde das Auto … … trockene Land gehoben, dann holte man den Verunglückten … … Wagen. Als man ihn … … Boden (m) legte, …

Complete the story yourself.

9 Wohin sind Sie gereist? – Ich bin … gereist.

I in   die Türkei, die Schweiz, der Sudan, die Vereinigten Staaten, die Niederlande, der Bayerische Wald, das Hessenland, die Antarktis, die GUS, die Hauptstadt der Schweiz, der Nordteil von Kanada, die Alpen, das Engadin, das Burgenland, meine Heimatstadt.

II nach   Kanada, Australien, Österreich, Ägypten, Israel, Kroatien, Russland, Bolivien, Nigeria, Hessen, Bayern, Bern, Klagenfurt, Sylt, Helgoland, Sri Lanka

III auf   die Insel Sylt, die Seychellen und die Malediven (Pl.) (= Inselgruppe im Indischen Ozean), die Insel Helgoland, der Feldberg, die Zugspitze, das Matterhorn, der Mont Blanc

IV an   der Rhein, die Elbe, die Ostseeküste, der Bodensee, die Donau, der Mississippi, der Amazonas, die Landesgrenze

Wie lange sind Sie dort geblieben?

I *Im / In* der / den … bin ich … Tage / Wochen geblieben.

II *In* Kanada / … bin ich … geblieben.

III *Auf* dem / der / den … bin ich … geblieben.

IV *Am* Rhein / *An* der … bin ich … geblieben.

10 Practise in groups if possible.

	Wohin sind Sie gereist?	*Wie lange sind Sie dort geblieben?*
die Buchmesse	A: Zur Buchmesse.	Auf der Buchmesse bin ich einen Tag geblieben.
der Feldberg	B: Auf den Feldberg.	Auf dem Feldberg bin ich einen Vormittag geblieben.
Kanada	C: Nach Kanada.	In Kanada bin ich …
mein Onkel	D: Zu meinem Onkel.	Bei meinem Onkel …
der Neusiedler See	E: An den Neusiedler See.	Am Neusiedler See …

1. Spanien	3. die Vereinigten Staaten	4. Polen
2. die Schweiz		5. der Bodensee
		6. die Insel Helgoland

7. Australien
8. Hamburg
9. meine Heimat-
   stadt
10. New York

11. die Zugspitze
    (= Deutschlands
    höchster Berg)
12. der Vierwaldstät-
    ter See
13. die Atlantikküste

14. Großbritannien
15. der Urwald
16. der Äquator
17. mein Schul-
    freund

18. die Chirurgen-
    Tagung
19. Wien
20. die Automobil-
    ausstellung

11 Do the same here:

	Wohin gehst du?	*Was machst du da?*
das Postamt	*A: Zum Postamt.*	*Auf dem Postamt hole ich Brief-marken.*
mein Freund	*B: Zu meinem Freund.*	*Bei meinem Freund spielen wir Karten. Oder:* *Mit meinem Freund arbeite ich.*
die Gastwirtschaft	*C: Zur Gastwirtschaft.*	*In der Gastwirtschaft esse ich zu Mittag.*
die Donau	*D: Zur Donau. Oder: An die Donau.*	*An der Donau beobachte ich die Wasservögel.*

1. der Bahnhof
2. der Zug
3. der Fahrkarten-
   schalter
4. der Keller
5. der Dachboden
6. der Balkon
7. der Goetheplatz
8. die Straße
9. das Restaurant
10. das Reisebüro

11. meine Schwester
12. der Aussichtsturm
13. der Friedhof
14. die Kirche
15. der Supermarkt
16. der Zeitungskiosk
17. Tante Emma
18. das Theater
19. Hamburg
20. das Ausland

21. das Land (auf; = in
    eine ländliche
    Umgebung)
22. der Wald
23. die Wiese
24. die Quelle
25. der See
26. das Feld
27. der Rhein
28. das Fenster

12 Wohin gehst (fährst / steigst / fliegst) du?
   (Sometimes there is more than one possibility.)

| I
Ich gehe | an
(ans)
auf
(aufs)
in
(ins)
nach
zu
(zum/zur) | 1. mein Zimmer
2. meine Freundin
3. die Straße
4. der Balkon
5. das Kino
6. die Garage
7. der Keller
8. die Schlucht
9. der Arzt | 10. Herr Doktor Kra-
mer
11. Frau Atzert
12. Angelika
13. das Reisebüro
14. die Schule
15. der Unterricht
16. das Klassenzimmer
17. der Metzger
18. die Bäckerei | 19. das Café
20. die Fabrik
21. die Polizei
22. das Finanzamt
23. das Militär
24. die Kirche
25. der Friedhof
26. die Post
27. die Haltestelle
28. der Briefkasten |

II
Ich steige

1. die Zugspitze (Berg)
2. der Zug
3. die U-Bahn

4. das Dach
5. der Aussichtsturm
6. die Straßenbahn

III Ich fahre	1. Brasilien	7. der Urwald
	2. die Mongolei	8. der Tunnel
	3. Los Angeles	9. die Oper
	4. ein fernes Land	10. das Land (d.h. in ein Dorf)
	5. die Schwarzmeerküste	11. meine Freunde ... Berlin
	6. die Wüste	

IV Ich fliege	1. meine Heimatstadt	6. der Nordpol
	2. der Schwarzwald	7. die Türkei
	3. das Gebirge	8. Südamerika
	4. Dänemark	9. Spanien
	5. Tschechien	

13 Wo bist du? – Use the place adverbials from exercise 12.

Ich bin in meinem Zimmer / bei meiner Freundin usw.

14 Jeder hat im Urlaub etwas anderes vor. – Put in the endings and prepositions
(also: ins, zur, zum etc.)

A. fährt ... München.
B. fliegt ... d__ Insel Helgoland
C. fliegt ... Kanada.
D. geht ... Land (z.B. ... ein Dorf).
E. fährt ... Finnland.
F. fährt ... d__ Schweiz.
G. fährt ... ihr__ Onkel ... Wien.
H. reist ... ein__ Freundin ... Österreich.
I. bleibt (!) ... d__ Bundesrepublik und zwar ... ihr__ Eltern.
J. lernt Französisch ... Nancy.
K. geht angeln ... Irland.
L. fliegt ... Brasilien und geht ... d__ Urwald.
M. fliegt ... Ostasien.
N. fährt jeden Tag ... Schwimmbad.
O. spielt täglich zwei Stunden Fußball ... Stadion (n) oder ... d__ Fußballplatz.
P. fährt ... Wandern ... d__ Berge.
Q. macht eine Klettertour ... d__ Alpen.
R. geht ... Krankenhaus und lässt sich operieren.
S. geht ... ein Hotel ... d__ Feldberg ... Schwarzwald.
T. verbringt den Urlaub ... ein__ Bauernhof ... Odenwald.
U. geht ... ein__ Pension ... Interlaken ... d__ Schweiz.

15 Insert the following prepositions correctly, but only where necessary: bei, gegen,
nach, um, zu (zum / zur), vor, seit.

Er ist ... wenigen Minuten aus dem Haus gegangen, aber er ist ... Punkt 12 Uhr wieder da. Gewöhnlich verlässt er das Büro ... 17 Uhr.

5 ... Anfang der Schiffsreise war ich dauernd seekrank, ... Schluss hat mir sogar ein Sturm nichts mehr ausgemacht.
Wir sind heute ... Hochzeit eingeladen. ... dieser Gelegenheit treffen wir
10 einige alte Freunde. Wir sollen ... neun Uhr zum Standesamt kommen. ... 13 Uhr (ungefähr) gibt es ein Festessen im Hotel Krone. Am Abend ... der Hochzeit haben wir viel getanzt. Wir sind erst ... drei Uhr in der Nacht (später als 3) 15 nach Hause gekommen.
... zwei Tagen ist Markttag. ... Zeit sind die Erdbeeren preiswert. Wenn man ... die Mittagszeit (ungefähr), also ... Schluss der Verkaufszeit auf den 20

Markt kommt, kann man oft am günstigsten einkaufen.
… Ostern fahren wir meist zum Skifahren in die Alpen. … Weihnachten bleiben wir zu Hause, aber … Silvester sind wir gern bei Freunden und feiern.
Drei Wochen … seinem Tod hatte er sein Testament geschrieben. … seiner Beerdigung waren viele Freunde und Verwandte gekommen. … seinem Tod erbte sein Sohn ein großes Vermögen, aber … wenigen Jahren war davon nichts mehr übrig.

16 Put in: an (am), bei, gegen, in (im), nach, um, von, zu (zum).

Morgens stehe ich … halb sieben Uhr auf. … sieben Uhr (ungefähr) trinke ich Kaffee. … 7.35 Uhr geht mein Bus. Kurz … acht bin ich im Büro. Ich arbeite … acht bis zwölf und … halb eins bis halb fünf. Dann gehe ich zum Bus; er fährt … 16.45 Uhr. … 25 Minuten bin ich zu Hause.
… Samstag, dem 3. März, abends … acht Uhr findet in der Stadthalle ein Konzert statt. … Beginn spielt das Orchester die dritte Sinfonie von Beethoven, dann folgt … 150. Geburtstag des Komponisten die c-moll-Sinfonie von Brahms. Das Konzert endet … 22.30 Uhr (ungefähr).

… jedem ersten Sonntag … Monat unternimmt der Wanderverein „Schwalbe" … gutem Wetter eine Wanderung. Die nächste Fußtour ist … Sonntag, dem 6. Juni. Die Mitglieder treffen sich … 8.10 Uhr am Bahnhof. … halb neun geht der Zug. … etwa einer Stunde ist man in Laxdorf, dem Ausgangspunkt der Wanderung. … 13 Uhr (ungefähr) werden die Wanderer den Berggasthof „Lindenhof" erreichen. … dem Essen wird die Wanderung fortgesetzt. … 17.26 Uhr geht der Zug von Laxdorf zurück. Die Mitglieder können also … 19 Uhr (ungefähr) wieder zu Hause sein.

17 Continuation of exercise 2 § 60. Do the same as above.

… etwa 150 Jahren erfand Samuel Morse den Schreibtelegraphen. … 1876 entwickelte N. Otto einen Benzinmotor und … Jahr 1879 baute Werner von Siemens seine erste elektrische Lokomotive. … einem Herbsttag des Jahres 1886 fuhr … ersten Mal ein Automobil durch Stuttgarts Straßen. Gottlieb Daimler, geboren … 17.3.1834, hatte es gebaut. … seiner ersten Fahrt in dem neuen Auto schrien die Leute: „Der Teufel kommt!" G. Daimler ist … 6.3.1900, also … … Jahren, gestorben. Aus den Werkstätten von Daimler und C.F. Benz entstand … 1926 die Daimler-Benz-Aktiengesellschaft. … 1893 bis 97, also nur 17 Jahre … Ottos Benzinmotor, entwickelte Diesel einen neuen Motor; er wurde … späteren Jahren nach seinem Erfinder Dieselmotor genannt. … Jahr 1982, also 82 Jahre … Daimlers Tod, gab es allein in der Bundesrepublik Deutschland mehr als 27 Millionen Automobile.

18 And now do it very quickly: Use am, bei, gegen, in (im), um, zu (zur).

… wenigen Sekunden, … Mittwoch, … acht Tagen, … der Nacht, … Nachmittag, … 12 Uhr (ungefähr), … Mitternacht, … diesem Moment, … Weihnachten, … meinem Geburtstag, … Hochzeit meiner Schwester, … Morgen (ungefähr), heute … 14 Tagen, … Frühjahr, … Anfang der Ferien, … Sonnenaufgang, … nächster Gelegenheit, … wenigen Augenblicken, … August, … zwei Jahren, … 17 Uhr

§ 62 Verbs within Fixed Expressions

I Verbs which form a fixed expression with an accusative object

These fixed expressions are used in German very frequently. The verbs in question hardly have a meaning of their own any more; they complement the accusative object and form with it one semantic unit.

Bei Waldbränden *ergreifen* die meisten Tiere rechtzeitig *die Flucht.* (= sie fliehen)
Der Politiker *gab* im Fernsehen *eine Erklärung ab.* (= er erklärte öffentlich)
Wir *haben* endlich *eine Entscheidung getroffen.* (= wir haben uns entschieden)

The following list is not comprehensive but contains selected examples:

Simple verbs

1. *fällen*
   a) eine Entscheidung b) ein Urteil
2. *finden*
   a) ein Ende b) Anerkennung c) Ausdruck d) Beachtung/Interesse e) Beifall
   f) Ruhe g) Verwendung
3. *führen*
   a) den Beweis b) ein Gespräch/eine Unterhaltung c) Krieg
4. *geben*
   a) jdm. (eine) Antwort b) jdm. (eine) Auskunft c) jdm. (den) Befehl d) jdm. Bescheid e) jdm. seine Einwilligung f) jdm. die Erlaubnis g) jdm. die Freiheit
   h) jdm. die Garantie i) jdm. (die) Gelegenheit j) jdm. eine Ohrfeige k) jdm. einen Rat/einen Tip/einen Wink l) jdm. die Schuld m) jdm. einen Tritt/einen Stoß n) (jdm.) Unterricht o) jdm. das Versprechen/sein Wort p) jdm. seine Zustimmung q) jdm./einer Sache den Vorzug
5. *gewinnen*
   a) den Eindruck b) die Überzeugung c) einen Vorsprung
6. *halten*
   a) eine Rede/einen Vortrag/eine Vorlesung b) ein (sein) Versprechen/sein Wort
7. *holen*
   a) Atem b) sich eine Erkältung/eine Infektion/eine Krankheit c) sich den Tod
8. *leisten*
   a) eine Arbeit b) einen Beitrag c) Hilfe d) Zivildienst e) Ersatz f) Widerstand
9. *machen*
   a) den Anfang b) jdm. ein Angebot c) jdm. Angst d) mit jdm. eine Ausnahme
   e) ein Ende f) jdm. (eine) Freude g) sich die Mühe h) eine Pause i) Spaß j) einen Spaziergang k) einen Unterschied l) einen Versuch m) jdm. einen Vorwurf/Vorwürfe
10. *nehmen*
    a) Abschied b) Anteil (an jdm./etwas) c) Bezug (auf etwas) d) Einfluss (auf jdn./etwas) e) ein Ende f) Platz g) Rache h) Stellung

11. *schaffen*
  a) Abhilfe b) Klarheit c) Ordnung d) Ruhe e)Arbeitsplätze
12. *stiften*
  a) Frieden/Unfrieden b) Unruhe
13. *treffen*
  a) mit jdm. ein Abkommen/eine/die Vereinbarung b) eine Entscheidung
  c) Maßnahmen d) Vorsorge e) Vorbereitungen
14. *treiben*
  a) (zu viel) Aufwand b) Handel c) Missbrauch d) Sport e) Unfug
15. *wecken*
  a) Erinnerungen b) Gefühle c) Interesse d) die Neugier

Separable and inseparable verbs

16. *abgeben*
  a) eine Erklärung b) seine Stimme c) ein Urteil
17. *ablegen*
  a) einen Eid/einen Schwur b) ein Geständnis c) eine Prüfung
18. *abschließen*
  a) die Arbeit b) die Diskussion c) einen Vertrag
19. *annehmen*
  a) den Vorschlag b) die Bedingung c) die Einladung d) (die) Hilfe
  e) Vernunft f) die Wette
20. *anrichten*
  a) ein Blutbad b) Schaden c) Unheil d) Verwüstungen
21. *anstellen*
  a) Berechnungen b) Nachforschungen c) Überlegungen d) Versuche
  e) Unfug/Dummheiten
22. *antreten*
  a) den Dienst b) die Fahrt c) die Regierung
23. *aufgeben*
  a) die Arbeit b) seinen Beruf c) den Plan d) die Hoffnung e) das Spiel
  f) den Widerstand
24. *ausführen*
  a) eine Arbeit b) einen Auftrag c) einen Befehl d) einen Plan e) eine Reparatur/Reparaturen
25. *begehen*
  a) eine Dummheit b) (einen) Fehler c) einen Mord d) Selbstmord e) Verrat
26. *durchsetzen*
  a) seine Absicht b) seine Forderungen c) seine Idee(n) d) seine Meinung
  e) seinen Willen
27. *einlegen*
  a) Beschwerde/Protest b) Berufung c) ein gutes Wort (für jdn.)
28. *einreichen*
  a) einen Antrag/ein Gesuch b) Beschwerde c) die Examensarbeit
  d) einen Vorschlag
29. *einstellen*
  a) die Arbeit b) die Herstellung c) den Betrieb d) das Rauchen e) die Untersuchung f) den Versuch/das Experiment

30. *ergreifen*
   a) Besitz (von etwas) b) die Flucht c) die Gelegenheit d) Maßnahmen
   e) das Wort
31. *erstatten*
   a) Anzeige b) (einen) Bericht
32. *verüben*
   a) einen Mord b) eine (böse) Tat c) ein Verbrechen
33. *zufügen*
   a) jdm. Böses b) jdm. Kummer c) jdm. eine Niederlage d) jdm. Schaden
   e) jdm. Schmerzen
34. *zuziehen*
   a) sich eine Erkältung/eine Grippe b) sich Unannehmlichkeiten c) sich eine
   Verletzung/schwere Verletzungen

1a Answer the questions in the perfect tense. Use the fixed expressions listed under
   1–15 above.

   Wer macht einen Spaziergang? (die Eltern / mit ihren Kindern)
   Die Eltern haben mit ihren Kindern einen Spaziergang gemacht.

   1. Wer findet Anerkennung? (der Poli-
      tiker / bei den Wählern)
   2. Wer gibt der Firmenleitung die
      Schuld? (der Gewerkschaftsvertre-
      ter / an den Verlusten)
   3. Wer gewinnt einen Vorsprung von
      zwei Metern? (der polnische Läu-
      fer)
   4. Wer hält eine Vorlesung? (ein Pro-
      fessor aus Rom / am 4.5. / über
      Goethe)
   5. Wer leistet Hilfe? (das Rote Kreuz /
      bei der Rettung der Flüchtlinge)
   6. Wer macht mir ein Angebot? (der
      Makler / für ein Ferienhaus)
   7. Wer macht dem Neffen Vorwürfe?
      (die Tante / wegen seiner Unhöflich-
      keit)
   8. Wer trifft eine Entscheidung? (der
      Chef / am Ende der Verhandlungen)
   9. Wer schafft 150 neue Arbeitsplätze?
      (eine Textilfabrik / in der kleinen
      Stadt)
   10. Was weckt das Interesse des Wissen-
      schaftlers? (die Arbeit eines Kollegen)

b Do the same using expressions listed under 16–34.

   1. Wer nimmt die Wette an? (Peter)
   2. Wer richtet großen Schaden an?
      (die Fußballfans / beim Spiel ihrer
      Mannschaft)
   3. Wer tritt seinen Dienst an? (der
      neue Pförtner / am 2. Mai)
   4. Wer gibt seinen Beruf auf? (der
      Schauspieler / nach drei Jahren)
   5. Wer setzt seine Forderungen durch?
      (der Arbeitslose / beim Sozialamt)
   6. Wer legt Berufung ein? (der Rechts-
      anwalt / gegen das Urteil)
   7. Wer reicht die Examensarbeit end-
      lich ein? (die Studentin / bei ihrem
      Professor)
   8. Wer ergreift das Wort? (der Bürger-
      meister / nach einer langen Diskus-
      sion im Stadtparlament)
   9. Wer erstattet Anzeige? (der Mieter /
      gegen den Hausbesitzer)
   10. Wer zieht sich schwere Verletzun-
      gen zu? (der Lastwagenfahrer / bei
      einem Unfall)

11. Wer stellt das Rauchen ein? (die Fluggäste / während des einstündigen Fluges)

12. Wer hat der Firma großen Schaden zugefügt? / (ein Mitarbeiter / durch Unterschlagungen)

c Answer the questions. Select the best solution from those given under the appropriate number. Give reasons for your choice in cases where there is more than one possibility.

Ein junger Familienvater geht zum Wohnungsamt. Was will er? (Nr. 28)
Er reicht einen Antrag ein.

1. Der Junge ist ohne Jacke und Mütze aufs Eis gegangen. – Was war die Folge? (7)
2. Die Kinder machten das Fenster auf, damit der Vogel wegfliegen konnte. – Was haben sie getan? (4)
3. Ich hatte vergessen die Blumen meiner Nachbarin zu gießen. – Wie reagierte sie, als sie zurückkam? (9)
4. Die Not in vielen Teilen der Welt ist groß. – Was müssen die reicheren Länder tun? (8)
5. Wir wollen diese schöne Wohnung mieten. – Was müssen wir tun? (18) (… mit dem Hausbesitzer einen Miet-…)

6. Der Hund meiner Tante ist weggelaufen. – Was tut sie? (21)
7. Der Künstler hatte keinen Erfolg. – Wie reagierte er? (23)
8. Der Wasserhahn tropft, deshalb habe ich einen Handwerker gerufen. – Was hat er gemacht? (24)
9. Die Elektronik-Firma hat ein nicht konkurrenzfähiges Produkt auf den Markt gebracht. – Was hat sie daraufhin getan? (29)
10. Die Kollegen streiten dauernd miteinander. – Was muss der Chef tun? (12)

2a Transform the sentences using the expressions given in brackets (Nos. 1–15). Pay attention to the tense.

1. Das Gericht *hat* noch nicht *entschieden,* ob der Angeklagte freigesprochen werden kann. (1a)
2. Der Vortrag des Atomwissenschaftlers *interessierte* die anwesenden Forscher sehr. (2d – bei den … Forschern großes Interesse)
3. Leere Flaschen müssen abgegeben werden, damit sie *wieder verwendet* werden können. (2g)
4. Viele Länder, die *sich* früher *bekriegten,* sind heute miteinander befreundet. (3c – Krieg gegeneinander …)
5. Wenn die Eltern *nicht einverstanden sind,* kann der Fünfzehnjährige das teure Lexikon nicht bestellen. (4e – ihre Einwilligung)

6. Wie viele Stunden *unterrichten* Sie pro Woche? (4n)
7. Glauben Sie, dass er hält, was er *verspricht?* (6b)
8. Von Zeit zu Zeit müssen die Meeressäugetiere an die Wasseroberfläche schwimmen *um zu atmen.* (7a)
9. Wer einen Gegenstand stark beschädigt, muss *ihn ersetzen.* (8e – muss dafür …)
10. Man muss *unterscheiden* zwischen denen, die in der Diktatur die Anführer waren, und denen, die nur Mitläufer waren. (9k)
11. Noch im Hotel *verabschiedeten sich* die Teilnehmer der Veranstaltung. (10a) (voneinander)

12. Die Gäste wurden gebeten *sich zu setzen.* (10f)
13. Die Geschwister *vereinbarten,* jedes Jahr in ihrer Heimatstadt zusammenzukommen. (13b)

14. Schon vor Tausenden von Jahren *handelten* Kaufleute mit Salz. (14b)

b Do the same using nos. 16–34.

1. Im letzten Herbst *sind* nur 75 Prozent der Wähler *zur Wahl gegangen.* (16b)
2. Nach langen Verhören *gestand* der Angeklagte schließlich. (17b)
3. Alle Soldaten mussten auf die Fahne *schwören.* (17a)
4. Nach zwei Jahren war er endlich *mit seiner Doktorarbeit fertig.* (18a)
5. Die Eltern ermahnten ihren sechzehnjährigen drogensüchtigen Sohn, doch *vernünftig zu sein.* (19e)
6. Ein Wirbelsturm *verwüstete große Teile des Landes.* (20d – schwere Verwüstungen in + D)
7. Die Versicherungsgesellschaft *forscht* zur Zeit *nach* dem Schiff, das im Pazifischen Ozean verschwunden ist. (21b)
8. Punkt neun Uhr *ist* die Reisegruppe *losgefahren.* (22b)
9. Sie *hat keine Hoffnung mehr,* dass ihr Mann zu ihr zurückkommt. (23d)
10. Acht Tage hatten die Bürger ihre Stadt tapfer verteidigt; am neunten Tag *ergaben* sie *sich,* da sie kein Wasser mehr hatten. (23f)
11. Er ist ein Typ, der *alles* selbst *repariert.* (24e)

12. Er *hat falsch gehandelt,* als er das Zimmer im Studentenheim nicht angenommen hat. (25b)
13. Der Gefangene *hatte sich* in seiner Zelle *umgebracht.* (25d)
14. Er sollte 30 Euro Mahngebühr an das Finanzamt zahlen; darüber *hat* er *sich beschwert.* (27a – dagegen)
15. Der Betriebsrat *hat* Verschiedenes zur Arbeitszeitverkürzung *vorgeschlagen* und bei der Geschäftsleitung *abgegeben.* (28d – verschiedene Vorschläge)
16. Die Fluggäste werden beim Verlassen des Warteraumes gebeten *nicht mehr zu rauchen.* (29d)
17. Das hoch verschuldete Unternehmen *konnte nicht weiterarbeiten.* (29c) (musste…)
18. Viele Menschen *sind* aus Angst vor einem möglichen Bombenangriff *geflohen.* (30b)
19. Infolge des nasskalten Wetters *haben sich* viele Menschen *erkältet.* (34a)
20. Der Skirennfahrer *hat sich* beim Abfahrtslauf schwer *verletzt.* (34c)

II Fixed verb + accusative expressions with a prepositional object

Ich *nehme Bezug auf* Ihr Schreiben vom 15. Januar.
Sie *machen sich Hoffnung auf* eine billige Wohnung in München.
Wir *wissen* seit langem *Bescheid über* seine Schulden.

The verb forms a unit with its accusative object (see § 14, VIII). This fixed expression is linked to a prepositional object.

The presence or absence of an article is usually fixed, too. A plural form without an article can be used instead of an indefinite article.
Sie führten ein Gespräch mit ihm. / Sie führten Gespräche mit ihm.

In other cases, the rules given in § 15, II apply:
Sie machen sich Hoffnung darauf, eine billige Wohnung in München zu bekommen.
Wir wissen seit langem Bescheid darüber, dass er hohe Schulden hat.

The following list contains selected examples:

1. Abschied nehmen	von + D	den Eltern	
2. einen Antrag stellen	auf + A	Kindergeld	
3. die Aufmerksamkeit lenken	auf + A	das Unrecht	darauf, dass
4. Ansprüche stellen	an + A	das Leben; den Partner	
5. Bescheid wissen	über + A	die Steuergesetze	darüber, dass / wie / wann / wo
6. Beziehungen haben	zu + D	Regierungskreisen	
7. Bezug nehmen	auf + A	die Mitteilung	
8. Druck ausüben	auf + A	die Politiker	
9. Einfluss nehmen	auf + A	eine Entscheidung	darauf, dass / wie
10. eine / die Frage stellen	nach + D	der Bezahlung	danach, ob / wann / wie
11. sich Gedanken machen	über + A	ein Thema	darüber, dass / ob / wie / wo
12. Gefallen finden	an + D	dem Spiel	daran + Inf.-K./ wie
13. ein Gespräch / Gespräche führen	mit + D über + A	einem Mitarbeiter einen Plan	darüber, dass / ob
14. sich Hoffnung / Hoffnungen machen	auf + A	einen Gewinn	darauf, dass / Inf.-K.
15. die Konsequenz / Konsequenzen ziehen	aus + D	dem Verhalten eines anderen	daraus, dass / wie
16. Kritik üben	an + D	dem Verhalten eines Menschen; einer Aussage	daran, dass / wie
17. Notiz nehmen	von + D	einer Person; einem Ereignis	davon, dass / wie
18. Protest einlegen	gegen + A	eine Entscheidung	dagegen, dass / wie
19. Rache nehmen	an + D	einer Person	
20. ein Recht haben	auf + A	eine Erbschaft	darauf, dass / Inf.-K.
21. Rücksicht nehmen	auf + A	einen Nachbarn	darauf, dass
22. Schritt halten	mit + D	einem Menschen; einer Entwicklung	
23. Stellung nehmen	zu + D	einem Problem	dazu, ob / wie
24. einen Unterschied machen	zwischen + D	einer Idee und der Wirklichkeit	

25. eine Verabredung treffen	mit + D	der Freundin	
26. (eine) Verantwortung übernehmen / auf sich nehmen / tragen	für + A	einen Mitmenschen; eine Fehl- entwicklung	dafür, dass / Inf.-K.
27. ein Verbrechen / einen Mord begehen / verüben	an + D	einem Geldboten	
28. Vorbereitungen treffen	für + A	eine Expedition	
29. Wert legen	auf + A	Genauigkeit	darauf, dass / wie / Inf.-K.
30. Widerstand leisten	gegen + A	einen Feind; eine Entscheidung	dagegen, dass

3 Put in the prepositions.

1. Meine Cousine weiß ... unsere verwandtschaftlichen Beziehungen besser Bescheid.
2. Ich nehme Bezug ... Ihren Brief vom 2. März dieses Jahres.
3. Du musst die Konsequenzen ... deinem Verhalten ziehen; man wird dir kündigen.
4. Die Bürger legten Protest ... die Erhöhung der Wasser- und Abwassergebühren ein.
5. Der Bürgermeister legte Wert ... eine genaue Darstellung der Vorgänge.
6. Die Studenten leisteten Widerstand ... die neuen Prüfungsvorschriften.
7. Nimm mit deinem Fahrrad ein bisschen Rücksicht ... die Fußgänger.
8. Viele Länder können ... dem Tempo der technischen Entwicklung nicht Schritt halten.
9. Warum musst du nur ... allem Kritik üben?
10. Der Politiker nahm ... der Abwesenheit der Journalisten keine Notiz.

4 Replace the verbs with the appropriate fixed expressions.

1. Am Ende des Urlaubs auf dem Bauernhof verabschiedeten sich die Gäste von ihren Gastgebern. (1)
2. Wenn die Studenten den Zuschuss zum Studiengeld nicht beantragen, bekommen sie natürlich auch nichts. (2)
3. Ich beziehe mich auf die Rede des Parteivorsitzenden vom 1.3. (7)
4. Natürlich fragten die Arbeiter nach der Höhe des Lohnes und den sonstigen Arbeitsbedingungen. (Pl.) (10)
5. Die Werksleitung überlegte, ob sie das Werk stilllegen sollte. (darüber, ob) (11)
6. Den Kindern gefiel der kleine Hund auf dem Bauernhof so gut, dass die Eltern ihn schließlich dem Bauern abkauften. (so großen Gefallen) (12)
7. Der Professor sprach mit der Studentin über ihre Dissertation. (13)
8. Die Skifahrer im Sportzentrum hofften auf baldigen Schnee. (14)
9. Die Bevölkerung der Stadt kritisierte das städtische Bauamt und seine Pläne zur Verkehrsberuhigung. (16)
10. Viele Menschen interessiert die drohende Klimakatastrophe anscheinend gar nicht. (17)
11. Die Beamten protestierten gegen die angekündigte Gehaltskürzung. (18)

12. Er rächte sich an seinen lieblosen Verwandten und schenkte sein Vermögen der Kirche. (19)
13. Jedes der drei Kinder kann einen Teil des Erbes für sich beanspruchen. (20)
14. Die Entwicklung der Technik in den industrialisierten Ländern ist zum Teil so schnell, dass andere Länder kaum mithalten können. (damit) (22)
15. Die Bürger wurden gefragt, ob sie sich zu den Plänen der Stadtverwaltung äußern wollten. (23)
16. Juristen unterscheiden die Begriffe „Eigentum" und „Besitz". (24)
17. In diesem Wald haben vor 200 Jahren die Dorfbewohner einen Kaufmann ermordet. (27)
18. Wir müssen uns auf unseren Umzug nach Berlin vorbereiten. (28)
19. Für meinen Hausarzt ist es wichtig, dass die Patienten frei über ihre Krankheit sprechen. (29)
20. Die Betriebe sollen rationalisiert werden; dagegen wollen viele etwas unternehmen. (30)

5 Replace the fixed expressions with simple verbs, or explain the sentences in simple terms.

1. Es ist nicht gut, wenn Kinder zu viele Ansprüche stellen.
2. Jetzt muss ich aber endlich eine Frage stellen.
3. Manche Menschen wollen immerzu auf andere Einfluss nehmen.
4. Er hat schon zu lange Kritik an mir geübt.
5. Nachdem er den Film zweimal gesehen hatte, fand er doch Gefallen daran.
6. Jeder Kranke muss sich Hoffnungen machen, sonst wird er nie gesund.
7. Du musst dir nicht ständig über die Probleme anderer Leute Gedanken machen.
8. Für ihn bin ich eine Null. Er hat noch nie Notiz von mir genommen.
9. Gegen diesen Unsinn müssen wir jetzt Protest einlegen.
10. Der Sizilianer wollte an seinem Feind Rache nehmen.
11. Ich habe mit meiner Freundin eine Verabredung getroffen.
12. Für die Reise wollen wir rechtzeitig Vorbereitungen treffen.

III Function verb structures

Preliminary note

1. In the language of science and administration we often find simple verbs like *kommen, bringen, nehmen, stellen* etc. These verbs rarely have a meaning of their own. They are part of a semantic unit, made up of a preposition, accusative object and verb. The verb itself only has a grammar function within the sentence.

2. A function verb structure is thus created, the form of which can no longer be changed. There are fixed rules concerning the use of prepositions and whether or not to use an article.

Für das nächste Jahr *stellte* der Finanzminister neue Steuergesetze *in Aussicht.*
Selbstverständlich *werden* die Steuererhöhungen bei der Bevölkerung *auf Ablehnung stoßen.*
Die neue Steuerreform soll so schnell wie möglich *zum Abschluss gebracht werden.*

The following list contains a selection of examples:
1. auf Ablehnung stoßen
2. etwas zum Abschluss bringen; zum Abschluss kommen
3. etwas in Angriff nehmen
4. jdn. / etwas in Anspruch nehmen
5. etwas zum Ausdruck bringen; zum Ausdruck kommen
6. etwas in Aussicht stellen; in Aussicht stehen
7. etwas in Betracht ziehen
8. etwas in Betrieb setzen / nehmen
9. etwas unter Beweis stellen
10. etwas in Beziehung setzen; in Beziehung stehen
11. etwas in Brand setzen; in Brand geraten
12. etwas zur Diskussion stellen; zur Diskussion stehen
13. jdn. / etwas unter Druck setzen; unter Druck stehen
14. jdn. zur Einsicht bringen; zur Einsicht kommen
15. etwas in Empfang nehmen
16. etwas zu Ende bringen; zu Ende kommen
17. zu einem Entschluss kommen; zu einem Ergebnis kommen
18. etwas in Erfahrung bringen
19. jdn. in Erstaunen setzen / versetzen
20. etwas in Erwägung ziehen
21. etwas in Frage stellen; in Frage stehen; in Frage kommen
22. in Gang kommen
23. im eigenen Interesse (oder dem eines anderen) liegen
24. etwas in Kauf nehmen
25. in Konflikt geraten / kommen mit jdm. oder etwas
26. etwas in Kraft setzen; in Kraft treten
27. auf Kritik stoßen
28. jdn. zum Lachen / Weinen bringen
29. von Nutzen sein
30. etwas zur Sprache bringen; zur Sprache kommen

Note

Pay special attention to the differences in meaning:
Man *bringt* die Konferenz gegen Mitternacht *zum Abschluss.*
Die Konferenz *wird* gegen Mitternacht *zum Abschluss gebracht.*
Gegen Mitternacht *kommt* die Konferenz *zum Abschluss.*
Man *setzte* das Gesetz *in Kraft.*
Das Gesetz *wurde in Kraft gesetzt.*
Das Gesetz *trat in Kraft.*

6 Put in the verb that completes the fixed expression.

1. a) Man will jetzt das Kraftwerk in Betrieb …
   b) Man glaubt, seine Wirtschaftlichkeit unter Beweis … zu können.
2. a) Ich … jetzt zum Abschluss meiner Rede.
   b) Im Anschluss daran wollen wir das Thema zur Diskussion …
3. a) Der Bauernhof ist aus unbekannten Gründen in Brand …
   b) Brandstiftung … sehr wahrscheinlich nicht in Frage.
4. a) Heute soll wieder das Thema Reinerhaltung der Luft zur Diskussion …
   b) Bei dieser Gelegenheit werden wir das Thema Energie durch Windräder zur Diskussion …
5. a) Die Idee der erneuerbaren Energie … bei Gegnern immer wieder auf Kritik.
   b) Diese Kritik … vermutlich im Interesse der großen Stromverbände.
6. a) Die Naturschützer wollen zum Beispiel die Nutzung der Solarenergie im großen Stil in Angriff …
   b) Dabei … sie auf Ablehnung bei gewissen Politikern und Unternehmen.
7. a) Der Redner … noch einmal die Notwendigkeit der Nutzung erneuerbarer Energie zum Ausdruck.
   b) Man versprach, den verstärkten Einsatz erneuerbarer Energie in Erwägung zu …
8. a) Die Regierung … finanzielle Hilfe für die Errichtung von Solaranlagen in Aussicht.
   b) Eine entsprechende Verordnung soll am 1. Mai in Kraft …
9. a) Man fürchtet, dass man mit den Vertretern der Atomenergie in Konflikt …
   b) Die Sparerfolge der Ökologen werden die anderen in Erstaunen …
10. a) Die Notwendigkeit der Erzeugung von Atomstrom wird von vielen Fachleuten nicht in Frage …
    b) Ob man in der Streitfrage „Mit oder ohne Atomstrom?" jemals zu einem klaren Ergebnis … wird?

7 Use the phrase referred to in brackets in your answer.

Hat die neue Verordnung schon Gültigkeit? (26a)
Ja, sie wurde schon in Kraft gesetzt.

1. Wurde der neue Gesetzentwurf von der Opposition abgelehnt? (1) (bei der Opposition)
2. Wollen die Wissenschaftler ihre Studie jetzt abschließen? (2a)
3. Glauben Sie, dass die Arbeit vor Jahresende abgeschlossen wird? (2b)
4. Will man dann eine neue Forschungsarbeit beginnen? (3)
5. Wird man Wissenschaftler einer anderen Fakultät zu Hilfe holen? (4) (die Hilfe von … soll …)
6. Wollte der Künstler in seinem Bild den Wahnsinn des Krieges ausdrücken? (5a)
7. Ist es ihm gelungen, in seinem Bild den Wahnsinn des Krieges deutlich auszudrücken? (5b) (Ja, in dem Bild …)
8. Kündigt die Forschungsgruppe neue Erkenntnisse auf dem Gebiet der Genforschung an? (6a)
9. Sind ganz neue Erkenntnisse zu erwarten? (6b) (Ja, es stehen …)
10. Wurden bei der Untersuchung der Kranken auch ihre Lebensumstände berücksichtigt? (7)
11. Haben Sie die Gebrauchsanweisung gelesen, bevor Sie die Maschine angestellt haben? (8)

12. Konnte der Angeklagte seine Unschuld beweisen? (9)
13. Wurde der politische Gefangene bearbeitet (13a), so dass er nicht wagte die Wahrheit zu sagen?
14. Sahen die Demonstranten ein (14b), dass sie bei der Bevölkerung keine Unterstützung fanden? (zu der Einsicht)
15. Empfing der Sieger im Tennis den Pokal gleich nach dem Spiel? (15)

8 Do the same here:

1. Haben die Schüler ihre Gemeinschaftsarbeit noch vor den Ferien beendet? (16a)
2. Hast du auch gehofft, dass der Redner bald Schluss machen würde? (16b) (zum Ende)
3. Konnte die junge Frau sich nicht entschließen (17a) die Arbeit anzunehmen? (zu dem Entschluss)
4. Versuchten die Journalisten denn nicht etwas über die Konferenz der Außenminister zu erfahren? (18) (Doch, sie …)
5. Überraschte der Zauberkünstler die Kinder mit seinen Tricks? (19)
6. Sicher musste viel bedacht werden, bevor man die neue Industrieanlage baute? (20) (Ja, vielerlei musste …)
7. Bezweifelte jemand den Sinn dieses Beschlusses? (21a) (Ja, ein Teilnehmer …)
8. Ist die Rücknahme des Beschlusses ausgeschlossen? (21c) (Ja, eine Rücknahme …)
9. Stimmt es, dass Dieselmotoren bei großer Kälte nicht laufen wollen? (22)
10. Sind Sie bereit, bei der langen Fußtour Unbequemlichkeiten auf sich zu nehmen? (24)
11. Hat es bei deiner Schwarzmarkttätigkeit Schwierigkeiten mit der Polizei gegeben? (25) (Ja, ein paarmal …)
12. Stimmt es, dass das neue Gesetz ab nächsten Monat gelten soll? (26b)
13. Wurde das neue Gesetz nicht allgemein kritisiert? (27) (Doch, …)
14. Sind denn deine Karate-Kenntnisse zu irgendetwas nütze? (29) (Ja, bei einem Überfall können …)
15. Sind unsere Probleme in der Versammlung besprochen worden? (30b)

9 Replace the expression in italics with a simple verb. Sometimes it is necessary to rearrange the sentence.

Der Richter wollte die Beweisaufnahme *zum Abschluss bringen.*
Der Richter wollte die Beweisaufnahme abschließen.

1. a) Die Vorschläge des Bürgermeisters *stießen* im Gemeinderat *auf Ablehnung.* b) Weil man aber *zum Ende kommen* wollte, vertagte man die Angelegenheit. c) Bei der nächsten Sitzung *stellte* der Bürgermeister die Vorschläge erneut *zur Diskussion.* (jdn. bitten etwas zu diskutieren)
2. a) Der Angeklagte behauptete, die Polizei habe ihn *unter Druck gesetzt.* (jdn. bedrängen) b) Er gab aber zu, dass er mit dem Gesetz *in Konflikt geraten* sei. (das Gesetz übertreten) c) Mit dem plötzlichen Geständnis *setzte* der Angeklagte alle Anwesenden *in Erstaunen.* (staunen über)

3. a) Die Verkaufsverhandlungen wollten nicht recht *in Gang kommen*. b) Natürlich *brachten* die Käufer den Umsatz des Geschäfts in den letzten Jahren *zur Sprache*. (sprechen über) c) Die unklaren Statistiken *stießen* bei ihnen *auf Kritik*. d) Sie meinten, es *liege* doch *im Interesse* des Verkäufers, wenn er den Käufern reinen Wein einschenke.

4. a) Der Zirkusclown war bekannt dafür, dass er Groß und Klein *zum Lachen brachte*. b) Zum Schein *kam* er stets mit seinem Kompagnon *in Konflikt*. (streiten) c) Mit einer wilden aber furchtbar komischen Prügelei *brachte* er die Vorstellung *zum Abschluss*.

IV Idioms and their meanings

10 Put in the article.

1. kein Blatt vor … (m) Mund nehmen: seine Meinung offen sagen
2. aus … (f) Haut fahren: ungeduldig, wütend werden
3. jemandem auf … (Pl.) Finger sehen: jemanden genau kontrollieren
4. etwas aus … (f) Luft greifen: etwas frei erfinden
5. ein Haar in … (f) Suppe finden: einen Nachteil in einer Sache finden
6. jemandem um … (m) Hals fallen: jemanden umarmen
7. etwas in … (f) Hand nehmen: eine Sache anfangen und durchführen
8. von … (f) Hand in … (m) Mund leben: sehr arm leben
9. sich etwas aus … (m) Kopf schlagen: einen Plan aufgeben
10. Er ist seinem Vater wie aus … (n) Gesicht geschnitten: Er sieht seinem Vater sehr ähnlich.
11. etwas auf … (f) Seite legen: etwas sparen, zurücklegen
12. ein Spiel mit … (n) Feuer: eine gefährliche Sache
13. das springt in … (Pl.) Augen: das fällt stark auf
14. sich aus … (m) Staub machen: heimlich weggehen, fliehen
15. sich jemandem in … (m) Weg stellen: jemandem Schwierigkeiten machen
16. sein Geld aus … (n) Fenster werfen: sein Geld nutzlos ausgeben
17. jemandem den Stuhl vor … (f) Tür setzen: jemanden aus dem Haus schicken, „hinauswerfen"
18. in … (m) Tag hinein leben: planlos leben
19. jemandem auf … (f) Tasche liegen: vom Geld eines anderen leben
20. in … (f) Tinte sitzen: in einer unangenehmen Lage sein
21. unter … (m) Tisch fallen: eine Sache bleibt unbeachtet / unberücksichtigt
22. Die Ferien stehen vor … Tür: Es ist kurz vor den Ferien.
23. jemanden an … (f) Wand stellen: jemanden erschießen
24. einer Sache aus … (m) Weg gehen: eine Sache nicht tun, vermeiden
25. einen Rat in … (m) Wind schlagen: einen Rat nicht beachten
26. den Mantel nach … (m) Wind hängen: seine Meinung so ändern, wie es nützlich ist
27. jemandem auf … (m) Zahn fühlen: jemanden gründlich prüfen
28. mir liegt das Wort auf … (f) Zunge: ich weiß das Wort, aber ich kann mich im Augenblick nicht daran erinnern
29. auf … (f) Nase liegen: krank sein

30. jemandem in ... (Pl.) Ohren lie-
    gen: jemanden mit Bitten quälen
31. jemanden auf ... (f) Palme brin-
    gen: jemanden in Wut bringen
32. wie aus ... (f) Pistole geschossen:
    ganz schnell
33. unter ... (Pl.) Räuber fallen: in
    schlechte Gesellschaft geraten

34. die Rechnung ohne ... (m) Wirt
    machen: sich irren
35. aus ... (f) Reihe tanzen: etwas an-
    deres tun als all die anderen
36. bei ... (f) Sache sein: sich auf et-
    was konzentrieren
37. etwas auf ... (f) Seite schaffen: et-
    was stehlen

11 Put in the article and preposition. (If you can't remember the preposition, you'll find
it in exercise 9.)

Er hat kein festes Einkommen und lebt
... ... Hand ... ... Mund. Daher hat
er auch keine Möglichkeit jeden Monat
etwas ... ... Seite zu legen. Seit zehn
5 Jahren liegt er nun seinem Vater ... ...
Tasche! Sie hat ihm jetzt klar ihre Meinung gesagt und hat kein Blatt ... ...
Mund genommen. Das hat ihn natürlich sofort ... ... Palme gebracht. Sie
10 hat ihm geraten sich endlich um eine
Stelle zu bewerben, aber er schlägt ja jeden Rat ... ... Wind. Er *will* ja nicht arbeiten und geht jedem Angebot ... ...
Weg. Und wenn sie ihm auch immer
15 wieder damit ... ... Ohren liegt, er
kümmert sich nicht darum und lebt
weiter ... ... Tag hinein. Kein Wunder,
dass sie manchmal ... ... Haut fährt!
Es wird nicht mehr lange dauern, dann

setzt sie ihm den Stuhl ... ... Tür;   20
dann sitzt er aber ... ... Tinte! Sie verdient sauer das Geld und er wirft es ...
... Fenster! Wenn er glaubt, dass das so
weitergehen kann, dann hat er die
Rechnung ... ... Wirt gemacht. Soll er
sich doch endlich ... ... Staub ma-   25
chen! Aber wenn er ganz allein ist, fällt
er bestimmt bald ... ... Räuber. Und
das will sie doch auch nicht; sie liebt
ihn doch so sehr! Ach, soll er doch endlich mal sein Leben ... ... Hand neh-   30
men! Aber wenn er schon mal eine Arbeit angefangen hat, findet er bestimmt
bald ein Haar ... ... Suppe. Sie müsste
ihm genauer ... ... Finger sehen. Statt-
dessen fällt sie dem Faulenzer   35
Hals, sobald er nach Hause kommt!

Solutions § 40 No. 6:

1. der Blauwal 2. die Spitzmaus 3. die Giraffe 4. die Antilope 5. die Kobra
6. der Pazifische oder Stille Ozean 7. 10 900 m 8. Australien 9. in der Antarktis 10. auf Hawaii 11. an den Küsten der Antarktis 12. am 21. Dezember
13. am 21. Juni 14. Wasserstoff (chem. Zeichen: H) 15. am 3. Juli (!) 16. am
2. Januar (!)

§ 63 Use of Tenses: present, perfect, imperfect, past perfect

I Present and perfect

Present: Oral tense = The present in the spoken language
„Dort *fliegt* ein Storch. *Siehst* du ihn?" – „Nein, *warte* einen Augenblick! Ohne meine Brille *kann* ich ihn nicht *sehen*."

Perfect: Oral tense = The past in the spoken language
„Gestern *ist* der erste Storch in diesem Frühjahr *vorübergeflogen*. Das *hat* mir meine Freundin *gesagt*. Aber ich *habe* ihn leider nicht *gesehen*, weil ich meine Brille nicht rechtzeitg *gefunden habe*."

In the spoken language both tenses, the present and perfect, refer to each other.

Present tense

Oral tense for present and future (see § 21) activities, events and states.
„Heute Vormittag *macht* mein Sohn sein Examen. Er *ist* der Beste. Er *schafft* bestimmt eine ausgezeichnete Note."

In the written language the present is used

- in direct speech
  Es war ein bitterkalter Winter und das arme Mädchen rief: „Es *ist* Weihnachts-abend. *Kauft* mir doch ein paar Streichhölzchen *ab*."

- for all rules and laws
  Wer einem anderen etwas *stiehlt* und dabei *gefasst wird*, *wird bestraft*.

- for scientific facts etc.
  Die Erde *dreht* sich um die Sonne. Die Gravitation *ist* ein physikalisches Gesetz.

Further possible uses of the present tense in the written language:

- for summaries of stories, novels, operas, films, plays etc.
  Die Oper „Aida" von Verdi *spielt* im alten Ägypten. Der Prinz *verliebt* sich in Aida und *kämpft* um sie …

- in reviews on the radio, on TV and in newspapers
  Der Autor *schreibt* flüssig und elegant, aber es *fehlt* ihm an historischen Kenntnissen.

- the present is also sometimes used in historical descriptions
  Am Weihnachtsabend des Jahres 800 *wird* Karl der Große in Rom zum Kaiser *gekrönt*. Der Papst *setzt* ihm die Krone auf das Haupt.

The perfect

Oral tense for past activities, events and states.
(See also § 21)
In der Schule *habe* ich mich immer *gelangweilt*. Wenn wir auf dem Schulhof Fußball *gespielt haben*, *hat* der Hausmeister *geschimpft* ...

In writing the perfect is used

- in direct speech
  Das arme Mädchen mit den Streichhölzern dachte: „Heute Abend *ist* meine Großmutter *gestorben*. Sie *hat* mich lieb *gehabt* und mir alles *gegeben*."

- for general statements about things that happened sometime before the present
  Seit Emil von Behring einen Impfstoff gegen die Diphtherie *entdeckt hat*, sterben weniger Kinder an dieser schrecklichen Krankheit.

II Imperfect and past perfect

Imperfect: written tense for descriptive and literary texts
    Es *war* einmal ein Fischer, der *fing* einen großen Fisch. Der Fisch *öffnete* sein Maul und *sprach* mit menschlicher Stimme.
    Am 3. September *begann* die Konferenz in Tokio. Die Präsidenten aller asiatischen Länder *versammelten* sich in dem prächtigen Saal und *begrüßten* sich feierlich.

Past perfect: written tense for all activities, events and states which occurred before the imperfect.
    Es war einmal ein Fischer, der schon viele Fische gefangen hatte, aber so ein großer Fisch *war* ihm noch niemals vorher ins Netz *gegangen*.
    Am 3. September begann die Konferenz in Tokio. Obwohl die Präsidenten der asiatischen Länder vorher gegeneinander *gestritten hatten*, begrüßten sie sich freundlich.

Both tenses, the imperfect and the past perfect, refer to each other in the written language.

Imperfect

Written tense

- in prose literature (novels and stories). However, the use of tense forms in literature is to a great extent a question of style; all tense forms occur.

- news stories in newspapers are in the imperfect, TV news is narrated in the imperfect.

In speech, the imperfect is used

- when telling fairy tales and stories:
  Die Großmutter erzählt: Es *war* einmal eine schöne Prinzessin. Sie *lebte* in einem Schloss ...

- in stylized reports of personal experiences:
  Heute früh bin ich aufgestanden, aber plötzlich *donnerte* es an meiner Tür. Ich *rannte* hin und da *stand* ...

- In letters Germans move quite arbitrarily between the perfect and the imperfect. Good letter-writers use the perfect for their personal statements, but change to the imperfect as soon as they start reporting something in a stylized way.

Past perfect

Written tense
This form is used as a narrative tense in German prose literature, in novels and stories. (Its use in literature is not rigidly determined. Use of tenses is often a question of the author's personal style.)
Er stand vor der Haustür, suchte in seinen Taschen, aber er fand seinen Schlüssel nicht, denn er *hatte* ihn am Morgen zu Hause *vergessen*.

Orally, the past perfect can be used when there is an occurrence before that reported in the perfect tense.
Alles, was er mir *erzählt hatte*, habe ich mir gemerkt.

Notes

1. With modal and auxiliary verbs it is better to use the imperfect rather than the perfect in speech.
   Ich *war* unruhig (not: bin ... gewesen), weil ich meine Brille nicht sofort *hatte* (not: gehabt habe) und deshalb den Storch nicht *sehen konnte* (not: habe sehen können).

2. When there are longer passages in the past perfect, the narrator can change to the imperfect.

3. Newspaper and TV news stories often begin with a sentence in the perfect. After that, the imperfect is used as normal.
   „Geisterstimmen" in einer Nürnberger Wohnung *haben* in der Nacht zum Freitag zu einem Polizeieinsatz *geführt*. Die Mieterin *wählte* gegen Mitternacht den Notruf, weil nach ihren Worten „geisterhafte Stimmen" aus der Wand *drangen*. Die angerückten Beamten *waren* „hellhörig": Sie *fanden* den Geist in einem Schrank in Gestalt eines dudelnden Radios.

                                                                            FAZ, 9.3.1996

1 Put in the verbs in the right tense.

Ein Professor, der nachts um 12 Uhr mit dem Flugzeug nach New York (reisen wollen), (sitzen) müde in seinem Sessel, nachdem er alle seine Sachen (ein-
5 packen), als plötzlich das Telefon (klingeln). Es (sein) der Freund des Professors, der schon früh am Abend (schlafen gehen) und einen Traum (haben), den er jetzt dem Professor (mitteilen): „Ich
10 (abstürzen sehen) im Traum ein Flugzeug mit derselben Nummer, die auf deiner Flugkarte (stehen), über dem Atlantischen Ozean. Bitte (fliegen) nicht nach New York." Der Professor (verspre-
15 chen) dem Freund nicht zu fliegen. Als der Professor am nächsten Morgen (aufwachen), (rufen hören) er die Zeitungsjungen auf der Straße: „Flugzeug Nr. 265 abgestürzt!" Er (springen) aus
20 dem Bett, (greifen) nach seiner Flugkarte und (erkennen) dieselbe Nummer. – Sobald er sich (anziehen), (rennen) er

auf die Straße, um seinem Freund, der ihn (warnen), zu danken. Als er um die Ecke (biegen), (zusammenstoßen) er so 25 unglücklich mit einem kleinen Jungen auf einem Kinderfahrrad, dass er (stürzen) und auf das Pflaster (schlagen). „Das (sein) das Ende!", (denken) der Professor, „mein Freund (Recht haben) 30 doch."
Aber es (kommen) anders: Am späten Nachmittag (erwachen) er in einem Krankenzimmer und als sich eine freundliche Pflegerin über ihn (beugen), (sein) 35 seine erste Frage: „Was (geschehen) mit den Insassen des Flugzeugs Nr. 265?" – „Bitte (aufregen) Sie sich nicht!", (antworten) die Krankenschwester. „Nur eine Falschmeldung! Die Maschine (lan- 40 den) sicher." Bevor der Professor wieder in Ohnmacht (sinken), (flüstern) er: „Dann (irren) sich mein Freund also."

2 What is the infinitive of the verbs in these excerpts from newspapers? What tense are they in here? Give reasons for the use of the past perfect in the texts.

Zweimal ließen Fahrer am Wochenende ihre Wagen stehen, nachdem sie zuvor erheblichen Schaden angerichtet hatten.
5
Der US-Autohersteller Ford hat im 1. Quartal 1996 einen dramatischen Gewinneinbruch auf 982 Millionen Mark verzeichnet. In der entsprechenden Vor-
10 jahreszeit hatte der Konzern noch weit über zwei Milliarden Mark verdient.

Zu einem Vortragsabend mit dem Thema „Mineralien in den Gesteinen der
15 Rhön" hatte die Geschäftsleitung der Firma Franz Carl Nüdling eingeladen. Referent Rudolf Geipel stellte unter anderem fest, dass die Rhön noch ein weißer Fleck auf der mineralogischen
20 Landkarte sei.

Die Beamten hatten angehalten, weil das Fahrzeug des 27-Jährigen mit Warnblinklicht auf dem Seitenstreifen der 25 Autobahn abgestellt war. Der Fahrer verwies auf eine Panne und die Öllache unter seinem Wagen.
Als er von der Streife überprüft werden sollte, gab er an, keine Papiere dabeizu- 30 haben. Die Beamten hatten aber eine Jacke auf dem Rücksitz des Autos entdeckt, worin sich auch Ausweispapiere befanden. Das sei die Jacke seines Bruders, erklärte der Erfurter. Die nun miss- 35 trauisch gewordenen Ordnungshüter nahmen den 27-Jährigen mit auf das Revier.
Hier stellte sich heraus, dass der Beschuldigte gelogen hatte. Den Führer- 40 schein bereits wegen Trunkenheit am Steuer verloren, hatte er versucht seine Identität zu verheimlichen.

3 Put in the verbs in the right tense.

Nachdem es, wie es in Ländern nördlich der Alpen oft (vorkommen), vier Wochen lang (regnen), (erscheinen) an einem Maimorgen endlich die Sonne am
5 heiteren Himmel. Sogleich (herausstrecken) ein Regenwurm, der schon lange durch die andauernde Kälte beunruhigt (sein), seinen Kopf aus dem feuchten Boden.
10 Bevor er sich noch richtig (wärmen können), (entdecken) er dicht neben sich einen zweiten Regenwurm, den er, wie er wohl (wissen), noch nie vorher (sehen). Trotzdem (sich verbeugen) er tief und
15 (beginnen) folgende höfliche Rede: „Lieber Herr Nachbar, als wir uns vor 14 Tagen im Dunkel der Erde (treffen), (sagen

können) ich Ihnen nicht meinen Gruß und meine Verehrung, denn leider (sich beschäftigen müssen) man dort unten
20 immer mit Fressen und mit vollem Mund (sprechen dürfen) niemand, der von seinen Eltern gut (erziehen / Passiv). Jetzt aber (begrüßen dürfen) ich Sie mit großem Vergnügen und (bitten) Sie
25 um Ihre Freundschaft." In ähnlicher Weise (reden) er noch einige Zeit fort, (sich beklagen) über die Schweigsamkeit des anderen und (fragen) ihn nach Namen und Herkunft, bis der zweite Re-
30 genwurm endlich sein Geschwätz (unterbrechen) und mürrisch (antworten): „Quatsch doch nicht so blöd, ich bin doch dein Hinterteil!"

4 Do the same again.

Ein Blinder (geschenkt bekommen) 500 Euro von der Frau eines Freundes, der vor einiger Zeit (sterben). Der Blinde (denken) niemals vorher an so ein un-
5 verhofftes Geschenk und deshalb (verstecken wollen) er das Geld, wie es so viele arme Leute (tun), in seinem Garten. Nachdem er ein tiefes Loch (graben) und seinen Schatz (verpacken und
10 hineinlegen), (verlassen) er sehr zufrieden den Ort seiner Handlung. Während dieser Arbeit (beobachten können) ihn ein Nachbar durch den Gartenzaun. Der diebische Mensch (steigen) in der fol-
15 genden Nacht in den Garten des Blinden und (nehmen) das Geld an sich. Als der Blinde am Morgen (entdecken), dass sein Schatz (stehlen / Passiv), (sterben wollen) er vor Kummer. Aber Not (ma-
20 chen) erfinderisch. Er (gehen) zu seinem

Nachbarn, den er (verdächtigen) und (sagen): „Herr Nachbar, Sie (nachdenken helfen müssen) mir in einer schwierigen Angelegenheit. Vor einiger Zeit (geben / Passiv) mir von einem Freund
25 1000 Euro, die ich für ihn (verstecken sollen). Aus Angst vor Dieben (eingraben) ich die Hälfte an einem sicheren Ort. Ich (fragen wollen) Sie, ob es gut (sein / Konjunktiv), wenn ich auch den
30 Rest an die gleiche Stelle (legen)?" Selbstverständlich (raten) der Nachbar dem Blinden zu dem gleichen Versteck, aber sobald der Blinde in sein Haus (zurückkehren), (zurückbringen) der
35 Nachbar, der die ganze Summe (haben wollen), das gestohlene Geld in den Garten des Blinden. Kurze Zeit darauf (ausgraben) der Blinde seinen Schatz glücklich wieder.
40

Appendix

Punctuation rules

I A comma is used

1. between complete main clauses, unless they are linked by *und, oder, beziehungsweise, sowie, wie, entweder … oder, nicht … noch, sowohl … als, weder*:
   Alle lachten, aber er machte ein unglückliches Gesicht.
   Es regnete, trotzdem fuhr er mit dem Fahrrad ins Büro.

2. between a main clause and a subordinate clause:
   Ich freue mich, wenn du kommst.
   Obwohl er uns verstand, antwortete er nicht.

3. between subordinate clauses:
   Ich weiß, dass ich ihm das Geld bringen muss, weil er darauf wartet.

4. between units and statements belonging to the same category. There is only no comma in front of *und, oder* etc. (see 1).:
   In der gestohlenen Tasche waren Schlüssel, Geld, Ausweise und persönliche Sachen.
   Du musst endlich den Professor, seinen Assistenten oder den Tutor danach fragen.
   Im Urlaub wollen wir lange schlafen, gut essen, viel baden und uns einmal richtig erholen.

II Commas divide the following:

if they interrupt the clause on which they are dependent

1. Relative clauses and subordinate clauses:
   Der Apfelbaum, den er selbst gepflanzt hatte, trug herrliche Früchte.

2. Appositions:
   Die Donau, der längste Fluss Europas, mündet ins Schwarze Meer.

3. Participal clauses:
   Er schlief, von der anstrengenden Reise erschöpft, zwölf Stunden lang.

4. expanded infinitive constructions and infinitive constructions with *um … zu, ohne … zu, anstatt … zu*:
   Sie begann, um bald zu einem Ergebnis zu kommen, sofort mit der Arbeit.

III A comma may be used

if its use helps to make the structure of a sentence clearer or helps to avoid misunderstandings

1. in front of expanded infinitive constructions
    Er hofft(,) jeden Tag ein bisschen mehr Sport treiben zu können.
    Er hofft jeden Tag(,) ein bisschen mehr Sport treiben zu können.

2. in front of infinitive constructions with *um ... zu, ohne ... zu, anstatt ... zu*:
    Er ging zur Polizei(,) um seinen Pass abzuholen.

3. with words, phrases and sentence parts of the same hierarchy that are linked by
    und, oder ... (see I, 1).:
    Er geht immer zu Fuß zur Arbeit(,) und in die Stadt fährt er mit dem Bus.

List of the strong irregular verbs

Preliminary note

1. The following verbs vary in meaning according to the prefix, preposition etc. They
    are used with, e. g. *brechen*:
    Der Verlobte hat *sein Wort* (A) gebrochen.
    Der Junge hat den Ast *ab*gebrochen.
    Vier Häftlinge sind aus dem Gefängnis *aus*gebrochen.
    Der Gast hat das Glas *zer*brochen.
    Er hat *sich* den Arm gebrochen.
    Der junge Mann hat *mit* seinen Eltern gebrochen.
    Der Kranke hat *dreimal am Tag* gebrochen.

2. The following information refers to the basic meaning of the verbs (N = nominative,
    D = dative, A = accusative, Inf.-K. = infinitive construction). If the verb is not always
    used with a particular case, the information appears in brackets. If a verb is only
    used with place or time adverbials or with a prepositional object, no information is
    given.

Infinitiv	3. Pers. Sg. Präsens	3. Pers. Sg. Imperfekt	3. Pers. Sg. Perfekt	Gebrauch
backen	er bäckt (backt)	er backte (buk)	er hat gebacken	A
befehlen	er befiehlt	er befahl	er hat befohlen	D + Inf.-K.
beginnen	er beginnt	er begann	er hat begonnen	A
beißen	er beißt	er biss	er hat gebissen	A
bergen	er birgt	er barg	er hat geborgen	A
bersten	er birst	er barst	er ist geborsten	–
betrügen	er betrügt	er betrog	er hat betrogen	A
bewegen[1]	er bewegt	er bewog	er hat bewogen	A + Inf.-K.

[1] *bewegen* (strong): Was hat ihn bewogen, so schnell abzufahren?
bewegen (weak): Der Polizist bewegte den Arm.

Infinitiv	3. Pers. Sg. Präsens	3. Pers. Sg. Imperfekt	3. Pers. Sg. Perfekt	Gebrauch
biegen	er biegt	er bog	er hat gebogen	A
bieten	er bietet	er bot	er hat geboten	D A
binden	er bindet	er band	er hat gebunden	A
bitten	er bittet	er bat	er hat gebeten	A + Inf.-K.
blasen	er bläst	er blies	er hat geblasen	(A)
bleiben	er bleibt	er blieb	er ist geblieben	–
braten	er brät (bratet)	er briet	er hat gebraten	A
brechen	er bricht	er brach	er ist / hat gebrochen	(A)
brennen	er brennt	er brannte	er hat gebrannt	–
bringen	er bringt	er brachte	er hat gebracht	D A
denken	er denkt	er dachte	er hat gedacht	–
dingen[2]	er dingt	er dang	er hat gedungen	A
dreschen	er drischt	er drosch	er hat gedroschen	A
dringen[3]	er dringt	er drang	er ist / hat gedrungen	–
dürfen	er darf	er durfte	er hat gedurft	–
empfehlen	er empfiehlt	er empfahl	er hat empfohlen	D + Inf.-K. D A
erlöschen[4]	er erlischt	er erlosch	er ist erloschen	–
erschrecken[5]	er erschrickt	er erschrak	er ist erschrocken	–
erwägen	er erwägt	er erwog	er hat erwogen	A
essen	er isst	er aß	er hat gegessen	A
fahren[6]	er fährt	er fuhr	er ist / hat gefahren	(A)
fallen	er fällt	er fiel	er ist gefallen	–
fangen	er fängt	er fing	er hat gefangen	A
fechten	er ficht	er focht	er hat gefochten	–
finden	er findet	er fand	er hat gefunden	A
flechten	er flicht	er flocht	er hat geflochten	A
fliegen[7]	er fliegt	er flog	er ist / hat geflogen	(A)
fliehen	er flieht	er floh	er ist geflohen	–
fließen	er fließt	er floss	er ist geflossen	–
fressen	er frisst	er fraß	er hat gefressen	A
frieren	er friert	er fror	er hat gefroren	–
gären[8]	er gärt	er gor	er ist gegoren	–

[2] *dingen:* nowadays only „einen Mörder dingen = der gedungene Mörder"

[3] *ist / hat gedrungen:* Das Wasser ist in den Keller gedrungen. – Er hat auf die Einhaltung des Vertrages gedrungen.

[4] *erlöschen* (strong verb): Das Feuer erlosch im Kamin.
löschen (weak verb): Die Feuerwehr löschte das Feuer.

[5] *erschrecken* (strong verb): Das Kind erschrak vor dem Hund.
erschrecken (weak verb): Der Hund erschreckte das Kind.

[6] *ist / hat gefahren:* Er ist nach England gefahren. – Er hat den Wagen in die Garage gefahren.

[7] *ist / hat geflogen:* Wir sind nach New York geflogen. – Der Pilot hat die Maschine nach Rom geflogen.

[8] *gären* (strong verb): Der Most gor im Fass.
gären (weak verb): Schon Jahre vor der Revolution gärte es im Volk.

Infinitiv	3. Pers. Sg. Präsens	3. Pers. Sg. Imperfekt	3. Pers. Sg. Perfekt	Gebrauch
gebären	sie gebiert (gebärt)	sie gebar	sie hat geboren	A
geben	er gibt	er gab	er hat gegeben	D A
gedeihen	er gedeiht	er gedieh	er ist gediehen	–
gehen	er geht	er ging	er ist gegangen	–
gelingen	es gelingt	es gelang	es ist gelungen	D + Inf.-K.
gelten	er gilt	er galt	er hat gegolten	–
genesen	er genest	er genas	er ist genesen	–
genießen	er genießt	er genoss	er hat genossen	A
geschehen	es geschieht	es geschah	es ist geschehen	–
gewinnen	er gewinnt	er gewann	er hat gewonnen	(A)
gießen	er gießt	er goss	er hat gegossen	A
gleichen	er gleicht	er glich	er hat geglichen	D
gleiten	er gleitet	er glitt	er ist geglitten	–
glimmen	er glimmt	er glomm	er hat geglommen	–
graben	er gräbt	er grub	er hat gegraben	(D) A
greifen	er greift	er griff	er hat gegriffen	(A)
haben	er hat	er hatte	er hat gehabt	A
halten	er hält	er hielt	er hat gehalten	(A)
hängen[9]	er hängt	er hing	er hat gehangen	–
hauen	er haut	er hieb (haute)	er hat gehauen	A
heben	er hebt	er hob	er hat gehoben	A
heißen	er heißt	er hieß	er hat geheißen	(N) AA
helfen	er hilft	er half	er hat geholfen	D
kennen	er kennt	er kannte	er hat gekannt	A
klimmen	er klimmt	er klomm	er ist geklommen	–
klingen	er klingt	er klang	er hat geklungen	–
kneifen	er kneift	er kniff	er hat gekniffen	A
kommen	er kommt	er kam	er ist gekommen	–
können	er kann	er konnte	er hat gekonnt	A
kriechen	er kriecht	er kroch	er ist gekrochen	–
laden	er lädt	er lud	er hat geladen	A
lassen[10]	er lässt	er ließ	er hat gelassen	(D) A
laufen	er läuft	er lief	er ist gelaufen	–
leiden	er leidet	er litt	er hat gelitten	–
leihen	er leiht	er lieh	er hat geliehen	D A
lesen	er liest	er las	er hat gelesen	A
liegen	er liegt	er lag	er hat gelegen	–
lügen	er lügt	er log	er hat gelogen	–
mahlen	er mahlt	er mahlte	er hat gemahlen	A

[9] *hängen* (strong verb): Die Kleider hingen im Schrank.
hängen (weak verb): Sie hängte die Kleider in den Schrank.
[10] *lassen* (strong verb): Sie ließ die Kinder zu Hause.
veranlassen (weak verb): Die Behörden veranlassten die Schließung des Lokals.

Infinitiv	3. Pers. Sg. Präsens	3. Pers. Sg. Imperfekt	3. Pers. Sg. Perfekt	Gebrauch
meiden	er meidet	er mied	er hat gemieden	A
melken	er melkt	er molk (melkte)	er hat gemolken	A
messen	er misst	er maß	er hat gemessen	A
mögen	er mag	er mochte	er hat gemocht	A
müssen	er muss	er musste	er hat gemusst	–
nehmen	er nimmt	er nahm	er hat genommen	D A
nennen	er nennt	er nannte	er hat genannt	AA
pfeifen	er pfeift	er pfiff	er hat gepfiffen	A
preisen	er preist	er pries	er hat gepriesen	A
quellen	er quillt	er quoll	er ist gequollen	–
raten	er rät	er riet	er hat geraten	D + Inf.-K.
reiben	er reibt	er rieb	er hat gerieben	A
reißen[11]	er reißt	er riss	er hat / ist gerissen	–
reiten[12]	er reitet	er ritt	er ist / hat geritten	(A)
rennen	er rennt	er rannte	er ist gerannt	–
riechen	er riecht	er roch	er hat gerochen	(A)
ringen	er ringt	er rang	er hat gerungen	–
rinnen	er rinnt	er rann	er ist geronnen	–
rufen	er ruft	er rief	er hat gerufen	A
salzen	er salzt	er salzte	er hat gesalzen	A
saufen	er säuft	er soff	er hat gesoffen	A
saugen	er saugt	er sog (saugte)	er hat gesogen (gesaugt)	(A)
schaffen[13]	er schafft	er schuf	er hat geschaffen	A
scheiden[14]	er scheidet	er schied	er hat / ist geschieden	(A)
scheinen	er scheint	er schien	er hat geschienen	–
scheißen	er scheißt	er schiss	er hat geschissen	–
schelten	er schilt	er schalt	er hat gescholten	A (AA)
scheren	er schert	er schor	er hat geschoren	(D) A
schieben	er schiebt	er schob	er hat geschoben	A
schießen	er schießt	er schoss	er hat geschossen	(A)
schlafen	er schläft	er schlief	er hat geschlafen	–
schlagen	er schlägt	er schlug	er hat geschlagen	A
schleichen	er schleicht	er schlich	er ist geschlichen	–
schleifen[15]	er schleift	er schliff	er hat geschliffen	A
schließen	er schließt	er schloss	er hat geschlossen	A
schlingen	er schlingt	er schlang	er hat geschlungen	(A)

[11] *hat / ist gerissen:* Das Pferd hat an dem Strick gerissen. – Der Strick ist gerissen.

[12] *ist / hat geritten:* Er ist durch den Wald geritten. – Er hat dieses Pferd schon lange geritten.

[13] *schaffen* (strong verb): Am Anfang schuf Gott Himmel und Erde.
schaffen (weak verb): Ich habe die Arbeit nicht mehr geschafft.

[14] *hat / ist geschieden:* Der Richter hat die Ehe geschieden. – Er ist ungern von hier geschieden.

[15] *schleifen* (strong verb): Er hat das Messer geschliffen.
schleifen (weak verb): Er schleifte den Sack über den Boden.

Infinitiv	3. Pers. Sg. Präsens	3. Pers. Sg. Imperfekt	3. Pers. Sg. Perfekt	Gebrauch
schmeißen	er schmeißt	er schmiss	er hat geschmissen	A
schmelzen[16]	er schmilzt	er schmolz	er hat / ist geschmolzen	A
schneiden	er schneidet	er schnitt	er hat geschnitten	(A)
schreiben	er schreibt	er schrieb	er hat geschrieben	(D) A
schreien	er schreit	er schrie	er hat geschrie(e)n	–
schreiten	er schreitet	er schritt	er ist geschritten	–
schweigen	er schweigt	er schwieg	er hat geschwiegen	–
schwellen[17]	er schwillt	er schwoll	er ist geschwollen	–
schwimmen[18]	er schwimmt	er schwamm	er ist / hat geschwommen	–
schwingen	er schwingt	er schwang	er hat geschwungen	(A)
schwören	er schwört	er schwor	er hat geschworen	(D) A
sehen	er sieht	er sah	er hat gesehen	A
sein	er ist	er war	er ist gewesen	N
senden[19]	er sendet	er sandte (sendete)	er hat gesandt (gesendet)	(D) A
singen	er singt	er sang	er hat gesungen	A
sinken	er sinkt	er sank	er ist gesunken	–
sinnen	er sinnt	er sann	er hat gesonnen	–
sitzen	er sitzt	er saß	er hat gesessen	–
sollen	er soll	er sollte	er hat gesollt	–
spalten	er spaltet	er spaltete	er hat gespalten	A
speien	er speit	er spie	er hat gespie(e)n	–
spinnen	er spinnt	er spann	er hat gesponnen	A
sprechen	er spricht	er sprach	er hat gesprochen	A
sprießen	er sprießt	er spross	er ist gesprossen	–
springen	er springt	er sprang	er ist gesprungen	–
stechen	er sticht	er stach	er hat gestochen	(A)
stehen	er steht	er stand	er hat gestanden	–
stehlen	er stiehlt	er stahl	er hat gestohlen	D A
steigen	er steigt	er stieg	er ist gestiegen	–
sterben	er stirbt	er starb	er ist gestorben	–
stieben	er stiebt	er stob	er ist gestoben	–
stinken	er stinkt	er stank	er hat gestunken	–
stoßen[20]	er stößt	er stieß	er hat / ist gestoßen	–
streichen	er streicht	er strich	er hat gestrichen	A
streiten	er streitet	er stritt	er hat gestritten	–

[16] *hat / ist geschmolzen:* Das Wachs ist geschmolzen. – Sie haben das Eisenerz geschmolzen.

[17] *schwellen* (strong verb): Seine linke Gesichtshälfte ist geschwollen.
schwellen (weak verb): Der Wind schwellte die Segel.

[18] *ist / hat geschwommen:* Der Flüchtling ist durch die Elbe geschwommen. – Er hat drei Stunden im Schwimmbad geschwommen.

[19] *senden* (strong verb): Sie hat mir ein Weihnachtspäckchen gesandt.
senden (weak verb): Um 20 Uhr werden die Nachrichten gesendet.

[20] *hat / ist gestoßen:* Ich habe mich an der Küchentür gestoßen. – Er ist mit dem Fuß gegen einen Stein gestoßen.

Infinitiv	3. Pers. Sg. Präsens	3. Pers. Sg. Imperfekt	3. Pers. Sg. Perfekt	Gebrauch
tragen	er trägt	er trug	er hat getragen	(D) A
treffen	er trifft	er traf	er hat getroffen	A
treiben[21]	er treibt	er trieb	er hat / ist getrieben	(A)
treten[22]	er tritt	er trat	er ist / hat getreten	–
trinken	er trinkt	er trank	er hat getrunken	A
tun	er tut	er tat	er hat getan	A
verbleichen	es verbleicht	es verblich	er / es ist verblichen	–
verderben[23]	er verdirbt	er verdarb	er hat / ist verdorben	(DA)
verdrießen	es verdrießt	es verdross	es hat verdrossen	A
vergessen	er vergisst	er vergaß	er hat vergessen	A
verlieren	er verliert	er verlor	er hat verloren	A
verschwinden	er verschwindet	er verschwand	er ist verschwunden	–
verzeihen	er verzeiht	er verzieh	er hat verziehen	D A
wachsen	er wächst	er wuchs	er ist gewachsen	–
waschen	er wäscht	er wusch	er hat gewaschen	(D) A
weichen[24]	er weicht	er wich	er ist gewichen	–
weisen	er weist	er wies	er hat gewiesen	D A
wenden	er wendet	er wandte (wendete)	er hat gewandt (gewendet)	(A)
werben	er wirbt	er warb	er hat geworben	(A)
werden	er wird	er wurde	er ist geworden	N
werfen	er wirft	er warf	er hat geworfen	A
wiegen[25]	er wiegt	er wog	er hat gewogen	A
winden	er windet	er wand	er hat gewunden	A
wissen	er weiß	er wusste	er hat gewusst	A
wollen	er will	er wollte	er hat gewollt	A
wringen	er wringt	er wrang	er hat gewrungen	A
ziehen[26]	er zieht	er zog	er hat / ist gezogen	A
zwingen	er zwingt	er zwang	er hat gezwungen	A + Inf.-K.

[21] *ist / hat getrieben:* Sie hat die Kühe auf die Weide getrieben. – Das Boot ist an Land getrieben.

[22] *hat / ist getreten:* Er ist ins Zimmer getreten. – Er hat mir auf den Fuß getreten.

[23] *hat / ist verdorben:* Er hat mir alle Pläne verdorben. – Das Fleisch ist in der Hitze verdorben.

[24] *weichen* (strong verb): Der Bettler wich nicht von meiner Seite.
weichen (weak verb): Die Brötchen sind in der Milch aufgeweicht.

[25] *wiegen* (strong verb): Der Kaufmann wog die Kartoffeln.
wiegen (weak verb): Die Mutter wiegte ihr Kind.

[26] *hat / ist gezogen:* Das Pferd hat den Wagen gezogen. – Er ist in eine neue Wohnung gezogen.

List of grammar terms used

(German terms according to **Duden-Grammatik**)

Accusative	*der Akkusativ* (der 4. Fall, Wenfall)	= within the sentence: 1. the accusative object (question: *wen?* or *was?*): Ich sehe *den Berg.* 2. temporal accusative (question: *wann?*): Er kommt *jeden Freitag.* 3. accusative of measurement (question: *wie lang?* etc.): Der Tisch ist *einen Meter* lang. Der Säugling ist *einen Monat* alt.
Active sentence	*der Aktivsatz*	= the action is instigated or caused by certain persons or things. See also passive sentence. *Herr Müller gräbt seinen Garten um.* *Das Schiff versinkt im Ozean.*
Adjective	*das Adjektiv* (das Eigenschaftswort)	*grün, breit, alt, mutig*
Adverb	*das Adverb* (das Umstandswort)	Er kommt *heute.* (question: *wann?*) Er steht *dort.* (question: *wo?*) Er spricht *schnell.* (question: *wie?*)
Adverbial	*die adverbiale Angabe*	Er kommt *jeden Freitag um acht Uhr.* (question: *wann?*) Er wohnt *in der Gartenstraße neben dem* *Postamt.* (question: *wo?*) Er läuft *auf die Straße.* (question: *wohin?*) Er spricht *mit leiser Stimme.* (question: *wie?*)
Adversative	*adversativ*	= to mark contrasting units: Ich kenne alle Wörter, *aber* ich verstehe den Satz nicht.
Alternative	*alternativ*	= to indicate another possibility: *Entweder* gelingt das Experiment *oder* wir müssen wieder von vorne anfangen.
Apposition	*die Apposition* (der Beisatz)	Herr Meyer, *unser neuer Kollege,* ist sehr sympathisch.
The article	*der Artikel* (das Geschlechtswort)	1. the definite article: Singular: *der, die, das* Plural: *die* 2. the indefinite article: Singular: *ein, eine, ein* Plural: artikellos
Attribute	*das Attribut*	1. attributive adjectives: der *grüne* Baum, *frische* Luft 2. genitive attribute: der Bruder *meines Mannes*

		3. attributive adverbials: der Kongress *in der alten Oper* die Nachrichten *um 20 Uhr* im *Hamburger* Hafen
Auxiliary verb	*das Hilfsverb*	*haben, sein, werden*
Cardinal number	*die Kardinalzahl* (die Grundzahl)	*eins, zwei, drei … hundert, tausend …* *(1, 2, 3 …)*
Case	*der Kasus* (der Fall)	nominative, genitive, dative, accusative
Causative	*kausal*	= to mark reason (question: *warum?*) 1. causative main clause: Sie kommt heute nicht, *denn wir haben uns gestritten.* Wir haben uns gestritten; *darum kommt sie heute nicht.* 2. causative subordinate clause: Sie kommt heute nicht, *weil wir uns gestritten haben.* 3. causative adverbials with prepositions: *Wegen unseres Streits* kommt sie heute nicht.
Comparative	*der Komparativ*	= to make comparisons: 1. as an attributive adjective: Der Sekretär ist *längere* Zeit im Geschäft als sein Chef. 2. as an adverb: Der Sekretär ist *älter* als sein Chef.
Concessive	*konzessiv*	= to mark restriction: 1. concessive main clause: Ich kann ihn nicht leiden, *aber ich lade ihn doch ein.* Ich kann ihn nicht leiden, *trotzdem lade ich ihn ein.* 2. concessive subordinate clause: Ich lade ihn ein, *obwohl ich ihn nicht leiden kann.* 3. concessive adverbials with prepositions: *Trotz meiner Abneigung* lade ich ihn ein.
Conditional	*konditional*	= to make a condition: 1. open conditional clauses: *Wenn er nicht kommt,* fahren wir ohne ihn. 2. hypothetical conditional clauses: *Wenn er jetzt noch käme,* könnten wir ihn mitnehmen.
Conjugated verb	*konjugiertes Verb*	= within the sentence: verb with personal ending: Er *geht* zu Fuß zur Schule. Du *hast* dich erkältet. Wir *kamen* zu spät *an.* …, als er gefragt *wurde.* …, weil ihr nicht gekommen *seid.*

Conjugation	*die Konjugation* (die Beugung des Verbs)	*ich gehe* *du gehst* *er geht* *wir gehen* usw.
Conjunction	*Konjunktion*	= joining word within the sentence: 1. main clause conjunctions: Er geht voran *und* ich folge ihm. (in position 0) Du hast dich nicht verändert; *darum* habe ich dich sofort erkannt. (in position I) 2. subordinate clauses conjunctions (also subjunctions): Sein Sohn erbte alles, *als* er starb. Er bekam die Erbschaft, *weil* er fleißig und tüchtig war.
Consecutive	*konsekutiv*	= to mark consecutive action: consecutive subordinate clauses: Er war *so* aufgeregt, *dass er stotterte.* Er hatte keine Kinder, *so dass sein Neffe alles erbte.*
Consonant	*der Konsonant* (der Mitlaut)	*b, c, d, f, g, h* etc.
Dative	*der Dativ* (der 3. Fall, Wemfall)	= within the sentence: the dative object (question: *wem?*) Ich vertraue *meinem Nachbarn.*
Declension of nouns, articles and adjectives	*die Deklination* (die Beugung von Substantiv, Artikel, Pronomen und Adjektiv)	nominative: *der Mann* accusative: *den Mann* dative: *dem Mann* genitive: *des Mannes* etc.
Demonstrative pronoun	*das Demonstrativpronomen* (das hinweisende Fürwort)	= to refer to certain persons or things: *Dieser* Turm ist der älteste der Stadt. Wie man das macht, *das* weiß ich nicht.
Diphthong	*Diphthong* (der Doppellaut)	= a compound sound with two vowels: *au, ei, eu*
Direct speech	*die direkte Rede*	Er sagte: *„Ich gehe jetzt."* Er fragte: *„Gehst du jetzt?"* Er befahl: *„Geh jetzt!"*
Ending	*die Endung*	see "Stem"
Feminine	*feminin*	= feminine: *die Frau, die Beamtin, die Polin, die Bank, die Hoffnung*
Function verbal phrase	*das Funktionsverbgefüge*	= fixed unit, made up of verb, preposition and accusative object: Er *bringt* das Problem *zur Sprache.* Man *kam* schnell *zu einem Ergebnis.*
Function verb	*das Funktionsverb*	= verb which in conjunction with an accusative object has a fixed meaning: Sie *trifft* eine Entscheidung. Er *legt* Beschwerde *ein.*

Future	*das Futur*	1. to express the fact that something is certain to happen: Wir müssen uns beeilen, es *wird* gleich *regnen.* (Futur I) Bis morgen *werden* wir das Problem *gelöst haben.* (Futur II) 2. to express a supposition: Im Lauf der nächsten Jahre *werden* wir uns wohl *wiedersehen.* (Futur I) Es ist sechs Uhr; sie *wird* schon nach Hause *gegangen sein.* (Futur II) To talk about the future, German normally uses the present tense in conjunction with an expression of time: Herr Koop *heiratet* nächsten Montag.
Gender	*das Genus* (= das Geschlecht)	masculine, feminine, neuter
Genitive	*der Genitiv* (der 2. Fall, Wesfall)	= within the sentence: 1. the genitive object (question: *wessen?*) Man klagte ihn *des Diebstahls* an. 2. genitive attribute: Der Vortrag *des Professors* war interessant.
Hypothetical subjunctive	*irrealer Konjunktiv*	= Hypothetical subjunctive: 1. wishes: *Wenn sie doch käme! Käme sie doch!* 2. conditional sentences: *Wenn ich Geld hätte, führe ich nach Italien!* 3. comparative clauses: Er tat so, *als ob er krank wäre.*
Imperative	*der Imperativ*	= form used for giving commands: *Gib mir die Hand!* *Denkt an die Zukunft!* *Bitte warten Sie!*
Imperfect	*Imperfekt*	see "Past tense"
Indefinite pronoun	*das Indefinitpronomen* (das unbestimmte Fürwort)	= used when referring to indefinite persons or things: *Jemand* hat mich angerufen. *Manches* Küchengerät ist unnütz.
Indicative	*der Indikativ*	= indicative conjugation, see also „Konjunktiv": *ich sage, ich habe gesagt; du läufst, du bist gelaufen*
Indirect speech	*die indirekte Rede*	= used when reporting what someone else has said: Er sagte, *er gehe in die Kirche.* Er sagte, *er sei in die Kirche gegangen.*

Infinitive	*der Infinitiv*	= base form of the verb: 1. present infinitive active: *üben, kommen* 2. perfect infinitive active: *geübt haben; gekommen sein* 3. present infinitive passive: *geübt werden* 4. perfect infinitive passive: *geübt worden sein*
Infinitive construction	*die Infinitivkonstruktion*	1. infinitive constructions governed by certain verbs: Er *versuchte* den Bewusstlosen aus dem Wasser *zu ziehen.* 2. the infinitive construction with „um, ohne, anstatt": Er besucht den Kurs *um Englisch zu lernen.* Er ging vorbei *ohne mich anzusehen.* Sie reden nur *anstatt zu handeln.*
Inseparable verbs	*untrennbare Verben*	= verbs with a prefix which cannot be separated from the verb: Er *zerreißt* den Brief.
Instrumental	*instrumental*	= when referring to means or instrument: 1. instrumental subordinate clause: Sie fanden den Weg aus dem Urwald, *indem sie einem Fluss folgten.* 2. instrumental adverbials with prepositions: *Mittels (Mit Hilfe) eines Kompasses* bestimmen die Seeleute ihren Kurs.
Intransitive verbs	*intransitive Verben*	= verbs which have no accusative object: Er *geht* nach Hause. Der Schrank *steht* in der Ecke. Das Mädchen *gefällt* mir nicht.
Konjunktiv	*der Konjunktiv*	= subjunctive conjugation: 1. Konjunktiv I see "Indirect speech" 2. Konjunktiv II see "Hypothetical subjunctive"
Main clause	*der Hauptsatz*	= a complete sentence, independent clause. The conjugated verb occurs in position II: *Er gab mir das Buch zurück.*
Manner	*modal*	= to indicate how something happens or is done (question: *wie?*) 1. adverbs and adverbials of manner: Seine Höflichkeit war mir *angenehm.* *Mit freundlichen Worten* erklärte er mir meine Fehler.

2. adverbial clauses of manner:
Er verhielt sich *so, wie ich es erwartet
hatte.*
3. comparative clauses of manner:
a) real comparative clause:
Er verhielt sich *genauso wie früher.*
b) hypothetical comparative clause:
Er tat *so, als ob er alles wüsste.*

Masculine	*maskulin*	= masculine: der Mann, der Bäcker, der Pole, der Schrank, der Staat.
Modal verb	*das Modalverb*	*können, lassen, müssen, sollen, wollen*
Mood	*der Modus*	= indicative, Konjunktiv
Neuter	*neutral*	= neuter: das Kind, das Pferd, das Land, das Fenster, das Parlament
Nominative	*der Nominativ* (der 1. Fall, Werfall)	= within the sentence: The subject (question: *wer?* or *was?*): *Der Polizist* zeigte uns den Weg.
Noun	*das Substantiv* *das Nomen*	= nouns as single words, the first letter of which is capitalized, generally preceded by an article: die *Sonne,* der *Mond,* plural: die *Sterne*
Object	*das Objekt*	= within the sentence: 1. the accusative object (question: *wen?* or *was?*): Wir lieben *den Wein* und *die Musik.* 2. the dative object (question: *wem?*): Der Lehrling widerspricht *dem Meister.* 3. the genitive object (question: *wessen?*): Der Händler wurde *des Betrugs* verdächtigt.
Ordinal number	*die Ordinalzahl* (die Ordnungszahl)	der *erste,* der *zweite* … der *hundertste* … *(1., 2. … 100.)* Am ersten Tag … / Er war der Erste.
Participle construction	*die Partizipial-konstruktion*	= extension of an adjectival participle: 1. present participle (I): Das *am Ende der Straße liegende* Hotel … = Das Hotel, das am Ende der Straße liegt, … 2. past participle (II): Die *durch ein Erdbeben zerstörte* Stadt … = Die Stadt, die durch ein Erdbeben zerstört worden ist, …
Participle clause	*der Partizipialsatz*	= extension of an adverbial participle: Die Zuschauer zeigten *Beifall klatschend und laut jubelnd* ihre Zustimmung.

Passive sentence	*der Passivsatz*	= only the action is important, the instigator is either unknown or unimportant. See also: "Active sentence". *Hier wird eine Straße gebaut.*
Past participle	*das Partizip Perfekt (II)* (das Mittelwort der Vergangenheit)	Er ist *gekommen.* Er hat mich *erkannt.* Er ist *eingeschlafen.* Das Dokument ist *gefälscht* worden.

Past perfect	*das Plusquamperfekt*	= this form is generally used in written German:
		1. in the active:
		    Weil er seinen Schlüssel *vergessen hatte,* musste er bei uns übernachten.
		2. in the passive:
		    Weil dier Fahrpreise *erhöht worden waren,* fuhren noch mehr Leute mit dem eigenen Auto.

Past tense	*das Präteritum*	= the form of the past when reporting something in writing 1. active: Er *studierte* Chemie. 2. passive: Er *wurde* verhaftet.

Perfect	*das Perfekt*	= the past tense used in spoken German:
		1. in the active:
		    Ich *bin* gestern zu spät *gekommen.*
		    Wir *haben* das Paket zur Post *gebracht.*
		2. in the passive:
		    Gestern *ist* mein Freund *operiert worden.*

Personal pronoun	*das Personalpronomen*
	(das persönliche Fürwort)
		1. when referring to persons:
		    Ich gehe nach Hause.
		    Leider hast *du* mir nicht geantwortet.
		    Ihr habt alles verdorben.
		2. in place of persons or things already mentioned:
		    Ich kenne meine Freundin. *Sie* ist sehr zuverlässig.
		    Der Schüler fragte. Der Lehrer antwortete *ihm.*

Place	*lokal*	= to indicate place (question: *wo?, wohin?*)
		1. adverbs or adverbials of place:
		    Dort liegt der Brief. (question: *wo?*)
		    Im Zug sprach mich ein Herr an. (question: *wo?*)
		    Wir wollen *auf den Berg* steigen. (question: *wohin?*)
		2. subordinate clauses of place:
		    Ich weiß nicht, *wo meine Brille ist.*
		    Ich weiß nicht, *wohin ich meine Brille gelegt habe.*

Plural	*der Plural*	*Wir spielen mit den Kindern.*
Possessive pronoun	*das Possessivpronomen* (das besitzanzeigende Fürwort)	= to mark ownership or belonging: *Mein* Bruder studiert in München. Er ärgert sich über *seinen* Kollegen. Ich habe *Ihren* Brief leider noch nicht beantwortet.
Predicative nominative	*der Prädikatsnominativ*	= in conjunction with the verbs *sein* and *werden* etc.: Die Biene ist *ein Insekt.*
Prefix	*das Präfix* (die Vorsilbe)	= precedes a verb, noun, adverb etc., e. g. *be-, er-, ge-, ver-:* *be*kennen, das *Be*kenntnis; die *Be*kanntschaft, *bekannt;* *ver*wenden, die *Ver*wendung; die *Ver*wandtschaft, *ver*wandt see also "Verbal unit"
Prepositional object	*das Präpositionalobjekt*	= dependent on verbs with prepositions: Ich verlasse mich *auf seine Ehrlichkeit.* Er fürchtet sich *vor seinem Examen.*
Preposition	*die Präposition*	with accusative: *für, gegen* usw. with dative: *aus, bei* usw. with accusative or dative: *auf, unter* usw. with genitive: *während, wegen, trotz* usw.
Present participle	*Partizip Präsens (I)* (das Mittelwort der Gegenwart)	= infinitive + *d: lachend, weinend* 1. as an adverb (question: *wie?*) Das Kind lief *weinend* in die Küche. 2. as an attributive adjective: Das *weinende* Kind lief in die Küche.
Present tense	*das Präsens*	= tense used in spoken German, also for statements with a general meaning: 1. in active sentences: Was *tust* du? – Ich *höre* Musik. Die Erde *kreist* um die Sonne. 2. in passive sentences: Ich *werde verfolgt.* Seit Jahrtausenden *werden* die gleichen mathematischen Regeln *angewandt.*
Pronominal adverb	*das Pronominaladverb*	= in place of a prepositional object already mentioned: (Er denkt an seine Heimat.) Er denkt *daran*, in seine Heimat zurückzukehren.
Pronoun	*das Pronomen* (das Fürwort)	1. see "Demonstrative pronoun" 2. see "Indefinite pronoun" 3. see "Personal pronoun" 4. see "Possessive pronoun" 5. see "Reflexive pronoun" 6. see "Relative pronoun"

Purpose clause	*final*	= intention or purpose: 1. subordinate clause of purpose: *Damit der Fall geklärt wird,* muss ich Folgendes sagen … 2. infinitive of purpose construction: *Um den Fall zu klären* muss ich Folgendes sagen … 3. Purpose adverbials with preposition: *Zur Klärung des Falles* muss ich Folgendes sagen …
Question	*die Frage*	1. direct question: *„Kommst du bald?"* *„Wann kommst du?"* 2. indirect question: Sie fragte, *ob er bald komme.* Sie fragte, *wann er komme.* 3. question in the form of a subordinate clause: Ich weiß nicht, *ob er kommt.* Ich weiß nicht, *wann er kommt.*
Rangattribut	*das Rangattribut*	*Nicht* der Angeklagte, sondern das Gericht muss die Tat beweisen. *Auch* seine Stimme sollte gehört werden.
Reflexive pronoun	*das Reflexivpronomen* (rückbezügliches Fürwort)	= used with a verb to refer back to the subject: Im Urlaub haben wir uns gut erholt. Er beschäftigt *sich* nur mit seinen Tauben. Der Junge und das Mädchen trafen *sich* im Café.
Relative clause	*der Relativsatz*	in the nominative: Kinder, *die viel Süßigkeiten essen,* haben oft schlechte Zähne. in the accusative: Spät abends kam ein Gast, *den niemand* *kannte.* in the dative: Man hat den Ingenieur, *dem ein Fehler* *nachgewiesen wurde,* entlassen. in the genitive: Der Bauer, *dessen Scheune abgebrannt* *war,* erhielt Schadenersatz.
Relative pronoun	*das Relativpronomen* (bezügliches Fürwort)	der Mann, *der* … die Frau, *die* … das Kind, *das* … etc.
Separable verbs	*trennbare Verben*	= verbs with an affix which can be separated from the verb: Er *reist* um 23 Uhr *ab.*
Singular	*der Singular*	= Singular: *Ich lese die Zeitung.*

Stem and ending	*Stamm und Endung*	stem:	ending:
		Inf. *geb*	*en*
		du *lach*	*st*
		sie *geb*	*en*
		ihr *könnt*	*et*
		des *Kind*	*es*
		schön	*er* usw.

Subject	*das Subjekt*	= within the sentence: the part of the sentence which occurs in the nominative case (question *wer?* or *was?*): *Die Sonne* steht hoch am Himmel. Endlich kam *er* zum Essen.

Subordinate clause	*der Nebensatz*	= a dependent, incomplete sentence. The conjugated verb occurs at the end of the subordinate clause (exceptions see §§ 18 ff., 28, 54, II): Er versteht mich, *weil er mich kennt.*

Superlative	*der Superlativ*	= highest comparative form: 1. as an attributive adjective: Der 21. Juni ist der *längste* Tag des Jahres. 2. as an adverb: Um Weihnachten sind die Tage *am kürzesten.*

Temporal	*temporal*	= to indicate time (question: *wann?*) 1. temporal main clause: Es blitzte und donnerte, *dann begann es zu regnen.* 2. temporal subordinate clause: *Als er starb,* war er 85 Jahre alt. 3. temporal adverbials: *Am 3. Juli* beginnen die Ferien. *Jeden Morgen* fährt er nach Darmstadt.

Tense	*das Tempus*	= the tense form of the verb; see under *Präsens, Präteritum, Perfekt, Plusquamperfekt* and *Futur.*

Transitive verbs	*transitive Verben*	= verbs which can have an accusative object: Sie *bauen* einen Staudamm. Er *steckte* den Geldschein in die Tasche.

Umlaut	*Umlaut*	*ä (äu), ö, ü*

Verbs case government	*die Rektion der Verben*	= which case is determined by which verbs.

Verb stems	*Stammformen*	= verb forms from which all the conjugated forms are derived: *lachen,* er *lachte,* er hat *gelacht* *gehen,* er *ging,* er ist *gegangen*

Verbal affix	der Verbzusatz	= usually a preposition added to a verb, derivative noun, adverb etc., e. g. *ab-, aus-, ein-, fort-, vor-, zurück-*: *aus*zeichnen, die *Aus*zeichnung, *ausge*zeichnet; *fort*schreiten, der *Fort*schritt, *fort*schrittlich
Verb	das Verb (Zeit- oder Tätigkeitswort)	1. occurs as a single word in the infinitive: *essen, abreisen, erkennen, sich unterhalten* 2. occurs within the sentence in conjugated form: *er isst, er reiste … ab, er erkennt, er unterhält sich*
Vowel	der Vokal	*a, e, i (ie), o, u*
Zustandspassiv	das Zustandspassiv	= the past participle can express a state when used with *sein* (question: *wie?*) Die Stadt *ist zerstört.*

ndex